Langage C

manuel de référence

CHEZ LE MÊME ÉDITEUR

LE LANGAGE C, par B.W. KERNIGHAN et D.M. RITCHIE. Traduit de l'anglais par T. BUFFENOIR. *Collection MIM.* 1989, 7e tirage, 232 pages.

LE LANGAGE C, SOLUTIONS aux exercices de l'ouvrage de B.W. KERNIGHAN et D.M. RITCHIE, par C.L. TONDO et S.E. GIMPEL. Traduit de l'anglais par A. BERTIER. *Collection MIM.* 1988, 2e tirage corrigé, 168 pages.

LANGAGE C. PROBLÈMES ET EXERCICES, par A.R. FEUER. Traduit de l'anglais par C. ARTHUR et J. KOTT. Collection *MIM.* 1988, 2e tirage, 176 pages.

PROGRAMMER EN C, par M.I. BOLSKY et AT & T. Traduit de l'anglais par M. CALLEUX. *Collection des Mémo-guides.* 1987, 88 pages.

LANGAGE C, NORME ANSI, vers une approche orientée objet, par P. DRIX, *Collection MIM,* à paraître, 368 pages environ.

UNIX SYSTEM V : manuel de référence, rédigé et traduit par AT & T.
- Utilisateur. 1988, 360 pages
- Programmeur. 1988, 736 pages.
- Gestionnaire système. 1988, 292 pages.

CONCEPTION DU SYSTÈME UNIX, par J. BACH et AT & T. Traduit de l'anglais par G. FELLAH. 1989, 512 pages.

UNIX SYSTEM V : SYSTÈME ET ENVIRONNEMENT, par A.-B. FONTAINE et P. HAMMÈS. *Collection MIM.* 1989, 2e édition révisée et augmentée, 400 pages.

UNIX, PROGRAMMATION AVANCÉE, par M.J. ROCHKIND. Traduit de l'anglais par A. GUY. *Collection MIM.* 1988, 288 pages.

PROGRAMMATION EN INFOGRAPHIE. Principes et exercices, programmes en C, par L. AMMERAAL. Traduit de l'anglais par M. LICHTENBERG. *Collection MIM.* 1989, 208 pages.

TRAITEMENT DES LANGAGES ÉVOLUÉS. Compilation, interprétation, support d'exécution, par Y. NOYELLE. *Collection MIM.* 1988, 240 pages.

OUTILS LOGICIELS POUR LA PROGRAMMATION SYSTÈME, par TJ. BIGGERSTAFF. Traduit de l'anglais par A. KERMARREC. *Collection MIM.* 1989, 368 pages.

Liste complète des ouvrages de la collection en pages 2 et 3 de couverture.

MANUELS INFORMATIQUES MASSON

Langage C
manuel de référence

Samuel P. HARBISON
Guy L. STEELE JR.
Tartan Laboratories

Traduit de l'anglais par
Jean-Claude FRANCHITTI

MASSON
Paris Milan Barcelone Mexico
1990

Traduction autorisée de l'ouvrage publié en langue anglaise sous le titre :
« C : a reference manual », par Prentice Hall, Inc.,

ISBN : 2-225-81856-8
ISSN : 0249-6992

MASSON S.A.	120, Bd Saint-Germain, 75280 Paris Cedex 06
MASSON ITALIA EDITORI	Via Statuto 2/4, 20121 Milano
MASSON S.A.	S.A. Balmes 151, 08008 Barcelona
MASSON EDITORES	Dakota 383, Colonia Napoles, 03810 Mexico DF

Table des matières

AVANT-PROPOS

Ce livre est un manuel de référence pour le langage de programmation C. Notre but est de fournir une présentation complète du langage, des bibliothèques de support d'exécution et un style de programmation en C insistant sur l'exactitude, la portabilité et la maintenance des programmes C. Nous avons mis l'accent sur les implémentations complètes du langage sur les systèmes UNIX, toutefois nous avons évité de présenter toute opération particulière à UNIX. Lorsque le langage C ou ses bibliothèques de support d'exécution varient suivant les différentes implémentations de C, nous avons mis en valeur les principales différences. Enfin, nous avons ajouté une présentation de la normalisation ANSI du langage C et des bibliothèques et avons indiqué dans le texte les endroits où cette normalisation diffère des implémentations courantes.

Nous supposons que le lecteur est déjà ou souhaite devenir un programmeur C expérimenté, capable de concevoir des systèmes vastes et compliqués en C. En ce qui nous concerne, les programmeurs expérimentés sont plus attentifs à l'exactitude et à la fiabilité qu'à la vitesse de programmation. Leurs programmes sont conçus pour durer une génération et non pas un week-end. Leur style de programmation met un accent sur la clarté, la maintenance et la portabilité plutôt que sur des ruses subtiles et un minimum de lignes de programme source.

Tout en conservant le format d'un manuel de référence, nous avons présenté le langage à partir des bases jusqu'aux raffinements : la structure lexicale, le préprocesseur, les déclarations, les types, les expressions, les instructions, les fonctions, les programmes et les bibliothèques de support d'exécution. Bien que nous nous attendions à ce que la plupart de nos lecteurs comprennent déjà les notions de base de programmation et aient déjà un peu d'expérience avec C, nous avons utilisé avec abondance des références croisées dans le livre de manière à ce qu'il puisse être lu à partir de n'importe quel endroit.

Ce livre est le résultat de notre effort visant à écrire une famille de compilateurs C pour un large ensemble d'ordinateurs allant des micros aux super-ordinateurs. Nous souhaitions que les compilateurs soient bien documentés pour fournir des messages d'erreur précis et utiles et pour générer un code objet d'une efficacité exceptionnelle. Un programme C qui compile correctement avec un compilateur doit compiler correctement avec tous les autres, et un programme qui s'exécute correctement sur un ordinateur doit s'exécuter correctement sur tous les autres dans la mesure où les différences de conception internes le permettent. (Ceci afin d'être compatible avec l'esprit de la programmation en C).

Malgré la popularité de C et le nombre croissant de manuels spécialisés et d'introductions à C, nous nous sommes rendus compte qu'il n'existait pas de présentation de C suffisamment précise pour nous guider dans la conception de nouveaux compilateurs. De la même manière, aucune présentation n'était assez précise pour nos programmeurs/clients, qui souhaiteraient utiliser des compilateurs fournissant une analyse des programmes C plus précise qu'à l'accoutumée. Dans ce livre, nous avons mis un accent tout particulier sur les notions du langage qui affectent la clarté du programme, l'efficacité du code objet et la portabilité des programmes dans différents environnements, à la fois UNIX et non-UNIX.

Remerciements

Nous souhaitons remercier nos collègues des laboratoires Tartan et de l'Université de Carnegie-Mellon qui nous ont aidés lors de la rédaction, de l'édition et de la production de ce livre, tout particulièrement Sue Broughton et Alex Czajkowski et aussi Mady Bauer, Robert Firth, Chris Hanna, Don Lindsay, Joe Newcomer, Kevin Nolish, David Notkin et Barbara Steele. Nous souhaitons aussi remercier nos amis membres du comité ANSI X3J11 de normalisation du langage C pour leur contribution et leurs commentaires, tout particulièrement Bill Plauger de Whitesmith's et Larry Rosler des Laboratoires Bell. De nombreuses personnes ont fourni des commentaires utiles lors de la première édition de ce manuel, y compris Larry Breed, Dennis Hamilton et Ken Harrenstien.

Quelques-uns des programmes exemples de ce livre ont été inspirés par des algorithmes fournis dans les travaux suivants, nous recommandons ces travaux aux personnes sérieusement intéressées par la programmation.

- Beeler, Michael; Gosper, R. William et Schroeppel, Richard. *HAKMEM.* AI Memo 239 (Massachusetts Institute of Technology Artificial Intelligence Laboratory, February 1972).
- Bentley, Jon Louis. *Writing Efficient Programs.* (Prentice-Hall,1982).
- Bentley , Jon Louis. "Programming Pearls," colonne mensuelle paraissant dans *Communications of the ACM.* (Association for Computing Machinery, première parution en août 1983).
- Kernighan, Brian W., et Ritchie, Dennis M. *The C Programming Language*[1] (Prentice-Hall, 1978).
- Knuth, Donald E. *The Art of Computer Programming* (Addison-Wesley). *Volume 1 : Fundamental Algorithms* (1968). *Volume 2 : Seminumerical Algorithms* (1969, 1981). *Volume 3 : Sorting and Searching* (1973).
- Sedgewick, Robert. *Algorithms* (Addison-Wesley, 1983).

Nous sommes reconnaissants aux auteurs de ces travaux pour leurs bonnes idées.

Sam Harbison

Guy Steele

---

1 Version française disponible aux Editions Masson

PARTIE I : LE LANGAGE C

1

Introduction

C fait partie de la "famille Algol" des langages de programmation algorithmiques et se rapproche ainsi de langages tels que PL/1, Pascal et Ada, plutôt que de langages comme BASIC, FORTRAN ou Lisp. Un ouvrage récent, *Comparing & Assessing Programming Languages Ada, C, and Pascal* de Alan R. Feuer et Narain Gehani (Prentice-Hall 1984) présente les similarités et les différences entre les langages C, Pascal et Ada.

Le langage C a été conçu par Dennis Ritchie aux Laboratoires Bell aux environs de 1972 et est un descendant d'Algol 60 (1960), du CPL de Cambridge (1973), du BCPL de Martin Richard (1967) et du langage B de Ken Thompson des Laboratoires Bell (1970). Bien que C soit un langage de programmation universel, il a été traditionnellement utilisé pour la programmation des systèmes. En particulier, le célèbre système d'exploitation UNIX est écrit en C. Disponible actuellement sur des systèmes UNIX ou non-UNIX, C est de plus en plus populaire pour des applications destinées à être portées sur différents ordinateurs.

La popularité de C est due à plusieurs facteurs. Tout d'abord, C fournit un ensemble quasiment complet d'utilitaires permettant de traiter une grande quantité d'applications différentes. C est muni de tous les types de données utiles, y compris pointeurs et chaînes de caractères. C comporte un riche ensemble d'opérateurs et de structures de contrôle modernes. C comporte aussi une bibliothèque de support d'exécution standard contenant des fonctions utiles pour les entrées/sorties, l'allocation mémoire, la manipulation de chaînes de caractères et d'autres applications.

Par ailleurs, les programmes C sont efficaces. C est un langage compact et ses structures de données et ses opérateurs sont très proches des opérations effectuées directement par la plupart des ordinateurs. Autrement dit, il n'existe qu'une étroite "barrière sémantique" entre C et le matériel informatique.

La troisième raison est que les programmes C sont en général très portables sur les différents systèmes de calcul. Bien que C permette au programmeur d'écrire des programmes non portables, le caractère uniforme de la plupart des implémentations de C rend le transfert d'applications entre différents ordinateurs et systèmes d'exploitation relativement facile.

Enfin, il existe un nombre croissant de programmes C et de programmeurs C. Le système d'exploitation UNIX fournit un vaste ensemble d'outils qui améliorent la productivité de la programmation en C et qui peuvent être utilisés comme points de départ pour de nouvelles applications. Etant donné que UNIX a été distribué dans les universités pendant de nombreuses années, un grand nombre d'étudiants en informatique possèdent l'expérience de UNIX.

Malheureusement, quelques unes des caractéristiques qui rendent C populaire peuvent aussi poser des problèmes pour les programmeurs. Par exemple, le fait que C soit aussi compact est dû pour la plus grande partie à son manque de "régles de confinement", toutefois, l'absence de telles régles peut développer des habitudes de programmation sujettes à erreurs. Pour écrire des programmes bien ordonnés, le programmeur C suit souvent un ensemble de conventions stylistiques qui ne sont pas requises par le compilateur. Un autre exemple est le fait qu'en vue de permettre aux compilateurs C d'implémenter des opérations de manière efficace sur une variété d'ordinateurs, la signification précise de certains opérateurs et types de C n'a pas été spécifiée de manière intentionnelle. Ceci peut créer des problèmes lors du transfert d'un programme vers un autre ordinateur.

Malgré ses inélégances, ses problèmes et la confusion qui accompagne souvent C, ce langage a survécu à l'épreuve du temps. Il demeure le langage que le programmeur expérimenté peut écrire vite et bien. Des millions de lignes de programme prouvent son utilité.

1.1 QUI DEFINIT C ?

Malgré l'abondance de livres d'introduction à C, il n'existe aucune description détaillée du langage C actuel. Les informations contenues dans ce livre proviennent de nombreuses sources et d'une expérience personnelle de diverses implémentations de C.

Le manuel de référence traditionnel du langage est le livre *The C Programming Language* de Brian Kernighan et Dennis Ritchie (Prentice-Hall, 1978). En fait, il est commun de voir les vendeurs de compilateurs se référer au langage "C de Kernighan et Ritchie" pour vanter le caractère complet de leurs implémentations. Toutefois, le langage a évolué depuis 1978 ; certaines options ont été ajoutées et d'autres ont été abandonnées. En général un format commun a été établi pour ces options, bien qu'il ne soit pas toujours documenté. De nombreuses implémentations récentes de C ont ajouté leurs variantes personnelles du langage. Lorsque nous utilisons la phrase "la définition originale de C" dans ce livre, nous nous référons à la définition de Kernighan et Ritchie, avant les changements de 1978.

La deuxième source d'informations sur C est fournie par les compilateurs C eux-mêmes ; vous pouvez écrire un programme C et déterminer s'il compile (et dans le cas où il compile, quel code objet a été généré). Cette approche est presque légitime pour C, étant donné que de nombreux compilateurs C reposent sur le Compilateur Portable C (PCC) écrit aux Laboratoires Bell. Le PCC a été adapté sur différents ordinateurs et tous les compilateurs dérivant du PCC partagent une interface utilisateur commune. Le problème avec l'utilisation du PCC comme norme opérationnelle est bien sûr que le PCC comporte des erreurs comme tous les autres compilateurs et que ces erreurs sont souvent situées aux limites du langage, où une clarification se révélerait justement utile.

En 1982, "l'American National Standards Institute" (ANSI), a formé un comité technique pour la normalisation du langage C, X3J11, destiné à proposer une norme pour le langage C, ses bibliothèques de support d'exécution et son environnement de compilation et d'exécution. L'effort de normalisation a réuni un grand nombre de créateurs d'implémentations commerciales — y compris nous mêmes — et leurs discussions ont permis de clarifier certaines pratiques existantes tout en établissant le nouveau langage. De nombreuses parties du présent ouvrage ont bénéficié de ces discussions.

A l'exception du chapitre 11 concernant la description générique ANSI C, ce livre décrit C tel qu'il est couramment implémenté par la plupart des compilateurs les plus utilisés sur les plus gros ordinateurs. Nous n'avons pas considéré le langage ou les sous implémentations utilisées sur les plus petits micro-ordinateurs. Lorsqu'il existe des différences d'implémentation parmi les différents compilateurs, nous décrivons les variantes les plus communes. Lorsque certains aspects du langage C sont enclins à développer de mauvaises habitudes de programmation, nous n'hésitons pas à suggérer une meilleure façon d'utiliser le langage.

1.2 DESCRIPTION DE LA PROGRAMMATION EN C

Un *programme* C est composé d'un ou plusieurs *fichiers source* C. Chaque fichier source contient une partie de l'ensemble du programme C, en général un certain nombre de fonctions externes. Les fichiers source ont souvent des *fichiers d'en-tête* associés comportant des déclarations pour les fonctions externes utilisées dans d'autres fichiers. Un fichier source doit contenir une fonction externe appelée `main` (paragraphe 22.1) ; par convention cette fonction externe constitue le point d'entrée du programme.

Chaque fichier source est traité indépendamment par un *compilateur* C, lequel traduit le texte du programme C en instructions familières à l'ordinateur. Le rôle du compilateur est de "comprendre" le programme C et d'analyser s'il est correct. Si le programmeur a fait une erreur, le compilateur peut la détecter, le compilateur fournit alors un message d'erreur et ne termine pas la traduction. Dans le cas contraire le format généré par le compilateur est généralement appelé *code* objet ou *module objet*.

Lorsque tous les fichiers source sont compilés, les modules objets sont présentés à un programme appelé *éditeur de liens*, lequel permet de résoudre les références entre les modules et ajoute certaines fonctions de bibliothèque précompilées pour effectuer des opérations spéciales telles qu'entrée/sortie. Certaines erreurs de programmation, telles que la non définition d'une fonction utilisée sont détectées par l'éditeur de liens et provoquent des messages d'erreurs. L'éditeur de liens n'est pas en général particulier à C ; chaque ordinateur possède un éditeur de liens standard qui est utilisé pour des programmes écrits dans de nombreux langages différents. L'éditeur de liens fournit un *programme exécutable* unique, qui peut être invoqué ou "lancé".

Bien que tous les ordinateurs effectuent ces opérations, elles peuvent paraître différentes pour le programmeur. Par exemple, supposons qu'un programme appelé `prog` comprenne deux fichiers source C `proga.c` et `progb.c`. (Le ".c" dans les noms de fichiers est une convention commune pour désigner les fichiers source C). Le fichier `proga.c` peut contenir les lignes suivantes :

```
void bonjour()
{
  printf("Bonjour !\n");
}
```

Le fichier d'en-tête de `proga.c`, dénommé `proga.h` (aussi par convention), contient :

```
extern void bonjour();
```

Le fichier `progb.c` contient le programme principal qui appelle simplement la fonction `bonjour` :

```
#include "proga.h"

main()
{
  bonjour();
}
```

Sur un système UNIX, la compilation, l'édition de liens et l'exécution du programme peuvent être effectuées en deux étapes :

```
% cc -o prog proga.c progb.c
% prog
```

La première ligne compile les deux fichiers source et effectue l'édition de liens, ajoute toute fonction standard de bibliothèque nécessaire et écrit le programme exécutable dans le fichier `prog`. La deuxième ligne exécute ensuite le programme, lequel imprime la ligne suivante :

```
Bonjour !
```

La même suite d'opérations sur un ordinateur DEC VAX-11 utilisant le système d'exploitation VMS devient :

```
$ cc proga,progb
$ link proga,progb/exe=[prog.exe]
$ run prog
Bonjour !
```

Dans ce livre, nous ignorons totalement les détails concernant l'édition de liens et l'exécution des programmes C ; il est fortement conseillé au lecteur de se reporter à la documentation utilisateur de leur propre ordinateur et de leur compilateur C. Nous nous concentrons plus particulièrement dans cet ouvrage sur la manière d'écrire les programmes C.

1.3 NOTATIONS SYNTAXIQUES

Pour spécifier la syntaxe du langage C, les symboles terminaux sont imprimés en caractères `droits` et doivent apparaître dans le programme de la même manière qu'ils sont écrits. Les symboles non terminaux sont imprimés en caractères *italiques* ; ils commencent par une lettre et peuvent être suivis ou non de plusieurs lettres, chiffres ou traits d'union :

expression liste-de-paramètres déclarateur2

Les définitions syntaxiques sont introduites par le nom du symbole non-terminal en cours de définition suivi de deux points. Une ou plusieurs alternatives apparaissent alors sur les lignes suivantes :

caractère :
  caractère-imprimable
  caractère-échappatoire

Lorsque le mot "parmi" est placé à la suite des deux points, cela signifie que chaque symbole terminal ou non-terminal apparaissant sur une ou plusieurs lignes suivantes est une définition alternée :

chiffre : parmi
  0 1 2 3 4 5 6 7 8 9

Les composants optionnels d'une définition sont mis en valeur en ajoutant le suffixe *opt* au symbole terminal ou non-terminal :

définition-de-constante-de-type-énumération :
    constante-de-type-énumération *initialisateur-d'énumération*$_{opt}$

initialisateur :
    expression
    { *liste-d'initialisateurs* ,$_{opt}$ }

2

Eléments lexicaux

Ce chapitre décrit la structure lexicale du langage C ; plus exactement les caractères qui peuvent apparaître dans un fichier source C et la manière suivant laquelle ils peuvent être regroupés en unités lexicales ou *tokens*.

2.1 ENSEMBLE DE CARACTERES

Un fichier source C est une suite de *caractères* sélectionnés à partir d'un *jeu de caractères*. Un compilateur C peut utiliser n'importe quel jeu de caractères contenant au moins les *caractères standard* suivants :

1. les cinquante deux caractères alphabétiques majuscules et minuscules :

```
A B C D E F G H I J K L M N O P Q R S T U V W X Y Z
a b c d e f g h i j k l m n o p q r s t u v w x y z
```

2. les dix chiffres décimaux :

```
0  1  2  3  4  5  6  7  8  9
```

3. le caractère *blanc* ou *espace*
4. les vingt-neuf caractères graphiques :

!	point d'exclamation	\	barre oblique inversée
#	sigle numéro	|	barre verticale
%	sigle pour-cent	;	point-virgule
^	accent circonflexe	:	deux-points
&	et commercial	'	apostrophe
*	astérisque	"	guillemet
(	parenthèse gauche	{	accolade gauche
)	parenthèse droite	}	accolade droite
-	trait d'union ou moins	,	virgule
_	tiret de soulignement	.	point
+	plus	<	inférieur à
=	égal	>	supérieur à
~	tilde	/	barre oblique
[	crochet gauche	?	point d'interrogation
]	crochet droit		

Il doit aussi exister un moyen de diviser le programme source en lignes ; ceci peut être accompli à l'aide d'un caractère, d'une suite de caractères ou d'un mécanisme extérieur au jeu de caractères source (par exemple, un indicateur de fin-d'enregistrement).

Les caractères supplémentaires suivants sont quelquefois utilisés dans les programmes C :

1. les cinq caractères de formatage correspondant aux caractères ASCII espacement arrière (EA), tabulation horizontale (TH), tabulation verticale (TV), avance de page (AP) et retour de chariot (RC).
2. des caractères graphiques supplémentaires, inutiles dans le jeu de caractères standard tels que $ (sigle dollar), @ (sigle arobas) et ` (accent grave).

Les caractères de formatage sont traités comme des espaces et n'affectent pas autrement le programme source. Les caractères graphiques supplémentaires peuvent seulement apparaître dans les commentaires, les constantes de type caractère et chaîne de caractères.

D'après la discussion précédente, C possède un jeu de caractères source beaucoup plus vaste que la plupart des autres langages de programmation. La Proposition de normalisation ANSI C a défini un ensemble de trigraphes permettant d'écrire des programmes C en utilisant un jeu de caractères limité.

Références codes de caractères 2.1.3 ; codes de caractères échappatoires 2.7.6 ; commentaires 2.2 ; constantes de type caractère 2.7.3 ; constantes de type chaîne de caractères 2.7.4 ; jeu de caractères de destination 2.1.1 ; jeux de caractères et trigraphes dans la Proposition de normalisation ANSI C 11.1.1

2.1.1 *Jeu de caractères d'exécution*

Le jeu de caractères interprété lors de l'exécution d'un programme C ne correspond pas nécessairement à celui qui a été utilisé pour écrire le programme. Les caractères appartenant au jeu de caractères d'exécution sont représentés par leur équivalent dans le jeu de caractères source ou par des séquences de caractères échappatoires commençant par le caractère barre oblique inversée \.

En supplément des caractères standard mentionnés ci-dessus, l'ensemble de caractères d'exécution doit aussi comprendre :

1. un caractère *nul* qui doit prendre la valeur codée 0
2. un caractère *nouvelle-ligne*, qui doit être utilisé comme délimiteur de fin de ligne

Le caractère nul est aussi utilisé pour délimiter les chaînes de caractères ; le caractère nouvelle-ligne est utilisé pour diviser les suites continues de caractères en lignes lors des entrées/sorties. (Ces caractères nouvelles-lignes doivent se comporter vis-à-vis du programmeur comme s'ils étaient effectivement présents dans les suites continues de caractères dans l'environnement d'exécution. Toutefois la bibliothèque d'exécution est libre de les simuler d'une manière quelconque. Par exemple, les nouvelles-lignes pourraient être converties en délimiteurs de fin d'enregistrement en sortie et les délimiteurs de fin d'enregistrement pourraient être convertis en caractères nouvelles-lignes en entrée.)

Ainsi qu'avec le jeu de caractères source, il est commun pour le jeu de caractères d'exécution de contenir les caractères de formatage espacement arrière, tabulation horizontale, tabulation verticale, avance de page et retour de chariot. Certaines séquences de caractères échappatoires sont fournies pour représenter ces caractères dans le programme source.

Les jeux de caractères source et d'exécution sont équivalents lorsqu'un programme C est compilé et exécuté sur un même ordinateur. Toutefois, les programmes sont quelquefois inter-compilés ; c'est-à-dire compilés sur un ordinateur appelé l'*hôte* et exécutés sur un autre ordinateur (appelé la *cible*). Lorsqu'un compilateur calcule la valeur compilée d'une expression constante contenant des caractères, il doit utiliser les codes de l'ordinateur cible et non pas les codes de l'ordinateur source bien que cela paraîtrait plus naturel (à l'auteur du programme).

Références caractères standard 2.1 ; codes de caractères 2.1.3 ; constantes de type caractère 2.7.3 ; expressions constantes 7.11 ; suites de caractères Ch. 17

2.1.2 *Espace-blanc et fin de ligne*

Dans les programmes C, les caractères blanc (espace), fin-de-ligne, tabulation verticale, avance de page et tabulation horizontale (s'ils existent) sont appelés d'une manière collective caractères *espaces-blancs*. (Les commentaires, dont il est question dans la suite, sont aussi des espaces-blancs.) Ces caractères sont ignorés à moins qu'ils ne soient utilisés pour séparer des tokens voisins ou qu'ils n'apparaissent dans des constantes de type caractère ou chaîne de caractères. Les caractères espaces-blancs peuvent être utilisés pour organiser le programme C d'une manière plus lisible.

Le caractère ou la séquence de caractère de fin-de-ligne délimite les lignes du programme source. Dans certaines implémentations, les caractères de formatage retour de chariot, avance de page et/ou tabulation verticale peuvent aussi être utilisés pour délimiter les lignes source et sont appelés caractères de *rupture-de-ligne*. Les fins de lignes sont importantes pour permettre de reconnaître les lignes de contrôle du préprocesseur. Le caractère placé à la suite d'un caractère de rupture-de-ligne est considéré comme le premier caractère de la ligne suivante. Si ce premier caractère est aussi un caractère de rupture-de-ligne, une autre ligne (vide) prend fin et ainsi de suite.

Enfin, il existe une convention du langage C selon laquelle une barre oblique inversée utilisée comme dernier caractère d'une ligne a pour effet de s'annihiler tout en supprimant le délimiteur de fin-de-ligne apparaissant à la suite. Cette convention doit être respectée dans les lignes de commande du préprocesseur et dans les constantes de type chaîne de caractères, toutefois de nombreuses implémentations (y compris la Proposition de normalisation ANSI C) généralisent cette convention à l'ensemble des lignes du programme source.

Lorsqu'une implémentation traite tous les caractères sources non standard comme des espaces-blancs ou des ruptures-de-lignes, ces caractères doivent être interprétés respectivement de la même manière que les espaces et les délimiteurs de fin-de-ligne. La Proposition de normalisation ANSI C conseille au niveau de l'implémentation de remplacer les caractères non standard par une représentation canonique lors de la première lecture du programme source. Toutefois il est recommandé au programmeur d'effectuer un test pour s'assurer du respect de la convention selon laquelle une barre oblique inversée suivie d'une avance de page est automatiquement éliminée.

C n'impose aucune limite sur la longueur maximale des lignes, bien que de nombreuses implémentations utilisent une limite fixe comprise en général entre 100 et 500 caractères. Afin de faciliter la lecture du programme sur un terminal, il est toutefois conseillé de limiter la longueur des lignes à 80 caractères.

Références constantes de type caractère 2.7.3 ; constantes de type chaînes de caractères 2.7.4 ; conventions lexicales du préprocesseur 3.2 ; tokens 2.3

2.1.3 Codes de caractères

Tout caractère défini dans un jeu de caractères (d'exécution) d'ordinateur possède un *code* conventionnel ; plus exactement une représentation numérique propre à l'ordinateur. Ce code est important étant donné que C convertit les caractères en entiers et les valeurs de ces entiers représentent les codes conventionnels des caractères. Tous les jeux de caractères standard énumérés auparavant doivent correspondre à des codes entiers positifs distincts.

Une erreur de programmation fréquente en C est de supposer qu'un certain code est en vigueur alors qu'un code différent est utilisé en réalité. Par exemple, l'expression C suivante

```
'Z' - 'A' + 1
```

calcule la différence entre les codes des caractères `Z` et `A` et ajoute un au résultat. Cette même expression pourrait être interprétée comme un calcul du nombre de caractères contenus dans l'alphabet. En effet, en utilisant les codes du jeu de caractères ASCII, le résultat de cette expression est 26, toutefois, en utilisant les codes du jeu de caractères EBCDIC, dans lequel les lettres de l'alphabet ne sont pas codées successivement, le résultat devient 41.

Références jeux de caractères source et cible 2.1.1

2.2 *COMMENTAIRES*

Un *commentaire* apparaissant dans un programme C commence par les caractères /* et se termine dès que les caractères */ sont rencontrés par la suite. Les commentaires peuvent contenir un nombre quelconque de caractères et sont toujours traités comme des espaces-blancs. Par exemple, le programme suivant contient deux commentaires corrects en C :

```
void Carres() /* pas d'arguments */
{
  int i;
  /*
    Boucler de 1 à 10, en imprimant
    les carrés
  */
  for (i=1;i<10;i++)
      printf("%d au carré vaut %d\n",i,i*i);
}
```

Le préprocesseur traite aussi les commentaires comme des espaces-blancs. Plus exactement, le préprocesseur ne cherche pas à reconnaître des commandes ou des macros à l'intérieur des commentaires. De la même manière, les ruptures-de-lignes à l'intérieur des commentaires ne sont pas interprétées comme des délimiteurs de commandes de préprocesseur. Par exemple les trois commandes `#define` suivantes ont essentiellement le même effet.

```
#define dix (2*5)

#define dix /* dix:
                un plus neuf
             */ (2*5)

#define dix (2/*/*/*/*/*/*/5)
```

Un nombre limité d'implémentations non-UNIX, y-compris Microsoft et Lattice, introduisent un concept de "commentaires imbriqués", selon lequel toute apparition de /* doit être compensée par l'apparition d'un */. Cette implémentation a l'avantage de permettre au programmeur de commenter une partie importante du texte d'un programme sans s'inquiéter du fait que le texte puisse contenir ses propres commentaires. Toutefois des programmes utilisant cette option ne sont pas portables et il est préférable d'obtenir le même effet en utilisant les commandes conditionnelles du préprocesseur. En particulier,

```
#if 0
  ...
#endif
```

permet de "commenter" une partie quelconque d'un programme.

L'imbrication des commentaires n'est pas une option standard. Toutefois pour permettre à un programme d'être compatible avec les deux types d'implémentations, aucun commentaire ne doit contenir une séquence de caractères /*.

Références commande #if 3.5.1 ; conventions lexicales du préprocesseur 3.2 ; espace-blanc 2.1.2

2.3 TOKENS

Les caractères utilisés pour construire un programme C sont regroupés en tokens lexicaux selon les règles présentées dans la suite de ce chapitre. Il existe cinq classes de tokens : les opérateurs, les séparateurs, les identificateurs, les mots réservés et les constantes.

Pour regrouper les caractères en tokens, le compilateur reconnaît toujours le plus long token possible, par exemple, `external` est interprété comme un identificateur unique et non pas comme le mot réservé `extern` suivi de l'identificateur `al`. Des exemples supplémentaires sont :

`b>x`	est équivalent à	`b > x`
`b->x`	est équivalent à	`b -> x`
`b-->x`	est équivalent à	`b -- > x`
`b--->x`	est équivalent à	`b -- -> x`

Des tokens voisins peuvent être séparés par des caractères espaces-blancs ou des commentaires. Afin d'éviter toute confusion, un identificateur, un mot réservé, une constante entière ou une constante à virgule flottante doivent toujours être séparés d'un identificateur, d'un mot réservé, d'une constante entière ou d'une constante à virgule flottante placés à la suite. (A l'intérieur d'une macro, l'utilisation de commentaires plutôt que d'espaces-blancs pour séparer les tokens peut provoquer un "mélange de tokens").

Références caractères espaces-blancs 2.1.2 ; commentaires 2.2 ; constantes 2.7 ; identificateurs 2.5 ; mélange de tokens 3.3.9 ; mots réservés 2.6

2.4 OPERATEURS ET SEPARATEURS

Les opérateurs C simples (un seul caractère) sont :

```
!  %  ^  &  *  -  +  =  ~  |  .  <  >  /  ?
```

Les opérateurs C composés (caractères multiples) sont :

```
->   ++   --   <<   >>   <=    >=    ==   !=   &&   ||
+=   -=   *=   /=   %=   <<=   >>=   &=   ^=   |=
```

Les autres caractères séparateurs sont :

```
( )   [ ]   { }   ,  ;  :
```

De manière stricte, chacun des opérateurs d'affectation composés

```
+=   -=   *=   /=   %=   <<=   >>=   &=   ^=   |=
```

est considéré comme deux tokens séparés qui peuvent être séparés par des espaces-blancs. Par exemple, il est possible d'écrire

```
total + = sous-total;
```

au lieu de

```
total += sous-total;
```

Toutefois, il est beaucoup mieux au point de vue style de programmation d'écrire les opérateurs comme des tokens simples, ce qui correspond à la manière suivant laquelle ils sont traités dans la Proposition de normalisation ANSI C.

Références opérateurs d'affectation composés 7.9.2

2.5 IDENTIFICATEURS

Un identificateur, aussi appelé *nom* en C est une série de lettres, de nombres et de tirets de soulignement. Un identificateur ne doit pas commencer par un nombre et ne doit pas avoir la même orthographe qu'un mot réservé.

identificateur :
tiret-de-soulignement
lettre
identificateur caractère-suivant

caractère-suivant :
lettre
tiret-de-soulignement
chiffre

lettre : parmi

```
A  B  C  D  E  F  G  H  I  J  K  L  M
N  O  P  Q  R  S  T  U  V  W  X  Y  Z
a  b  c  d  e  f  g  h  i  j  k  L  m
n  o  p  q  r  s  t  u  v  w  x  y  z
```

tiret-de-soulignement :

```
_
```

chiffre : parmi

```
0  1  2  3  4  5  6  7  8  9
```

Deux identificateurs sont identiques lorsqu'ils s'écrivent de la même manière, y compris caractères minuscules et majuscules. Par exemple, les identificateurs `abc` et `aBc` sont différents.

D'après la description originale du langage C, deux identificateurs dont les huit premiers caractères coïncident doivent être considérés comme identiques, même si les caractères suivants diffèrent. Par exemple, les identificateurs `comptable` et `comptable_un` sont considérés comme identiques. Nous considérons cette règle comme un défaut des versions originales du langage C ; les programmeurs doivent se souvenir de cette règle sans toutefois chercher à l'appliquer à la lettre. La Proposition de normalisation ANSI C impose un minimum de 31 caractères significatifs pour les identificateurs utilisés dans une implémentation du langage C. Cette limite est acceptée ou même dépassée par un grand nombre d'implémentations du langage. (Les noms de variables externes peuvent être soumis à des règles encore plus strictes au niveau de la longueur et des jeux de caractères utilisables, la limite inférieure étant de six caractères majuscules ou six caractères minuscules). Nous encourageons l'utilisation de noms plus longs afin d'améliorer la clarté des programmes et de réduire les erreurs.

Certains compilateurs permettent l'utilisation de caractères différents de ceux décrits ci-dessus dans les identificateurs. Par exemple, le sigle dollar (`$`) est souvent utilisable dans les identificateurs comme premier caractère ou l'un des caractères suivants. Ces caractères supplémentaires sont en général nécessaires pour permettre aux programmes d'avoir accès à des fonctions spéciales ne faisant pas partie de la bibliothèque des fonctions C disponibles sur certains systèmes. Ces fonctions sont en général non portables et le programmeur doit limiter l'utilisation de caractères spéciaux à ces cas particuliers.

2.5.1 Conventions concernant les identificateurs

Bien qu'elles ne fassent pas partie du langage C, il existe certaines conventions concernant le choix des identificateurs qui sont suivies par un grand nombre de programmeurs C et qui facilitent la compréhension et la portabilité des programmes. Il est bien sur plus important d'être cohérent que de suivre à la lettre un ensemble de conventions.

L'utilisation d'identificateurs qui ne diffèrent que par les types de caractères majuscules ou minuscules qu'ils utilisent est considérée comme de mauvais style, ainsi que par exemple `compte` et `Compte`. Dans les milieux UNIX, la tendance est à l'utilisation de lettres majuscules pour les noms de macros de préprocesseur — tout particulièrement ceux qui représentent des constantes numériques — et l'utilisation de lettres minuscules pour tous les autres identificateurs. Un exemple typique est donné ci-dessous.

```
#define TAILLETABLE 100
...
int i, carres[TAILLETABLE];
for (i=0; i <TAILLETABLE; i++)
    carres[i] = i*i;
```

La tendance à l'utilisation d'identificateurs plus longs peut rendre le mélange de caractères majuscules et minuscules et l'utilisation de tirets de soulignement plus populaire, étant donné qu'il est relativement plus difficile de lire un mot tel que `unidentificateurtreslong` plutôt que `UnIdentificateurTresLong` ou que `un_identificateur_tres_long`.

Un identificateur externe — tout identificateur déclaré appartenant à la classe de mémorisation `extern` — est souvent sujet à des restrictions supplémentaires sur certains ordinateurs particuliers. Ces identificateurs doivent être traités par d'autres programmes, tels que des logiciels de mise-au-point et des éditeurs de liens, qui ont dans certains cas leurs propres limites de longueur pour les identificateurs et qui ne distinguent pas nécessairement les caractères majuscules et minuscules. La règle suivie en général est de limiter la taille des identificateurs externes (à environ six caractères) et de ne pas compter sur une différentiation entre caractères minuscules et majuscules. Sur les systèmes UNIX, le problème est légèrement plus compliqué pour le programmeur étant donné que les compilateurs C font précéder tous les identificateurs externes déclarés par les utilisateurs d'un tiret de soulignement _.

Lorsqu'un compilateur C permet d'utiliser des identificateurs internes longs, alors que l'ordinateur cible impose des noms de variables externes courts, le préprocesseur peut être utilisé pour masquer ces noms courts. Dans l'exemple ci-dessous, une fonction externe de traitement d'erreur prend le nom quelque peu obscur `te73`, toutefois la fonction est invoquée à l'aide du nom plus lisible `traite-`

ment_erreur. Ceci est possible en définissant traitement_erreur comme une macro de préprocesseur qui est transformée en te73.

```
#define traitement_erreur te73
extern void traitement_erreur();
int *p;
...
if (!p) traitement_erreur("erreur de pointeur nil");
```

Un programmeur très concerné par la portabilité de ses programmes pourrait redéfinir tous ses noms externes de la même manière.

Références classe de mémorisation externe 4.3 ; #define (macros de préprocesseur) 3.3 ; noms externes 4.2.9

2.6 *MOTS RESERVES*

Les identificateurs suivants sont des mots réservés du langage C et ne doivent pas être utilisés comme des identificateurs de programmes.

```
auto        else        long        typedef
break       enum        register    union
case        extern      return      unsigned
char        float       short       void
continue    for         sizeof      while
default     goto        static
do          if          struct
double      int         switch
```

Les mots réservés enum et void sont nouveaux par rapport à la description originale du langage et reflètent des additions au langage. Les mots autrefois réservés entry, asm et fortran sont maintenant peu utilisés bien que asm soit rencontré occasionnellement.

La Proposition de normalisation ANSI C ajoute les mots const, signed et volatile à la liste des mots réservés.

Un mot réservé peut être utilisé comme un nom de macro de préprocesseur, bien qu'une telle utilisation fasse preuve en général de mauvais style. Comme exemple d'utilisation raisonnable, la définition de macro suivante pourrait se révéler appropriée dans le cas d'un compilateur C particulier qui n'implémente pas le type void :

```
#define void int
```

Références #define (macros de préprocesseur) 3.3 ; identificateurs 2.5 ; Les mots réservés dans la Proposition de normalisation ANSI C 11.1.3 ; spécificateur de type void 5.9

2.7 CONSTANTES

La classe lexicale des constantes contient quatre types différents de constantes : les entiers, les nombres à virgule flottante, les caractères et les chaînes de caractères.

constante :
constante-entière
constante-à-virgule-flottante
constante-de-type-caractère
constante-de-type-chaîne-de-caractère

De tels tokens sont appelés *littéraux* dans les autres langages, afin de les différencier des objets dont les valeurs sont constantes (c'est-à-dire, fixes) mais qui n'appartiennent pas à des classes lexicales différentes. Un exemple d'objets de ce type en C est donné par les constantes d'énumération, qui appartiennent à la classe lexicale des identificateurs. Dans ce livre, nous utilisons dans les deux cas le terme "constante" conformément à la terminologie traditionnelle du langage C.

Chaque constante est caractérisée par une *valeur* et un *type*. Les formats correspondant aux différents types de constantes sont décrits dans les paragraphes suivants.

Références constantes à virgule flottante 2.7.2 ; constantes de type caractère 2.7.3 ; constante de type chaîne de caractères 2.7.4 ; constante de type entier 2.7.1 ; constantes de type énumération 5.5 ; tokens 2.3 ; types Ch. 5 ; valeur 7.3

2.7.1 Constantes de type entier

Les constantes de type entier peuvent être définies en notations décimale, octale ou hexadécimale.

1. Une constante entière décimale comprend une série non vide de chiffres, le premier de ces chiffres étant différent de `0`.
2. Une constante entière octale comprend le chiffre `0`, suivi d'une série éventuellement vide de chiffres octaux compris entre `0` et `7`. A l'origine, le langage C autorisait les chiffres `0` et `9` dans les constantes octales, toutefois leur utilisation était toujours considérée comme de mauvais style.
3. Une constante entière hexadécimale comprend le chiffre `0`, suivi d'une des lettres `x` ou `X`, suivie d'une séquence de chiffres hexadécimaux. Les chiffres hexadécimaux correspondent aux chiffres compris entre `0` et `9` et aux caractères compris entre `a` et `f` (ou compris entre `A` et `F`), ces derniers prenant les valeurs respectives comprises entre `10` et `15`.

Il existe une ambiguïté au niveau de la double représentation du chiffre "`0`" comme une constante décimale ou une constante octale, toutefois cette ambiguïté a peu d'importance en pratique. Toute constante entière peut être suivie immédiatement de la lettre `l` ou `L` pour indiquer une constante de type `long`.

constante-entière :
constante-décimale marqueur-de-type$_{opt}$
constante-octale marqueur-de-type$_{opt}$
constante-hexadécimale marqueur-de-type$_{opt}$

constante-décimale :
chiffre-non-nul
constante-décimale chiffre

constante-octale :
`0`
constante-octale chiffre-octal

constante-hexadécimale :
marqueur-hexadécimal
constante-hexadécimale chiffre-hexadécimal

chiffre : parmi
`0 1 2 3 4 5 6 7 8 9`

chiffre-non-nul : parmi
`1 2 3 4 5 6 7 8 9`

chiffre-octal : parmi
`0 1 2 3 4 5 6 7`

chiffre-hexadécimal : parmi
`0 1 2 3 4 5 6 7 8 9`
`A B C D E F a b c d e f`

marqueur-de-type : parmi
`l L`

marqueur-hexadécimal : parmi
`0x 0X`

La valeur d'une constante entière est toujours non négative en absence de dépassement de capacité. S'il existe un signe moins précédant la constante, il est considéré comme un opérateur unaire s'appliquant à la constante et non pas comme une partie intégrante de la constante.

Le type correspondant aux constantes entières et en général `int`. Toutefois le type est `long` dans les cas suivants :

1. la valeur d'une constante décimale dépasse la valeur entière positive maximale qui peut être représentée par le type `int`, ou bien

2. la valeur d'une constante octale ou hexadécimale dépasse la valeur entière maximale qui peut être représentée par le type `unsigned int`, ou bien
3. la constante est terminée par la lettre `l` ou la lettre `L`.

Si la valeur d'une constante décimale dépasse la valeur entière maximale pouvant être représentée par le type `long`, ou si la valeur d'une constante octale ou hexadécimale dépasse la valeur entière maximale pouvant être représentée par le type `unsigned long`, le résultat est imprévisible. La plupart des compilateurs C n'avertissent pas le programmeur du problème et remplacent silencieusement la constante par une autre valeur. Le programmeur doit s'efforcer de paramétrer les constantes prenant de larges valeurs de telle sorte qu'elles puissent être modifiées lorsque le programme est porté d'un ordinateur ou d'un compilateur à un autre. Par exemple :

```
#define INTPOSMAX 0077777
#define INTNEGMAX 0100000
#define LONGPOSMAX 0x37777777
#define LONGNEGMAX 0x80000000
```

Pour illustrer l'une des subtilités des constantes de type entier en C, supposons que dans une implémentation particulière, le type `int` utilise la représentation 16 bits en complément à deux. La table 2-1 donne une liste de certaines constantes entières intéressantes, accompagnées de leurs valeurs mathématiques exactes, de leurs types et de leurs valeurs. (Les parenthèses sont utilisées pour indiquer que la valeur n'est pas définie, toutefois la valeur utilisée sera certainement la valeur placée entre parenthèses.)

Une remarque intéressante est de constater que les entiers supérieur à 2^{15}-1 mais inférieur à 2^{16} prennent des valeurs positives en notation décimale et des valeurs négatives en notation octale ou hexadécimale.

Malgré ces anomalies, le programmeur sera rarement "surpris" par les valeurs des constantes entières, tout au moins lorsque l'ordinateur cible utilise la représentation en complément à deux des entiers (ce qui est le cas pour la majorité des ordinateurs.)

Constante C	Valeur réelle	Type C	Valeur C
`0`	0	`int`	0
`32767`	2^{15}-1	`int`	32767
`077777`	2^{15}-1	`int`	32767
`32768`	2^{15}	`long`	32768
`0100000`	2^{15}	`(int)`	(-32768)
`65535`	2^{16}-1	`long`	65535
`0xFFFF`	2^{16}-1	`(int)`	(-1)
`65536`	2^{16}	`long`	65536
`0x10000`	2^{16}	`long`	65536
`2147483647`	2^{31}-1	`long`	2147483647
`0x7FFFFFFF`	2^{31}-1	`long`	2147483647
`2147483647`	2^{31}	`(long)`	(-2147483647)
`0x80000000`	2^{31}	`long`	-2147483647
`4294967295`	2^{32}-1	`(long)`	(-1)
`0xFFFFFFFF`	2^{32}-1	`long`	+-1
`4294967296`	2^{32}	`(long)`	(0)
`0x100000000`	2^{32}	`(long)`	(0)

Table 2-1 : Constantes entières

Dans le cas d'ordinateurs utilisant d'autres représentations entières, l'implémentation devra adapter les règles d'interprétation des constantes entières ou les règles de conversion entre entiers signés et non signés.

La Proposition de normalisation ANSI C a enrichi la syntaxe des constantes entières et a légèrement modifié les règles s'appliquant aux types. Se reporter au paragraphe 11.1.4 à ce sujet.

Références conversion des types entiers 6.2.3 ; dépassement de capacité 7.2.2 ; entiers non-signés 5.1.2 ; opérateur moins unaire 7.5.3 ; types entiers 5.1

2.7.2 Constantes à-virgule-flottante

Les constantes à-virgule-flottante peuvent comporter une virgule, un exposant signé ou les deux. Une constante à-virgule-flottante est toujours interprétée en base décimale.

constante-à-virgule-flottante :
  série-de-chiffres exposant
  chiffre-avec-virgule exposant$_{opt}$

exposant :
  `e` *signe*$_{opt}$ *série-de-chiffres*
  `E` *signe*$_{opt}$ *série-de-chiffres*

chiffre-avec-virgule :
série-de-chiffres .
série-de-chiffres . *série-de-chiffres*
. *série-de-chiffres*

série-de-chiffres :
chiffre
chiffre série-de-chiffres

chiffre : parmi
`0 1 2 3 4 5 6 7 8 9`

Exemples de constantes à-virgule-flottante :

```
0.              3e1         3.14159
 .0           1.0e-3        1e-3
1.0           .00034        2e+9
```

La valeur d'une constante à-virgule-flottante est toujours non négative en l'absence de dépassement de capacité. S'il existe un signe moins précédant la constante, celui-ci est considéré comme un opérateur unaire appliqué à la constante et non pas comme une partie intégrante de la constante.

Le type d'une constante à-virgule-flottante est toujours `double`. Sa valeur dépend de la précision de la représentation du type `double`. Si la valeur d'une constante à-virgule-flottante est trop grande ou trop petite pour être représentée, le résultat est imprévisible. Certains compilateurs avertiront le programmeur du problème, toutefois la plupart des compilateurs remplaceront silencieusement la valeur de la constante par une autre valeur représentable.

La Proposition de normalisation ANSI C a enrichi la syntaxe des constantes à-virgule-flottante ainsi que l'ensemble des types à-virgule-flottante. Se reporter aux paragraphes 11.1.5 et 11.4.2 à ce sujet.

Références dépassement de capacité et insuffisance de capacité 7.2.2 ; opérateur moins unaire 7.5.3 ; taille des types à-virgule-flottante 5.2 ; type double 5.2

2.7.3 Constantes de type caractère

Une constante de type caractère est obtenue en plaçant un caractère entre apostrophes. Un mécanisme échappatoire spécial permet d'écrire des caractères qu'il serait autrement difficile ou impossible d'entrer directement dans le programme source

constante-de-type-caractère :
' *caractère* '

caractère :
caractère-imprimable
caractère-échappatoire

Les caractères imprimables comprennent tous les caractères du jeu de caractères source qui possèdent un équivalent dans le jeu de caractères cible, à l'exception des caractères nouvelle-ligne, apostrophe et barre-oblique-inversée. Ces caractères exclus peuvent être entrés comme des caractères échappatoires ainsi que décrit dans le paragraphe 2.7.5.

Les constantes de type caractère sont de type `int`. Leurs valeurs correspondent aux valeurs entières codées des caractères correspondants dans le jeu de caractères cible. Des exemples de constantes de type caractère accompagnées de leurs valeurs (décimales) correspondantes en ASCII sont donnés ci-dessous :

`'a'`	(97)	`'A'`	(65)	`'%'`	(37)
`' '`	(32)	`'?'`	(63)	`'8'`	(56)
`'\r'`	(13)	`'\0'`	(0)	`'\23'`	(19)
`'"'`	(34)	`'\377'`	(255)	`'\\'`	(92)

Un bon style de programmation consiste à limiter les "caractères représentables" aux caractères possédant une représentation graphique, y-compris l'espace-blanc. Les caractères de formatage, en particulier, doivent toujours être exprimés comme des caractères échappatoires. Certains compilateurs peuvent exiger cette restriction.

Lorsqu'une constante de type caractère apparaissant dans un programme source contient un caractère ou un caractère échappatoire qui n'a pas d'équivalent dans le jeu de caractères d'exécution, la valeur résultante dépend de l'implémentation. Lorsqu'un code échappatoire numérique (paragraphe 2.7.7) est utilisé dans une constante de type caractère, il convient de calculer la valeur entière résultante comme si elle avait été convertie à partir d'un objet de type `char`. Par exemple, si le type `char` était représenté par un type 8-bits signé, la constante de type caractère `'\377'` serait sujette à une extension de signe et prendrait par conséquent la valeur -1. La Proposition de normalisation ANSI C exige cette interprétation.

La plupart des ordinateurs représentent les entiers dans une zone mémoire suffisamment large pour contenir plusieurs caractères, par conséquent, la plupart des compilateurs C permettent l'utilisation de constantes "à-caractères-multiples" telles que `'ABC'`. L'intention est de créer une valeur entière (non pas une chaîne de caractères) à partir des caractères. L'utilisation de cette option, lorsqu'elle est disponible, peut engendrer des problèmes de portabilité, non seulement en raison du fait que les entiers ont des tailles différentes sur différents types d'ordinateur mais aussi en raison du fait que les ordinateurs utilisent des "arrangements par bytes" différents ou plus exactement un ordre d'arrangement des caractères par mots différent. Etant-donné la constante `'ABC'`, certains ordinateurs placeraient `'A'` dans les bits les moins significatifs et d'autres ordinateurs placeraient `'A'` dans les bits les plus significatifs. La Proposition de normalisation ANSI C permet l'utilisation des constantes à-caractères-multiples, leurs valeurs dépend toutefois du type d'implémentation.

Références caractères de formatage 2.1 ; caractères échappatoires 2.7.5 ; codes de caractères 2.1.3 ; jeux de caractères 2.1 ; ordre de bytes 6.1.2 ; type de caractère 5.1.3

2.7.4 Constantes de type chaîne de caractères

Une constante de type chaîne de caractères est une suite (éventuellement vide) de caractères placée entre guillemets. Le même mécanisme échappatoire que celui qui est disponible pour les constantes de type caractère peut être utilisé pour exprimer les caractères apparaissant dans une chaîne de caractères.

constante-de-type-chaîne-de-caractères : " *suite-de-caractères*$_{opt}$ "

suite-de-caractères :
caractère
suite-de-caractères caractère

Dans le cas de constantes de type chaîne de caractères, les caractères imprimables comprennent tous les caractères de l'ensemble des caractères source qui possèdent un équivalent dans le jeu de caractères cible, à l'exception des caractères nouvelle-ligne, guillemet et barre-oblique-inversée. Ces caractères exclus peuvent être entrés comme des caractères échappatoires, ainsi que décrit dans le paragraphe 2.7.5. Une constante de type chaîne de caractère doit tenir sur une seule ligne du programme source à moins que le dernier caractère de la ligne soit une barre-oblique-inversée `\`, auquel cas la barre-oblique-inversée et tout caractère de fin-de-ligne est ignoré. Ceci permet d'écrire des constantes de type chaîne de caractères sur plusieurs lignes. (Certaines implémentations suppriment les caractères espaces-blancs apparaissant sur la ligne de continuation, bien que ceci soit en fait incorrect). Un caractère nouvelle-ligne (c'est-à-dire, la fin de ligne dans le jeu de caractères d'exécution) peut être introduit à l'intérieur d'une chaîne de caractères en plaçant la séquence échappatoire `\n` à l'intérieur de la constante de type chaîne de caractères ; ceci ne doit pas être confondu avec une continuation de ligne dans une constante de type chaîne de caractères. Des exemples de chaînes de caractères sont donnés ci-dessous :

```
""
"Total des dépenses: "
"\""
"Droits de reproduction 1982 réservés aux \
Laboratoires. \
Tartan, Inc. Tous droits réservés."
"Les commentaires commencent par '/*'.\n"
```

Pour chaque constante de type chaîne de caractères comportant n caractères, il existe lors de l'exécution un bloc statique réservé de $n+1$ caractères, les n premiers caractères de ce bloc sont ceux qui apparaissent dans la chaîne de caractères et le dernier caractère du bloc est le caractère nul `\0`.

Le type correspondant à une constante de type chaîne de caractères est "tableau de `char`" et sa valeur correspond à $n+1$ caractères. Par exemple, la valeur de `sizeof("abcdef")` est 7. Toutefois, si la constante de type chaîne de caractères apparaît ailleurs que comme argument de `sizeof` ou comme initialisateur de tableau de caractères, les conversions qui s'appliquent en général aux tableaux entrent en jeu et ces conversions font passer la chaîne de caractères d'un tableau de caractères à un pointeur au premier caractère contenu dans la chaîne et de type "pointeur à `char`". Il est par conséquent possible d'écrire :

```
char *p = "abcdef";
```

D'une manière traditionnelle — tout au moins sous UNIX — les constantes de type chaîne de caractères sont placées dans des zones mémoires de lecture/écriture et deux constantes de type chaînes de caractères différentes ne sont jamais représentées par le même bloc mémoire, même dans le cas où elles comportent des caractères identiques. Il est considéré de mauvais style de programmation de modifier le contenu d'une constante de type chaîne de caractères ou de dépendre de copies différentes en mémoire. La Proposition de normalisation ANSI C partage ce point de vue en permettant aux chaînes de caractères de partager leur espace mémoire et en les plaçant en mémoire à lecture-seule. Toutefois, il est reconnu que certaines fonctions de bibliothèque UNIX, modifient leurs arguments de chaînes de caractères qui sont souvent des constantes de type chaîne de caractères. Lorsqu'il s'avère nécessaire d'utiliser un pointeur à une chaîne de caractères modifiable, il est préférable d'initialiser un tableau de caractères plutôt que de définir un pointeur à une constante de type chaîne de caractères.

```
char p1[] = "abcdef";  /*  p1[i] est modifiable */
char *p2 = "ghijkl";   /*  p2[i] n'est pas
                           nécessairement modifiable
                       */
```

Références caractères échappatoires 2.7.5 ; caractères espaces-blancs 2.1.2 ; conversions des types tableau 6.2.7 ; conventions lexicales du préprocesseur 3.2 ; conversions unaires habituelles 6.3.3 ; initialisateurs 4.6 ; jeu de caractères dans la Proposition de normalisation ANSI C 11.1.1 ; opérateur sizeof 7.5.2 ; types pointeur 5.3 ; types tableau 5.4

2.7.5 Caractères échappatoires

Les caractères échappatoires peuvent être utilisés dans les constantes de types caractère et chaîne de caractères pour représenter des caractères qu'il serait difficile ou impossible d'entrer directement dans le programme source. Les caractères échappatoires se présentent sous deux formes : les "codes caractères échappatoires" qui peuvent être utilisés pour représenter un format particulier et des caractères spéciaux et les "codes numériques échappatoires" qui permettent de représenter un caractère par son code numérique.

caractère-échappatoire :
\ *code-échappatoire*

code-échappatoire :
code-caractère-échappatoire
code-numérique-échappatoire
code-caractère-échappatoire : parmi
`n t b r f v \ ' "`

code-numérique-échappatoire :
chiffre-octal
chiffre-octal chiffre octal
chiffre-octal chiffre-octal chiffre-octal

La signification de ces séquences échappatoires est indiquée dans les paragraphes suivants.

Si le caractère apparaissant à la suite de la barre-oblique-inversée n'est ni un chiffre octal, ni l'un des codes caractères échappatoires indiqués ci-dessus, le résultat doit être considéré comme imprévisible, bien que d'une manière traditionnelle la barre-oblique-inversée soit simplement ignorée.

2.7.6 Codes caractères échappatoires

Les codes caractères échappatoires sont utilisés pour représenter certains caractères spéciaux communs d'une manière indépendante du jeu de caractères de l'ordinateur cible. Les caractères qui peuvent suivre la barre-oblique-inversée ainsi que leur signification sont donnés ci-dessous.

`b`	espacement-arrière
`f`	avance-de-page
`n`	nouvelle-ligne
`r`	retour-de-chariot
`t`	tabulation horizontale
`v`	tabulation verticale
`\`	barre-oblique-inversée
`'`	apostrophe
`"`	guillemet

Afin d'illustrer la manière d'utiliser les codes caractères échappatoires, un court programme qui permet de compter le nombre de lignes (plus exactement, le nombre de caractères nouvelle-ligne) fournies en entrée est donné ci-dessous. La fonction `getchar` retourne le caractère entré suivant jusqu'à la fin du texte entré, la fonction `getchar` retourne alors `-1` (le nom habituel correspondant à cette valeur conventionnelle est `EOF`).

```
/* Comptage du nombre de lignes entrées. */
main()
{
  int car_suiv;            /* caractère entré suivant */
  int nb_lignes;         /* nombre de lignes détectées */

  while ((car_suiv = getchar()) != EOF)
                              /* pour chaque caractère */
    if (car_suiv == '\n')  /* c'est une nouvelle ligne */
      ++nb_lignes;               /* incrémente compteur. */

  /* Imprime le total. */
  printf("%d lignes lues.\n",nb_lignes);
}
```

La Proposition de normalisation ANSI C enrichit le jeu de caractères échappatoires.

Références EOF 17.1 ; caractères échappatoires dans la Proposition de normalisation ANSI C 11.1.7

2.7.7 *Codes numériques échappatoires*

Les codes numériques échappatoires permettent d'exprimer n'importe quel caractère en écrivant le code octal de ce caractère dans le jeu de caractères cible. Jusqu'à trois caractères octaux peuvent être utilisés pour exprimer le code, ce qui est suffisant pour tout caractère comportant jusqu'à neuf bits sur l'ordinateur cible. Par exemple, en utilisant le code ASCII, le caractère `a` peut être écrit sous la forme `\141` et le caractère `?` sous la forme `\77`. Le caractère nul, utilisé pour terminer les chaînes de caractères est toujours écrit sous la forme `\0`. La valeur d'un code numérique échappatoire qui ne correspond pas à un caractère dans le jeu de caractères d'exécution dépend du type d'implémentation. (Se reporter au paragraphe 2.7.3 à ce sujet.)

L'extrait de programme ci-dessous provenant d'un programme de protocoles de communications illustre l'utilisation des codes numériques échappatoires.

```
{
  char  nouv_car;
  extern char reception();
  extern void repondre();
  for (;;) {                          /* Boucle "sans fin" */
    nouv_car = reception(); /* Accepter le caractère
                               suivant */
    if (nouv_car == '\0')
      continue;              /* Ignorer un caractère nul */
    if (nouv_car == '\004')
      break;                          /* Arrêter si EOT. */
    if (nouv_car == '\006')
      repondre('\006');           /* Répondre ACK à ACK. */
    else
      repondre('\025');           /* Répondre NAK sinon. */
  }
}
```

Le programmeur doit être prudent lorsqu'il utilise des codes numériques échappatoires pour deux raisons. La première raison est que la syntaxe des codes numériques échappatoires est très délicate ; un code numérique échappatoire prend fin lorsque trois chiffres octaux ont été utilisés ou lorsqu'un caractère non octal est rencontré. Par conséquent, la chaîne de caractères `"\0111"` est équivalente à deux caractères, `\011` et `1`, et la chaîne de caractères `"\080"` est équivalente à trois caractères, `\0`, `8` et `0`.

La deuxième raison est que l'utilisation de n'importe quel code numérique échappatoire dans une constante de type caractère ou chaîne de caractère — à l'exception du caractère nul — peut rendre le programme C non portable. Les ensembles de caractères dépendent de l'implémentation et dans le cas où le code spécifié n'a pas d'équivalent dans le jeu de caractères cible, le résultat est imprévisible. Il est reconnu de manière implicite dans certains programmes C que l'ordinateur cible utilise huit bits pour représenter un caractère, de telle sorte que les codes compris entre `\0` et `\377` permettent de prendre toutes les valeurs possibles dans le jeu de caractères cible. Cette généralisation n'est toutefois pas portable. Il existe toujours un meilleur moyen de dissimuler les codes échappatoires dans des définitions de macros. Comme vous pouvez le constater ci-dessous, le programme donné dans l'exemple précédent peut être considérablement clarifié de la manière suivante :

```
#define NUL '\0'
#define EOT '\004'
#define ACK '\006'
#define NAK '\025'
{
  char nouv_car;
  extern char reception();
  extern void repondre();
  for (;;) {                            /* Boucle "sans fin" */
    nouv_car = reception(); /* Accepter le caractère
                                  suivant */
    if (nouv_car == NUL)
      continue;             /* Ignorer un caractère nul */
    if (nouv_car == EOT)
      break;                          /* Arrêter si EOT. */
    if (nouv_car == ACK)
      repondre(ACK);             /* Répondre ACK à ACK. */
    else
      repondre(NAK);             /* Répondre NAK sinon. */
  }
}
```

Certaines implémentations (y compris la Proposition de normalisation ANSI C) permettent d'exprimer les codes numériques échappatoires en notation hexadécimale, tel que `\x1A` ou quelquefois `\0x1A`. Cette option est relativement commode, bien qu'elle ne soit pas très commune sous UNIX.

Références caractère nul 2.1 ; codes numériques échappatoires dans la Proposition de normalisation ANSI C 11.1.7 ; constante de type caractère 2.7.3 ; constante de type chaîne de caractères 2.7.4 ; #define 3.3 ; définitions de macros 3.3. ; jeu de caractères cible 2.1.1

3

Le préprocesseur C

Le préprocesseur C est un processeur de macros simple qui effectue un traitement du texte source d'un programme C avant que le compilateur effectue une analyse systématique du programme source. Dans certaines implémentations du langage C, le préprocesseur est un programme séparé qui effectue une lecture du fichier source original et crée un nouveau fichier source "prétraité" qui peut être utilisé comme fichier d'entrée pour le compilateur C. (Dans de telles implémentations, les programmes qui ne contiennent aucune commande de préprocesseur peuvent être compilés directement, sans prétraitement.) Dans d'autres implémentations, un programme unique effectue le prétraitement et la compilation lors d'un seul passage sur le fichier source sans nécessairement créer de fichier intermédiaire.

3.1 COMMANDES DE PREPROCESSEUR

Le préprocesseur est contrôlé par des lignes spéciales de commande de préprocesseur, qui correspondent aux lignes du programme source commençant par le caractère #. Il convient de remarquer que le caractère # n'a pas d'autre utilisation dans le langage C. Les lignes qui ne contiennent pas de commandes de préprocesseur sont appelées lignes de texte du programme source. Les commandes classiques du préprocesseur sont :

`#define`	Définit une macro de préprocesseur.
`#undef`	Supprime une définition de macro.
`#include`	Introduit du texte en provenance d'un autre fichier.
`#if`	Introduit conditionnellement du texte, en fonction de la valeur d'une expression constante.
`#ifdef`	Introduit conditionnellement du texte si un nom de macro est défini.
`#ifndef`	Introduit conditionnellement du texte, en effectuant le test contraire de celui effectué par `#ifdef`.
`#else`	Introduit alternativement du texte si l'un des tests précédents `#if`, `#ifdef` ou `#ifndef` a échoué.
`#endif`	Termine l'introduction conditionnelle de texte.
`#line`	Fournit un numéro de ligne pour les messages retournés par le compilateur.

Deux commandes de préprocesseur ont récemment été ajoutées. Ces commandes sont commodes mais ne sont pas disponibles sur tous les compilateurs C :

`#elif`	Introduit alternativement du texte en fonction de la valeur d'une autre expression constante.
`defined`	Détermine si un nom est défini comme macro de préprocesseur. (Cet opérateur peut être utilisé dans les commandes `#if` et permet d'éviter l'utilisation des commandes `#ifdef` et `#ifndef`.)

Le préprocesseur supprime concrètement toutes les lignes de commande du préprocesseur rencontrées dans le fichier source et effectue toutes les transformations supplémentaires du fichier source suggérées par ces commandes. Ces transformations comprennent notamment l'expansion des appels de macros au niveau du texte du programme source. Le texte prétraité résultant de cette opération doit être un programme C ne contenant aucun caractère `#` si ce n'est sur la ligne de commande `#line` et dans les constantes de type caractère ou chaîne de caractères.

La syntaxe des commandes de préprocesseur est complètement indépendante (bien qu'en quelque sorte très semblable) de la syntaxe du reste du langage C. Il est par exemple possible pour une définition de macro d'être remplacée par un fragment syntaxiquement incomplet à partir du moment où ce fragment a un sens (c'est-à-dire s'il est complété correctement) dans l'ensemble des contextes dans lesquels la macro est invoquée.

Toutes les commandes énoncées ci-dessus sont compatibles avec la Proposition de normalisation ANSI C, qui comporte en outre les commandes `#pragma` et `#error`.

Références #define 3.3 ; defined 3.5.5 ; #elif 3.5.2 ; #else 3.5.1 ; #endif 3.5.1 ; #error 11.2.6 ; #if 3.5.1 ; #ifdef 3.5.3 ; #ifndef 3.5.3 ; #line 3.6 ; #pragma 11.2.6 ; #undef 3.3.5

3.2 CONVENTIONS LEXICALES DU PREPROCESSEUR

Le préprocesseur n'effectue pas d'analyse syntaxique du texte source bien qu'il le divise en tokens afin de pouvoir reconnaître les appels de macros. Les conventions lexicales du préprocesseur sont les mêmes que celles utilisées par le compilateur : le préprocesseur reconnaît les identificateurs, les constantes entières, les constantes à virgule flottante, les constantes de type caractère et chaînes de caractères et les commentaires. Les commandes du préprocesseur ne sont pas reconnues lorsqu'elles sont situées à l'intérieur de constantes de type caractère, chaînes de caractères ou à l'intérieur de commentaires. (Toutefois dans certaines implémentations, les noms des paramètres formels de macros *sont* reconnus lorsqu'ils sont situés à l'intérieur de constantes de type caractère, chaînes de caractères ou à l'intérieur de commentaires apparaissant dans le corps d'une macro. Se reporter au paragraphe 3.3.2 à ce sujet).

Une ligne commençant par # est traitée comme une commande de préprocesseur ; le nom de la commande doit suivre le caractère #. Dans certaines implémentations du langage C, le caractère # doit être le premier caractère apparaissant sur une ligne ; dans d'autres implémentations, il est possible de faire précéder le caractère # par des caractères espaces blancs. Certaines implémentations permettent de placer un caractère espace blanc (à l'exception d'une rupture de ligne) entre le caractère # et le nom de la commande, cette variante n'est pas possible dans d'autres implémentations. La tendance moderne est d'autoriser un espace blanc avant et après le caractère #.

Le reste de la ligne peut comporter des arguments de la commande si nécessaire. Si une commande de préprocesseur n'a pas d'argument, le reste de la ligne de commande doit être vide ou doit seulement comporter des caractères espaces blancs ou des commentaires. Malheureusement, la plupart des implémentations du langage C ignorent souvent tous les caractères apparaissant à la suite des arguments autorisés (s'ils existent), ceci provoquant l'ignorance de certains types d'erreurs. Les arguments des commandes de préprocesseur sont généralement sujets au remplacement de macros.

Certaines implémentations UNIX — soit par accident, soit volontairement — effectuent une expansion des macros avant de chercher les commandes de préprocesseur. Nous considérons cette méthode comme très mauvaise et n'avons pas encore reçus d'arguments valides pour la rendre légitime. De plus, les implémentations qui appliquent cette technique sont incohérentes dans la mesure où elles n'effectuent pas d'expansion de macro lorsqu'elles ignorent le texte situé avant les commandes #else et #endif.

A l'intérieur d'une ligne de commande de préprocesseur, lorsqu'un délimiteur de fin de ligne est précédé immédiatement d'un \, le délimiteur de fin de ligne et le \ sont supprimés et la ligne suivante est considérée comme si elle faisait partie de la ligne qui se terminait par un \. Ceci signifie qu'une ligne de commande de préprocesseur peut être continuée sur la ligne suivante en la faisant terminer par \. Ceci signifie aussi que lorsqu'une ligne se termine par un \, la ligne suivante n'est jamais traitée comme une ligne de commande de préprocesseur, même dans le cas où le premier caractère de cette ligne différent d'un espace blanc est un #. Par exemple,

```
#define erreur(drapeau,msg) if (drapeau) \
    printf(msg)
```

est équivalent à

```
#define erreur(drapeau,msg) if (drapeau) printf(msg)
```

Conformément aux explications du paragraphe 2.2, le préprocesseur traite les commentaires comme des espaces blancs et les ruptures de lignes placées à l'intérieur des commentaires ne terminent pas les commandes de préprocesseur.

Références commentaires 2.2 ; fin de ligne 2.1.2 ; nouvelle-ligne 2.1.2 ; tokens 2.3

3.3 DEFINITION ET REMPLACEMENT

La commande de préprocesseur `#define` permet de définir un nom (identificateur) comme une macro de préprocesseur. Une série de tokens, portant le nom de *corps* de macro est associée avec ce nom. Lorsque le nom de la macro est reconnu à l'intérieur du texte du programme source ou au niveau des arguments de certaines autres commandes de préprocesseur, il est traité comme un appel à cette macro, auquel cas le nom est remplacé concrètement par une copie du corps de la macro. Lorsqu'une définition de macro comporte des arguments, les arguments qui suivent le nom de la macro remplacent les paramètres formels apparaissant dans le corps de la macro.

Le préprocesseur ne fait pas de différence entre les mots réservés et les autres identificateurs, il est par conséquent possible, en principe, d'utiliser un mot réservé du langage C comme nom de macro de préprocesseur, toutefois une telle utilisation est en général considérée comme une mauvaise habitude de programmation. Les noms de macros ne sont jamais reconnus à l'intérieur des commentaires ou des constantes de type chaînes de caractères.

Par exemple, si une macro `somme` comportant deux arguments était définie par

```
#define somme(x,y) x+y
```

le préprocesseur remplacerait la ligne du programme source

```
result = somme(5,a*b);
```

par

```
result = 5+a*b;
```

3.3.1 Définitions de macros simples

La commande `#define` prend deux formes différentes en fonction de la présence d'une parenthèse gauche '(' placée immédiatement à la suite du nom à définir. La forme la plus simple ne comporte pas de parenthèse gauche :

`#define` *nom série-de-tokens*

Une macro définie de cette manière ne comporte pas d'arguments. Elle est invoquée en mentionnant simplement son nom. Lorsque ce nom est rencontré dans le texte du programme source ou dans un autre contexte approprié, il est remplacé par le corps de la macro (la *série-de-tokens* associée).

La forme simple de macro est tout particulièrement utile pour introduire des constantes nommées à l'intérieur d'un programme, de telle sorte qu'un "nombre magique", tel que la taille d'un tableau peut être défini à un seul endroit et être invoqué à un autre endroit à l'aide d'une référence au nom de la constante. Ceci simplifie considérablement les modifications ultérieures de cette constante. Par exemple :

```
#define TAILLE_DE_BLOC 0x100
                        /* Taille d'un bloc de disque. */
#define TAILLE_DE_SILLON (16*TAILLE_DE_BLOC)
                      /* Taille d'un sillon de disque. */
#define TAILLE_DU_TABLEAU_D'ADRESSES 557
             /* Taille initiale du tableau d'adresses. */
#define MESSERR "*** Erreur %d: %s.\n"
                      /* Format à utiliser par printf. */
             /*  bits de protection de fichier, tels
                 qu'utilisés dans les répertoires de
                 fichiers systèmes. */
#define ACCES_LECTURE 0100000
             /*  Le contenu du fichier peut être lu comme
                 des données. */
#define ACCES_ECRITURE 0040000
        /* Modification du contenu du fichier possible. */
#define ACCES_COMPLETION 0020000
             /* Addition d'un nouveau contenu possible. */
#define ACCES_EXECUTION 0010000
        /* Exécution sous forme de programme possible. */
#define ACCES_SUPPRESSION 0004000
                     /* Suppression du fichier possible. */
```

```
#define ACCES_RENOMMER   0002000
            /* Changement du nom du fichier possible. */
#define ACCES_SAUVEGARDE 0001000
                    /* Sauvegarde sur bande possible. */
#define ACCES_ACCES     0000400
            /* Modification des bits d'accès possible */
```

La syntaxe de la commande `#define` ne nécessite *pas* l'utilisation d'un signe égal ou d'un autre token délimiteur quelconque après le nom en cours de définition. Le corps de la macro commence tout de suite après le nom. (Si le corps commence par un caractère alphabétique, un chiffre ou une parenthèse gauche, un espace est bien entendu nécessaire pour séparer le corps du nom).

Une erreur de programmation classique consiste à ajouter un signe égal :

```
/* Certainement faux: */
#define NOMBRE_DE_LECTEURS_DE_BANDES = 5
```

Cette définition est tout à fait correcte, bien qu'elle définisse NOMBRE_DE_LECTEURS_DE_BANDES comme "= 5" au lieu de "5". Si la ligne de programme suivante était écrite

```
compteur = NOMBRE_DE_LECTEUR_DE_BANDES;
```

elle serait remplacée par

```
compteur = = 5;      /* Incorrect. */
```

qui est syntaxiquement correcte. Au pire, on pourrait écrire accidentellement

```
résultat = compteur + NOMBRE_DE_LECTEURS_DE_BANDES;
```

cette ligne serait alors remplacée par

```
résultat = compteur + = 5;    /* Certainement faux. */
```

qui est syntaxiquement correcte (étant donné que += est un opérateur d'affectation composé qui peut contenir un espace blanc), toutefois l'effet produit n'est certainement pas celui attendu ! On pourrait écrire

```
compteur NOMBRE_DE_LECTEURS_DE_BANDES;         /* Oh! */
```

et cette ligne serait remplacée par

```
compteur = 5;
```

et par conséquent `compteur` prendrait la valeur 5. La meilleure conclusion de ce type de pratique est qu'elle porte à confusion. La leçon est évidente : veillez à ne pas introduire de signe égal dans une définition de macro. Pour des raisons similaires, ne pas ajouter de point-virgule :

```
#define NOMBRE_DE_LECTEURS_DE_BANDES 5;
                         /* Certainement faux. */
```

Une utilisation importante de définitions de macros simples à pour but d'isoler les restrictions dépendantes des implémentations portant sur les noms de fonctions et de variables définies de manière externe. Un exemple d'une telle utilisation est donné dans le paragraphe 2.5.

Références opérateurs d'affectation composés 7.9.2 ; opérateurs et séparateurs 2.4

3.3.2 Définition de macros comportant des paramètres

La forme plus compliquée de définition de macros déclare les noms des paramètres formels entre parenthèses et séparés par des virgules :

`#define` *nom(nom1, nom2, ..., nomn) série-de-tokens*

La parenthèse gauche doit être placée immédiatement à la suite du nom de la macro sans aucun espace intermédiaire. (Si un espace blanc est placé entre la parenthèse gauche et le nom de la macro, la définition est considérée comme une définition de macro sans argument dont le corps commence par une parenthèse gauche.)

Les noms des paramètres formels doivent être des identificateurs et ils doivent tous être différents les uns des autres. Il n'est pas nécessaire que les noms des paramètres soient mentionnés dans le corps (bien qu'ils soient tous mentionnés en général).

Une macro définie de cette manière nécessite autant d'arguments qu'il existe de paramètres formels. La macro est invoquée en écrivant son nom, une parenthèse gauche, un argument sous forme d'une série de tokens pour chaque paramètre formel et une parenthèse droite. Les séries de tokens correspondant aux arguments sont séparées par des virgules. Par exemple :

```
#define produit(x,y)  ((x)+(y))
...
  return produit(a+3,b);
```

Un caractère espace blanc peut apparaître entre le nom de la macro et la parenthèse gauche ou dans la liste d'arguments.

Une macro peut être définie comme ayant un nombre nul de paramètres formels :

```
#define obtcar()  getc(stdin)
```

Lorsqu'une telle macro est invoquée, une liste vide d'arguments effectifs doit être fournie :

```
while ((c=obtcar()) != EOF) ...
```

Ce type de macro est utile pour simuler une fonction qui ne nécessite pas d'arguments.

Une série de tokens correspondant à un argument effectif peut contenir des parenthèses si celles-ci sont correctement imbriquées et des virgules si chacune d'entre elles apparaît dans un ensemble de parenthèses (cette restriction permet d'éviter une confusion avec les virgules qui séparent les arguments effectifs). Des parenthèses et des virgules peuvent aussi apparaître librement à l'intérieur des tokens des constantes de type caractère ou chaînes de caractères, celles-ci ne sont pas comptées comme parenthèses imbriquées utilisées pour délimiter les arguments effectifs. Par exemple, les arguments de la macro `produit` définie ci-dessus pourraient correspondre à des appels de fonctions :

```
int f(), g();
...
  return produit( f(a,b), g(a,b) );
```

Des accolades et des crochets d'indiçage peuvent aussi apparaître à l'intérieur des arguments de macros, ils ne peuvent toutefois pas contenir de virgules et ne doivent pas nécessairement être balancés. Supposons par exemple, qu'une macro ait été définie avec un argument ayant la forme d'une expression arbitraire :

```
#define introduire(exp) exp
```

L'invocation

```
introduire( {a=1; b=1;} )
```

fonctionne correctement, toutefois si les deux expressions d'affectation sont transformées en une expression unique contenant deux expressions d'affectation :

```
introduire( {a=1, b=1;}  )
```

le préprocesseur se plaindra de la présence d'un nombre trop important d'arguments de macros pour la fonction `introduire`. Pour corriger ce problème, il aurait fallu écrire :

```
introduire( {(a=1. b=1);} )
```

Certaines implémentations (limitées) de préprocesseurs ne permettent pas d'étendre la liste de tokens des arguments effectifs sur plusieurs lignes à moins que les lignes incomplètes soient terminées par un \.

Lorsqu'une macro compliquée est rencontrée, l'ensemble de la macro est remplacé, après traitement des paramètres, par une copie traitée du corps de macro. Le traitement des paramètres continue de la manière suivante. Les chaînes de caractères correspondant aux tokens d'arguments effectifs sont associées avec les noms de paramètres formels correspondants. Une copie du corps de macro est ensuite effectuée dans laquelle chaque apparition d'un nom de paramètre formel est remplacée par une copie de la série de token correspondant à l'argument effectif qui lui est associé. Cette copie du corps de macro remplace alors l'appel de macro. Ce procédé de remplacement d'un appel de macro par une copie traitée de son corps porte le nom d'*expansion de macro* ; la copie traitée du corps est appelée *expansion* de l'appel de macro.

Considérons à titre d'exemple la définition de macro suivante :

```
/*   incr: cette macro correspond à une expression for
     qui donne à la variable (toute gvaleur) toutes
     les valeurs comprises entre l et h, comprises.
     Remarquer que v et h peuvent être évalués plus
     d'une fois.
*/
#define incr(v,l,h) \
               for ((v) = (l); (v) <= (h); (v)++)
```

Ceci permet d'effectuer facilement une boucle qui compte à partir d'une certaine valeur jusqu'à une certaine limite (comprise). Par exemple, pour imprimer la table des cubes des entiers compris entre 1 et 20, il est possible d'écrire

```
main()
{
  int j;
  printf(" N  N au cube\n");
  incr(j, 1, 20)
    printf("%2d %6d\n", j, j*j*j);
}
```

L'appel de macro `incr` est remplacé par le préprocesseur de manière à générer le programme suivant prêt à être compilé :

```
main()
{
  int j;
  printf(" N N au cube\n");
  for ((j) = (1); (j) <= (20); (j)++)
    printf("%2d %6d\n", j, j*j*j);
}
```

L'utilisation libre des parenthèses permet d'assurer qu'une liste compliquée d'arguments effectifs ne provoquera pas de confusion au niveau du compilateur. Se reporter au paragraphe 3.3.6 à ce sujet.)

3.3.3 Rebalayage des expressions de macros

Une fois l'expansion de macro terminée, le balayage des appels de macros recommence au *début* de l'expansion ; ceci est effectué dans le but de reconnaître les noms de macros à l'intérieur de l'expansion afin de permettre d'autres remplacements. Remarquer que le remplacement des macros n'est effectué sur aucune partie d'une commande `#define`, pas même le corps, au cours du traitement de la commande et de la définition du nom de macro. Les noms de macros sont seulement reconnus à l'intérieur du corps après expansion du corps en un appel de macro particulier. Par ailleurs, le remplacement de macro n'est pas effectué à l'intérieur des chaînes de caractères correspondant aux tokens d'arguments effectifs d'une macro compliquée lors du balayage de l'appel de macro. Les noms de macros sont seulement reconnus à l'intérieur des chaînes de caractères correspondant aux tokens d'arguments effectifs lors du rebalayage de l'expansion, en admettant que le paramètre formel correspondant s'est présenté en réalité une ou plusieurs fois à l'intérieur du corps (provoquant par conséquent l'apparition de la chaîne de caractère de token d'argument effectif une ou plusieurs fois à l'intérieur de l'expansion). Par exemple, étant donné les définitions de macros suivantes :

```
#define plus(x,y) ajouter(y,x)
#define ajouter(x,y) ((x)+(y))
```

L'invocation de macro

```
plus( plus(a,b), c)
```

est remplacée par les étapes suivantes :

```
plus( plus(a,b), c )
ajouter( c, plus(a,b) )
((c)+(plus(a,b)))
((c)+(ajouter(b,a)))
((c)+(((b)+(a))))
```

Dans le cas ou l'expansion d'une macro ressemble à une commande de préprocesseur, cette commande n'est *pas* reconnue comme une commande de préprocesseur. Par exemple, le résultat de

```
/* Cet exemple ne produit pas l'effet attendu! */
#define OBTMATH #include <math.h>
OBTMATH
```

n'est *pas* d'inclure le fichier `math.h` dans le programme en cours de compilation. L'appel de macro `OBTMATH` produit l'expansion en série de tokens suivante

```
#include <math.h>
```

toutefois cette expansion n'est pas reconnue comme une commande `#include` de préprocesseur ; la série de tokens est simplement ignorée et compilée comme une partie (erronée) du programme C. D'une manière générale, une ligne est traitée comme une ligne de commande de préprocesseur si et seulement si le premier caractère qui n'est pas un espace blanc est # *avant* tout remplacement de macro sur la ligne. Enfin, il est possible d'écrire des macros récursives dont les expansions sont interminables. Par exemple, l'expansion de macro

```
#define repeter(x) x repeter(x)
```

produira une série infinie de ses arguments. La plupart des compilateurs C ne détectent pas cette récursivité et essaient de continuer l'expansion jusqu'à ce qu'ils soient arrêtés par une erreur système quelconque.

3.3.4 Macros prédéfinies

De nombreuses implémentations du langage C fournissent des macros spéciales, prédéfinies pour être utilisées par le programmeur. Par exemple, la macro __FILE__ (comportant quatre tirets de soulignement) est souvent prédéfinie comme étant le nom en tant que chaîne de caractères du fichier en cours de prétraitement et __LINE__ est souvent prédéfinie comme le numéro de la ligne du fichier source en cours de compilation. Ces macros sont utiles dans certains types de messages d'erreur :

```
if (n !== m)
  fprintf(stderr,"Erreur interne: ligne %d, \
          fichier %s\n", \
        __LINE__, __FILE__ );
```

De telles macros prédéfinies ont été considérées suffisamment utiles pour être reconnues par la Proposition de normalisation ANSI C. Ces macros ne peuvent pas être redéfinies ou supprimées par #undef.

Certaines implémentations définissent aussi habituellement des macros permettant de communiquer des informations concernant l'environnement, tel que le type d'ordinateur pour lequel le programme est compilé. Par exemple, un compilateur ayant pour cible le DEC VAX-11 peut prédéfinir une macro `vax` de telle sorte que le programmeur puisse écrire

```
#ifdef vax
  Programme_particulier_au_Vax
#endif
```

afin de provoquer la compilation d'une certaine partie de programme source seulement lorsque l'ordinateur cible est un VAX. Le type exact des macros qui sont définies dépend de l'implémentation, bien que les implémentations UNIX prédéfinissent habituellement `unix`. A la différence des macros prédéfinies, ces macros peuvent être supprimées par #undef.

Références commande de préprocesseur `#if` 3.5.1 ; commande de préprocesseur `#ifdef` 3.5.3 ; `fprintf` 17.11 ; macros prédéfinies dans la Proposition de normalisation ANSI C 11.2.3 ; supprimer des définitions de macros à l'aide de #undef 3.3.5

3.3.5 Supprimer et redéfinir des macros à l'aide de #undef

La commande `#undef` peut être utilisée pour supprimer la définition d'un nom :

```
#undef nom
```

Cette commande provoque la suppression de toute définition de macro appelée *nom* au niveau du préprocesseur. La suppression d'un nom qui n'est pas couramment défini n'est pas considérée comme une erreur. Une fois supprimé, un nom peut recevoir une nouvelle définition (en utilisant `#define`) sans provoquer d'erreur. Le remplacement des macros n'est pas effectué à l'intérieur des commandes `#undef`.

Les implémentations du langage C diffèrent dans leur manière de traiter une définition de nom qui existe déjà en tant que macro. Certaines implémentations ignorent la définition pré-existante et la remplacent par la nouvelle en générant éventuellement un message d'avertissement. Une meilleure alternative est de considérer la redéfinition comme une erreur à moins que la définition soit identique (token-pour-token) à celle qui existe déjà. (Ceci est parfois connu sous le nom de "redéfinition bénigne.") Les programmeurs peuvent éviter tout problème en utilisant `#ifndef` pour s'assurer de l'absence de définition pré-existante :

```
ifndef TAILLEMAXDESTABLEAUX
#define TAILLEMAXDESTABLEAUX 1000
#endif
```

Ce style est particulièrement efficace dans l'environnement UNIX (et d'autres implémentations du même type) étant donné que le programmeur peut fournir ses définitions de macros lorsque le compilateur est invoqué. La syntaxe prend en général la forme suivante :

```
cc -c -DTAILLEMAXDESTABLEAUX=5000 prog.c
```

Un petit nombre d'implémentations non-UNIX traitent `#define` et `#undef` de manière à maintenir une pile de définitions. Lorsqu'un nom est redéfini à l'aide de `#define`, sa définition précédente est empilée et sa nouvelle définition remplace l'ancienne. Lorsqu'un nom est supprimé à l'aide de `#undef`, sa définition courante est abandonnée et sa définition précédente la plus récente (si elle existe) est dépilée pour assurer le remplacement. Le programme suivant peut être utilisé pour déterminer si le modèle d'empilage des définitions de macros est en effet. (La redéfinition de MSG sur la deuxième ligne peut provoquer une erreur de compilation, auquel cas le modèle d'empilage n'est pas en effet.)

```
#define MSG "#define/#undef sont empilés"
#define MSG "(Cette définition ne devrait jamais \
            être prise en compte)"
#undef MSG
#ifndef MSG
#define MSG "#define/#undef ne sont pas empilés"
#endif
int main()
{
  printf("%s\n",MSG);
  return 0;
}
```

La Proposition de normalisation ANSI C ne supporte pas le modèle d'empilage.

Références commande `#define` 3.3 ; commande `#ifdef` 3.5.3 ; commande `#ifndef` 3.5.3

3.3.6 Erreurs de priorité dans les expansions de macros

Les macros fonctionnent simplement par remplacement textuel de tokens. La décomposition du corps de macro en déclarations, expressions ou instructions se produit seulement après l'expansion de la macro. Ceci peut provoquer des résultats surprenants si les macros ne sont pas utilisées avec prudence. Considérer par exemple la définition de macro :

```
#define CARRES(x) x*x
```

L'idée est que la fonction `CARRES` transforme une expression donnée comme argument en une nouvelle expression afin de calculer le carré de cet argument. Par exemple, `CARRES(5)` subit l'expansion `5*5`. Cependant, l'expression

```
CARRE(z+1)
```

devient après expansion

```
z+1*z+1
```

Lorsque cette expression est analysée, elle est interprétée comme

```
z+(1*z)+1
```

qui ne donne pas le même résultat que `(z+1)*(z+1)` à moins que `z` soit égal à zéro. Il serait certainement plus prudent de placer chaque apparition du paramètre formel entre parenthèses dans la définition de `CARRE` :

```
#define CARRE(x)  (x)*(x)
```

Cette définition ne permet pas toutefois de se protéger complètement des problèmes de priorité. Considérer une conversion de type permettant de changer le type du carré :

```
(short) CARRE(z+1)
```

Cette expression devient après expansion :

```
(short)  (z+1)*(z+1)
```

qui est décodée de la manière suivante

```
((short)  (z+1))*(z+1)
```

étant donné qu'une conversion de type a priorité devant une multiplication. La définition peut être améliorée pour éviter ce problème :

```
#define CARRE(x)  ((x)*(x))
```

D'une manière générale, il est toujours plus prudent de placer chacun des paramètres apparaissant dans le corps de la macro entre parenthèses. Si la syntaxe du corps de la macro correspond à celle d'une expression, l'ensemble du corps doit aussi être placé entre parenthèses.

Références expressions de conversion de type 7.5.1 ; priorité dans les expressions 7.2.1

3.3.7 Effets secondaires dans les arguments de macros

Les macros peuvent aussi poser des problèmes d'effets secondaires. Considérer la macro `CARRE` définie ci-dessus et une fonction `carre` qui effectue (pratiquement) la même opération :

```
int carre(x)
  int x;
{
    return x*x;
}
```

A la différence de la macro, la fonction calcule seulement le carré de nombres entiers et ne s'applique pas aux nombres à virgule flottante. Par ailleurs, l'appel de fonction peut certainement se révéler un peu plus lent lors de l'exécution que la macro. Toutefois, ces différences sont moins importantes que le problème des effets secondaires. Dans la partie de programme

```
a = 3;
b = carre(a++);
```

la variable b prend la valeur 9 et la valeur finale de la variable a est 4. Toutefois, dans la partie de programme apparemment identique

```
a = 3;
b = CARRE(a++);
```

la variable b peut très bien prendre la valeur 12 et la valeur finale de la valeur a est alors 5, étant donné que la partie de programme précédente devient après expansion

```
a = 3;
b = ((a++)*(a++));
```

(Nous disons que 12 et 5 "peuvent" être les valeurs finales de b et a étant donné que les diverses implémentations du langage C sont libres de calculer l'expression ((a++)*(a++)) de différentes manières).

Lorsqu'une fonction telle que carre est utilisée, l'expression argument est calculée exactement une seule fois, de telle sorte que l'effet secondaire de l'expression apparaît seulement une fois. Lorsqu'une macro telle que CARRE est utilisée, un argument réel peut être textuellement répété et par conséquent exécuté plus d'une fois entraînant l'apparition répétée d'effets secondaires. Afin d'éviter ce problème, les macros doivent être utilisées avec prudence.

Références opérateur incrément ++ 7.4.4

3.3.8 Conversion de tokens en chaînes de caractères

Dans de nombreuses implémentations du langage C, les noms de paramètres formels, à la différence des appels de macros, *sont* reconnus à l'intérieur des constantes de type chaînes de caractères et caractère. Etant donné que l'argument réel a pu être divisé en tokens, après ignorance éventuelle des commentaires et des espaces blancs excédentaires, la substitution d'une série de tokens constituant un argument réel par une chaîne de caractères peut ne pas rétablir la série de caractères exacte apparaissant dans l'appel de macro. Lors de l'enregistrement du corps de la macro, le compilateur peut effectuer certaines modifications. Il peut éliminer les espaces blancs excédentaires. Il peut réduire les constantes sous une "forme canonique", en effectuant par exemple une réduction 0000400 en 0400 ou en 256. Les commentaires peuvent être traités de trois manières : remplacés par un espace blanc, remplacés par un commentaire vide ou conservés tels quels. Considérer la définition suivante :

```
#define CONSTRUIRECHAINE(x) "x"
```

Le résultat de l'appel

```
CONSTRUIRECHAINE(a += 1 /* Incrémenter compteur.   */)
```

peut correspondre à l'une quelconque des représentations suivantes :

```
"a += 1   /*  Incrémenter compteur. */"
"a += 1 "
"a += 1   /**/"
"a+=1     /*  Incrémenter compteur. */"
"a+=1"
```

Les programmes sont plus facilement portables si les arguments réels qui remplacent les paramètres formels à l'intérieur des constantes de type caractère et chaînes de caractères sont des tokens simples. Encore mieux, dans la mesure où certaines implémentations ne supportent pas du tout de telles substitutions, le programmeur peut maximiser la portabilité en évitant complètement l'utilisation de paramètres formels de macros à l'intérieur de constantes de type caractère et chaînes de caractères.

La Proposition de normalisation ANSI C ne permet pas de reconnaître les paramètres formels de macros à l'intérieur des constantes de type chaînes de caractères. Toutefois le besoin de convertir les tokens en chaînes de caractères a été reconnu et un mécanisme spécial introduit à cet effet.

Références conversion de tokens en chaînes de caractères dans la Proposition de normalisation ANSI C 11.2.2

3.3.9 Regroupement de tokens dans les expansions de macros

Bien que la définition originale du langage C décrive les corps de macros comme des séries de tokens et non pas comme des séries de caractères, certains compilateurs C effectuent une expansion et une redécomposition des corps de macros comme s'ils étaient des séries de caractères. Ceci devient clair en premier lieu dans le cas ou le compilateur traite les commentaires en les éliminant complètement (plutôt qu'en les remplaçant par un espace), un cas qui a été exploité par certains programmes écrits de manière astucieuse :

```
#define INC ++
#define TAB tableau_interne
#define INCTAB tableau_d'increments
#define CONC(x,y) x/**/y
CONC(INC,TAB)
```

L'interprétation convenable du corps de la macro CONC est celle d'une série de tokens x et y, séparés par un commentaire ou un espace. Le commentaire sert, dans tous les cas d'implémentation, à séparer x et y de telle sorte qu'ils puissent être reconnus comme paramètres formels de la macro CONC. L'appel

```
CONC(INC,TAB)
```

Devrait se transformer après expansion en

```
INC TAB
```

qui à son tour devient

```
++ tableau_interne
```

Toutefois, les implémentations qui éliminent simplement les commentaires et qui redécomposent les corps de macros comme des séries de caractères plutôt que séries de tokens, effectuent l'expansion de l'appel

```
CONC(INC,TAB)
```

sous forme de la série de caractères

```
INC TAB
```

et en effectuant par la suite une redécomposition, l'interprètent comme un token unique INCTAB. Celui-ci deviendrait après expansion

```
tableau_d'increments
```

qui est tout autre chose. Etant donné que toutes les implémentations ne traitent pas le problème de la même manière, l'utilisation d'une concaténation implicite de tokens fondée sur une redécomposition telle que celle décrite ci-dessus peut affecter la portabilité d'un programme.

La Proposition de normalisation ANSI C a retiré du préprocesseur la notion de regroupement de tokens décrite dans ce paragraphe. Toutefois, l'effet d'un tel regroupement a été jugé suffisamment important pour introduire un nouvel opérateur de concaténation de tokens.

Références opérateur incrément ++ 7.5.8 ; regroupement de tokens dans la Proposition de normalisation ANSI C 11.2.2

3.3.10 Autres problèmes

Certaines implémentations du langage C n'effectuent pas de vérifications d'erreurs poussées concernant les définitions et les appels de macros. Elles permettent par exemple de compléter un token incomplet apparaissant dans le corps de la macro par le texte apparaissant après l'appel de macro. Par exemple, la définition et l'appel de macro suivants

```
#define P1  "Ceci est une chaîne"
...
  printf(P1" partagée."); /* Hum! */
```

provoquent après prétraitement la compilation du texte source

```
printf("Ceci est une chaîne partagée.");
```

L'insuffisance de vérification d'erreurs apparaissant dans certaines implémentations ne rend pas l'exploitation de cette insuffisance légitime. La Proposition de normalisation ANSI C reconfirme le fait que les corps de macros doivent être des séries de tokens correctement constituées.

3.4 INCLUSION DE FICHIER

La commande de préprocesseur `#include` permet de traiter l'ensemble du contenu d'un fichier texte spécifié de la même manière que s'il apparaissait à la place de la commande `#include`. La commande `#include` peut être utilisée de deux manières différentes. Si le premier caractère différent d'un espace blanc suivant la commande `#include` est un guillemet, le dernier caractère différent d'un espace sur la ligne de commande doit aussi être un guillemet. Si le premier caractère différent d'un espace blanc suivant la commande `#include` est <, le dernier caractère différent d'un espace blanc sur la ligne de commande doit être >. Dans les deux cas, tous les caractères compris entre les deux délimiteurs constituent un nom de fichier (dont le format dépend de l'implémentation).

Si le premier caractère différent d'un espace blanc qui suit le nom de la commande n'est ni " ni <, une substitution de macro est effectuée sur la portion de la ligne de commande apparaissant à la suite de `#include` ; ceci permet d'effectuer une expansion d'appel de macro dans un nom de fichier (délimiteurs compris).

Les deux types de commandes diffèrent dans la manière de localiser le fichier spécifié. La commande

`#include "`*nom-de-fichier*`"`

effectue en général une recherche du fichier en commençant par le "répertoire" dans lequel le fichier contenant la commande `#include` est situé et continue éventuellement la recherche dans d'autre répertoires en suivant des règles de recherches qui dépendent de l'implémentation. Toutefois la commande

`#include` *<nom-de-fichier>*

n'effectue pas en général une recherche du fichier dans le même répertoire que celui du fichier contenant la commande `#include`, la recherche est effectuée dans des cheminements "standard" suivant des règles de recherche qui dépendent de l'implémentation. L'intention générale est d'utiliser la forme "..." pour se référer à d'autres fichiers écrits par l'utilisateur alors que la forme < ... > est utilisée pour se référer aux fichiers de "bibliothèque" standard.

En principe, un fichier inclu peut lui-même contenir des commandes `#include`. Le niveau d'imbrication maximum autorisé pour les commandes `#include` dépend de l'implémentation, toutefois, la plupart des implémentations autorisent une imbrication de cinq à six niveaux.

3.5 *COMPILATION CONDITIONNELLE*

Les commandes conditionnelles de préprocesseur permettent au préprocesseur d'ignorer ou d'éliminer des lignes de texte source en fonction d'une condition précalculée

3.5.1 Les commandes #if, #else et #endif

Les commandes de préprocesseur `#if`, `#else` et `#endif` sont utilisées pour permettre l'inclusion ou l'exclusion conditionnelle de lignes de texte source dans la compilation. Ces commandes sont utilisées de la manière suivante :

```
#if expression-constante
  groupe-de-lignes-1
#else
  groupe-de-lignes-2
#endif
```

L'*expression-constante* est sujette à un remplacement par une macro et doit être évaluée comme une constante ayant une valeur arithmétique. Un "groupe de lignes" peut contenir un nombre de lignes de texte quelconque de n'importe quel type, y compris d'autres lignes de commande de préprocesseur ou aucune autre ligne. La commande `#else` peut être omise, y compris le groupe de ligne qui la suit ; ceci équivaut à inclure une commande `#else` suivie d'un groupe de lignes vide. L'un quelconque des groupes de lignes peut aussi contenir un ou plusieurs ensembles de commandes `#if-#else-#endif`, plus exactement, il est possible d'imbriquer des commandes de compilation conditionnelle.

Un ensemble de commandes telles que celles décrites ci-dessus est traité de telle manière qu'un groupe de lignes est analysé et que l'autre groupe est ignoré. Tout d'abord, l'*expression-constante* qui fait partie de la commande *#if* est évaluée. Si sa valeur n'est pas nulle, le *groupe-de-lignes-1* est analysé et le *groupe-de-lignes-2* (s'il existe) est ignoré. Dans le cas contraire, le *groupe-de-lignes-1* est ignoré et s'il existe une commande `#else`, le *groupe-de- lignes-2* est analysé ; s'il n'existe pas de commande `#else`, aucun groupe de lignes n'est analysé. Les expressions constantes qui peuvent être utilisées dans une commande `#if` sont décrites en détail dans les paragraphes 3.5.4 et 7.11.

Un groupe de lignes qui est ignoré n'est pas traité par le préprocesseur. Le remplacement des macros n'est pas effectué et les commandes de préprocesseur sont ignorées. La seule exception à cette règle est que les commandes `#if`, `#ifdef`, `#ifndef`, `#elif`, `#else` et `#endif` situées à l'intérieur d'un groupe de lignes ignorées sont reconnues dans le seul but d'être comptées, ceci afin de maintenir un niveau correct d'imbrication des commandes de compilation conditionnelles. (Cette reconnaissance implique par ailleurs que les lignes ignorées sont lues et décomposées en tokens et que les constantes de type chaînes de caractères et les commentaires sont par exemple reconnus correctement).

Si un nom de macro non défini apparaît dans une *expression-constante* d'une commande `#if` ou `#elif`, il est remplacé par la constante entière 0. Ceci signifie que les commande "`#ifdef` name" et "`#if` name" sont équivalentes tant que le nom de macro lorqu'il est défini a une valeur arithmétique constante différente de zéro. Nous estimons qu'il est beaucoup plus clair d'utiliser l'opérateur `#ifdef` ou `#defined` dans ces cas particuliers ; toutefois, la Proposition de normalisation ANSI C elle-même accepte l'utilisation de `#if`.

Références `defined` 3.5.5 ; `#elif` 3.5.2 ; `#ifdef` 3.5.3

3.5.2 Les commandes `#elif`

La commande `#elif` est une addition récente au langage C et est reconnue par quelques compilateurs et par la Proposition de normalisation ANSI C. Cette commande est pratique car elle permet de simplifier l'imbrication des commandes conditionnelles de préprocesseur.

La commande `#elif` correspond à une combinaison des commandes `#else` et `#if`. Elle est utilisée entre `#if` et `#endif` de la même manière que `#else`, mais elle comporte une expression constante évaluée comme celle d'une commande `#if`. Cette commande est utilisée de la manière suivante :

```
#if expression-constante-1
   groupe-de-lignes-1
#elif expression-constante-2
   groupe-de-lignes-2
#elif expression-constante-3
   groupe-de-lignes-3
   ...
#elif expression-constante-n
   groupe-de-lignes-n
#else
   dernier-groupe-de-lignes
#endif
```

Un ensemble de commandes tel que celui indiqué ci-dessus est traité de telle sorte qu'au plus un groupe de lignes est analysé et que tous les autres groupes de lignes sont ignorés. L'*expression-constante-1* de la commande `#if` est d'abord évalué. Si sa valeur n'est pas nulle, le *groupe-de-lignes-1* est analysé et tous les autres groupes de lignes jusqu'à la commande `#endif` correspondante sont ignorés. Si la valeur de l'*expression-constante-1* de la commande `#if` est 0, l'*expression-constante-2* de la première commande `#elif` est évaluée, si cette valeur n'est pas nulle, le *groupe-de-lignes-2* est analysé. Dans le cas général, chaque *expression-constante-i* est évaluée jusqu'à ce que l'une d'entre elles prenne une valeur différente de zéro ; le préprocesseur traite alors le groupe de lignes situé à la suite de la commande comportant l'*expression constante* non nulle et ignore toute autre expression-constante dans l'ensemble de commandes ainsi que tout autre groupe de lignes. Si aucune *expression-constante-i* prend une valeur non nulle mais qu'il existe toutefois une commande `#else`, le groupe de lignes situé à la suite de la commande `#else` est analysé ; s'il n'existe pas de commande `#else`, aucun groupe de lignes n'est analysé. Les expressions constantes qui peuvent être utilisées avec la commande `#elif` sont les mêmes que celles qui peuvent être utilisées avec la commande `#if` (Se reporter aux paragraphes 3.5.4 et 7.11).

Les commandes `#elif` situées à l'intérieur d'un groupe de lignes ignorées sont reconnues de la même manière que pour les commandes `#if`, `#else` et `#endif`, dans le seul but d'être comptées pour maintenir une niveau d'imbrication correct des commandes de compilation conditionnelles.

Le remplacement des macros est effectué dans la partie de la ligne de commande qui suit la commande `#elif`, de telle sorte qu'il est possible d'utiliser des appels de macros dans l'*expression-constante.*

Alors que l'utilisation de la commande `#elif` est très pratique dans certains cas, elle n'est pas nécessaire étant donné que ce qu'elle accompli peut être simulé en utilisant des commandes `#if`, `#else` et `#endif`. Par exemple, l'ensemble des commandes suivantes :

```
#if expression-constante-1
   groupe-de-lignes-1
#elif expression-constante-2
   groupe-de-lignes-2
#elif expression-constante-3
   groupe-de-lignes-3
#else
   dernier-groupe-de-lignes
#endif
```

peut être récrit de la manière suivante :

```
#if expression-constante-1
  groupe-de-lignes-1
#else
#if expression-constante-2
  groupe-de-lignes-2
#else
#if expression-constante-3
  groupe-de-lignes-3
#else
  dernier-groupe-de-lignes
#endif
#endif
#endif
```

3.5.3 Les commandes #ifdef et #ifndef

Les commandes `#ifdef` et `#ifndef` peuvent être utilisées pour tester si un nom est défini comme macro de préprocesseur. Une ligne de commande du type

```
#ifdef nom
```

est équivalente à

```
#if 1
```

lorsque *nom* a été défini et est équivalent à

```
#if 0
```

lorsque `nom` n'a pas été défini ou a été supprimé par une commande `#undef`. La commande `#ifndef` a la signification inverse, elle est vraie lorsque le nom n'a pas été défini et fausse dans le cas contraire.

Il convient de remarquer que les commandes `#ifdef` et `#ifndef` déterminent la validité des noms par l'existence d'une définition à l'aide d'une commande `#define` (ou une suppression à l'aide d'une commande `#undef`) ; ces commandes ne tiennent pas compte des noms qui apparaissent dans le texte du programme C en cours de compilation.

Ces commandes ont été utilisées de plusieurs manières stylées dans les programmes C. Tout d'abord, il est commun d'implémenter un type enumératif lors de l'exécution du préprocesseur en créant un ensemble de symboles parmi lesquels un seul est utilisé. Supposons par exemple que vous souhaitiez utiliser les noms `VAX`, `PDP11`, `IBM360` et `CRAY2` pour indiquer le type d'ordinateur pour lequel le programme doit être compilé. Il conviendrait alors d'insister sur le fait que tous ces noms doivent être définis, l'un étant défini comme `1` et tous les autres comme `0` :

```
#define VAX     0
#define PDP11   0
#define IBM360  0
#define CRAY2   1
```

On pourrait alors sélectionner conditionnellement des morceaux de programmes à compiler de la manière suivante :

```
#if VAX
  instructions destinées au VAX
#endif
#if PDP11
  instructions destinées au PDP11
#endif
#if IBM360
  instructions destinées à l'IBM360
#endif
#if CRAY2
  instructions destinées au CRAY2
#endif
```

Toutefois, la méthode habituelle définit un symbole unique :

```
#define CRAY2 1
/* Tous les autres symboles ne sont pas définis. */
```

Les commandes conditionnelles effectuent alors un test de définition pour chacun des symboles :

```
#ifdef VAX
  instructions destinées au VAX
#endif
#ifdef PDP11
  instructions destinées au PDP11
#endif
#ifdef IBM360
  instructions destinées à l'IBM360
#endif
#ifdef CRAY2
  instructions destinées au CRAY2
#endif
```

Une autre utilisation des commandes `#ifdef` et `#ifndef` permet de fournir des valeurs par défaut pour des définitions de macros. Par exemple, un fichier de bibliothèque peut fournir une définition de nom dans le cas ou aucune autre définition n'a été fournie :

```
/*  Fichier de bibliothèque <table.h>.
    Maintient un tableau interne.
*/

#ifndef TAILLE_DE_TABLEAU
#define TAILLE_DE_TABLEAU 100
#endif
...
static int tableau_interne[TAILLE_DE_TABLEAU];
...
```

Un programme pourrait simplement inclure ce fichier :

```
#include <table.h>
```

auquel cas la définition de `TAILLE_DE_TABLEAU` serait `100`, à la fois dans le fichier de bibliothèque lui-même et à la suite de la commande `#include` ; ou encore le programme pourrait fournir une définition explicite pour commencer :

```
#define TAILLE_DE_TABLEAU 500
#include <table.h>
```

auquel cas la définition de `TAILLE_DE_TABLEAU` serait `500` dans l'ensemble du programme.

Références conventions lexicales de préprocesseur 3.2 ; `#define` 3.3 ; `#include` 3.4 ; `#undef` 3.3.5

3.5.4 Expressions constantes dans les commandes conditionnelles

Les expressions constantes qui peuvent être utilisées dans les commandes `#if` et `#elif` sont décrites de manière détaillée dans le paragraphe 7.11. La valeur d'une expression constante doit être déterminée de la même manière que toute autre expression constante dans le programme : le résultat de l'évaluation d'une expression constante doit être identique au résultat de l'évaluation de la même expression lors de l'exécution.

Si l'ensemble de la ligne de commande qui suit `#if` ou `#elif` ne constitue pas après remplacement des macros une expression constante légale, ou si une erreur quelconque se produit lors du calcul de la valeur de cette expression (par exemple, une division par zéro), une mesure propre à l'implémentation est prise. Certains compilateurs donnent un message d'erreur et donnent une valeur par défaut de 0 à l'ensemble de l'expression ; plus exactement, le test de condition est négatif et le groupe de lignes suivant est ignoré. Cette hypothèse a pour seul but de permettre de continuer la compilation pour rechercher d'autres erreurs.

3.5.5 L'opérateur `defined`

Il existe un opérateur, `defined`, qui peut seulement être utilisé dans les expressions `#if` et `#elif` et nulle part ailleurs dans le langage C. Une expression de la forme

`defined` *nom*

ou

`defined(` *nom* `)`

est évaluée à 1 si *nom* est défini dans le préprocesseur et 0 dans le cas contraire. Ceci permet d'écrire

```
#if defined(VAX)
```

au lieu de

```
#ifdef VAX
```

L'opérateur `defined` est plus pratique à utiliser car il est permet de construire des expressions complexes telles que

```
#if defined(VAX) && !defined(UNIX) && depistage
...
```

L'opérateur `defined` est relativement nouveau en C et n'est pas accepté par tous les compilateurs. Cet opérateur a été adopté par la Proposition de normalisation ANSI C.

3.6 NUMEROTATION DE LIGNE EXPLICITE

La commande de préprocesseur `#line` signale au compilateur C que le programme source a été généré par un autre outil et indique une correspondance entre les emplacements du programme source et les lignes du fichier original écrit par l'auteur du programme source C. La commande `#line` peut prendre deux formes. La forme

`#line` *constante-entière* "*nom-de-fichier*"

indique que la ligne suivante du programme source a été dérivée de la ligne *n* de la version originale du fichier *nom-de-fichier* écrit par l'auteur. La forme

`#line` *constante-entière*

indique que la ligne suivante du programme source a été dérivée de la ligne *n* de la version originale du fichier dont le nom a été mentionné dans une commande `#line` précédente.

Le remplacement des macros est effectué sur la partie de la ligne de commande située à la suite de `#line` avant que la ligne de commande soit interprétée. Ceci permet d'effectuer un appel de macro pour évaluer la *constante-entière*, le *nom-de-fichier* ou les deux.

Les informations fournies par la commande `#line` sont simplement utilisées pour donner des messages d'erreur plus précis. Certains outils qui génèrent du texte C source utilisent `#line` pour faire correspondre les messages d'erreur avec le fichier d'entrée de l'outil au lieu du fichier source C. Certains compilateurs ne supportent pas la commande `#line` et l'ignorent tout simplement.

Certaines implémentations de C permettent d'utiliser le préprocesseur indépendamment du reste du compilateur. En effet, le préprocesseur est parfois un programme séparé qui est exécuté pour produire un fichier intermédiaire qui est ensuite traité par le compilateur "réel". Dans ce cas, le préprocesseur peut générer des commandes `#line` dans le fichier intermédiaire ; l'analyseur syntaxique du compilateur est alors supposée reconnaître ces commandes même si il ne reconnaît aucune autre commande de préprocesseur. Le fait que le préprocesseur puisse générer des commandes `#line` dépend purement de l'implémentation. De la même manière, le fait que le préprocesseur analyse, modifie ou élimine les commandes `#line` dans le fichier d'entrée dépend aussi de l'implémentation.

Des implémentations de C plus anciennes permettent simplement d'utiliser "#" comme synonyme de la commande `#line` :

constante-entière nom-de-fichier

Cette syntaxe est considérée inusitée, toutefois de nombreuses implémentations de C continuent à la supporter pour assurer la compatibilité.

De nombreuses implémentations permettent d'utiliser un # tout seul sur une line pour représenter une commande "nulle" ; le préprocesseur élimine alors la ligne sans traitement supplémentaire.

La commande `#line` n'existe pas dans certains compilateurs non UNIX. Cette commande fait partie de la Proposition de normalisation ANSI C, de même que la commande "vide" #.

4

Déclarations

Déclarer un identificateur dans le langage C correspond à associer cet identificateur avec un objet quelconque de C tel qu'une variable, une fonction ou un type. Les identificateurs qui peuvent être déclarés en C sont :

- variables
- fonctions
- types
- marqueurs de type
- composants de structure et d'union
- constantes de type énumération
- étiquettes d'instructions
- macros de préprocesseur

A l'exception des étiquettes d'instruction et des macros de préprocesseur, tous les identificateurs sont déclarés par leur apparition dans des *déclarations* C. Les variables, fonctions et types apparaissent dans des *déclarateurs* situés à l'intérieur des déclarations. Les marqueurs de type, les composants de structure et d'union et les constantes de type énumération sont déclarés dans certaines formes de *spécificateurs de type* à l'intérieur des déclarations. Les étiquettes d'instruction sont déclarées par leur apparition dans une fonction C et les macros de préprocesseur sont déclarées à l'aide de la commande de préprocesseur `#define`.

Les déclarations en C sont difficiles à décrire pour plusieurs raisons. Tout d'abord, elles nécessitent une syntaxe quelque peu inhabituelle qui peut porter à confusion pour un novice. Par exemple, la déclaration

```
int (*f)();
```

ne déclare pas `f` comme étant une certaine forme d'entier mais plutôt comme un pointeur à une fonction retournant un entier.

Par ailleurs, la plupart des propriétés abstraites des déclarations telles que le *domaine d'application* et *l'étendue* ne sont pas clairement évidentes dans les implémentations de C. Avant de passer à la syntaxe effective d'une déclaration, nous décrivons ces propriétés dans le paragraphe 4.2.

Enfin, certains aspects des déclarations C sont difficiles à comprendre sans connaître le système de types de C qui est décrit dans le Chapitre 5. En particulier, la description des marqueurs de type, des noms de composants de structure et d'union et des constantes de type énumération est laissée à ce chapitre, bien que certaines propriétés de ces déclarations soient présentées ici pour compléter l'exposé.

Références commande de préprocesseur `#define` 3.3 ; étiquettes d'instruction 8.3 ; marqueurs de type 5.11.2 ; spécificateurs de type 4.4 ; type énumération 5.5 ; types structure 5.6 ; types union 5.7

4.1 ORGANISATION DES DECLARATIONS

Des déclarations peuvent apparaître à différents endroits d'un programme C et l'endroit où elles apparaissent affecte les propriétés des déclarations. Pour donner une description générale, un *programme* comporte une séquence de *déclarations de haut niveau* de fonctions, de variables et d'autres entités. Chaque fonction comporte des *déclarations de paramètres* et un corps ; le corps de fonction peut à son tour contenir des *blocs* (instructions composées). Un bloc peut contenir une séquence de *déclarations internes.*

La syntaxe décrite ci-dessous montre l'emplacement des déclarations dans un programme C. (certaines alternatives syntaxiques ne sont pas applicables à cet exposé et ont été laissées de côté ainsi qu'indiqué par "...").

programme :
    liste-de-déclarations-de-haut-niveau$_{opt}$

liste-de-déclarations-de-haut-niveau :
    déclaration-de-haut-niveau
    liste-de-déclarations-de-haut-niveau déclaration-de-haut-niveau

déclaration-de-haut-niveau :
    déclaration-initialisée
    définition-de-fonction

définition-de-fonction :
spécificateurs-de-déclaration$_{opt}$ *déclarateur corps-de-fonction*

spécificateurs-de-déclaration :
spécificateur-de-classe-de-mémorisation
spécificateur-de-type
spécificateurs-de-déclaration spécificateur-de-classe-de-mémorisation
spécificateurs-de-déclaration spécificateur-de-type

corps-de-fonction :
liste-de-déclarations-de-paramètres$_{opt}$ *instruction-composée*

instruction-composée :
{ *liste-de-déclarations-internes*$_{opt}$ *liste-d'instructions*$_{opt}$ }

liste-de-déclarations-internes :
liste-de-déclarations-initialisées

liste-d'instructions :
instruction
liste-d'instructions instruction

instruction :
instruction-composée
...

liste-de-déclarations-de-paramètres :
liste-de-déclarations

liste-de-déclarations :
déclaration
liste-de-déclarations déclaration

déclaration :
spécificateurs-de-déclaration liste-de-déclarations ;

déclaration-initialisée :
spécificateurs-de-déclaration liste-de-déclarations-initialisées ;

liste-de-déclarateurs-initialisés :
déclarateur-initialisé
liste-de-déclarateurs-initialisés , *déclarateur-initialisé*

déclarateur-initialisé :
déclarateur partie-initialisation$_{opt}$

déclarateur-simple :
  identificateur
  ...

partie-initialisation :
  ' = ' *initialisateur*

initialisateur :
  expression
  ...

Comme vous pouvez le constater, toutes les déclarations à l'exception des définitions de fonctions partagent la même syntaxe. En fait des règles sémantiques interdisent certaines déclarations syntaxiquement correctes en fonction de la position et de la forme de la déclaration. Ces règles seront considérées plus tard.

Références déclarateurs Ch. 4.5 ; définitions de fonctions Ch. 9 ; expressions Ch. 7 ; initialisateurs 4.6 ; instructions Ch.8 ; spécificateurs de classe de mémorisation 4.3 ; spécificateurs de type 4.4

4.2 TERMINOLOGIE

Afin de décrire la signification des déclarations dans un programme C, nous devons établir une certaine terminologie.

4.2.1 Domaine d'application

Le *domaine d'application* d'une déclaration correspond à la région de texte du programme C dans laquelle cette déclaration est active. Une déclaration peut avoir comme domaine d'application une simple instruction composée, un corps de fonction ou une plus large portion du programme source.

En C, les identificateurs peuvent avoir un maximum de cinq domaines d'application :

- Le domaine d'application d'un identificateur déclaré dans une déclaration de plus haut niveau s'étend entre son emplacement de déclaration (paragraphe 4.2.3) et la fin du fichier programme source.
- Le domaine d'application d'un identificateur déclaré dans une déclaration de paramètre formel s'étend entre son emplacement de déclaration et la fin du corps de la fonction.
- Le domaine d'application d'un identificateur déclaré au début d'un bloc s'étend entre son emplacement de déclaration et la fin du bloc.
- Le domaine d'application d'une étiquette d'instruction englobe l'ensemble du corps de la fonction dans laquelle elle apparaît.
- Le domaine d'application d'un nom de macro de préprocesseur s'étend entre la commande `#define` et la fin du fichier programme source ou jusqu'à la première commande `#undef` qui annule sa définition.

Les identificateurs qui ne sont pas destinés au préprocesseur et qui sont déclarés à l'intérieur d'une fonction ou d'un bloc sont souvent considérés comme ayant un *domaine d'application local.* Le domaine d'application de chaque identificateur est limité au fichier source C dans lequel il apparaît. Toutefois, certains identificateurs peuvent être déclarés *external* auquel cas les déclarations de ce même identificateur dans deux ou plusieurs fichiers peuvent être liées de la manière décrite dans le paragraphe 4.8. La Proposition de normalisation ANSI C introduit un nouveau type de domaine d'application associé avec les déclarations de prototype de fonction.

Références commande de préprocesseur `#define` 3.3 ; noms externes 4.8 ; prototypes de fonction (Proposition de normalisation ANSI C) 11.3.5 ; commande de préprocesseur `undef` 3.3.5

4.2.2 Visibilité

Une déclaration d'identificateur est *visible* dans un certain contexte si l'utilisation de l'identificateur dans ce contexte est attachée à la déclaration ; plus exactement, l'identificateur sera associé avec cette déclaration. Une déclaration peut être visible dans toute l'étendue de son domaine d'application mais peut aussi être *masquée* par d'autres déclarations dont le domaine d'application et la visibilité chevauchent celles de la première déclaration. Par exemple, dans le programme suivant, la déclaration de `fou` comme une variable entière est masquée par la déclaration interne de `fou` comme une variable virgule-flottante. La déclaration extérieure de `fou` est seulement masquée à l'intérieur du corps de la fonction `main`.

```
int fou = 10; /*  fou est défini au plus niveau */

main()
{
  float fou;  /*  cette déclaration de fou masque la
                  déclaration extérieure */
  ... sin(fou) ...
}
```

En C, les déclarations de paramètres formels peuvent masquer les déclarations de plus haut niveau et les déclarations de début de bloc peuvent masquer les déclarations extérieures au bloc. Pour qu'une déclaration en masque une autre, les identificateurs déclarés doivent être identiques, doivent appartenir à la même *classe de surcharge* et doivent être déclarés dans deux domaines d'application différents, l'un devant contenir l'autre.

Références bloc 8.4 ; classe de surcharge 4.2.4 ; déclarations de paramètres 9.3 ; déclarations de plus haut niveau 4.1

4.2.3 Références anticipées

A l'exception d'un petit nombre de situations particulières, un identificateur ne peut pas être utilisé avant d'être déclaré. Pour être précis, nous définissons l'*emplacement de déclaration* d'un identificateur comme étant la position du token lexical de l'identificateur dans la déclaration. Toute utilisation d'un identificateur après l'emplacement de déclaration est autorisée. Dans l'exemple ci-dessous, un entier, `intsize` peut être initialisé comme ayant sa propre taille étant donné que l'utilisation de `intsize` dans l'initialisateur apparaît après l'emplacement de déclaration.

```
static int intsize = sizeof(intsize);
```

Lorsqu'un identificateur est utilisé avant son emplacement de déclaration, une *référence anticipée* a sa déclaration se produit. C autorise les références anticipées dans deux cas. Tout d'abord, une étiquette d'instruction peut apparaître dans une instruction `goto` avant d'être définie :

```
  if (erreur) goto traitement;
  ...
traitement:
  FermerFichier();
  ...
```

Par ailleurs, un marqueur de structure, d'union ou d'énumération peut être utilisé avant d'être déclaré. Cette situation est décrite dans le paragraphe 5.6.1.

Des références anticipées incorrectes sont illustrées dans l'exemple suivant qui est une tentative de définition de structure se référençant elle-même à l'aide d'une déclaration typedef. Dans ce cas, la dernière apparition de `cellule` sur la ligne correspond à l'emplacement de déclaration et par conséquent, l'utilisation de `cellule` dans la structure est incorrecte.

```
typedef struct {  int Valeur; cellule *Suivante; }
  cellule;
```

Des concept en rapports étroits avec la notion de références anticipées sont les *déclarations implicites* et les *déclarations dupliquées*.

Références déclarations dupliquées 4.2.5 ; déclarations implicites 4.7 ; instruction `goto` 8.10 ; types pointeur 5.3 ; types structure 5.6

4.2.4 Surcharge de noms

En C et dans les autres langages de programmation, le même identificateur peut être associé avec plus d'une entité de type programme à la fois. Lorsque cela se produit, nous disons que le nom est *surchargé* et le contexte dans lequel le nom est utilisé détermine l'association en effet. Par exemple, un identificateur peut correspondre à la fois au nom d'une variable et à un marqueur de structure. Lorsqu'il est utilisé dans une expression, l'association avec la variable est utilisée ; lorsqu'il est utilisé dans un spécificateur de type, l'association avec le marqueur est utilisée.

Lorsqu'un nom est surchargé avec plusieurs associations, chaque association possède son propre domaine d'application et peut être masquée par d'autres déclarations indépendantes d'autres associations. Par exemple, si un identificateur est utilisé à la fois comme une variable et un marqueur de structure, un bloc interne peut redéfinir l'association avec la variable sans affecter l'association avec le marqueur.

Il existe cinq *classes de surcharge* pour les noms en C. (Nous nous référons parfois à ces classes en utilisant la notion de *domaines de noms*).

1. *Noms de macros de préprocesseur.* Etant donné que le prétraitement a lieu de manière logique avant la compilation, les noms utilisés par le préprocesseur sont indépendants de tous les autres noms utilisés par un programme C.
2. *Etiquettes d'instructions.* Les étiquettes d'instructions nommées font partie des instructions. Les définitions d'étiquettes d'instruction sont toujours suivies de : (et ne font pas partie des étiquettes de `case`). Les étiquettes d'instruction sont toujours utilisées immédiatement à la suite du mot réservé `goto`.
3. *Marqueurs de structure, d'union et d'énumération.* Ces marqueurs font partie des spécificateurs de type structure, union et énumération et ils suivent toujours immédiatement, en cas de présence, les mots réservés `struct`, `union` ou `enum`.
4. *Noms de composant.* Les noms de composant sont situés dans les domaines de noms associés avec chaque type structure et union. Plus exactement, le même identificateur peut être un nom de composant dans un nombre quelconque de structures et d'unions en même temps. Les définitions de noms de composants apparaissent toujours à l'intérieur des spécificateurs de type structure ou union. Les noms de composants sont toujours utilisés immédiatement à la suite des opérateurs de sélection . et ->.
5. *Autres noms.* Tous les autres noms font partie d'une classe de surcharge qui contient les variables, les fonctions, les noms typedef et les constantes de type énumération.

Ces règles diffèrent légèrement de celles de la définition originale de C. Tout d'abord, la définition originale de C place les étiquettes d'instructions au même endroit que les identificateurs ordinaires et un nombre suffisant de compilateurs suivent toujours la règle suivant laquelle le programmeur doit en être conscient. Le problème est que l'utilisation d'un seul domaine de nom peut être une source importante de confusion, étant donné que les étiquettes n'obéissent pas aux règles normales de structure de bloc. Par exemple, dans la portion de programme suivante, la déclaration entière de `L` cache-t-elle l'étiquette ou est-elle une définition dupliquée incorrecte de `L` ?

```
{ ...
  goto L;
  ...
  { int L;
    ...
    { ...
        L = 10;
        ...
      L:
        ...
    }
  }
}
```

Les compilateurs plaçant les étiquettes dans le même domaine de nom que les variables considèrent ce type d'utilisation comme une définition dupliquée incorrecte.

Par ailleurs, la définition originale de C allouait tous les noms de composants de structure et d'union à partir d'un domaine unique de noms au lieu d'utiliser des domaines de noms séparés pour chaque type. Par conséquent, si `x` était un composant d'un type de structure il ne pouvait être membre d'un autre type de structure. (En fait, il existait des règles compliquées permettant aux identificateurs d'apparaître dans plus d'une structure si leurs déplacements relatifs dans la structure étaient identiques). Heureusement, cette organisation est maintenant rare dans les compilateurs C et a été corrigée dans les définitions courantes du langage.

Enfin, l'inclusion des marqueurs de type structure, union et énumération dans la même classe de surcharge est en accord avec la définition courante du langage, bien que la syntaxe de C soit telle qu'ils pourraient faire partie de domaines de noms différents (et certains compilateurs les définissent de cette manière).

Références définition dupliquée 4.2.5 ; étiquettes d'instruction 8.10 ; instruction `goto` 8.10 ; marqueurs d'énumération 5.5 ; marqueurs de structure 5.6 ; marqueurs d'union 5.7 ; noms de composants 5.6.3 ; noms typedef 5.10 ; opérateurs de sélection 7.4.2 ; spécificateurs de type structure 5.6 ; spécificateurs de type union 5.7

4.2.5 Déclarations dupliquées

Il est incorrect d'effectuer deux déclarations utilisant le même nom (dans une même classe de surcharge) dans le même bloc ou au plus haut niveau. De telles déclarations sont dites en *conflit*. Dans l'exemple suivant, les deux déclarations de `combien` sont en conflit mais les deux déclarations de `chaine` ne le sont pas (étant donné qu'elle appartiennent à deux domaines de nom différents).

```
extern  int     combien;
extern  char    chaine[10];
typedef double  combien();
extern  struct  chaine {int a, b;} x;
```

Il existe deux exceptions à l'interdiction de déclarations dupliquées. La première est qu'un nombre quelconque de déclarations externes (*de référence*) peuvent exister pour le même nom tant que les déclarations donnent le même type au nom de chaque élément. Cette exception reflète la conviction que la déclaration de la même fonction externe de bibliothèque deux fois de suite ne doit pas être incorrecte.

Par ailleurs, si un identificateur est déclaré comme externe, cette déclaration peut être suivie d'une *définition* (paragraphe 4.8) du même nom plus tard dans le programme dans la mesure où cette définition donne au nom le même type que celui de la (ou des) déclaration(s) externe(s). Cette exception permet à l'utilisateur de générer des références anticipées correctes aux variables et aux fonctions. Par exemple, dans la portion de programme suivante, nous définissons deux fonctions `f` et `g` qui se référencent l'une et l'autre. Dans le cas normal, l'utilisation de `f` à l'intérieur de `g` est une référence anticipée incorrecte. Toutefois en faisant précéder la définition de `g` par une déclaration externe de `f`, nous fournissons suffisamment d'informations au compilateur concernant `f` pour compiler `g`. (En l'absence d'une déclaration initiale de `f`, un compilateur à une passe ne saurait pas en compilant `g` que `f` retourne une valeur du type `double` plutôt que `int`).

```
extern double f();

double g(x, y)
  double x, y;
{
  ... f(x-y) ...
}

double f(z)
  double z;
{
  ... g(z, z/2.0) ...
}
```

Un problème existe dans ce mécanisme. Les variables qui sont sujettes à des références anticipées à l'intérieur du même fichier doivent être déclarées comme `extern` alors qu'elles pourraient autrement appartenir à la classe de mémorisation `static`. Certains compilateurs, lorsqu'ils détectent une déclaration externe suivie d'une définition statique du même nom, devinent (correctement ou non) ce qui se passe et ne génèrent pas de référence externe lors de l'édition de liens.

Références définir et référencer des déclarations 4.8 ; classe de mémorisation `extern` 4.3 ; références anticipées 4.2.3 ; classe de surcharge 4.2.4 ; classe de mémorisation `static` 4.3

4.2.6 Visibilité dupliquée

Etant donné que les règles de domaine d'application de C spécifient que le domaine d'application d'un nom commence à partir de son emplacement de déclaration plutôt qu'à la fin du bloc dans lequel il est défini, une situation peut se présenter où deux déclarations qui ne sont pas en conflit peuvent être référencées dans différentes parties du même bloc.

Dans l'exemple ci-dessous, deux variables nommées `i` sont référencées dans le bloc d'étiquette `B` — l'entier `i` déclaré dans le bloc extérieur est utilisé pour initialiser la variable `j` et une variable virgule-flottante `i` est déclarée et masque le premier `i`.

```
{
  int i = 0;
  ...
B:  {
      int j = i;
      float i = 10.0;
      ...
    }
}
```

La référence à `i` dans l'initialisation de `j` est ambiguë. De quel `i` s'agit-il ? La plupart des compilateurs se comporteront de la manière (apparemment) attendue ; la première utilisation de `i` dans le bloc `B` utilise la définition extérieure et la redéfinition de `i` dissimule ensuite la définition extérieure pour le restant du bloc. Nous considérons cette utilisation comme un mauvais style de programmation qui doit être évité.

4.2.7 Etendue

Les variables et les fonctions, à la différence des types, existent lors de l'exécution ; plus exactement, ils sont dotés d'un espace de mémorisation qui leur est alloué. L'*étendue* de ces objets correspond à la durée pendant laquelle cet espace leur est alloué.

Elles ont une *étendue statique* lorsque l'espace de mémorisation est alloué au début ou avant le début de l'exécution du programme et reste alloué jusqu'à la fin du programme. En C, toutes les fonctions ont une étendue statique ainsi que toutes les variables déclarées au plus haut niveau du programme. Les variables déclarées au début des blocs peuvent avoir une étendue statique en fonction de la déclaration.

Un objet est dit avoir une *étendue locale* lorsque (dans le cas de C), il est créé à l'entrée d'un bloc ou d'une fonction et est détruit lors de la sortie du bloc ou de la fonction. Si une variable d'étendue locale comporte un initialisateur, la variable est initialisée chaque fois qu'elle est créée. Les paramètres formels ont une étendue locale qui est fonction de la déclaration. Une variable d'étendue locale est souvent appelée *automatique* en C.

Enfin, il est possible en C, d'avoir des objets de données d'*étendue dynamique* ; plus exactement, des objets qui sont créés et détruits explicitement par le programmeur. Toutefois, les objets dynamiques doivent être créés en utilisant des procédures spéciales de bibliothèque telles que `malloc` et ne sont pas considérés comme faisant partie du langage C lui-même.

Références classe de mémorisation `auto` 4.3 ; classe de mémorisation `static` 4.3 ; fonctions d'allocation mémoire Ch. 18 ; fonction `malloc` 18.1 ; initialisateurs 4.6

4.2.8 Valeurs initiales

L'allocation de mémoire pour des variables n'établit pas nécessairement le contenu initial de l'espace alloué. La plupart des déclarations de variables en C peuvent comporter des *initialisateurs* qui sont des expressions utilisées pour initialiser une variable au moment où l'espace de mémorisation est alloué pour cette variable. Si un initialisateur n'est pas spécifié pour une variable, sa valeur après l'allocation est imprévisible.

Il est important de se souvenir qu'une variable statique est seulement initialisée une seule fois et qu'elle conserve sa valeur même lorsque le programme s'exécute en dehors de son domaine d'application. Dans l'exemple suivant, les deux variables `L` et `S` sont déclarées au début d'un bloc et sont toutes deux initialisées à 0. Les deux variables ont un domaine d'application local, mais `S` a une étendue statique alors que `L` a une étendue locale (automatique). Lors de chaque entrée dans le bloc, les deux variables sont incrémentées d'un et les nouvelles valeurs sont imprimées.

```
{
  static  int S = 0;
  auto  int L = 0;
  L = L + 1;
  S = S + 1;
  printf("L = %d, S = %d\n", L, S);
}
```

Quelles sont les valeurs imprimées ? Si le bloc est exécuté plusieurs fois, la sortie a l'aspect suivant :

```
L = 1, S = 1
L = 1, S = 2
L = 1, S = 3
L = 1, S = 4
...
```

Il existe une notion dangereuse en C dans l'initialisation des variables automatiques déclarées en début de blocs. L'initialisation est *seulement* garantie si le bloc est pénétré normalement ; plus exactement, si le contrôle est passé au début du bloc. Par l'intermédiaire d'étiquettes d'instructions et de l'instruction `goto`, il est possible de se brancher au milieu d'un bloc ; dans ce cas, il n'y a aucune garantie que les variables automatiques soient initialisées. La même chose est vraie lorsque les étiquettes `case` ou `default` sont utilisées en combinaison avec l'instruction `switch` pour provoquer le transfert du contrôle à l'intérieur d'un bloc. Dans l'exemple suivant, l'initialisation de la variable `somme` n'a pas lieu lorsque l'instruction `goto` transfère le contrôle à l'étiquette `L` ce qui provoque un comportement erroné.

```
goto L;
...
{
    static int vecteur[10] = {1,2,3,4,5,6,7,8,9,10};
    int somme = 0;
  L:
    /* Ajoute les éléments de "vecteur". */
    for ( i=1; i<10; i++ ) somme += vecteur[i];
    printf("la somme est %d", somme);
}
```

Références instruction `goto` 8.10 ; initialisation de variables 4.6 ; classes de mémorisation 4.3 ; instruction `switch` 8.7

4.2.9 Noms externes

Un cas spécial de domaine d'application et de visibilité est la variable ou la fonction *extern*. Un objet externe est traité tout comme un objet statique dans le fichier contenant sa déclaration. Toutefois, un identificateur déclaré de type externe est *exporté* à l'éditeur de liens et si le même identificateur est déclaré d'une manière similaire dans un autre fichier programme, l'éditeur de liens s'assurera que les deux fichier référencent le même objet (variable ou fonction).

Nous avons découvert que la plupart des compilateurs C ne respectent pas les règles normales de domaine d'application et de visibilité lors du traitement des déclarations externes. Dans la portion de programme suivant par exemple, l'apparition de `E` dans la deuxième affectation devrait être incorrecte (non définie) étant donné que le domaine d'application de la déclaration externe ne doit pas s'étendre au delà du bloc interne :

```
{
  {
    extern E;
    E = 0;
  }
  E = 1;
}
```

Toutefois, en pratique, il semble que la plupart des compilateurs C traitent la déclaration de `E` comme si elle s'était produite au plus haut niveau englobant par conséquent la deuxième affectation. La Proposition de normalisation ANSI C spécifie que les déclarations externes doivent obéir aux règles normales de domaine d'application.

Références conventions concernant les noms externes 2.5.1 ; définition et référence de nom externe 4.8 ; domaine d'application 4.2.1 ; domaine d'application d'un nom externe dans la Proposition de normalisation ANSI C 11.3.1 ; visibilité 4.2.2

4.2.10 Objets de compilation

Jusqu'alors l'exposé s'est intéressé principalement aux variables et aux fonctions qui ont une existence lors de l'exécution. Toutefois, les règles de domaine d'application et de visibilité s'appliquent de manière identique aux objets qui n'existent pas nécessairement lors de l'exécution : les noms typedef, les marqueurs de type, les noms de composants de structure et d'union et les constantes de type énumération. Lorsque l'un quelconque de ces identificateurs est déclaré, son domaine d'application est le même que celui de la variable définie au même endroit.

Références constantes de type énumération 5.5 ; domaine d'application 4.2.1 ; marqueurs de type 5.11.2 ; nom typedef 5.10 ; type structure 5.6 ; visibilité 4.2.2

4.3 SPECIFICATEURS DE CLASSE DE MEMORISATION

Nous examinons à partir de maintenant les éléments de déclarations : spécificateurs de classe de mémorisation, spécificateurs de type, déclarateurs et initialisateurs.

Le spécificateur de classe de mémorisation apparaissant lors d'une déclaration détermine principalement l'étendue de l'objet déclaré. Au plus un spécificateur de mémorisation peut apparaître dans une déclaration. (Bien que la syntaxe du paragraphe 4.1 indique que les spécificateurs de classe de mémorisation doivent précéder les spécificateurs de type, ce que nous estimons être de bon style, la définition originale de C leur permet d'apparaître dans un ordre quelconque).

spécificateur-de-classe-de-mémorisation : parmi
`auto extern register static typedef`

Les significations des classes de mémorisation sont indiquées ci-dessous. Noter que toutes les classes de mémorisation ne sont pas autorisées dans tous les contextes de déclaration.

`auto` Ce spécificateur de classe de mémorisation est seulement autorisé pour la déclaration de variables en début de blocs. Il indique que la variable a une étendue locale (automatique).

(Etant donné que cela est vrai par défaut, `auto` apparaît rarement dans les programmes C).

`extern` — Ce spécificateur de classe de mémorisation peut apparaître dans des déclarations de fonctions et de variables externes soit au plus haut niveau soit en début de blocs. Il indique de l'objet déclaré a une étendue statique et que son nom est connu de l'éditeur de liens. Le paragraphe 4.8 indique comment distinguer une définition de déclarations externes d'une référence à des déclarations externes.

`register` — Ce spécificateur de classe de mémorisation peut être utilisé pour les déclarations de variables locales ou de paramètres. Il a la même signification qu'`auto` à l'exception du fait qu'il fournit aussi un moyen de faire savoir au compilateur que la variable locale (ou le paramètre) est utilisée de manière intensive et doit être allouée de manière à minimiser le temps d'accès. (Par exemple, elle peut être allouée à un registre machine).

`static` — Ce spécificateur de classe de mémorisation peut apparaître dans les déclarations de fonctions ou de variables. Dans les définitions de fonction, il est seulement utilisé pour indiquer que le nom de la fonction n'est *pas* exporté à l'éditeur de liens. Dans le cas de déclarations de fonctions, il indique que la fonction déclarée est définie — avec la classe de mémorisation `static` — ultérieurement dans le fichier. Dans le cas de déclarations de données, il caractérise toujours une déclaration de définition non exportée à l'éditeur de liens. Les variables déclarées avec cette classe de mémorisation ont une étendue statique (par opposition à l'étendue locale spécifiée par `auto`).

`typedef` — Lorsque cette "classe de mémorisation" apparaît, elle indique que la déclaration définit un nouveau type de données plutôt qu'une variable ou une fonction. Le nom du nouveau type de données apparaît au même endroit qu'un nom de variable dans une déclaration de variable et le nouveau type de données est le type qui aurait été assigné au nom de la variable (paragraphe 5.10).

La classe de mémorisation `register` comporte des restrictions supplémentaires. Seules les variables de certains types peuvent appartenir à cette classe de mémorisation et l'ensemble des types autorisés peut varier en fonction des différents ordinateurs et compilateurs C, le type `int` étant toujours permis. Le compilateur peut limiter le nombre de variables de type `register` dans une fonction. Lorsque cette limite est atteinte, des variables supplémentaires de type `register` sont traitées comme des variables `auto`. Il est conseillé au programmeur de n'utiliser qu'une ou deux de ces variables. Enfin, les variables déclarées du type `register` ne peuvent pas être utilisées comme argument de l'opérateur adresse `&`. Une tentative d'une telle utilisation peut provoquer une erreur ou simplement provoquer l'ignorance de la classe `register`.

Références déclarations de paramètres formels 9.3 ; définition de fonction Ch. 9 ; déclarations de plus haut niveau 4.1 ; initialisateurs 4.6 ; noms typedef 5.10 ; opérateur d'adresse 7.5.6

4.3.1 Spécificateurs de classe de mémorisation par défaut

Si aucun identificateur de classe de mémorisation n'est fourni lors d'une déclaration, un identificateur sera supposé par défaut en fonction du contexte de déclaration :

1. Les déclarations de plus haut niveau (et les définitions de fonctions) sont supposées être de la classe de mémorisation `extern`. (Toutefois, `extern` lorsqu'il est *supposé* et `extern` lorsqu'il est *imposé* peut avoir des significations différentes (paragraphe 4.8).
2. Les déclarations de paramètres n'ont pas de classe de mémorisation associée à l'exception de `register`. L'omission de la classe de mémorisation signifie seulement "différent du type `register`".
3. Pour les déclarations de début de bloc, `extern` est utilisé par défaut pour les fonctions et `auto` est utilisé par défaut pour tous les autres types.

En dépit de ces règles, il est de bon style de programmation de fournir la classe de mémorisation `extern` explicitement lorsqu'elle s'applique et de ne pas lui permettre d'être appliquée par défaut. D'un autre côté, l'omission de `auto` dans les déclarations de variables est une pratique commune et est considérée de bon style.

Références blocs 8.4 ; déclarations de paramètres 9.3 ; déclarations de plus haut niveau 4.1

4.3.2 Exemples de spécificateurs de classe de mémorisation

Le programme suivant implémente l'algorithme de tri de mémoire de travail pour trier le contenu d'un tableau. L'explication du fonctionnement de cet algorithme sort du cadre de cet ouvrage. Nous remarquons seulement que l'algorithme considère le tableau comme un arbre binaire pour lequel les deux sous-noeuds d'un élément `b[k]` sont les éléments `b[2*k]` et `b[2*k+1]` et que la *mémoire de travail* est un arbre dont chaque noeud contient un nombre qui n'est pas plus petit que l'un quelconque des nombres contenus dans les descendants de ce noeud. Nous donnons ce programme à titre d'exemple pratique d'utilisation des spécificateurs de classe de mémorisation.

```
/* Tri de mémoire de travail */

#define ECHANGE (x, y) (temp = (x), (x) = (y), (y) =
                temp)

/*  Si v[m+1] à v[n] est déjà sous forme de
    mémoire de travail. ceci met v[m] à v[n] sous
    forme de mémoire de travail. */
static void adapter(v, m, n)
  int v[], m;
  register int n;
{
  register int *b, j, k, temp;
  /*  Les tableaux en C ont 0 comme origine,
      toutefois le tri de mémoire de travail est plus
      facilement codé et compris en termes de tableaux
      d'origine 1. La variable "b" convertit
      efficacement le tableau "v" pour être d'origine
      1: v[j] est identique à b[j-1]. */
  b = v - 1;
  j = m;
  k = m * 2;
  while (k <= n) {
    if (k < n && b[k] < b[k+1]) ++k;
    if (b[j] < b[k]) ECHANGE(b[j], b[k]);
    j = k;
    k *= 2;
  }
}
/* Trie v[0]...v[n-1] par ordre croissant. */
void tri_memoire-de-travail(v, n)
  int v[], n;
{
  int *b, j, temp;
  b = v - 1;
  /* Met le tableau sous forme de mémoire de travail. */
  for (j = n/2; j > 0; j--)
    adapter(v, j, n);
  /*  Extrait de manière répétitive le plus grand
      élément et le place à la fin de la région non
      triée. */
  for (j = n-1; j > 0; j--) {
    ECHANGE(b[1], b[j+1]);
    adapter(v, 1, j);
  }
}
```

La fonction principale est `tri_memoire-de-travail` ; elle doit être visible par les utilisateurs du logiciel de tri et elle appartient par conséquent à la classe de mémorisation par défaut, en l'occurrence, `extern`. La fonction auxiliaire `adapter` n'a pas besoin d'être visible extérieurement et est par conséquent déclarée de type `static`. La vitesse d'exécution de la fonction `adapter` est cruciale pour les performances du tri et par conséquent ses variables locales appartiennent à la classe de mémorisation `register` pour aider le compilateur. Le paramètre formel `n` est aussi référencé de manière répétitive à l'intérieur de `adapter` et est par conséquent aussi spécifié avec la classe de mémorisation `register`. Les deux autres paramètres formels d'`adapter` sont seulement référencés une seule fois et prennent pour valeur de défaut "différent de `register`". Les variables locales de la fonction `tri_memoire-de-travail` ne sont pas aussi importantes en matière de performances que celles d'`adapter`, elles ont été déclarées avec la classe de mémorisation par défaut, en l'occurrence `auto`.

4.4 SPECIFICATEURS DE TYPE

Un spécificateur de type fournit certaines informations concernant le type de données de l'entité de programme en cours de déclaration. (Nous disons, "certaines" étant donné que les déclarateurs d'une déclaration fournissent des informations de type supplémentaire). Le spécificateur de type peut aussi déclarer (comme un effet secondaire) les marqueurs de type, les noms de composants de structure et d'union et les constantes de type énumération. Bien que les spécificateurs de type et les spécificateurs de classe de mémorisation puissent apparaître dans un ordre quelconque dans la déclaration, il est habituel de placer les spécificateurs de classe de mémorisation (s'ils existent) en premier.

spécificateur-de-type :
- *spécificateur-de-type-énumération*
- *spécificateur-de-type-virgule-flottante*
- *spécificateur-de-type-entier*
- *spécificateur-de-type-structure*
- *nom-de-typedef*
- *spécificateur-de-type-union*
- *spécificateur-de-type-void*

Des exemples de spécificateurs de type sont :

```
void                      union { int a; char b; }
int                       enum {rouge, bleu, vert}
unsigned long int         char
mon_type_struct           float
```

Les spécificateurs de type sont décrits en détails dans le chapitre 5 et nous retardons une description plus détaillée des spécificateurs de type particuliers jusqu'alors. Toutefois, il existe un petit nombre de notions générales en rapport avec les spécificateurs de type que nous traitons dans le cadre de ce chapitre.

La Proposition de normalisation ANSI C introduit de nouveaux spécificateurs de type.

Références nom typedef 5.10 ; spécificateurs de type dans la Proposition de normalisation ANSI C 11.3.3 ; spécificateur de type énumération 5.5 ; spécificateur de type entier 5.1 ; spécificateur de type structure 5.6 ; spécificateur de type union 5.7 ; spécificateur de type virgule-flottante 5.2 ; spécificateur de type void 5.9

4.4.1 Spécificateurs de type par défaut

C permet au spécificateur de type d'une déclaration de variable ou d'une définition de fonction d'être omis auquel cas le type `int` est utilisé par défaut.

On rencontre souvent dans les définitions de fonctions :

```
/* Trie v[0]...v[n-1] par ordre croissant. */
tri(v, n)
  int v[], n;
{
    ...
    return;
}
```

Ceci est un mauvais style de programmation en C moderne. Les compilateurs plus anciens n'implémentaient pas le type `void` et une conséquence rationnelle du fait d'omettre le spécificateur de type lors des définitions de fonctions était d'indiquer aux lecteurs humains que la fonction ne retournait pas en réalité de valeur (bien que le compilateur devait supposer qu'elle en retournait une). Le style moderne est de déclarer ces fonctions à l'aide du type `void` :

```
/* Trie v[0]...v[n-1] par ordre croissant. */
void tri(v, n)
  int v[], n;
{
    ...
    return;
}
```

Lorsqu'un compilateur qui n'implémente pas le type `void` est utilisé, il est de loin préférable de définir votre propre type `void` et de l'utiliser de manière explicite plutôt que d'omettre tout simplement le spécificateur de type.

```
/* Déclare "void" comme un synonyme de "int". */
typedef int void;
```

Au moins un compilateur, à notre connaissance, réserve l'identificateur `void` sans toutefois l'implémenter. Pour ce compilateur, la définition de préprocesseur

```
#define void int
```

est un des rares cas pour lequel l'utilisation d'un mot réservé comme un nom de macro est justifié.

La syntaxe de C oblige les déclarations à contenir un spécificateur de classe de mémorisation ou un spécificateur de type ou les deux. Cette contrainte permet d'éviter une ambiguïté syntaxique dans le langage.

Si tous les spécificateurs utilisaient la valeur par défaut, la déclaration

```
extern int f();
```

deviendrait simplement

```
f();
```

qui est syntaxiquement équivalente à une instruction d'appel de fonction. Nous pensons que le meilleur style est de toujours inclure le spécificateur de type et de permettre au spécificateur de classe de mémorisation de prendre la valeur par défaut, tout au moins lorsqu'il est du type `auto`.

Une dernière remarque pour les passionnés de grammaire LALR(1) : le spécificateur de classe de mémorisation et le spécificateur de type peuvent tous deux être omis dans une définition de fonction, ce qui est très commun dans les programmes C tels que

```
main()
{
    ...
}
```

Il n'existe aucune ambiguïté syntaxique dans ce cas étant donné que le déclarateur dans une déclaration de fonction doit être suivi d'une virgule ou d'un point-virgule alors que le déclarateur dans une définition de fonction doit être suivi d'une accolade gauche.

Références déclarations 4.1 ; définitions de fonctions 9.1 ; spécificateurs de type `void` 5.9

4.4.2 Déclarateurs omis

La discussion suivante a trait à un aspect subtil des déclarations et des spécificateurs de type. Les spécificateurs de type qui correspondent à des définitions de structure, union ou énumération ont pour effet secondaire de définir de nouveaux types. Par exemple, le spécificateur de type

```
struct S { int a, b; }
```

définit un nouveau type structure `S` dont les composants sont `a` et `b`. Ce type peut être référencé plus tard en utilisant seulement le spécificateur

```
struct S
```

Lorsque ces spécificateurs sont utilisés, il est sensé d'omettre tous les déclarateurs de la déclaration de telle sorte que la déclaration comporte simplement une définition de type :

```
struct S { int a, b; };
```

La grammaire C permet cela ainsi que tous les compilateurs C. Toutefois, la grammaire permet aussi certaines variantes peu sensées de cette déclaration. La plupart des compilateurs C ne remarquent pas ces variantes bien qu'elles correspondent clairement à des erreurs de programmation.

La première variante est l'omission du marqueur de type ainsi que dans

```
struct { int a, b; };
```

Ceci a clairement peu de sens étant donné qu'il est impossible sans marqueur de référencer le type ultérieurement dans le programme.

La deuxième variante est l'inclusion d'un spécificateur de classe de mémorisation qui est ignoré

```
static struct S { int a, b; };
```

Ceci pourrait faussement conduire le programmeur à penser qu'une déclaration ultérieure de la forme

```
struct S x,y;
```

donnerait à `x` et `y` le type `static`, ce qui n'est pas le cas.

La dernière variante utilise un spécificateur de type qui n'a pas d'effets secondaires :

```
int ;
```

Références déclarateurs 4.5 ; spécificateurs de type 4.4 ; types énumération 5.5 ; types structure 5.6 ; types union 5.7

4.5 DECLARATEURS

Les déclarateurs introduisent le nom à déclarer et fournissent aussi des informations supplémentaires concernant le type. Aucun autre langage de programmation ne comporte une notion proche de celles des déclarateurs C.

déclarateur :
déclarateur-simple
(*déclarateur*)
déclarateur-de-fonction
déclarateur-de-tableau
déclarateur-de-pointeur

Les différents types de déclarateurs sont décrits ci-dessous.

4.5.1 Déclarateurs simples

Les déclarateurs simples sont utilisés pour définir des variables de type arithmétique, énumération, structure et union.

déclarateur-simple :
identificateur

Supposons que *S* soit un type entier et que *id* soit un identificateur quelconque. Dans ce cas, la déclaration

S id ;

indique que *id* est du type *S*. *id* est appelé un *déclarateur simple*. Par exemple :

```
int i;              /*  i est une variable entière */
float velocite;
                    /*  vélocité est une variable
                        virgule-flottante */
struct S { int a; float b; } a_et_b;
                    /*  a_et_b est une structure comportant
                        deux composants */
```

Des déclarateurs simples peuvent être utilisés dans une déclaration lorsque le spécificateur de type fournit toutes les informations de type. Ceci se produit pour les types structure, union, énumération et void et pour les types représentés par des noms `typedef`. Les types pointeur, tableau et fonction nécessitent l'utilisation de déclarateurs plus compliqués. Toutefois, chaque déclarateur comporte en son "milieu" un identificateur et nous disons par conséquent qu'un déclarateur "contient" un identificateur.

Références spécificateurs de type 4.4 ; noms `typedef` 5.10

4.5.2 Déclarateurs pointeur

Les déclarateurs pointeur sont utilisés pour déclarer des variables de type pointeur.

déclarateur-de-pointeur :
 * *déclarateur*

Supposons que *D* soit un déclarateur quelconque contenant l'identificateur *id* et que la déclaration "*S D* ; " indique que *id* est du type "...*S* ". Dans ce cas, la déclaration

S * *D* ;

indique que *id* est du type "...pointeur à *S* ". Par exemple, dans les trois déclarations suivantes de `x`, *id* vaut `x`, *S* est du type `int` et "..." est respectivement du type " ", "tableau de" et "fonction retournant".

```
int *x;         /*  x est un pointeur à un entier */
int *x[];       /*  x est un tableau de pointeurs à
                    entiers */
int *x();       /*  x est une fonction retournant un
                    pointeur à un entier */
```

Cela est plus difficile à expliquer qu'à apprendre.

La Proposition de normalisation ANSI C étend les déclarateurs de pointeurs pour permettre la spécification de pointeurs à des données de type "constant" et "volatile".

Références déclarateurs de fonction 4.5.4 ; déclarateurs de pointeur dans la Proposition de normalisation ANSI C 11.3.4 ; déclarateurs de tableau 4.5.3 ; types pointeur 5.3

4.5.3 Déclarateurs de type tableau

Les déclarateurs de type tableau sont utilisés pour déclarer des objets de type tableau.

déclarateur-de-tableau :
 déclarateur [$expression\text{-}contante_{opt}$]

expression-constante :
 expression

Si *D* est un déclarateur quelconque contenant l'identificateur *id* et si la déclaration "*S D* ;" indique que *id* est du type "... *S*, ", la déclaration

S (*D*) [*e*] ;

indique que *id* est du type "...tableau de *S* ". Par exemple, dans les deux déclarations suivantes, *id* vaut x, *S* est du type int et "..." correspond respectivement à " ", "pointeur à", et "tableau de".

```
int (x)[];          /*  x est un tableau d'entiers */
int (*x)[];         /*  x est pointeur à un tableau
                        d'entiers */
int (x[])[];        /*  x est un tableau de tableaux
                        d'entiers */
```

(Les parenthèses sont souvent ignorées en accord avec les règles de priorité pour la construction des déclarateurs ; voir paragraphe 4.5.5).

L'expression constante entière *e*, si elle est présente, indique le nombre d'éléments dans le tableau. Les tableaux C sont toujours "d'origine 0" ; plus exactement, le tableau

```
int A[3];
```

contient les éléments A[0], A[1] et A[2]. Le nombre d'éléments dans le tableau doit être supérieur à 0, bien que certains compilateurs C populaires ne vérifient pas cela.

Comme dans l'exemple ci-dessus, les tableaux de plus grande dimension sont déclarés comme des "tableaux de tableaux". Par exemple :

```
int scores_de_juges[10][2];
int échiquier[8][8];
```

La longueur du tableau, une expression constante, peut être omise du moment qu'elle n'est pas nécessaire pour l'allocation d'espace de mémorisation. Elle n'est pas nécessaire lorsque :

1. L'objet à déclarer est un paramètre formel de fonction.
2. Le déclarateur est accompagné d'un initialisateur à partir duquel la longueur du tableau peut être déduite.
3. La déclaration ne définit pas l'apparition ; plus exactement, elle correspond à une déclaration externe qui se rapporte à un objet défini ailleurs.

Une exception à ces cas est que la déclaration de n'importe quel tableau *n*-dimensionnel doit comporter les tailles des dernières *n*-1 dimensions de telle sorte que l'algorithme d'accès puisse être déterminé. Par exemple :

```
static int vecteur[5];  /* Définit l'apparition */
char prompt[]="Oui ou Non ?"
                        /* la taille externe peut
                           être déduite */
extern matrice[][10];
                        /* externe, mais la
                           dernière dimension doit
                           être fournie */
```

Pour de plus amples détails, se reporter au paragraphe 5.4.

Références expressions constantes 7.11 ; initialisateurs 4.6 ; paramètres formels 9.3 ; référencer et définir les déclarations 4.8 ; types tableau 5.4

4.5.4 Déclarateurs de fonction

Les déclarateurs de fonction sont utilisés pour déclarer des objets de types fonction.

déclarateur-de-fonction :
  déclarateur (*liste-de-paramètres*$_{opt}$)

liste-de-paramètres :
  identificateur
  liste-de-paramètres, *identificateur*

Si *D* est un déclarateur quelconque contenant l'identificateur *id* et si la déclaration "*S D* ;" indique que *id* est du type "...*S* ", la déclaration

S (*D*) ( ) ;

indique que *id* est du type "...fonction retournant *S* ". Par exemple, dans les deux déclarations suivantes de x, *id* vaut x, *S* est du type int et "..." correspond respectivement à " ", "pointeur à", et "tableau de pointeurs à".

```
int (x)();       /* x est une fonction retournant
                    un entier */
int (*x)();      /* x est pointeur à une fonction
                    retournant un entier */
int (x[])();     /* x est un tableau de pointeurs à
                    des fonctions retournant des
                    entiers */
```

Les parenthèses situées autour de x dans la première déclaration peuvent être ignorées en accord avec les règles de priorité pour la construction des déclarateurs (paragraphe 4.5.5).

La syntaxe correspondant à un déclarateur de fonction comprend une liste de paramètres optionnelle qui peut être fournie entre les parenthèses ouvertes et fermées du déclarateur. Cette liste de paramètres est seulement fournie lors de la définition d'une fonction :

```
void f(x, y)
  int x, y;
{
    ...
}
```

La liste de paramètres est omise dans tous les autres cas :

```
extern void f();       /*  f est une référence externe
                           de fonction */
static void (*f)();    /*  f est un pointeur et non
                           pas une fonction */
```

La Proposition de normalisation ANSI C enrichit les déclarateurs de fonction pour fournir des "prototypes de fonction" dans lesquels les types d'arguments sont énumérés explicitement.

Références définitions de fonction 9.1 ; déclarateurs de pointeur 4.5.2 ; déclarateurs de tableau 5.4 ; définir et référencer les déclarations 4.8 ; prototypes de fonction 11.3.4 ; types et déclarations de fonction 5.8

4.5.5 Composition de déclarateurs

Les déclarateurs doivent être composés pour former des types plus compliqués tels qu'un "tableau de 5 éléments de pointeurs à des fonctions retournant `int`" qui correspond au type de `tbl` dans la déclaration suivante :

```
int (*tbl[5])();
```

La seule restriction concernant les déclarateurs est que le type résultant doit être un type C correct. Les seuls types qui ne sont *pas* corrects en C sont :

1. Tout type impliquant `void` à l'exception de "...fonction retournant `void`". (Le spécificateur de type `void` est décrit dans le paragraphe 5.9).
2. "Tableau de fonctions de...". Les tableaux peuvent contenir des pointeurs à des fonctions mais ne peuvent pas contenir les fonctions elles-mêmes.
3. "Fonction retournant un tableau de...". Les fonctions peuvent retourner des pointeurs à des tableaux mais ne peuvent pas retourner les tableaux eux-mêmes.
4. "Fonction retournant fonctions de...". Les fonctions peuvent retourner des pointeurs à d'autres fonctions mais ne peuvent pas retourner les fonctions elles-mêmes.

La Proposition de normalisation ANSI C autorise aussi le type "pointeur à `void`".

Lors de la composition de déclarateurs, la priorité des expressions de déclarateurs est importante. Les déclarateurs de fonction et de tableau ont plus haute priorité que les déclarateurs de pointeur de telle sorte que "`*x()`" est équivalent à "`*(x())`" ("fonction retournant pointeur...") au lieu de "`(*x)()`" ("pointeur à fonction retournant..."). Les parenthèses peuvent être utilisées pour grouper les déclarateurs convenablement.

Quelques exemples de déclarations avec les types associés des déclarateurs inclus sont donnés ci-dessous.

```
int *Somme1();          /*  Somme1 est une fonction
                            retournant un pointeur à un
                            entier. */

int (*Somme2)();        /*  Somme2 est un pointeur à une
                            fonction retournant un
                            entier. */

void (*F)();            /*  F est un pointeur à une
                            fonction retournant aucun
                            résultat. */

void *F();              /*  INCORRECT ! pointeur à void
                            impossible. */
```

Bien que les déclarateurs puissent être arbitrairement compliqués, il est de meilleur style de programmation de les factoriser en plusieurs définitions plus simples. Plus exactement, plutôt qu'écrire

```
int *(*(*(*x)())[10])();
```

il est préférable d'écrire

```
typedef int *(*imprime_ptr_fonction)();
typedef *imprime_ptr_fonction (*procedures_chiffre)
        [10];
procedures_chiffre (*x)();
```

(La variable `x` est un pointeur à une fonction retournant un pointeur à un tableau de 10 éléments de type pointeurs à des fonctions retournant des pointeurs à entiers, au cas ou vous vous poseriez la question).

L'aspect rationnel de la syntaxe des déclarateurs est qu'elle imite la syntaxe de l'utilisation de l'identificateur inclu. Par exemple, si vous rencontrez la déclaration

```
int *(*x)[4];
```

le type de l'expression

```
*(*x)[i]
```

est alors `int`.

Références pointeur à `void` 11.4.5 ; types fonction 5.8 ; types pointeur 5.3 ; types tableau 5.4

4.6 INITIALISATEURS

La déclaration d'une variable peut être accompagnée d'un initialisateur qui indique la valeur que la variable doit avoir au début de son existence. La syntaxe complète des initialisateurs est

initialisateur :
  expression
  { *liste-d'initialisateurs* , $_{opt}$ }

liste-d'initialisateurs :
  initialisateur
  liste-d'initialisateurs , *initialisateur*

La virgule optionnelle de terminaison située à l'intérieur des accolades n'affecte pas la signification de l'initialisateur.

Les initialisateurs permis pour une déclaration particulière dépendent du type et de la classe de mémorisation de la variable à initialiser et du fait que la déclaration apparaisse ou non au plus haut niveau ou au sommet d'un bloc. En général, l'initialisateur de n'importe quelle variable d'étendue statique doit être une expression constante ; une telle initialisation a lieu avant l'exécution du programme C. Ceci s'applique à toutes les déclarations de variables au plus haut niveau (statiques et externes) et aux déclarations de variables en sommet de blocs qui sont de classe de mémorisation `static`. Toute variable statique qui n'a pas d'initialisateur explicite est initialisée à zéro.

Les initialisateurs de variables automatiques peuvent être des expressions arbitraires. Ces variables sont toujours déclarées en sommet de bloc et le compilateur génère du code pour évaluer l'expression initialisatrice et assigner le résultat à la variable lors de l'entrée dans le bloc.

Les déclarations de paramètres formels peuvent ne pas avoir d'initialisateurs. La "forme" d'un initialisateur — les listes d'initialisateurs entre accolades — doivent correspondre à la structure de la variable en cours d'initialisation. Toutefois, il existe des règles spéciales d'abréviation des initialisateurs. Les paragraphes suivants expliquent les contraintes spéciales concernant chaque type de variable.

Références déclarations 4.1 ; durée de vie automatique et statique 4.2.7 ; `static` 4.3

4.6.1 Entiers

La forme d'un initialisateur pour une variable entière est

déclarateur = expression

Toute expression constante du type entier peut être utilisée pour initialiser une variable entière externe ou statique. Toute expression du type arithmétique (pas nécessairement constante) peut être utilisée pour initialiser une variable entière de classe de mémorisation `auto` ou `register`. Dans tous les cas les conversions habituelles d'affectation sont appliquées. Par exemple,

```
static int Compte = 4*200;
extern int getchar();

main()
{
  int ch = getchar();
  ...
}
```

La définition originale de C indique que l'initialisateur d'une variable entière peut de manière optionnelle être entouré d'accolades bien que les accolades ne soient pas logiquement nécessaires. Nous recommandons de ne pas utiliser d'accolades dans cette situation et de réserver les accolades pour indiquer une initialisation composée.

Références conversions d'affectation habituelles 6.3.2 ; étendue statique et automatique 4.2.7 ; expression constante 7.11 ; types entier 5.1

4.6.2 Virgule-flottante

La forme d'un initialisateur de variable virgule-flottante est

déclarateur = expression

Tous les compilateurs C permettent l'initialisation des variables virgule-flottante statiques ou externes ; le type de l'initialisateur doit être virgule-flottante mais certains compilateurs permettent des expressions d'un type arithmétique quelconque. Les variables automatiques de types virgule-flottante peuvent être initialisées avec toute expression de type arithmétique. Les conversions habituelles d'affectation sont appliquées lors de l'initialisation de la variable. Par exemple :

```
static void traitement_donnees(K)
  double K;
{
  static double epsilon = 1.0e-6;
  auto float facteur_attenuation = K*epsilon;
  ...
}
```

La définition originale de C indique que l'initialisateur d'une variable virgule-flottante peut de manière optionnelle être entouré d'accolades bien que les accolades ne soient pas logiquement nécessaires. Nous recommandons de ne pas utiliser d'accolades dans cette situation et de réserver les accolades pour indiquer une initialisation composée.

Les compilateurs C n'effectuent pas en général d'arithmétique virgule-flottante lors de la compilation, de telle sorte que les initialisateurs de variables virgule-flottante statiques et externes doivent être limités à des constantes virgule-flottante qui peuvent être précédées d'un opérateur moins unaire.

Références constante virgule-flottante 2.7.2 ; conversions habituelles d'affectation 6.3.2 ; étendue statique et automatique 4.2.7 ; opérateur moins unaire 7.5.3 ; types arithmétiques Ch. 5 ; types virgule-flottante 5.2

4.6.3 Pointeurs

La forme d'initialisation d'une variable pointeur est

déclarateur = *expression*

Toute expression constante du type *PT* ("pointeur à *T*") peut être utilisée pour initialiser une variable externe ou statique du type *PT*. Toute expression du type *PT* peut être utilisée pour initialiser une variable locale du type *PT*.

Les expressions constantes utilisées comme initialisateurs de type pointeur *PT* peuvent contenir les éléments suivants.

1. La constante entière 0 donne un pointeur nul de n'importe quel type ; ce type est désigné en général sous le nom NULL.

```
#define NULL 0
double *dp = NULL;
```

2. Le nom d'une fonction statique ou externe de type "fonction retournant *T*" est converti en une constante de type "pointeur à fonction retournant *T*".

```
extern int f();
static int (*fp)() = f;
```

3. Le nom d'un tableau statique ou externe du type "tableau de *T*" est converti en une constante du type "pointeur à *T*".

```
char tbl[100];
char *cp = tbl;
```

4. L'opérateur `&` appliqué au nom d'une variable statique ou externe du type *T* donne une constante de type "pointeur à *T*".

```
static short s;
auto short *sp = &s;
```

5. L'opérateur `&` appliqué à un tableau statique ou externe du type *tableau de T* indicé par une expression constante donne une expression constante de type "pointeur à *T*".

```
float PuissanceDePi[10];
float *PiCarre = &PuissanceDePi[2];
```

6. Une constante entière convertie en type pointeur donne une constante de ce même type pointeur bien que cela ne soit pas portable.

```
long *PSW = (long *) 0xFFFFFFF0
```

   Tous les compilateurs n'acceptent pas les conversions en expressions constantes.

7. Un littéral de type chaîne de caractères donne une constante de type "pointeur à `char`" lorsqu'il apparaît comme initialisateur d'une variable de type pointeur.

```
char *salutation = "Appuyer sur <Enter> pour
commencer ";
```

8. La somme ou la différence de toute expression correspondant aux cas 3 à 7 ci-dessus et une expression constante entière.

```
static short s;
auto short *sp = &s + 3, *msp = &s - 3;
```

En général, l'initialisateur d'un type pointeur doit être évalué comme un entier ou comme une adresse plus (ou moins) une constante entière. Cette limitation illustre le potentiel de la plupart des éditeurs de liens.

La définition originale de C indique que l'initialisateur d'une variable de type pointeur peut de manière optionnelle être entouré d'accolades bien que les accolades ne soient pas logiquement nécessaires. Nous recommandons de ne pas utiliser d'accolades dans cette situation et de réserver les accolades pour indiquer une initialisation composée.

Références constantes de type chaîne de caractères 2.7.4 ; conversions de pointeurs 6.2.7 ; constantes entières 2.7.1 ; conversions habituelles d'affectation 6.3.2 ; déclarateur de pointeur 4.5.2 ; opérateur d'adresse `&` 7.5.6 ; types fonction 5.8 ; types pointeur 5.3 ; types tableau 5.4

4.6.4 Tableaux

Si I_j (pour j = 0, 1, ... , n-1) sont des initialisateurs du type T,

$\{ I_0, I_1, \ldots, I_{n-1} \}$

est un initialisateur du type "tableau de n éléments de type T". L'initialisateur I_j est utilisé pour initialiser l'élément j du tableau (d'origine zéro). Par exemple :

```
int tbl[4] = { 0, 1, 2, 3 };
```

Les tableaux multidimensionnels suivent la même forme avec des initialisateurs énumérés par rangée. (Le dernier indice varie d'abord en C.)

```
int tbl[4][2][3] =
      { { {  0,  1,  2},  {  3,  4,  5} },
        { {  6,  7,  8},  {  9, 10, 11} },
        { { 12, 13, 14},  { 15, 16, 17} },
        { { 18, 19, 20},  { 21, 22, 23} } };
```

Les tableaux de structures peuvent être initialisés de la même manière :

```
struct {int a; float b;}  a[3]  =  { {1,  2.5},
                                     {2,  3.9},
                                     {0, -4.0} };
```

Les tableaux statiques et externes peuvent toujours être initialisés de cette manière. La définition originale de C spécifiait que les tableaux automatiques ne pouvaient pas être initialisés, toutefois, certains compilateurs récents suppriment cette restriction. (Le compilateur génère une séquence d'affectations pour initialiser les éléments du tableau automatique lors de l'exécution). La Proposition de normalisation ANSI C permet l'initialisation des tableaux automatiques uniquement avec des expressions constantes.

L'initialisation de tableau comporte un certain nombre de règles spéciales. La première est que le nombre d'initialisateurs doit être inférieur au nombre d'éléments du tableau auquel cas les éléments restants sont initialisés à zéro. Plus exactement, les initialisations

```
int tbl[5] = { 1, 2, 3 };
int mat[3][3] = { {1, 2}, {3} };
```

sont équivalentes à

```
int tbl[5] = { 1, 2, 3, 0, 0 };
int mat[3][3] =   { {1, 2, 0},
                    {3, 0, 0},
                    {0, 0, 0} };
```

Si le nombre d'initialisateurs est supérieur au nombre d'éléments, l'initialisateur est en erreur.

La deuxième règle est que les limites du tableau n'ont pas besoin d'être spécifiées auquel cas les limites sont déduites de la forme de l'initialisateur. Par exemple,

```
int carres[] = { 0, 1, 4, 9 };
```

est équivalent à

```
int carres[4] = { 0, 1, 4, 9 };
```

Enfin, les littéraux de type chaîne de caractères peuvent aussi être utilisés pour initialiser les variables de type "tableau de `char`". Dans ce cas, le premier élément du tableau est initialisé avec le premier caractère de la chaîne et ainsi de suite. Un espace doit être prévu pour le caractère terminateur `'\0'`. Par conséquent, les initialisations

```
static char x[5] = "ABCD";
static char chaine[] = "ABCDEF";
```

sont équivalentes à

```
static char x[5] = {  'A', 'B', 'C', 'D', '\0' };
static char chaine[7] = { 'A', 'B', 'C', 'D', 'E',
                          'F', '\0' };
```

Finalement, une liste de chaînes de caractères peut être utilisée pour initialiser un tableau de pointeurs à caractères :

```
char *unechaine[] = { "Jean", "William", "Susanne",
                      "Marie" };
```

Références constantes de type caractère 2.7.3 ; constantes de type chaîne de caractères 2.7.4 ; types caractère 5.1.3 ; types pointeur 5.3 ; types tableau 5.4

4.6.5 *Enumérations*

La forme des initialisateurs des variables de type énumération *E* est

déclarateur = expression

où l'expression est du même type énumération que *E*. Certains compilateurs tolèrent les accolades autour de l'expression d'initialisation de la même manière que pour les initialisateurs entiers, mais elles ne sont pas nécessaires. Nous recommandons de ne pas utiliser d'accolades dans cette situation et de réserver les accolades pour indiquer une initialisation composée.

Un initialisateur de variable statique ou externe de type *E* doit être une expression constante du type *E* ; plus exactement, il doit correspondre à une constante d'énumération du type *E*. Un initialisateur de variable automatique ou registre de type *E* peut être une expression quelconque du type *E* ce qui signifie en pratique qu'il peut être soit une constante d'énumération, soit une variable d'énumération du même type. Par exemple :

```
static enum E { a, b, c } x = a;
auto enum E y = x;
```

Le paragraphe 5.5 mentionne que certains compilateurs traitent les types énumération comme des types entiers. Ces ordinateurs permettent aux initialisateurs de variables d'énumération d'être des expressions entières aussi bien que des expressions de type énumération. (D'une manière plus générale, un initialisateur doit être légitime dans une implémentation donnée si une instruction équivalente d'affectation est légitime ; les mêmes conversions sont effectuées). Toutefois, nous recommandons de respecter des règles plus strictes pour des raisons de style et d'utiliser des conversions de types explicites lorsque des conversions sont nécessaires.

Références conversions habituelles d'affectation 6.3.2 ; expressions de conversion de type 7.5.1 ; expressions constantes 7.11 ; types énumération 5.5

4.6.6 *Structures*

Si un type structure *T* comporte *n* composants de types T_j (pour $j = 1, \ldots,$ n) et si I_j est un initialisateur du type T_j,

$\{ I_1, I_2, \ldots, I_n \}$

est un initialisateur pour le type *T*.

Les variables statiques et externes des types structure peuvent être initialisées et les initialisateurs de composants doivent être des initialisateurs légaux pour les variables statiques ou externes des types de composants. Un petit nombre d'implémentations C sont déficientes dans le sens qu'elles ne permettent pas l'initialisation des champs de bits. Les variables `automatic` et `register` des types structure ne peuvent pas être initialisées. (Elle peuvent être initialisées dans la

Proposition de normalisation ANSI C, mais les initialisateurs entre accolades peuvent seulement contenir des constantes).

```
struct S {int a; char b[5]; double c; };
struct S x = { 1, "abcd", 45.0 };
```

Comme pour les initialisateurs de tableaux, les initialisateurs de structure respectent certaines règles. En particulier, s'il existe moins d'initialisateurs que de composants de structure, les composants restants sont initialisés à zéro. Par conséquent, étant donné la déclaration de structure

```
struct S1 {int a;
        struct S2 { double b;
                    char c; } b;
        int c[4]; };
```

l'initialisation

```
struct S1 x = { 1, {4.5} };
```

est identique à

```
struct S1 x =   { 1,
                  { 4.5, '\0' },
                  { 0, 0, 0, 0 }
                };
```

L'existence d'un trop grand nombre d'initialisateurs pour la structure est une condition d'erreur.

Références champs de bits 5.6.5 ; expressions constantes 7.11 ; types structure 5.6

4.6.7 Unions

Le langage C ne permet pas d'initialiser les variables de type union étant donné qu'il n'existe pas de manière évidente dans le langage d'indiquer quel composant d'union est en cours d'initialisation.

Certains compilateurs permettent l'initialisation des variables de type union en les traitant comme si elles étaient des variables du même type que le premier composant. Par exemple,

```
enum Grec { alpha, bêta, gamma };
union U {
  struct { enum Grec marqueur; int Taille; } I;
  struct { enum Grec marqueur; float Taille; } F;
  };
static union U x = { alpha, 42 };
```

Les compilateurs qui permettent de telles initialisations peuvent se restreindre aux variables statiques et externes.

La Proposition de normalisation ANSI C permet les initialisations d'unions de la manière décrite. Les unions automatiques peuvent aussi être initialisées suivant les mêmes règles qui s'appliquent aux variables automatiques du type du premier composant.

Les seuls autres types sont les types fonction et `void`, aucun desquels ne peut comporter d'initialisateurs.

Références étendue statique 4.2.7 ; types union 5.7

4.6.8 Suppression des accolades

C permet de supprimer les accolades dans les listes d'initialisateurs dans certaines circonstances, bien qu'il soit en général plus clair de les conserver. Les règles générales sont les suivantes :

1. Si une variable de type tableau ou structure est en cours d'initialisation, la paire d'accolades la plus extérieure ne peut pas être supprimée.
2. Dans le cas contraire, si une liste d'initialisateurs contient le nombre correct d'éléments pour l'objet en cours d'initialisation, les accolades peuvent être supprimées.

L'utilisation la plus commune de ces règles est la suppression des accolades lors de l'initialisation d'un tableau multidimensionnel :

```
int matrice[2][3] = { 1, 2, 3, 4, 5, 6 };
    /* identique à { {1, 2, 3}, {4, 5, 6} } */
```

La plupart des compilateurs C traitent les listes d'initialisateurs de manière très souple, permettant trop ou pas assez d'accolades. Nous recommandons de d'assurer la simplicité des initialisateurs en utilisant des accolades pour rendre leur structure explicite.

4.7 DECLARATIONS IMPLICITES

Il est autorisé en C d'appeler une fonction externe qui n'a pas été déclarée auparavant. Si le compilateur détecte un identificateur *id* suivi d'une parenthèse à gauche et si *id* n'a pas été déclaré auparavant, la déclaration est ajoutée de manière implicite au plus haut niveau. Considérons par exemple la portion de programme suivante :

```
void traitement()
{
   ... f(i, j) ...
}
```

Si `f` n'a pas été déclarée, le compilateur ajoute une déclaration implicite

```
extern int f();
```

immédiatement avant la définition de la fonction `traitement`.

Permettre aux fonctions d'être déclarées de cette manière est dangereux en ce qui concerne la portabilité du programme. En particulier, nous avons été piégés par la séquence d'événements suivants. Un pointeur retournant une fonction telle que `malloc` (paragraphe 18.1) peut être implicitement déclaré comme

```
extern int malloc();
```

plutôt que sous la forme correcte

```
extern char *malloc();
```

Le programme fonctionne comme prévu étant donné que le compilateur et l'ordinateur utilisés donnent par hasard la même taille de mémorisation aux types `int` et aux types pointeurs et que le compilateur effectue des conversions automatiques entre types entiers et pointeurs. (Ceci est normal dans les compilateurs C plus anciens). Si ce programme est porté sur un autre ordinateur utilisant un compilateur différent et sur lequel les pointeurs occupent quatre bytes et le type `int` occupe seulement deux bytes, lorsque le compilateur rencontre

```
char *p;
...
p = malloc();
```

il génère du code pour rallonger la valeur retournée par `malloc` (supposée de deux bytes) avec des zéros de manière à obtenir les quatre bytes nécessaires pour le pointeur. Le compilateur donne un message d'avertissement et seule la moitié inférieure de l'adresse retournée par `malloc` est assignée à `p`. Et par conséquent le programme ne fonctionne plus correctement.

4.8 NOMS EXTERNES

Une notion importante en matière de noms externes est d'assurer la cohérence entre les déclarations d'un même nom externe dans plusieurs fichiers. Par exemple, que se passerait-il si deux déclarations de la même variable externe comportaient différentes initialisations ? Pour cela et pour d'autres raisons, il est utile de distinguer une *déclaration de définition* unique d'un nom externe utilisé par un groupe de fichiers. Les autres déclarations du même nom sont alors considérées comme des *déclarations de référence* ou plus exactement, elles référencent la déclaration de définition.

Le fait qu'il soit difficile de distinguer le rôle de définition du rôle de référence des déclarations de variables externes est reconnu comme un défaut du langage C. En général, les compilateurs utilisent l'un de quatre modèles pour déterminer si une déclaration de plus haut niveau est une définition.

4.8.1 Le modèle initialisateur

La présence d'un initialisateur dans une déclaration de plus haut niveau indique une définition ; toutes les autres apparitions sont des références. Il doit exister une définition unique dans tous les fichiers d'un programme C.

4.8.2 Le modèle de classe de mémorisation omise

Dans ce modèle, la classe de mémorisation `extern` doit être explicitement incorporée dans toutes les déclarations de référence et la classe de mémorisation doit être omise de la déclaration de définition unique pour chaque variable externe. La déclaration de définition peut contenir un initialisateur bien que cela ne soit pas obligatoire. (Il est incorrect d'avoir à la fois un initialisateur et la classe de mémorisation `extern` dans une déclaration). Cette solution est probablement la plus commune et celle adoptée dans la Proposition de normalisation ANSI C.

4.8.3 Le modèle common

Ce modèle doit son nom au fait qu'il est en rapport avec la manière dont les références multiples à un bloc FORTRAN COMMON sont mélangées pour obtenir une apparition de définition unique dans certaines implémentations de FORTRAN. Les déclarations externes de définition et de référence sont toutes deux de classe `extern` explicitement ou par défaut. Parmi toutes les déclarations de chaque nom externe dans tous les fichiers objets regroupés pour constituer le programme, une seule peut comporter un initialisateur. Lors de l'édition de liens, toutes les déclarations externes du même identificateur (dans tous les fichiers objets C) sont combinées pour créer une seule apparition de définition qui n'est pas nécessairement associée à un fichier particulier. Si l'une quelconque des déclarations comporte un initialisateur, cet initialisateur est utilisé pour initialiser l'objet de données. (Si plusieurs déclarations comportent des initialisateurs, les résultats sont imprévisibles).

Cette solution est la moins compliquée pour le programmeur et la plus attrayante pour le logiciel système.

4.8.4 Modèle common mélangé

Ce modèle est un croisement entre le modèle de "classe de mémorisation omise" et le modèle "common". Il est utilisé dans de nombreuses versions de UNIX.

1. Si `extern` est omis et si un initialisateur est présent, une définition est générée pour le symbole. Le fait d'avoir deux ou plusieurs définitions de ce type dans les fichiers du programme provoque une erreur à l'édition de liens ou avant.
2. Si `extern` est omis et s'il n'existe pas d'initialisateur, une définition "common" (du type FORTRAN) est générée. Un nombre quelconque de définitions common pour un même identificateur peuvent coexister.
3. Si `extern` existe, la déclaration est considérée comme une référence à un nom défini ailleurs. Il est incorrect pour une telle déclaration de comporter un initialisateur. Si l'identificateur ainsi déclaré n'est jamais utilisé en réalité, le compilateur ne génère pas de référence externe pour l'éditeur de liens.

Si aucun initialisateur n'est explicitement fournit pour la variable externe, la variable est initialisée comme si l'initialisateur était la constante entière 0.

4.8.5 Conseil

Pour assurer la compatibilité avec le plus grand nombre possible de compilateurs, nous recommandons les règles suivantes :

1. Avoir un seul emplacement de définition (fichier source) pour chaque variable externe ; omettre la classe de mémorisation `extern` dans la déclaration de définition et incorporer un initialisateur explicite :

```
int compte_erreur = 0;
```

2. Dans chaque fichier source référençant une variable externe définie dans un autre module, utiliser la classe de mémorisation `extern` et ne pas fournir d'initialisateur explicite :

```
extern int compte_erreur;
```

Indépendamment des distinctions entre définition/référence, une variable externe doit toujours être déclarée du même type dans tous les fichiers constituant un programme. Le compilateur C ne peut pas vérifier que les déclarations apparaissant dans différents fichiers sont cohérentes de cette manière et la punition en cas d'incohérence et un comportement erroné lors de l'exécution. Le programme `lint` accompagnant en général le compilateur C dans les systèmes UNIX peut vérifier la cohérence des déclarations entre plusieurs fichiers.

4.8.6 Déclarations externes non référencées

Bien que cela ne soit pas imposé par le langage C, il est commun pour les implémentations d'ignorer complètement les déclarations de variables externes ou de fonctions qui ne sont jamais référencées. Par exemple, si la déclaration

```
extern double fft();
```

apparaît dans un programme alors que la fonction `fft` n'est jamais invoquée et que son adresse n'est jamais utilisée, aucun lien externe au nom `fft` n'est généré. Par conséquent, si la fonction `fft` existe dans une bibliothèque d'édition de liens quelconque, elle ne sera par chargée avec le programme si ce chargement a pour effet d'occuper de la place sans raison.

5

Types

Un *type* est un ensemble de *valeurs* et un ensemble d'*opérations* sur ces valeurs. Par exemple, les valeurs d'un type entier consistent d'entiers contenus dans un domaine spécifié et les opérations sur ces valeurs comprennent l'addition, la soustraction, les tests d'inégalité et ainsi de suite. Les valeurs d'un type virgule-flottante comprennent les nombres représentés différemment des entiers et un ensemble d'opérations différentes : addition virgule-flottante, soustraction, tests d'inégalité et ainsi de suite.

Nous disons qu'une variable ou une expression "est de type *T*" lorsque ses valeurs sont limitées au domaine de *T*. Les types des variables sont établis par la déclaration de la variable; les types des expressions sont donnés par les définitions des opérateurs d'expression.

Le langage C fournit un large inventaire de types intégrés y-compris les entiers de différents types, les nombres virgule-flottante, les pointeurs, les énumérations, les tableaux, les structures, les unions et les fonctions. Il existe aussi un "type" spécial `void` qui ne prend pas de valeurs, ce type est utilisé pour caractériser des fonctions qui ne retournent rien.

Il est utile d'organiser les types C en catégories indiquées dans la table 5-1. Le type *void* n'a ni valeurs ni opérations. Le terme *types entier* comprend toutes les formes d'entiers et de caractères. Le terme *types arithmétique* comprend les types entier et virgule-flottante. Le terme *types scalaire* comprend les types arithmétique, pointeur et énumération. Les *types fonction* sont les types "fonction retournant ...." les types *agglomérés* comprennent les tableaux, les structures et les unions.

Tous les types de C sont présentés dans ce chapitre. Pour chaque type, nous indiquons comment des objets de ce type sont déclarés, le domaine des valeurs de ce type, toutes les restrictions sur la taille de ce type et les opérations qui sont définies sur les valeurs de ce type.

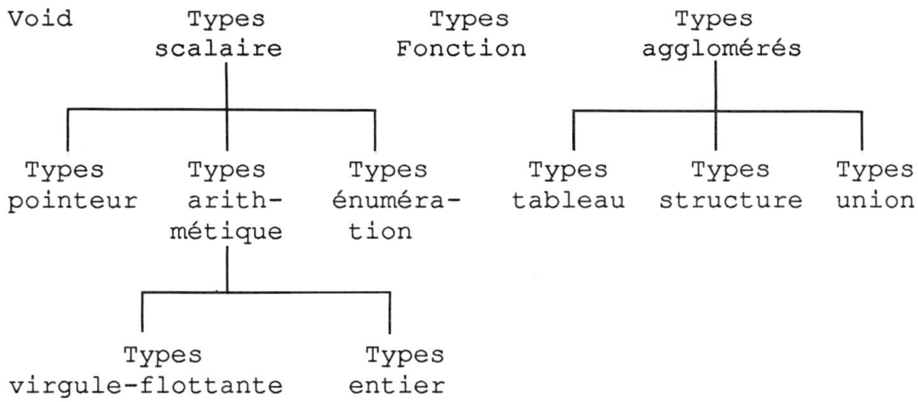

Table 5-1 : Catégories de types

La Proposition de normalisation ANSI C ajoute un nouveau type virgule-flottante au langage; les types restent autrement inchangés.

Références déclarations 4.1 ; types caractère 5.1.3 ; types énumération 5.5 ; types entier 5.1; types fonction 5.8; types pointeur 5.3 ; types structure 5.6 ; types tableau 5.4 ; types union 5.7 ; types virgule-flottante 5.2 ; types void 5.9

5.1 TYPES ENTIER

C fournit un plus grand nombre de types entier et d'opérateurs que la plupart des langages de programmation. Cette variété reflète les différentes longueurs de mots et les différents types d'opérateurs arithmétiques disponibles sur la plupart des ordinateurs permettant par conséquent une correspondance étroite entre les programme C et le matériel de support. Les types entier sont utilisés en C pour représenter :

1. les valeurs entières signées ou non-signées pour lesquelles les opérations arithmétiques et relationnelles habituelles sont disponibles
2. les champs de bits soumis aux opérations ET, OU et XOU et aux décalages gauche et droit.

3. les valeurs booléennes pour lesquelles zéro est considéré comme "faux" et toutes les valeurs non nulles sont considérées comme "vraies", l'entier 1 représentant la valeur canonique "vrai"
4. les caractères qui sont représentés par leurs codes entiers sur l'ordinateur

Il est commode de diviser les types entier en trois catégories : les types signés, les types non-signés et les caractères. Chacune de ces catégories comporte un ensemble de spécificateurs de types qui peut être utilisé pour déclarer des objets du type correspondant.

spécificateur-de-type-entier :
  spécificateur-de-type-signé
  spécificateur-de-type-non-signé
  spécificateur-de-type-caractère

Références constantes de type caractère 2.7.3 ; constantes entières 2.7.1 ; conversions d'affectation 6.3.2; déclarations 4.1 ; expressions constantes 7.11 ; opérateurs binaires 7.6 ; opérateur négation bit-à-bit ~ 7.5.5 ; opérateur ou bit-à-bit | 7.6.8 ; opérateur xou bit-à-bit ^ 7.6.7 ; opérateur moins unaire - 7.5.3 ; opérateur et bit-à-bit & 7.6.6 ; opérateurs de décalage << et >> 7.6.3 ; opérateurs relationnels 7.6.4, 7.6.5

5.1.1 Types entier signés

C fournit trois tailles de types entier signés au programmeur, caractérisées par les spécificateurs de type `short`, `int` et `long` en ordre croissant de tailles.

spécificateur-de-type-signé :
  `short int`*opt*
  `int`
  `long int`*opt*

Le spécificateur `short int` est équivalent à `short` et le spécificateur `long int` est équivalent à `long`. Voici quelques exemples de déclarations typiques d'entiers signés.

```
auto short i, j;
long int l;
static int k;
```

Le type `int` ne peut pas être plus court que `short` et `long` ne peut pas être plus court que `int`. Toutefois il est permis à `short` et `int` d'être de la même taille ou à `int` et `long` d'être de la même taille. Sur un ordinateur qui ne peut pas facilement adresser une zone mémoire plus petite qu'un mot, le créateur de l'implémentation peut même choisir d'utiliser une taille unique pour les trois types.

La Proposition de normalisation ANSI C permet au programmeur d'utiliser le nouveau spécificateur de type `signed` pour indiquer explicitement un type entier signé.

La sélection par l'implémentation de représentations de types entier signé est déterminée par les représentations naturelles disponibles sur le matériel de support, par les types d'opérateurs signés et non-signés disponibles et ainsi de suite. De nombreuses implémentations représentent les caractères sur 8 bits, les entiers courts sur 16 bits et les entiers longs sur 32 bits, les entiers ordinaires étant soit de 16 bits soit de 32 bits en fonction de la largeur permettant un maximum d'efficacité. Ces largeurs particulières ne sont pas techniquement spécifiées par le langage C mais sont devenues traditionnelles; de nombreux programmeurs s'attendent à ce que les caractères soit représentés par 8 bits et tous les autres entiers par au moins 16 bits. De nombreux programmes C existants reposent certainement sur cette hypothèse.

Le programmeur C doit constamment prendre des décisions en ce qui concerne le type d'entier signé à utiliser dans un but donné. Trois considérations sont possibles : l'intervalle des valeurs entières nécessaires pour le programme, la quantité d'espace mémoire qui peut être utilisée et la vitesse du programme. La seule façon d'aboutir à un compromis est de se reporter à la documentation propre au compilateur, toutefois, les règles générales suivantes semblent s'appliquer aux plus larges ordinateurs et à tous les microprocesseurs à l'exception des petits microprocesseurs de 8 bits.

1. Le type `short` a tendance à être représenté sur 16 bits ou plus. Si cette taille est suffisante, `short` peut être utilisé pour les tableaux de grande dimension de manière à gagner de la place. Cependant, C convertit toutes les valeurs `short` en `int` dans les expressions arithmétiques. Dans la plupart des cas l'utilisation de `short` pour des variables individuelles a peu de sens.
2. Le type `long` a tendance à être représenté sur au moins 32 bits. Il fournit le domaine le plus vaste de valeurs entières signées disponible. Les opérations sur des objets de type `long` sont quelquefois moins rapides que les opérations sur des objets de type `int` en fonction de l'implémentation.
3. Le type `int` est traditionnellement l'entier "standard" de C et les opérations sur ce type ont tendance à être efficaces. Toutefois, ce type est aussi celui dont la taille est la plus imprévisible, étant donné qu'il est représenté par 32 bits ou plus par certains compilateurs et par seulement 16 bits par d'autres. En raison de cela, l'utilisation de `int` est souvent une source de problèmes de portabilité. Une bonne règle empirique est que `long` est la taille entière la plus large *supportée* alors que `int` est la taille d'entier la plus large *efficace*. Si l'efficacité est beaucoup plus importante que la portabilité, le type `int` est peut être le meilleur type à utiliser.

Le domaine précis de valeurs représentables par un type entier signé dépend non seulement du nombre de bits utilisés dans la représentation mais aussi de la technique de codage. Le cas habituel est que sur un ordinateur utilisant une arithmétique de complément à deux, un entier signé représenté avec n bits est compris entre -2^{n-1} et $2^{n-1}-1$. Sur un ordinateur utilisant les représentations en complément à un ou signe-amplitude, la limite inférieure est toutefois $-(2^{n-1}-1)$.

Une technique utile pour maximiser la portabilité est de définir et d'utiliser vos propres types entier en fonction du domaine d'entiers nécessaire pour votre application. Chacun de vos types peut ensuite être défini en fonction de l'un des types entier standard en fonction du type particulier d'ordinateur utilisé. Par exemple, supposons que vous écriviez un programme de contrôle d'inventaire et que vous ayez besoin d'entiers qui correspondent à des numéros de pièces, des quantités de commandes et des numéros de bon-de-commandes. En fonction des tailles des nombres et des tailles des types d'entiers sur l'ordinateur, vous souhaiterez peut être utiliser `short`, `int` ou `long` pour représenter des numéros de pièces. La solution est d'utiliser un seul fichier de définition, par exemple `invdef.h`, pour définir vos propres types entiers.

```
/*  invdef.h
    Définitions d'inventaire pour l'ordinateur XXX.
*/
typedef short numero_de_piece;
typedef int quantite_de_commande;
typedef long bon_de_commande;
```

Les fichiers source qui définissent les fonctions de traitement utilisent les types définis par `invdef.h` :

```
#include "invdef.h"

bon-de-commande commande-en-retard(piece, numero)
  numero_de_piece piece;
  quantite_de_commande numero;
/*
  Extrait      Passer une commande de 'numéros' unités
               ou 'pièces'. Retourne le numéro de bon
               de commande.
*/
{
  ...
}
```

En plus de rendre le programme plus lisible, cette technique permet l'adaptation à plusieurs ordinateurs de tailles entières différentes en changeant seulement les définitions dans un seul fichier.

Références constantes entières 2.7.1 ; conversions de type Ch. 6 ; déclarations 4.1 ; spécificateur de type `signed` 11.4.1 ; `typedef` 5.10

5.1.2 Types entier non-signés

Les types entier non-signés ont des valeurs comprises entre 0 et un certain maximum qui dépend de la taille du type. Ce maximum est toujours inférieur à une puissance de deux; plus exactement, 2^n-1 où *n* est le nombre de bits utilisé pour représenter le type non-signé.

Un type non-signé occupe la même taille mémoire que le type signé correspondant toutefois les séquences de bits sont interprétées différemment. Sur un ordinateur utilisant la notation complément à deux, par exemple, un mot de 16-bits dont tous les bits sont égaux à 1 prend la valeur -1 lorsqu'il est traité comme un entier signé et prend la valeur 65,535 lorsqu'il est traité comme un entier non signé. (Le plus grand entier signé pouvant être contenu dans le même mot est 32,767).

La définition originale de C fournissait un type entier non signé unique, `unsigned`. Toutefois, certains compilateurs fournissent maintenant un type non-signé qui correspond à chacun des types d'entier signés décrits dans le paragraphe 5.1.1. Le type non-signé est spécifié en faisant précéder le type signé correspondant du mot `unsigned`.

spécificateur-de-type-non-signé :
  `unsigned short int`$_{opt}$
  `unsigned int`$_{opt}$
  `unsigned long int`$_{opt}$

Dans chaque cas le mot clé `int` est optionnel et n'affecte pas la signification du spécificateur de type. Choisir parmi les types non-signés implique les mêmes considérations que celles discutées au sujet des types entiers signés.

Quelle que soit la représentation utilisée pour les entiers signés, un entier non-signé représenté avec *n* bits est toujours considéré comme étant en notation binaire non signée et ayant des valeurs comprises entre 0 et 2^n-1. Par conséquent, la séquence de bits correspondant à une certaine valeur non-signée est prévisible et portable alors que la séquence de bits correspondant à une valeur signée est imprévisible et non portable.

Le fait qu'un entier soit signé ou non signé affecte les opérations effectuées sur cet entier. Toutes les opérations arithmétiques sur des entiers non-signés se comportent suivant les règles de l'arithmétique modulaire (congruente) modulo 2^n. Ainsi, par exemple, ajouter 1 à la plus large valeur d'un type non-signé donne toujours 0.

Les expressions qui mélangent les entiers signés et non-signés sont forcées d'utiliser les opérations non-signées. Le paragraphe 6.3.4 décrit les conversions effectuées et le chapitre 7 décrit les effets de chaque opérateur lorsque ses arguments sont non-signés. Ces conversions peuvent être surprenantes. Par exemple, étant donné que les entiers non-signés sont toujours positifs, on s'attendrait à ce que le test suivant soit toujours "vrai" :

```
unsigned int u;
...
if (u > -1) ...
```

Toutefois, ce résultat est toujours “faux!”. La valeur (signée) -1 est convertie en un entier non-signé avant la comparaison, donnant le plus grand entier non-signé et la valeur de `u` ne peut pas être supérieure à cet entier.

Références constantes entières 2.7.1 ; conversions entre entiers 6.2.3 ; types entier signés 5.1.1

5.1.3 Type caractère

Le type caractère en C est un type entier; plus exactement, les valeurs de ce type sont des entiers et peuvent être utilisées dans des expressions entières.

spécificateur-de-type-caractère :
    `unsigned`$_{opt}$ `char`

Le type caractère a des caractéristiques spéciales qui le différencient des types normaux signés et non-signés. Sa représentation dépend de l'implémentation et dépend de la nature du caractère et des utilitaires de traitement de chaînes de caractères sur l'ordinateur cible. Un tableau de caractères correspond a la notion de “chaîne de caractères” en C. Les déclarations typiques concernant les caractères sont :

```
static char salutation[7] = "Bonjour\n";
char *prompt = &salutation[0];
char caractere_de_remplissage = '\0';
```

Une chose qui est incertaine au sujet du type `char` est s'il est signé ou non-signé. Pour des raisons d'efficacité, les compilateurs C sont libres de traiter le type `char` de trois manières :

1. Le type `char` peut être un type entier normal, signé.
2. Le type `char` peut être un type entier normal, non-signé.
3. Le type `char` peut être un type entier “pseudo_non_signé”, plus exactement, il peut seulement contenir des valeurs positives mais est traité comme s'il était un type signé lors des conversions unaires habituelles.

Dans tous les cas, les valeurs des caractères dans l'ensemble de caractères standard (paragraphe 2.1) prennent toujours des valeurs positives lorsqu'elles sont représentées comme des valeurs de type `char`. Le programme suivant détermine le traitement du type caractère qui est supposé avoir une représentation 8 bits :

```
int main()
{
  char c = 255;
  if (c/-1 == 1) printf("Le type char est signé\n");
  else if (c/-1 == 0)
    printf("Le type char est non-signé\n");
  else if (c/-1 == -255)
    printf("Le type char est pseudo-non-signé\n");
  else printf("?c/-1 == %d\n",c/-1);
  return 0
}
```

Le fait que les caractères soient signés est une notion importante étant donné que les fonctions de bibliothèque standard d'entrée/sortie qui retournent normalement des caractères provenant de fichiers retournent -1 (conventionnellement dénoté `EOF`) lorsque la fin du fichier est détectée. Pour se protéger contre les caractères non-signés, le programmeur doit toujours traiter ces fonctions comme retournant des valeurs de type `int`. Par exemple, le programme suivant est conçu pour copier des caractères provenant de l'entrée standard sur la sortie standard jusqu'à ce qu'une indication de fin de fichier soit retournée par `getchar`. Les trois premières définitions sont généralement fournies dans le fichier d'en-tête standard `stdio.h`.

```
extern int getchar();
extern void putchar();
#define EOF - 1

void copie_caracteres()
{
  char ch;        /* Incorrect ! */

  while ((ch = getchar()) != EOF)
    putchar(ch);
}
```

Toutefois cette fonction ne fonctionne pas lorsque `char` est non-signé ou est pseudo-non-signé. Pour se rendre compte de cela, supposons que le type `char` soit représenté sur 8 bits, que le type `int` soit représenté sur 16 bits et que l'arithmétique complément à deux soit utilisée. Dans ce cas, `getchar` retourne -1, l'affectation

```
ch = getchar()
```

donne la valeur 255 (les 8 bits les moins significatifs de -1) à `ch`. (De manière stricte, la conversion dépend de l'implémentation mais le résultat est habituel). Le test de boucle devient alors

```
255 != -1
```

Si le type `char` est pseudo-non-signé, la comparaison (signée ci-dessus) est "vraie". Si le type `char` est non-signé, les conversions habituelles provoqueront la conversion de `-1` en un entier non-signé de telle sorte que la comparaison

```
255 != 65535
```

est toujours "vraie". Par conséquent la boucle ne se termine jamais. Le fait de changer la déclaration de `ch` en

```
int ch;
```

permet de tout faire fonctionner correctement.

Une pratique de programmation habituelle en C est de définir un type "pseudocaractère" à utiliser dans une telle situation. Par exemple :

```
typedef int caractere;
...
void copie_caracteres()
{
  caractere ch;
  while ((ch = getchar() ) != EOF)
    putchar(ch);
}
```

Dès lors, le lecteur du programme réalise que `ch` est logiquement un caractère bien qu'il soit représenté avec le type `int`.

Une implémentation qui traite normalement les caractères comme des entiers signés peut aussi fournir un type "caractère non-signé" avec le spécificateur de type `unsigned char`. Par ailleurs, dans une implémentation qui traite normalement les caractères comme des entiers non-signés il n'y a aucun moyen d'indiquer un caractère signé; l'hypothèse est que si les caractères avaient pu être implémentés comme des quantités signées ils auraient été implémentés de cette manière.

Si les caractères sont normalement non-signés, vous pouvez souhaiter utiliser un traitement similaire à la macro suivante qui simule l'extension de signe des nombres en complément à deux de 8 bits. Cette macro transforme les entiers compris entre 128 et 255 en entiers compris entre -128 et -1.

```
#define caractere_signe(x) (((x)^128) -128)
```

La Proposition de normalisation ANSI C permet aux caractères signés d'être représentés explicitement et oblige les compilateurs à les implémenter correctement même si cela est difficile.

Un deuxième domaine vague pour les caractères est leur taille. Dans l'exemple ci-dessus, nous avons supposé qu'ils occupaient 8 bits et cette hypothèse est presque toujours valide (bien qu'il soit impossible de s'assurer qu'ils soient compris entre 0 et 255 ou entre -128 et 127). Toutefois, un petit nombre d'ordinateurs peuvent utiliser 9 ou même 7 bits). Ceci est seulement un problème lorsque le programmeur utilise des caractères (spécialement des tableaux de caractères) comme "entiers très courts".

Il est possible d'utiliser des tableaux de caractères pour implémenter des tableaux de booléens ainsi que décrit dans l'exemple suivant qui utilise un tableau de caractères pour déterminer si certains entiers sont premiers :

```
static char vecteur_premier[] =
    {0,0,1,1,0,1,0,1,0,0,0,1,0,1,0,0,0,1,0,1};
int est_premier(n)
  int n;
{
  if (n > 0 && n < sizeof(vecteur_premier))
    if  (vecteur_premier[n])
        printf("Oui.\n");
    else
        printf("Non.\n");
  else
    printf("Inconnu.\n");
}
```

Références champs de bits 5.6.5 ; conversions entières 6.2.3 ; constantes de type caractère 2.7.3 ; ensemble de caractères 2.1 ; `EOF` 17.1 ; `getchar` 17.6 ; types entiers 5.1 ; types non-signés 5.1.2 ; types signés 5.1.1

5.2 TYPES VIRGULE-FLOTTANTE

Les nombres virgule-flottante en C (quelquefois appelés nombres "réels") existent en deux tailles : simple ou double précision ou `float` et `double`.

spécificateur-de-type-virgule-flottante :
```
float
double
```

Le spécificateur de type `long float` est autorisé dans les implémentations plus anciennes comme un synonyme de `double`, toutefois il n'a jamais été populaire et a été éliminé dans la Proposition de normalisation ANSI C.

Quelques déclarations typiques d'objets de type virgule-flottante sont données ci-dessous :

```
double d;
static double pi;
float coefficients[10];
  /* "coefficients" est un tableau de
      nombres virgule-flottante. */
```

L'utilisation de `float` et `double` est similaire à l'utilisation de `short` et `int`. Etant donné que dans les expressions, toutes les valeurs de type `float` sont converties en `double` avant d'effectuer une opération quelconque (voir paragraphe 6.3.4), l'utilisation du type `float` est principalement limitée aux structures et au larges tableaux pour lesquels l'économie de place mémoire obtenue par le type plus petit `float` est importante. Ceci peut changer dans l'avenir étant donné que la Proposition de normalisation ANSI C autorise l'arithmétique utilisant le type `float`.

C n'impose pas les tailles à utiliser pour `float` et `double`. Les représentations utilisées pour les nombres à virgule-flottante sont complètement dépendantes de la machine. Sur certains ordinateurs, elles peuvent être implémentées de la même manière. Il est raisonnable pour le programmeur de supposer cependant que la précision et l'amplitude du type `double` est au moins aussi large que pour le type `float` et par conséquent que l'ensemble des valeurs représentables du type `float` est un sous-ensemble — éventuellement identique — de l'ensemble des valeurs représentables du type `double`.

La plupart des opérations arithmétiques et logiques peuvent être appliquées à des opérandes virgule-flottante. Celles-ci comprennent la négation arithmétique et logique, l'addition, la soustraction, la multiplication et la division, les tests relationnels et d'égalité, les opérateurs ET et OU logiques (par opposition à bit-à-bit) et les conversions bidirectionnelles de tous les types arithmétiques. Le chapitre 7 décrit ces opérations d'une manière plus détaillée.

Il n'y a aucune obligation en ce qui concerne les tailles relatives des types virgule-flottante et entier ou pointeur. Dans le passé, certains programmes C ont reposé sur l'hypothèse que le type `double` peut représenter toutes les valeurs de type `long`; plus exactement, que la conversion d'un objet du type `long` en type `double` suivie de la conversion inverse en type `long` fournit exactement la valeur `long` originale. Alors que cela est certainement vrai dans la plupart des implémentations de C, ce n'est pas une nécessité dans la définition du langage C. Pour assurer une portabilité maximale des programmes, le programmeur doit éviter de se fonder sur cette hypothèse.

La Proposition de normalisation ANSI C ajoute un troisième type virgule-flottante à C, `long double` qui peut être plus large que `double`. Elle supprime aussi le synonyme `long float` équivalent à `double`.

Références constantes de type virgule-flottante 2.7.2 ; conversions virgule-flottante 6.2.4 ; type `long double` 11.4.2

5.3 TYPES POINTEUR

Pour tout type *T* à l'exception de `void`, un type pointeur " pointeur à *T* " peut être créé. Une valeur de ce type correspond à l'adresse d'un objet de type *T*. La déclaration des types pointeur est présentée dans le paragraphe 4.5.2. Par exemple, pour déclarer `ip` comme un pointeur à un objet de type `int` et `cp` comme un pointeur à un objet de type `char`, nous écrivons

```
int *ip;
char *cp;
```

Les pointeurs sont utilisés de manière importante dans les programmes C, partiellement en raison des origines historiques de C comme un langage de programmation système et aussi en raison du fait que les pointeurs et les tableaux sont bien intégrés (paragraphe 5.4.1). Les deux opérateurs les plus importants utilisées en conjonction avec les pointeurs sont les opérateurs adresse `&` (paragraphe 7.5.6) et indirection `*` (paragraphe 7.5.7). Dans l'exemple suivant, `ip` reçoit l'adresse de la variable `i` (`&i`). Après cette affectation, l'expression `*ip` référence la variable `i`.

```
int i, j, *ip;
ip = &i;
i = 22;
j = *ip;
  /* j a maintenant la valeur 22 */
*ip = 17;
  /* i a maintenant la valeur 17 */
```

Chaque type pointeur a une valeur spéciale "pointeur à rien du tout", qui est écrit comme la constante entière 0. Les fichiers d'en-tête standard définissent habituellement le nom de la macro de préprocesseur `NULL` comme étant 0. En se souvenant du fait que l'entier 0 représente aussi la valeur "faux" dans les tests booléens, il n'est pas surprenant que les pointeurs soient utilisés dans les comparaisons logiques. Plus exactement, l'instruction

```
if (ip) i = *ip;
```

est une notation abrégée de

```
if (ip != NULL) i = *ip;
```

Les pointeurs peuvent aussi être indicés comme s'ils étaient des tableaux (voir paragraphe 5.4.1).

Références déclarateurs de pointeurs 4.5.2 ; instruction `if` 8.5 ; opérateur adresse `&` 7.5.6 ; opérateur d'indirection `*` 7.5.7 ; opérateurs logiques 7.7 ; types tableau 5.4

5.3.1 Arithmétique de pointeurs

Une caractéristique utile de C est qu'il permet d'effectuer des opérations arithmétiques sur les pointeurs. Si p est une expression du type "pointeur à T" et i est une valeur entière, l'expression

$$p + i$$

est définie comme un pointeur au $i$ème objet de type T situé au delà de celui pointé par p. En raisonnant en termes d'adresses d'ordinateur, l'entier i doit être multiplié par la taille du type T et être ensuite ajouté à p pour obtenir une nouvelle adresse.

Comme exemple plus concret, supposons que nous travaillons sur un ordinateur adressable par bytes sur lequel le type `int` comporte quatre bytes. Considérons un tableau `a` de dix entiers qui commence à l'adresse `0x100000`. Considérons un pointeur `ip` à un entier initialisé pour pointer sur le premier élément du tableau `a`. Enfin, considérons une variable entière `i` égale à 6. Nous avons maintenant la situation suivante :

```
int *ip, i, a[10];
ip = &a[0];
i = 6;
```

Quelle est la valeur de `ip+i` ? Etant donné que les entiers comportent quatre bytes, l'expression `ip+i` devient :

```
0x100000 + 4*6
```

ou `0x100018` (24 correspond à 18 en base hexadécimale).

D'autres opérations sur les types pointeurs comprennent l'affectation, la soustraction, les tests relationnels et d'égalité; les opérations ET et OU logiques (par opposition à bit-à-bit), l'addition et la soustraction d'entiers et les conversions entre les types entier et les autres types de pointeurs.

Références conversions en pointeurs 6.2.7 ; opérateur d'addition 7.6.2 ; opérateurs d'affectation 7.9 ; opérateur de soustraction 7.6.2 ; opérateurs logiques 7.7 ; opérateurs relationnels 7.6.4, 7.6.5

5.3.2 Quelques problèmes avec les pointeurs

Ce paragraphe est principalement destiné aux créateurs d'implémentations de compilateurs et aux programmeurs expérimentés. Il existe une hypothèse subtile en C suivant laquelle tous les types pointeur (en fait, toutes les adresses) ont une représentation uniforme. Par exemple, sur un ordinateur à adressage par bytes, il est commun pour tous les pointeurs d'être des adresses de byte simples occupant, par exemple, un mot. A l'exception des considérations d'alignement, les conversions entre les types de pointeurs — et entre les pointeurs et les entiers — ne nécessitent aucun changement de représentation. Lors de l'exécution d'un programme C sur de tels ordinateurs, le programmeur C ne rencontrera en général aucun problème.

Sur certains ordinateurs orientés par mot, les pointeurs à caractères doivent toutefois être représentés à l'aide de "pointeurs à champs" ou de "pointeurs à bytes" qui ont des formats différents des adresses d'objets plus larges. Sur l'ordinateur DECSYSTEM-20, par exemple, un pointeur de type caractère peut avoir certains bits plus significatifs égaux à 1 dans l'adresse — ces bits étant 0 dans d'autres types pointeur. Par conséquent :

1. La conversion des pointeurs de type caractère en autres types pointeur entraîne un changement de représentation.
2. Les comparaisons de pointeurs de différents types ne peuvent pas être effectuées comme des comparaisons entières simples.
3. Les conversions entre entiers et pointeurs peuvent produire des résultats surprenants.

Ce problème peut même être pire sur des ordinateurs comportant une structure d'adressage qui dépend des capacités.

Un problème commun avec certains microprocesseurs est la présence de deux formats d'adresse court et long. Pour traiter le cas général, le créateur d'une implémentation C doit utiliser la forme d'adressage la plus longue et la moins efficace dans tous les cas ou doit étendre le langage pour permettre au programmeur de spécifier l'utilisation d'adresses plus courtes.

Quelle que soient les représentations choisies pour les pointeurs, ils doivent satisfaire le critère suivant, sur lequel de nombreux programmes C reposent (spécialement ceux qui utilisent la fonction de bibliothèque `malloc`) : si les conditions d'alignement d'un type *P* ne sont pas plus exigeantes que pour le type *Q*, il doit toujours être possible d'effectuer une conversion de type d'un "pointeur à *Q* " en un "pointeur à *P* " et inversement sans perdre aucune information. Par exemple, sur un ordinateur qui nécessite que tout objet de type `double` ait une adresse qui soit un multiple de huit caractères et tout objet de type `int` ait une adresse qui soit un multiple de quatre caractères, il devrait être possible d'effectuer une conversion de "pointeur à `double`" en "pointeur à `int`" et d'effectuer ensuite la conversion inverse en "pointeur à `double`" pour retrouver le pointeur original. La conséquence la plus importante est qu'un pointeur de type "pointeur à caractère" doit être capable de contenir l'équivalent d'un pointeur à un autre type sans perdre aucune information.

Le programmeur doit toujours utiliser des conversions de types lors des conversions entre types de pointeurs et doit être particulièrement attentif à ce que des arguments de types pointeur passés à des fonctions soient du type correct attendu par la fonction.

Références conversions en types pointeur 6.2.7 ; expressions de conversion de types 7.5.1 ; fonction `malloc` 18.1

5.4 *TYPES TABLEAU*

Si *T* est un type C quelconque à l'exception de `void` ou de "fonction retournant...", le type tableau "tableau de *T*" peut être déclaré. Les valeurs de ce type sont des éléments du type *T*. Tous les tableaux en C sont indicés par rapport à 0; par exemple, le tableau

```
int A[3];
```

comprend les éléments `A[0]`, `A[1]` et `A[2]`. Dans l'exemple suivant, un tableau d'entiers (`entiers`) et un tableau de pointeurs (`pointeurs`) sont déclarés et chacun des pointeurs de `pointeurs` est initialisé comme l'adresse de l'entier correspondant dans `entiers`.

```
int entiers[10], *pointeurs[10], i;
for (i = 0; i < 10; i++)
  pointeurs[i] = &entiers[i];
```

La taille d'un tableau est toujours égale à la longueur du tableau en nombre d'éléments multipliée par la taille d'un élément.

Références déclarateurs de tableau 4.5.3 ; unités de mémorisation 6.1.1

5.4.1 *Tableaux et pointeurs*

En C, il existe une correspondance étroite entre les types "tableau de *T*" et "pointeur à *T*". Tout d'abord, lorsqu'un identificateur de tableau apparaît dans une expression, le type de l'identificateur est converti du type "tableau de *T*" en "pointeur à *T*" et la valeur de l'identificateur est convertie en un pointeur au premier élément du tableau. Par conséquent, dans l'expression

```
int a[10], *ip;
ip = a;
```

la valeur de `a` est convertie en un pointeur au premier élément du tableau, ce qui est exactement la même chose que si l'expression était écrite

```
ip = &a[0];
```

Cette règle est l'une des conversions unaire habituelle. La seule exception à cette règle de conversion est le cas où l'identificateur de tableau est utilisé comme un opérande de l'opérateur `sizeof` auquel cas `sizeof` retourne la taille totale du tableau et non pas la taille d'un pointeur au premier élément du tableau.

Par ailleurs, l'indiçage d'un tableau est défini en termes d'arithmétique de pointeurs. Plus exactement, l'expression

```
a[i]
```

est définie comme équivalente à

```
*((a) + (i))
```

qui est la même chose que

```
(&(a)[0] + (i))
```

lorsque a est un tableau. Cette équivalence signifie aussi que les pointeurs peuvent être indicés; il est laissé à la liberté du programmeur de s'assurer que le pointeur pointe sur un tableau approprié d'éléments :

```
double d, *dp;
...
d = dp[4];
```

Références conversions de tableaux 6.3.3 ; conversions unaires habituelles 6.3.3 ; déclarateurs de tableau 4.5.3 ; indiçage de [ ] 7.4.1 ; opérateur d'addition + 7.6.2 ; opérateur d'adresse 7.5.6 ; opérateur d'indirection * 7.5.7 ; types pointeur 5.3

5.4.2 Tableaux multidimensionnels

Les tableaux multidimensionnels sont déclarés comme des "tableaux de tableaux" ainsi que dans la déclaration

```
int matrice[10][10]
```

qui déclare `matrice` comme un tableau de 10 par 10 éléments de type `int`. Le langage ne place aucune limitation sur le nombre de dimensions d'un tableau.

Les tableaux multidimensionnels sont mémorisés de telle sorte que le dernier indice varie plus rapidement. Plus exactement, les éléments du tableau

```
int t[2][3];
```

sont mémorisés (par ordre croissant d'adresses) comme

```
t[0][0], t[0][1], t[0][2], t[1][0], t[1][1], t[1][2]
```

Les conversions de tableaux en pointeurs sont effectuées de la même manière pour les tableaux multidimensionnels. Par exemple, si `t` est un tableau de 2 par 3 du type défini ci-dessus, l'expression `t[1][2]` est évaluée comme

```
*(*(t+1)+2)
```

qui est évaluée de la manière suivante :

`t` un tableau 2 par 3 qui est converti immédiatement en un pointeur au (premier) tableau de 3 éléments.

`t+1`	un pointeur au (deuxième) tableau de 3 éléments.
`(t+1)`	(le deuxième) tableau de 3 éléments entiers qui est converti immédiatement en un pointeur au (premier) entier (dans le second tableau de 3 éléments)
`*(t+1)+2`	un pointeur au (troisième) entier (dans le deuxième tableau de 3 éléments)
`*(*(t+1)+2)`	(le troisième) entier (dans le second tableau de 3 éléments)

En général, toute expression *A* du type "tableau *i*-par-*j*-par ... -par-*k* de *T*" est immédiatement convertie en "pointeur à tableau *j*-par- ... -par-*k* de *T*".

Références déclarateurs de tableau 4.5.3 ; indiçage 7.4.1 ; opérateur d'addition + 7.6.2 ; opérateur d'indirection * 7.5.7 ; types pointeur 5.3

5.4.3 Limites de tableau

Chaque fois qu'une zone de mémorisation d'un tableau est allouée, la taille du tableau doit être connue. Toutefois, étant donné que les indices ne sont pas normalement vérifiés comme contenus dans les limites déclarées du tableau, il est possible d'omettre la taille lors de la déclaration d'un tableau externe a une seule dimension défini dans un autre module ou lors de la déclaration d'un tableau à une seule dimension qui est un paramètre formel d'une fonction (voir paragraphe 4.5.3). Par exemple, la fonction suivante `somme` retourne la somme des `n` premiers éléments d'un tableau externe `a` dont les limites ne sont pas spécifiées.

```
extern int a[];

int somme(n)
  int n;
{
  int i, s = 0;
  for (i = 0; i < n; i++)
    s += a[i];
  return s;
}
```

Lors du passage de tableaux à des fonctions, il est commun d'omettre les informations concernant les limites du paramètre formel :

```
int tableausomme(tableau, longueurtableau)
  int longueurtableau, tableau[];
{
  ...
}
```

Dans cet exemple, le paramètre a pourrait aussi être déclaré comme "int *a", qui reflèterait l'implémentation de manière plus précise mais indiquerait peut-être moins clairement l'intention.

Lorsque des tableaux multidimensionnels sont utilisés, il est nécessaire d'indiquer les limites de toutes les dimensions à l'exception de la première de telle sorte que des adresses arithmétiques convenables puissent être calculées.

```
extern int matrice[][10]; /*  tableau d'entiers
                              ?-par-10 */
```

Si ces limites ne sont pas indiquées, la déclaration donne une erreur.

Références déclarateurs de tableau 4.5.3 ; définir et référencer les déclarations 4.8 ; indiçage 7.4.1 ; limites de tableau omises 4.5.3 ; opérateur d'indirection * 7.5.7 ; types pointeur 5.3

5.4.4 Opérations

La seule opération qui peut être effectuée directement sur la valeur d'un tableau est l'application de l'opérateur `sizeof`. Le tableau doit avoir une limite supérieure. Le résultat d'une telle opération est le nombre d'unités de mémorisation occupées par le tableau. Pour un tableau de *n* éléments de type *T*, le résultat de l'opérateur `sizeof` est toujours égal à *n* fois le résultat de `sizeof` appliquée au type *T*.

Dans tous les autres contextes, tels que l'indiçage, la valeur du tableau est en fait traitée comme un pointeur et par conséquent, les opérations sur les pointeurs peuvent être appliquées aux valeurs du tableau.

Références conversions de tableau en pointeur 6.2.7 ; déclarateurs de tableau 4.5.3 ; indiçage 7.4.1 ; opérateur `sizeof` 7.5.2 ; types pointeur 5.3

5.5 TYPES ENUMERATION

Les types énumération ont été récemment ajoutés au langage C et des concepts similaires existent dans d'autres langages tels que Pascal et Ada. Malheureusement, les compilateurs C n'implémentent pas tous les énumérations et ceux qui les implémentent ne sont pas tous cohérents dans leurs implémentations.

Un type énumération en C est un ensemble de valeurs entières représentées par des identificateurs appelés *constantes de type énumération*. Les constantes de type énumération sont spécifiés lors de la définition du type. Par exemple, la déclaration

```
enum poisson { truite, carpe, hareng }
                            mon_poisson, ton_poisson;
```

crée un nouveau type énumération "`enum poisson`" dont les valeurs sont `truite`, `carpe` et `hareng`. Elle déclare aussi deux variables de type énumération, `mon_poisson` et `ton_poisson` qui peuvent recevoir des valeurs à l'aide des affectations

```
mon_poisson = hareng;
ton_poisson = truite;
```

En plus de donner des valeurs aux types énumération, le programmeur doit tester l'égalité de deux valeurs.

Les types énumérations sont implémentés en associant des valeurs entières aux constantes de type énumération de telle sorte que l'affectation et la comparaison de valeurs de types énumération puissent être implémentés comme une affectation et une comparaison entière. Ces entiers sont normalement choisis automatiquement mais il peuvent être spécifiés par le programmeur dans la définition du type :

```
enum poisson { truite=1, carpe=0, hareng=10 }
              mon_poisson, ton_poisson;
```

Les entiers choisis déterminent l'égalité et l'ordre des relations parmi les valeurs du type énumération. Nous donnerons plus de détails à ce sujet plus tard.

La syntaxe générale correspondant à la déclaration et à l'utilisation de types énumération est indiquée ci-dessous :

spécificateur-de-type-énumération :
définition-de-type-énumération
référence-à-un-type-énumération

définition-de-type-énumération :
`enum` *marqueur-d'énumération*$_{opt}$
{ *liste-de-définitions-d'énumération* }

référence-à-un-type-énumération :
`enum` *marqueur-d'énumération*

marqueur-d'énumération :
identificateur

liste-de-définitions-d'énumération :
définition-de-constante-de-type-énumération
liste-de-définitions-d'énumération , *définition-de-constante-de-type enumération*

définition-de-constante-de-type-énumération :
constante-de-type-énumération
constante-de-type-énumération = *expression*

constante-de-type-énumération :
identificateur

Des variables ou d'autres objets de type énumération peuvent être déclarés dans la même déclaration que celle contenant la définition du type énumération ou dans une déclaration postérieure qui mentionne le type énumération avec une "référence de type énumération". Par exemple, la déclaration unique

```
enum couleur { rouge, bleu, vert, mauve }
  favorite, acceptable, moins_favorite;
```

est exactement équivalente aux deux déclarations

```
enum couleur { rouge, bleu, vert, mauve } favorite;
enum couleur acceptable, moins_favorite;
```

et aux quatre déclarations

```
enum couleur { rouge, bleu, vert, mauve };
enum couleur favorite;
enum couleur acceptable;
enum couleur moins_favorite;
```

Le marqueur d'énumération `couleur` permet à un type énumération d'être référencé après sa définition. Bien que la déclaration

```
enum { rouge, bleu, vert, mauve }
  favorite, acceptable, moins_favorite;
```

définisse le même type et déclare les mêmes variables, l'absence d'un marqueur d'énumération rend l'introduction de variables supplémentaires impossible au cours d'une déclaration postérieure. Les marqueurs d'énumération appartiennent à la même classe de surcharge que les marqueurs de structure et d'union, leur domaine d'application est le même que celui d'une variable déclarée au même endroit dans le programme source.

Les identificateurs définis comme des constantes de type énumération font partie de la même classe de surcharge que les noms de variables, fonctions et typedef. Leur domaine d'application est le même que celui d'une variable définie au même endroit dans le programme source. Dans l'exemple suivant, la déclaration de `berger` comme une constante de type énumération dissimule la déclaration préalable de la variable entière `berger`. Toutefois, la déclaration de la variable virgule-flottante `colley` causera une erreur de compilation étant donné que `colley` est déjà déclaré dans le même domaine d'application comme une constante de type énumération.

```
int berger = 12;
{
  enum races_de_chiens {berger, colley};
                        /* dissimule la déclaration
                           préalable du nom "berger" */
  float collet;        /* redéfinition incorrecte
                           du nom "colley" */
}
```

La taille d'un type énumération est en général la même que la taille d'un type `int`, bien que certaines implémentations donnent la possibilité d'utiliser `short` ou `long` en fonction de la taille du type énumération. Les valeurs entières sont associées avec les constantes de type énumération de la manière suivante :

1. Une valeur entière explicite peut être associée avec une constante de type énumération en écrivant

   constante-de-type-énumération = expression

   Dans la définition de type, l'expression doit être une constante entière. Toutefois certains compilateurs permettent aussi des expressions définies auparavant comme des constantes de type énumération ainsi que dans

   ```
   enum garcons {  William = 10, Jean = William+2,
                   Alfred = Jean+2 };
   ```

2. La première constante de type énumération reçoit la valeur 0 si aucune valeur n'est spécifiée explicitement.
3. Les constantes de type énumération qui suivent et qui ne sont pas explicitement associées à des valeurs reçoivent une valeur incrémentée de la valeur entière associée à la constante de type énumération précédente.

Par exemple, étant donné la déclaration

```
enum tailles {  petit, moyen=10, relativement_grand,
                large=20 };
```

les valeurs de `petit`, `moyen`, `relativement_grand` et `large` seront respectivement 0, 10, 11 et 20.

Toute valeur entière signée représentable par le type `int` peut être associée à une constante de type énumération. Des entiers positifs ou négatifs peuvent être choisis au hasard et il est même possible d'associer le même entier à deux constantes de type énumération différentes. Par exemple, la définition suivante est correcte

```
enum gens { jean=1, marie=19, william=4, sheila=1 };
```

mais dans ce cas, l'expression

```
jean == sheila
```

est “vraie”, ce qui n'est pas intuitivement évident.

Bien que la forme de la définition d'un type énumération suggère celle des types structure et union, avec une vérification de type stricte, la Proposition de normalisation ANSI C et les plus récentes implémentations nécessitent que tous les types énumération soient traités comme des types entiers et que les constantes de type énumération apparaissant dans des expressions soient du type `int`. Par conséquent, les types énumération fonctionnent comme une manière améliorée de nommer des constantes entières. Pour des raisons de style, nous suggérons aux programmeurs de traiter les types énumération différemment des types entiers et de ne pas les mélanger dans des expressions entières sans utiliser de conversions de pointeurs.

Références classes de surcharge 4.2.4 ; domaine d'application 4.2.1 ; identificateurs 2.5 ; marqueurs de structure 5.6 ; marqueurs d'union 5.7

5.6 TYPES STRUCTURE

Les types structure en C sont semblables aux types connus sous le nom “d'enregistrements” dans d'autres langages de programmation. Ils correspondent à des collections de *composants* nommés (aussi appelés “membres” ou “champs”) qui ont des types différents. Une manière de considérer les structures est qu'elles permettent au programmeur de créer des *types de données abstraits*. Les structures peuvent être définies pour regrouper des objets de données en relation — les valeurs du type abstrait - et des fonctions peuvent être écrites pour manipuler ces valeurs — les opérations sur le type.

Par exemple, un programmeur qui souhaite implémenter les nombres complexes peut définir une structure `complexe` contenant les parties réelles et imaginaires comme des composants `reel` et `imag`. La première déclaration ci-dessous définit le nouveau type et la deuxième déclare les deux variables x et y de ce type :

```
struct complexe {
  double reel;
  double imag;
};
struct complexe x, y;
```

Une fonction `nouveau_complexe` peut être écrite pour créer un nouvel objet de type complexe. Noter que l'opérateur de sélection `.` est utilisé pour accéder aux composants de la structure.

```
struct complexe nouveau_complexe(r, i)
  double r, i;
{
  struct complexe nouveau;
  nouveau.reel = r;
  nouveau.imag = i;
  return nouveau;
}
```

Des opérations sur le type, telles que `complexe_multiplication` peuvent aussi être définies :

```
struct complexe complexe_multiplication(a, b)
  struct complexe a, b;
{
  struct complexe produit;
  produit.reel=(a.reel * b.reel - a.imag * b.imag);
  produit.imag=(a.reel * b.imag + a.imag * b.reel);
  return produit;
}
```

La syntaxe générale des déclarations de structures est indiquée ci-dessous :

spécificateur-de-type-structure :
    définition-de-type-structure
    référence-à-un-type-structure

définition-de-type-structure :
    res[struct] marqueur-de-structure$_{opt}$ { *liste-de-champs* }

référence-de-type-structure :
    `struct` *marqueur-de-structure*

marqueur-de-structure :
    identificateur

liste-de-champs :
    déclaration-de-composant
    liste-de-champs déclaration-de-composant

déclaration-de-composant :
    spécificateur-de-type liste-de-déclaration-de-composant ;

liste-de-déclarateurs-de-composant :
    déclarateur-de-composant
    liste-de-déclarateurs-de-composant, déclarateur-de-composant

déclarateur-de-composant :
composant-simple
champ-de-bits

composant-simple :
déclarateur

champ-de-bits :
$déclarateur_{opt}$ *:largeur*

largeur :
expression

Chaque définition de type structure introduit un nouveau type de structure, différent de tous les autres. Si le marqueur de structure est présent dans la définition, il est associé avec le nouveau type et peut être utilisé dans une référence ultérieure au type structure. Par exemple, la déclaration

```
struct complexe { double reel, imag; } x, y;
```

est équivalente aux deux déclarations

```
struct complexe { double reel, imag; };
struct complexe x, y;
```

5.6.1 Références à un type structure

Une référence à un type structure apparaissant sans une définition préalable de type structure correspondante établit une définition de type "incomplet" dont le domaine d'application est le bloc le plus imbriqué ou, si une référence apparaît au plus haut niveau, le reste du programme. Une définition incomplète peut seulement être utilisée pour déclarer des pointeurs sur le type ou pour déclarer des noms de typedef comme des synonymes de ce type. Plus exactement, des définitions incomplètes peuvent être utilisées lorsque la taille de la structure n'est pas nécessaire.

L'utilisation la plus commune de ces définitions incomplètes est la définition de types structures se référençant eux-mêmes. Dans l'exemple suivant, la définition de la structure `P` sur la première ligne établit aussi et utilise une définition incomplète de la structure `Q` qui est ensuite définie sur la deuxième ligne.

```
struct P { struct Q *pq; };
struct Q { struct P *pp; };
```

Cette opération doit être utilisée avec prudence. Si nous modifions le programme entourant les deux définitions ci-dessus, ces définitions pourraient avoir un effet différent:

```
struct Q { int a, b; };
...
{
  struct P { struct Q *pq; };
  struct Q { struct P *pp; };
  ...
}
```

La structure P a maintenant comme composant pq un pointeur à la structure Q définie dans le bloc le plus extérieur. Ceci est un exemple de "visibilité dupliquée" du marqueur Q. Ce problème peut être évité en prenant l'habitude de seulement déclarer les types structure au plus haut niveau dans les programmes C.

La Proposition de normalisation ANSI C est un peu plus précise en ce qui concerne la manière de traiter les définitions incomplètes de structures.

Références déclarateurs 4.5 ; déclarations 4.1 ; domaine d'application 4.2.1 ; opérateur de sélection . 7.4.2 ; références à des structures dans la Proposition de normalisation ANSI C 11.3.2 ; équivalence de types 5.11 ; visibilité dupliquée 4.2.6

5.6.2 Opérations sur les structures

> opérateur de sélection Les opérations disponibles pour les structures peuvent varier d'un compilateur à un autre. Tous les compilateurs C fournissent les opérateurs de sélection . et -> sur les structures et les compilateurs les plus récents permettent maintenant les affectations de structures, le passage de structures comme paramètres de fonctions et le retour de structures par des fonctions. (Avec les compilateurs plus anciens, l'affectation doit être effectuée composant par composant et seuls les pointeurs aux structures peuvent être passés et retournés par les fonctions).

Il n'est pas permis de comparer l'égalité de deux structures. Un objet de type structure est une suite de composants d'autres types. Etant donné que certains objets de données peuvent être contraints par l'ordinateur cible d'être alignés sur certaines limites d'adresse, un objet de type structure peut contenir des "trous" correspondant à des unités de mémorisation qui n'appartiennent à aucun composant de la structure. Ces trous limitent la fiabilité des tests d'égalité implémentés comme une comparaison bit-à-bit globale et des tests d'égalité composant-par-composant seraient trop coûteux. (Bien entendu, le programmeur peut écrire des fonctions de comparaison d'égalité composant-par-composant).

Dans toute situation où il est permis d'appliquer l'opérateur unaire d'adresse & à une structure pour obtenir un pointeur à cette structure, il est aussi permis d'appliquer l'opérateur à un composant de la structure pour obtenir un pointeur à ce composant; plus exactement, il est possible pour un pointeur de pointer au milieu d'une structure. Une exception à cette règle est le cas où les composants sont définis comme des champs de bits. Les composants définis comme des champs de bits ne sont pas en général alignés sur des limites adressables par la machine et par conséquent il peut être impossible de créer un pointeur à un champ de bits. Le langage C interdit par conséquent l'utilisation de tels pointeurs.

Références affectation 7.9 ; champs de bits 5.6.5 ; équivalence de types 5.11 ; marqueurs de type 5.11.2 ; opérateur d'adresse 7.5.6 ; opérateur d'égalité == 7.6.5 ; opérateur de sélection . et -> 7.4.2

5.6.3 Composants

Un composant d'une structure peut avoir n'importe quel type à l'exception de "fonction retournant ..." et `void`. Les structures ne peuvent pas contenir des incarnations d'elles-mêmes, bien qu'elles puissent contenir des pointeurs à des incarnations d'elles-mêmes. Plus exactement,

```
struct S {
  int a;
  struct S suivant; /* incorrect */
};
```

est incorrect, mais

```
struct S {
  int a;
  struct S *suivant;
};
```

est autorisé.

Les noms des composants de structure sont définis dans une classe de surcharge spéciale associée au type de la structure. Plus exactement, les noms de composants contenus dans une même structure doivent être distincts mais ils peuvent être les mêmes que des noms de composants dans d'autres structures et peuvent être identiques à des noms de variables, de fonctions et de types. Considérons par exemple la suite de déclarations suivantes :

```
int x;
struct A { int x; double y; } y;
struct B { int y; double x; } z;
```

L'identificateur `x` a trois déclarations qui n'entrent pas en conflit : une variable entière, un composant entier de la structure `A` et un composant virgule-flottante de la structure `B`. Ces trois déclarations sont utilisées respectivement dans les expressions

```
x
y.x
z.x
```

Si un marqueur de structure est défini dans l'un des composants ainsi que `T` est défini dans

```
struct S {
  struct T {int a, b; } x;
};
```

le domaine d'application de `T` s'étend jusqu'à la fin du bloc dans lequel la structure `S` est définie. (Dans le cas où `S` est défini au niveau le plus élevé ainsi que `T`).

Une remarque historique : la définition originale de C spécifiait que tous les composants contenus dans toutes les structures sont déclarés à partir de la même classe de surcharge et par conséquent deux structures différentes ne peuvent pas contenir des composants du même nom. (Une exception était faite pour le cas où des composants avaient les mêmes types et positions relatives dans les structures). Cette interprétation est maintenant anachronique mais vous pourriez la voir mentionnée dans des documentations plus anciennes ou même implémentée par certains vieux compilateurs).

Références classes de surcharge 4.2.4 ; domaine d'application 4.2.1

5.6.4 Disposition des composants de structure

La plupart des programmeurs ne seront pas concernés par la manière suivant laquelle les composants sont mémorisés dans les structures. Toutefois, C donne au programmeur un certain contrôle sur le groupement. Les compilateurs C sont contraints de modifier les composants par ordre croissant strict d'adresses mémoire, le premier composant commençant au début de l'adresse de la structure elle-même. Il n'y a pas de différence dans la disposition des composants entre la structure

```
struct { int a, b, c; };
```

et la structure

```
struct { int a; int b, c; };
```

Ces deux structures placent `a` en premier, `b` en deuxième et `c` en dernier. En général étant donné deux pointeurs p et q à des composants appartenant à une même structure, $p < q$ est vraie si et seulement si la déclaration du composant sur lequel p pointe apparaît à l'intérieur de la déclaration de la structure avant la déclaration du composant sur lequel q pointe. Par exemple :

```
{
  struct vecteur3 { int x, y, z; } s;
  int *p, *q, *r;
  ...
  p = &s.x;
  q = &s.y;
  r = &s.z;
  /*  A partir de cet endroit (p < q), (q < r) et
      (p < r) sont tous vrais. */
  ...
}
```

Des trous, ou espaces de remplissage peuvent apparaître entre deux composants consécutifs quelconque dans la disposition de la structure s'ils s'avèrent nécessaires pour permettre l'alignement convenable des composants en mémoire. Les séquences de bits apparaissant dans de tels trous sont imprévisibles et peuvent différer d'une structure à une autre ou en fonction du temps dans une même structure.

5.6.5 Champs de bits

C permet au programmeur de grouper des composants entiers dans des espaces plus petits que ce que le compilateur permet ordinairement. Ces composantes entières sont appelées *champs de bits* et sont spécifiées en faisant suivre le déclarateur de composant par deux points et une expression constante entière indiquant la largeur du champ en bits :

```
struct S {
  unsigned a:4;
  unsigned b:5, c:7;
};
```

L'intention est que les champs de bits doivent être groupés d'une manière aussi serrée que possible dans une structure en accord avec les règles présentées ci-dessous.

Les champs de bits sont typiquement utilisés dans des programmes dépendants de la machine qui forcent une structure de données à correspondre à une représentation fixée par le matériel. La manière précise suivant laquelle les composants (et tout spécialement les champs de bits) sont groupés dans une structure dépend de l'implémentation mais est prévisible pour chaque implémentation. L'utilisation de champs de bits est par conséquent certainement non portable. Le programmeur devra consulter la documentation relative à l'implémentation s'il est nécessaire de disposer une structure en mémoire d'une manière particulière et devra ensuite vérifier que le compilateur C groupe bien les composants de la manière attendue.

L'exemple ci-dessous illustre l'utilisation de champs de bits pour correspondre au format d'une adresse virtuelle de 32 bits. Nous supposons une organisation par byte de droite-à-gauche, laquelle est présentée d'une manière plus détaillée dans le paragraphe 6.1.2.

```
/*  Format d'une adresse virtuelle de 32 bits
    pour l'ordinateur XBQ-43.

+---+----+------------+-----------+------------------+
| S | x  | Segment    | Page      | Offset           |
+---+----+------------+-----------+------------------+

 31   29           23          15             bit 0

*/
/* Remarque : le compilateur C XBQ-43 groupe les
              champs de bits de droite à gauche. */



typedef struct {
  unsigned offset       : 16;
  unsigned page         : 8;
  unsigned segment      : 6;
  unsigned              : 1; /* pour une utilisation
                                future */
  unsigned superviseur  : 1;
} adresse_virtuelle;
```

C spécifie qu'aucun compilateur ne doit autoriser de champs de bits de quelque type que ce soit à l'exception du type `unsigned`, toutefois, certains compilateurs autorisent des types entiers signés (plus exactement, l'expansion de signe se produit lorsque le contenu est extrait du champ). Dans le cas habituel, le signe des champs de bits découle du signe des caractères, plus exactement, un champ de bits du type `int` peut en fait être implémenté comme un type signé, non-signé ou pseudo-non-signé (voir paragraphe 5.1.3). L'utilisation d'un type quelconque autre que `unsigned` pour un champ de bit doit par conséquent être considérée comme encore moins portable que de ne pas utiliser du tout les champs de bits.

Les compilateurs sont libres d'imposer des contraintes sur la taille maximum d'un champ de bits et de spécifier certaines limites d'adressage que les champs de bits ne peuvent pas traverser. Ces restrictions d'alignement sont en général fonction de la taille naturelle de mot supportée par l'ordinateur cible. Lorsqu'un champ de bits est trop long pour l'ordinateur, le compilateur génère un message d'erreur approprié. Lorsqu'un champ est trop long pour l'ordinateur, le compilateur génère un message d'erreur approprié. Lorsqu'un champ traverse une limite de mot, il peut être déplacé dans le mot suivant.

La grammaire indique qu'un champ de bits sans nom peut être contenu dans une structure. L'intention est de permettre l'insertion d'une quantité donnée d'espaces de remplissage dans la structure. Par exemple, la structure

```
struct S {
  unsigned a   : 4;
  unsigned     : 2;
  unsigned b   : 6;
};
```

indique que le composant a doit recevoir les quatre premiers bits de la structure, suivis de deux bits de remplissage et du composant b occupant six bits. Les champs de bits sans noms ne peuvent pas être référencés et leur contenu lors de l'exécution est imprévisible.

Le cas d'un champ de bits sans nom de longueur 0 est un cas spécial. Il indique que le composant suivant doit commencer sur la limite suivante compatible avec son type. ("Compatible" n'est pas expliqué en plus de détail). Plus exactement, dans la structure

```
struct S {
  unsigned a   : 4;
  unsigned     : 0;
  unsigned b   : 6;
};
```

le composant b doit commencer sur une limite d'adressage naturelle à la suite du composant a.

L'opérateur d'adresse & ne peut pas être appliqué à des composants de type champ de bits étant donné que de nombreux ordinateurs sont incapables d'adresser directement des champs de taille arbitraire.

Références opérateur d'adresse & 7.5.6 ; ordre de bytes 6.1.2 ; restrictions d'alignement 6.1.3 ; types énumération 5.1.1 ; types non-signés 5.1.2

5.6.6 Problèmes de portabilité

L'utilisation de champs de bits est certainement non portable et doit par conséquent se restreindre aux situations dans lesquelles la mémoire est une ressource limitée ou dans lesquelles une structure de données définie par le matériel doit être simulée exactement. (Dans le deuxième cas, le programme sera sans aucun doute non portable de toutes façons, par conséquent l'utilisation de champs de bits ne compliquera pas plus le problème).

Il existe plusieurs manières dangereuses de dépendre des stratégies de groupement. Tout d'abord, les ordinateurs diffèrent par les contraintes d'alignement de types de données. Par exemple, un entier de quatre bytes sur certains ordinateurs doit commencer sur une limite de byte qui est un multiple de quatre alors que sur d'autres ordinateurs, l'entier peut être (et est) aligné sur la limite de byte la plus proche.

Par ailleurs, les restrictions sur les largeurs de champs de bits sont différentes. Certains ordinateurs comportent des tailles de mot de 16 bits, ce qui limite la taille maximum du champ et impose une limite que les champs ne peuvent pas traverser. D'autres ordinateurs ont une taille de mot de 32 bits et ainsi de suite.

La troisième manière dangereuse est que les ordinateurs diffèrent dans la manière dont les champs sont groupés dans un mot, plus exactement, dans leur "ordre de bytes". Sur les ordinateurs du style IBM-370, les caractères sont groupés de gauche-à-droite dans les mots, du bit le plus significatif au bit le moins significatif. Sur les ordinateurs DEC VAX et un grand nombre de microprocesseurs, les caractères sont groupés de droite-à-gauche, du bit le moins significatif au bit le plus significatif.

Références ordre de bytes 6.1.2 ; restrictions d'alignement 6.1.3

5.6.7 Tailles de structures

La taille d'un objet de type structure est l'espace nécessaire pour représenter tous les composants de ce type y-compris les espaces de remplissage non utilisés placés entre ou après les composants. La règle est que la structure sera remplie jusqu'à concurrence de la taille que le type occuperait en tant qu'élément d'un tableau de tels types. (Pour un type quelconque *T*, y-compris le type structure, la taille d'un tableau de *n* éléments de types *T* est la même que la taille de *T* multipliée par *n*). Une autre manière d'exprimer cela est que la structure doit se terminer sur la même limite d'alignement que celle sur laquelle elle commence; plus exactement, si la structure doit commencer sur une limite de byte paire, elle soit aussi se terminer sur une limite de byte paire.

Par exemple, sur un ordinateur qui commence toutes les structures sur une adresse qui est un multiple de 4 bytes, la longueur de la structure

```
struct S {
  char c1;
  char c2;
};
```

sera un multiple de quatre (probablement exactement quatre), même si seulement deux caractères sont en fait utilisés.

Noter que les contraintes d'alignement d'un type structure seront au moins aussi strictes que celles des composants ayant les contraintes les plus strictes. Par exemple, sur un ordinateur qui nécessite que tous les objets de type `double` aient une adresse qui soit un multiple de 8 bytes, la longueur de la structure

```
struct S {
  double valeur;
  char nom[10];
};
```

sera probablement 24, bien que les composants puissent être répartis de manière contiguë et que leur longueur totale est de 18 unités, six unités supplémentaires de remplissage sont nécessaires à la fin pour assurer que la taille de la structure est un multiple de la contrainte d'alignement. (Si le remplissage n'était pas utilisé, dans un tableau de telles structures, chaque structure n'aurait pas un composant `valeur` aligné correctement pour correspondre à une adresse multiple de huit).

Les contraintes d'alignement peuvent provoquer l'apparition d'espaces de remplissage au milieu d'une structure. Considérons la variante suivante de l'exemple précédent dans laquelle les deux composants apparaissent dans l'ordre inverse :

```
struct S {
  char nom[10];
  double valeur;
};
```

La longueur de cette structure sera aussi 24. Après les dix unités de mémorisation réservées au composant `nom`, six unités sont nécessaires avant le composant `valeur` pour assurer l'alignement du composant `valeur` sur une adresse qui est un multiple de huit caractères par rapport au début de la structure. Tout objet de type structure devra avoir une adresse qui est un multiple de huit et par conséquent, la composante `valeur` d'un tel objet sera toujours correctement alignée.

5.7 TYPES UNION

La syntaxe de définition des types union est presque identique à celle utilisée pour définir les types structure :

spécificateur-de-type-union :
    définition-de-type-union
    référence-de-type-union

définition-de-type-union :
    `union` *marqueur-d'union*$_{opt}$ { *liste-de-champs* }

référence-à-un-type-union :
    `union` *marqueur-d'union*

marqueur-d'union :
    identificateur

La syntaxe de définition des composants est la même que celle utilisée pour les structures à l'exception du fait que les champs de bits ne sont pas autorisés dans les unions.

Comme pour les structures et les énumérations, chaque définition de type union introduit un nouveau type union, différent de tous les autres. Si le marqueur d'union est présent dans la définition, il est associé au nouveau type et peut être utilisé au cours d'une référence ultérieure au type union. Des références anticipées et des définitions incomplètes de types union sont autorisées dans les mêmes conditions que pour les types structure.

Un composant d'une union peut avoir un type quelconque à l'exception de "fonction retournant..." et `void`. Par ailleurs les unions ne peuvent pas contenir d'incarnations d'elles-mêmes bien qu'elles puissent contenir des pointeurs à des incarnations d'elles-mêmes.

Comme dans les structures, les noms des composants d'union sont définis dans une classe de surcharge spéciale associée avec le type union. Plus exactement, les noms de composants appartenant à une même union sont distincts mais ils peuvent être identiques aux noms de composants d'autres unions ainsi qu'à des noms de variables, de fonctions et de types.

5.7.1 Disposition des composants d'une union

Chaque composant d'un type union reçoit une zone de mémorisation commençant au début de l'union. Un objet de type union commencera sur une limite d'alignement de zone de mémorisation compatible avec n'importe lequel des composants contenus.

En d'autres termes, si nous considérons le type union et les définitions d'objet suivants :

```
static union U {
    ...
    int C;
    ...
}   objet, *P = &objet;
```

les égalités suivantes sont alors valables :

```
(union U *) &(P->C) ==           P
            &(P->C) == (int *) P
```

En outre, ces égalités sont valables quel que soit le type du composant C.

5.7.2 Tailles d'unions

La taille d'un objet de type union est l'espace nécessaire pour représenter le plus large composant de ce type, en plus de tout remplissage nécessaire à la fin pour élever la longueur jusqu'à une limite d'alignement appropriée. La règle est que l'union sera remplie jusqu'à concurrence de la taille que le type occuperait en tant qu'élément d'un tableau de tels types. (Pour un type quelconque *T*, y-compris le type union, la taille d'un tableau de *n* éléments de types *T* est la même que la taille de *T* multipliée par *n*). Une autre manière d'exprimer cela est que l'union doit se terminer sur la même limite d'alignement que celle sur laquelle elle commence; plus exactement, si la structure doit commencer sur une limite de byte paire, elle doit aussi se terminer sur une limite de byte paire.

Noter que les contraintes d'alignement d'un type union seront au moins aussi strictes que celles des composants ayant les contraintes les plus strictes. Par exemple, sur un ordinateur qui nécessite que tous les objets de type `double` aient une adresse qui soit un multiple de 8 bytes, la longueur de l'union

```
union U {
  double valeur;
  char nom[10];
};
```

sera 16, bien que la taille du plus grand composant soit seulement 10; six unités supplémentaires de remplissage sont nécessaires pour assurer que la taille de l'union soit un multiple de la contrainte d'alignement. (Si le remplissage n'était pas utilisé, dans un tableau de telles unions, chaque union n'aurait pas un composant `valeur` aligné correctement pour correspondre à une adresse multiple de huit).

5.7.3 Utilisation des types union

Le type union en C correspond en quelque sorte à un "enregistrement variable" dans d'autres langages. Comme les structures, les unions sont définies comme ayant un certain nombre de composants. Toutefois, à la différence des structures, une union peut seulement contenir un seul de ses éléments à un moment donné; les composants sont théoriquement superposés dans la zone de mémorisation réservée à l'union.

Supposons par exemple que nous voulions un objet qui puisse être *soit* un entier soit un nombre virgule-flottante, en fonction du contexte. Nous pouvons définir l'union `donnee` :

```
union donnee {
  int i;
  double d;
};
```

et définir une variable du type union :

```
union donnee u;
```

Ensuite, pour utiliser donnee pour contenir un entier, nous pouvons écrire :

```
u.i = 15;
```

Pour utiliser donnee pour contenir un nombre virgule-flottante, nous utilisons l'autre composant :

```
u.d = 88.9e4;
```

Le programmeur est responsable de se souvenir du type de donnée contenu dans l'union à tout moment.

Les unions peuvent être utilisées d'une manière portable si certaines règles sont respectées. En particulier, le seul moment où un composant d'union doit être référencé est le cas où la dernière affectation de l'union a été effectuée par l'intermédiaire du même composant. Il n'est *pas* portable de modifier un composant d'union et de référencer ensuite un autre composant :

```
union U { long C; double d; } x;
long l;
x.d = 1.0e10;
l = x.c;
```

C ne fournit aucun moyen de déterminer quel composant d'une union a été modifié en dernier. Le programmeur doit coder des *marqueurs de données* explicites dans les unions; plus exactement, une indication quelconque permettant d'identifier le composant mémorisé dans l'union. L'union peut être contenue dans une structure qui contient un composant marqueur spécial qui est utilisé par convention de programmation pour indiquer lequel des composants de l'union est "actif". Par exemple, nous pourrions remplacer l'union

```
union produit {
    long nombre;
    double valeur;
    char nom[30];
  } x;
```

par

```
enum produit_marqueur { nombre_produit,
                        valeur_produit,
                        nom_produit };

struct PRODUIT {
    enum produit_marqueur marqueur;
    union { long nombre;
            double valeur;
            char nom[30]; } donnée;
  } x;

/* Crée le nom "produit" pour "struct PRODUIT". */
typedef struct PRODUIT produit;
```

Pour donner des valeurs à l'union, nous pouvons écrire soit

```
x.marqueur = nombre_produit;
x.donnée.nombre = 10000;
```

soit

```
x.marqueur = valeur_produit;
x.donnée.valeur = 3.14159265358979323 84;
```

soit

```
x.marqueur = nom_produit;
strcpy(x.donnee.nom, "Millard Fillmore");
```

Nous pouvons ensuite écrire une fonction portable permettant de déterminer les différentes possibilités pour l'union et appeler la fonction indépendamment du composant qui a été modifié en dernier :

```
/*  Imprime un produit, indépendamment de son contenu.
*/
void imprime_produit(w)
  produit w;
{
  switch (w.marqueur) {
    case nombre_produit :
      printf("Nombre %ld\n", w.donnee.nombre);
      break;
    case valeur_produit :
      printf("Valeur %f\n", w.donnee.valeur);
      break;
    case nom_produit :
      printf("Nom \"%s\"\n", w.donnee.nom);
      break;
  }
}
```

Références domaine d'application 4.2.1 ; énumérations 5.5 ; structures 5.6 ; surcharge 4.2.4

5.8 TYPES FONCTION

Le type "fonction retournant *T*" est un type fonction pour lequel *T* peut être un type quelconque à l'exception de "tableau de ..." ou "fonction retournant ...". En d'autres termes, les fonctions ne peuvent pas retourner des tableaux ou d'autres fonctions bien qu'elles puissent retourner des pointeurs à des tableaux et à des fonctions.

Des objets de type fonction peuvent seulement être introduits de deux manières. Tout d'abord, une *définition* de fonction peut créer un objet de type fonction, définir ses paramètres, sa valeur de retour et fournir le corps de la fonction. Par exemple, `carre` est un objet de type fonction :

```
int carre(x)
  int x;
{
  return x*x;
}
```

De plus amples informations concernant les fonctions sont données dans le paragraphe 9.1.

Par ailleurs, une *déclaration* de fonction peut introduire une référence externe à un objet de type fonction défini ailleurs, ainsi que dans la définition suivante de `carre`.

```
extern int carre();
```

La plupart des implémentations modernes permettent les déclarations (anticipées) de fonctions statiques en utilisant la classe de mémorisation `static` ainsi que dans la déclaration :

```
static void imprimetitre();
```

La définition réelle de la fonction imprimetitre() est supposée apparaître plus loin dans le programme. Toutefois, la plupart des implémentations UNIX de C permettent aussi aux déclarations anticipées de fonctions statiques d'utiliser la classe de mémorisation `extern`; lorsque le compilateur détecte la définition statique, il évite de générer des liens externes pour le nom de la fonction :

```
extern void imprimetitre(); /*  il n'est pas extern !
                               */
...
  imprimetitre("Bonjour");
...
static void imprimetitre(salutation)
  char *salutation;
{
  ...
}
```

Il peut exister un nombre restreint d'implémentations déficientes pour lesquelles cette technique de programmation doit être utilisée, elle porte toutefois à confusion et doit être évitée.

La seule opération qui peut être appliquée à une expression du type fonction (en plus de la conversion unaire implicite habituelle "pointeur à fonction") est l'appel de la fonction. Par exemple, la ligne

```
extern int f(), (*fp)(), (*apf[])();
```

déclare les identificateurs externes `f`, `fp` et `apf` comme étant de types respectifs "fonction retournant `int`", "pointeur à fonction retournant `int`" et "tableau de pointeurs à fonctions retournant `int`". Ces identificateurs peuvent être utilisés dans des expressions d'appel de fonction en écrivant :

```
int i;
i = f(14);
i = (*fp)(j, k);
i = (*apf[j])(k);
```

Lors d'un appel de fonction, certaines conversions standard sont appliquées aux arguments réels mais aucune tentative n'est effectuée pour vérifier le type ou le nombre des arguments formels de la fonction s'ils sont connus (voir paragraphe 6.3.5).

Un identificateur de fonction peut apparaître seul — plus exactement, en dehors du contexte d'un appel — mais l'identificateur est immédiatement convertit en type "pointeur à fonction retournant ...". Par exemple,

```
extern int f();
int (*fp)();
fp = f;
```

Les seules expressions qui peuvent donner une valeur de type "fonction retournant *T*" sont le nom d'une telle fonction et une expression d'indirection comprenant l'opérateur unaire d'indirection `*` appliqué à une expression du type "pointeur à fonction retournant...".

Il existe seulement trois opérations qui peuvent être appliquées à un nom de fonction :

1. Appel de la fonction, en plaçant après le nom une liste entre parenthèses d'expressions argument séparées par des virgules.
2. Utilisation du nom de la fonction comme un paramètre effectif d'une autre fonction auquel cas un pointeur à la fonction est passé.
3. Affectation de la fonction à une variable du type approprié (pointeur).

L'opérateur `sizeof` ne peut pas être appliqué aux fonctions.

Toutes les informations nécessaires pour invoquer une fonction sont supposées être contenues dans un objet de type "pointeur à fonction retournant ...", qui satisfait aux contraintes normales des pointeurs. Bien qu'un pointeur à une fonction soit souvent supposé pointer sur le code de la fonction en mémoire, sur certains ordinateurs, un pointeur à une fonction pointe en réalité sur un bloc d'informations nécessaires pour invoquer la fonction. De telles notions de représentation sont normalement invisibles au programmeur C et doivent seulement être considérées par le créateur de l'implémentation du compilateur.

La nouvelle notion importante de "prototype de fonction" qui introduit les informations relatives aux types des paramètres dans les déclarations de fonctions est introduite par la Proposition de normalisation ANSI C.

Références appel de fonction 7.4.3 ; conversions d'arguments de fonction 6.3.5 ; conversions unaires habituelles 6.3.3 ; définition de fonction 9.1 ; opérateur d'indirection `*` 7.5.7 ; opérateur `sizeof` 7.5.2 ; prototypes de fonction 11.3.5

5.9 VOID

Le type `void` a été récemment ajouté au langage C. Il ne comporte ni valeurs ni opérations et est utilisé principalement comme type de retour d'une fonction pour indiquer que la fonction ne retourne aucune valeur.

spécificateur-de-type-void :
`void`

Par exemple :

```
{
  extern void ecrire_ligne();
  ...
  ecrire_ligne();
  ...
}
```

Le type `void` peut aussi être utilisé dans une expression de conversion de type lorsqu'il est souhaitable d'ignorer explicitement une valeur. Par exemple :

```
{
  extern int ecrire_ligne2(); /* retourne une
                                 indication d'erreur */
  ...
  (void) ecrire_ligne2(...);  /* ne vérifie pas si
                                 une erreur s'est
                                 produite */
  ...
}
```

Effectuer une conversion de type de la valeur de retour en void indique clairement que le programmeur est conscient du fait qu'`ecrire_ligne2` retourne une valeur mais qu'il choisit de l'ignorer.

La Proposition de normalisation ANSI C introduit le type `void *` ou pointeur à `void` pour représenter un pointeur de donnée universel. Traditionnellement, les programmeurs C ont utilisé `char *` dans ce but.

Références conversions de type 7.5.1 ; expressions ignorées 7.13 ; `void` dans la Proposition de normalisation ANSI C 11.4.5

5.10 NOMS TYPEDEF

Lorsqu'une déclaration de "classe de mémorisation" `typedef` est effectuée, l'utilitaire de définition de type est invoqué.

nom-de-typedef :
    identificateur

Un identificateur contenu dans un déclarateur quelconque de la déclaration est défini comme étant un nom de type (un "nom de typedef"); le type est celui qui aurait été donné à l'identificateur si la déclaration était une déclaration normale de variable. Par exemple, dans la déclaration

```
typedef int *ptr, (*fonc)();
```

le nom `ptr` est défini comme étant du type "pointeur à `int`" et le nom `fonc` est défini comme étant du type "pointeur à fonction retournant `int`".

Une fois qu'un nom a été déclaré comme un type, il peut apparaître à n'importe quel endroit où un spécificateur de type est autorisé. Ceci est utile pour créer des abréviations mnémoniques pour des types compliqués. Par exemple, après avoir écrit les définitions ci-dessus, nous pouvons écrire

```
ptr lien, *lien_indirect;
fonc ma_procedure, mon_vecteur[10];
```

auquel cas

`lien`	est du type "pointeur à `int`"
`lien_indirect`	est du type "pointeur à pointeur à `int`"
`ma_procedure`	est du type "pointeur à fonction retournant `int`"
`mon_vecteur`	est du type "tableau de 10 éléments de pointeurs à fonctions retournant `int`"

Les noms typedef ne doivent pas être mélangés avec d'autres spécificateurs de type. Certaines implémentations permettent la déclaration suivante, toutefois, la Proposition de normalisation ANSI C l'interdit explicitement :

```
typedef long int grandentier;
unsigned grandentier x;  /* certainement incorrect */
```

Les déclarations typedef n'introduisent pas de nouveaux types; les noms sont toujours considérés comme des synonymes pour les types qui pourrait être spécifiés autrement. Par exemple, après la déclaration

```
typedef struct S { int a; int b; } s1type, s2type;
```

les spécificateurs de types `s2type`, `s1type` et `struct S` peuvent être utilisés de manière interchangeable pour caractériser le même type.

Des implémentations de C peuvent souhaiter préserver les distinctions de type de manière interne de telle sorte que les utilitaires de débogage et autres outils du même type puissent se référer aux types en utilisant les noms définis par le programmeur.

Références équivalence de types 5.11

5.10.1 Noms typedef pour les types fonction

Un type fonction peut recevoir un nom `typedef`. Par exemple, la fonction `DblFonc` peut être définie comme un synonyme de “fonction retournant `double`” à l'aide de la déclaration

```
typedef double DblFonc();
```

Une fois déclarée, `DblFonc` peut être utilisée pour déclarer des objets de type fonction, pointeurs au type fonction, tableaux de type fonction et ainsi de suite en utilisant les règles normales de composition de déclarateurs :

```
extern DblFonc f, *f_ptr, *f_tableau[];
```

En se limitant aux règles normales de déclaration de type, le programmeur ne doit pas définir de types incorrects tels qu'une fonction retournant une autre fonction :

```
extern DblFonc f_ptr();      /* incorrect ! */
```

Cette méthode peut être étendue à des types plus complexes tels que “fonction retournant un pointeur à une fonction retournant `int`” :

```
typedef int (*grasfonc())();
extern grasfonc grassouillet;
```

Un problème fondamental se pose lorsqu'on essaie d'utiliser des noms `typedef` tels que ceux-ci dans les définitions de fonctions. Par exemple, la définition suivante de `fabs` est rejetée parce qu'elle semble définir une fonction retournant une autre fonction :

```
typedef double DblFonc();
DblFonc fabs(x)
  double x;
{
  if (x < 0.0) return -x; else return x;
}
```

Malheureusement, il n'est pas possible d'avoir une liste de paramètres et de l'omettre ! L'exemple suivant est un cas plus compliqué :

```
typedef int (*grasfonc())();
grasfonc grassouillet(a, b)
  int a,b;
{
  ...
}
```

Dans la Proposition de normalisation ANSI C, le nom `typedef` de la fonction peut contenir des informations concernant le prototype y-compris les noms de paramètres. Cependant, il est impossible d'hériter du type d'une définition de fonction à partir d'un nom `typedef`. Par conséquent, les définitions de `grassouillet` et `fabs` sont incorrectes dans la Proposition de normalisation ANSI C. Nous recommandons aux programmeurs de respecter cette limitation même si leur implémentation C courante permet de telles définitions.

Références déclarateurs de fonction 4.5.4 ; définitions de fonction 9.1 ; prototypes de fonction 11.3.5

5.10.2 Redéfinition des noms typedef

Le langage spécifie que les noms `typedef` peuvent être redéfinis dans les blocs internes de la même manière que des identificateurs ordinaires :

```
typedef int T;
T fou;
...
{
  float T;
  T = 1.0;
  ...
}
```

(Une restriction est que la redéclaration ne peut pas omettre les spécificateurs de type en pensant que le type sera `int` par défaut). Toutefois, certains compilateurs ont rencontré des problèmes avec de telles redéclarations, certainement à cause de la pression provoquée par les noms `typedef` sur la grammaire du langage C. Nous nous intéressons maintenant à ce problème.

Références domaine d'application des noms 4.2.1

5.10.3 Remarque d'implémentation

Permettre à des identificateurs ordinaires d'être des spécificateurs de type rend la grammaire C sensible au contexte et par conséquent non LALR(1). Pour se rendre compte de cela, considérons la ligne de programme

```
A ( *B ) ;
```

Si `A` a été défini comme un nom typedef, la line correspond à une déclaration de la variable `B` comme étant du type "pointeur à `A`". (Les parenthèses entourant "`* B`" sont ignorées). Si `A` n'est pas un nom de type, la ligne est un appel à la fonction `A` avec le simple paramètre `* B`. Cette ambiguïté ne peut pas être résolue grammaticalement.

Les compilateurs C fondés sur l'analyseur-générateur YACC de UNIX — tels que le compilateur portable C — résolvent ce problème en repassant les informations acquises au cours de l'analyse sémantique à l'analyseur lexical. Les compilateurs C doivent effectuer une certaine analyse de `typedef` pendant l'analyse lexicale.

5.11 EQUIVALENCE DE TYPE

Nous mentionnons, par exemple, plusieurs fois dans le livre que deux objets doivent avoir le même type. Que voulons nous dire ?

Tout d'abord, deux pointeurs ou types fonction sont identiques si leurs éléments sont identiques :

1. Deux types "pointeur à *T*" et "pointeur à *S*" sont seulement identiques si les types *T* et *S* sont identiques.
2. Deux types "fonction retournant *T*" et "fonction retournant *S*" sont seulement identiques si les types *T* et *S* sont identiques.

Les règles s'appliquant aux autres types sont présentées dans les paragraphes suivants.

Dans la Proposition de normalisation ANSI C, lorsque des prototypes de fonctions sont utilisés, les noms et les types de paramètre deviennent une partie du type fonction. Deux types fonction doivent être d'accord en ce qui concerne la présence ou l'absence de prototypes et le contenu des prototypes.

Références prototypes de fonction 11.3.5 ; types fonction 5.8 ; types pointeur 5.3 ; types tableau 5.4

5.11.1 Types tableau

Deux types "tableau de *n* éléments de *T*" et "tableau de *m* éléments de *S*" sont seulement identiques si les types *T*" et *S* sont identiques et $n=m$. Une conséquence de cela est par exemple que les types pointeur "pointeur au tableau de 10 éléments de type `int`" et "pointeur au tableau de 5 éléments de type `int` " ne sont *pas* identiques. (Le fait d'incrémenter des valeurs de ces types a différents effets étant donné que les tailles d'éléments pointeurs sont différentes). Toutefois, il existe deux clarifications à cette règle d'équivalence.

Tout d'abord, dans les contextes dans lesquels une taille de tableau peut être omise, la taille ne participe pas au calcul de l'équivalence de type. (Si le tableau est multidimensionnel et si la taille de la première dimension peut être omise, *seule* la première dimension ne participe pas, les autres dimensions doivent correspondre.) Par conséquent, les deux déclarations externes

```
extern int a[10];
extern int a[];
```

déclarent concrètement `a` comme étant du même type.

Par ailleurs, dans de nombreuses situations, une valeur de type "tableau de *n* éléments du type *T*" est convertie en une valeur du type "pointeur à *T*". Dans ce cas, les règles d'équivalence de type pointeur s'appliquent, plus exactement, la taille du tableau devient inutile.

Références types tableau 5.4

5.11.2 Types énumération, structure et union

Chaque apparition d'un spécificateur de type qui correspond à une définition de type structure, une définition de type union ou une définition de type énumération introduit un nouveau type structure, union ou énumération qui n'est jamais le même et n'est jamais équivalent à n'importe quel autre type.

Un spécificateur de type qui correspond à une *référence* de type structure, union ou énumération est le même type que celui introduit dans la *définition* correspondante. Le type marqueur est utilisé pour associer la référence avec la définition et dans ce sens, le marqueur peut être interprété comme le nom du type. Par conséquent, les types de `x`, `y` et `u` donnés ci-dessous sont tous différents mais les types de `u` et de `v` sont identiques.

```
struct { int a; int b; } x;
struct { int a; int b; } y;
struct S { int a; int b; } u;
struct S v;
```

Historiquement, les marqueurs sont les précurseurs de l'utilitaire `typedef` en C, lequel les remplace largement. Les seuls avantages offerts par les marqueurs qui ne peuvent pas être obtenus avec les définitions de types sont les références récursives à l'intérieur des structures et des unions :

```
struct { int donnee; struct S *suivant; };
```

Références énumérations 5.5 ; structures 5.6 ; unions 5.7

5.11.3 Noms typedef

Les noms déclarés comme des types dans des définitions `typedef` sont des synonymes des types et non pas des nouveaux types. Par conséquent, dans l'exemple suivant, le type `mon_entier` est le même que le type `int` et le type `ma_fonction` est le même que le type "`float *()`".

```
typedef int mon_entier;
typedef float *ma_fonction();
```

Dans l'exemple plus compliqué

```
struct S { int a, b; } x;
typedef struct S t1, t2;
struct S w;
t1 y;
t2 z;
```

les variables `w`, `x`. `y` et `z` sont toutes du même type.

Références noms typedef 5.10

5.12 NOMS DE TYPE ET DECLARATEURS ABSTRAITS

Dans deux cas de programmation C, il est nécessaire d'écrire le nom d'un type sans déclarer un objet de ce type : lors de l'écriture d'expressions de conversion de type et lors de l'application de l'opérateur `sizeof` à un type. Dans ces deux cas, on utilise un *nom de type* construit à partir d'un *déclarateur abstrait.* (Ne pas confondre "nom de type" avec le "nom typedef" décrit dans le paragraphe 5.10).

nom-de-type :
        spécificateur-de-type déclarateur-abstrait

déclarateur-abstrait :
        déclarateur-abstrait-vide
        déclarateur-abstrait-non-vide

déclarateur-abstrait-vide :

déclarateur-abstrait-non-vide :
        (*déclarateur-abstrait-non-vide*)
        déclarateur-abstrait ( )
        déclarateur-abstrait [$expression_{opt}$]
        * *déclarateur-abstrait*

Un déclarateur abstrait ressemble à un déclarateur régulier dans lequel l'identificateur contenu a été remplacé par la chaîne de caractères vide. Par conséquent, un nom de type ressemble à une déclaration dans laquelle l'identificateur contenu a été omis.

Les priorités des alternatives du déclarateur abstrait sont les mêmes que dans le cas des déclarateurs normaux. Toutefois, pour résoudre une ambiguïté, la forme

```
( A )
```

est seulement autorisée si le déclarateur abstrait `A` est non vide.

Exemples de noms de type :

`int`	type `int`
`float *`	type "pointeur à `float`"
`char (*)()`	type "pointeur à fonction retournant `char`"
`unsigned *[4]`	type "tableau de quatre pointeurs à `unsigned`"
`int (*(*)())()`	type "pointeur à fonction retournant pointeur à fonction retournant `int`"

Les noms de types apparaissent toujours à l'intérieur des parenthèses qui définissent une partie de la syntaxe de la conversion de type ou de l'opérateur `sizeof`. Si le spécificateur de type contenu dans le nom de type est une définition de structure, d'union ou d'énumération, la plupart des implémentations ne définissent *aucun* des marqueurs de type contenus. Supposons par exemple que `struct S` n'est pas défini lorsque les deux instructions suivantes sont rencontrées :

```
i = sizeof( struct S {int a,b;}); /* Correct mais
                                     étrange */
j = sizeof( struct S ); /*  Probablement incorrect
                            étant donné que struct
                            S n'est toujours pas
                            défini. */
```

Nous ne pensons pas que cela est un défaut mais nous souhaiterions voir l'implémentation retourner un message d'avertissement pour la première ligne.

Dans la Proposition de normalisation ANSI C, les déclarateurs de fonction dans les noms de type peuvent contenir des informations concernant le prototype.

Références conversions de type 7.5.1 ; opérateur `sizeof` 7.5.2 ; prototype de fonction 11.3.5

6

Conversions et représentations

La plupart des langages de programmation sont conçus pour dissimuler au programmeur les détails de l'implémentation du langage sur un ordinateur particulier. Dans la plupart des cas, le programmeur C n'a pas besoin de connaître ces détails de toutes façons. Toutefois un avantage important du langage C est qu'il permet au programmeur de descendre au dessous du niveau abstrait du langage et d'exposer la représentation de base des programmes et des données. Cette liberté implique un certain risque : certains programmeurs C descendent par inadvertance au dessous du niveau abstrait de programmation et introduisent dans leurs programmes des hypothèses non portables concernant la représentation des données.

Ce chapitre a trois buts. Le premier est de présenter certaines caractéristiques des représentations de données et de programmes, en indiquant comment le choix des représentations peut affecter un programme C. Le deuxième but est discuter d'une manière relativement détaillée la conversion de valeurs d'un type à un autre en insistant sur les caractéristiques de C qui sont portables d'une implémentation à une autre. Enfin, ce chapitre présente les "règles habituelles de conversion" de C qui correspondent aux conversions qui se produisent automatiquement lors de l'évaluation des expressions.

6.1 DETAILS DE REPRESENTATION

Ce paragraphe décrit la représentation des programmes et des données et l'effet du choix d'une représentation sur les programmes C et les implémentations C.

6.1.1 Unités de mémorisation et tailles de données

Tous les objets de type données en C sont représentés dans la mémoire de l'ordinateur lors de l'exécution comme un nombre entier d'*unités de mémorisation*, ou *bytes*. Chaque unité de mémorisation est à son tour constituée d'un nombre fixe de *bits*, chacun desquels prend l'une de deux valeurs, dénotées de manière typique 0 et 1.

Par définition, la *taille* d'un objet de type donnée correspond au nombre d'unités de mémorisation (bytes) occupées par cet objet. Une unité de mémorisation correspond à la taille mémoire occupée par un simple caractère; la taille d'un objet de type `char` est par conséquent `1`.

Etant donné que tous les objets d'un type donné occupent la même quantité de mémoire, nous pouvons aussi assimiler la taille d'un *type* au nombre d'unités de mémorisation occupées par un objet de ce type. L'opérateur `sizeof` peut être utilisé pour déterminer la taille d'un objet ou d'un type de données. Nous dirons qu'un type est “plus long” ou “plus large” qu'un autre type si sa taille est plus grande. De la même manière, nous dirons qu'un type est “plus court” ou “plus petit” qu'un autre type si sa taille est plus petite. La Proposition de normalisation ANSI C impose certaines tailles minimum pour les types entier et virgule-flottante et fournit des fichiers d'en-tête `limits.h` et `float.h` qui définissent les tailles en fonction de l'implémentation.

Le programme suivant peut être utilisé pour déterminer les tailles des types de données principaux de C :

```
#include <stdio.h>
int main()
{
  printf("\tTailles des types: \n");
  printf("char\tshort\tint\tlong\tfloat\tdouble\n");
  printf("%3d\t%3d\t%3d\t%3d\t%3d\t%3d\n",
       sizeof(char), sizeof(short), sizeof(int),
       sizeof(long), sizeof(float), sizeof(double) );
}
```

Références Entrées/sorties standard `stdio.h` 17 ; opérateur `sizeof` 7.5.2 ; tailles minimum d'entier 11.5.1 ; types de caractères 5.1.3

6.1.2 Structure d'adressage et ordre de bytes

La structure d'adressage d'un ordinateur détermine la manière dont les éléments de mémorisation de différentes tailles sont spécifiés par pointeurs. Le modèle d'adressage le plus naturel en C est un modèle dans lequel chaque caractère (byte) de la mémoire de l'ordinateur peut être adressé individuellement. Les ordinateurs utilisant ce modèle sont appelés ordinateurs "adressables-par-byte". L'adresse d'un espace mémoire plus large — un espace utilisé par exemple pour stocker un entier ou un nombre à virgule-flottante — est typiquement la même que l'adresse du premier caractère de l'unité plus large. (Le "premier" caractère est celui qui a l'adresse la plus basse).

Même avec ce modèle, les ordinateurs diffèrent par leur mode de mémorisation dans "l'ordre-des-bytes", plus exactement, ils diffèrent dans leur manière de considérer quel byte de mémorisation d'une unité plus large est le "premier". Dans les architectures "de-droite-à-gauche" ou "little endian", qui comprennent le PDP-11, les ordinateurs VAX et le microprocesseur National Semiconductor 32000, l'adresse d'un entier de 32-bit correspond aussi à l'adresse du byte le moins significatif de l'entier. Dans les architectures "de-gauche-à-droite" ou "big endian", qui comprennent la plupart des architectures IBM, la famille des microprocesseurs Intel 8086 et la famille des microprocesseurs Motorola 68000, l'adresse d'un entier de 32-bit correspond à l'adresse du byte le plus significatif de l'entier. Ces différentes conversions sont illustrées dans la table 6-1.

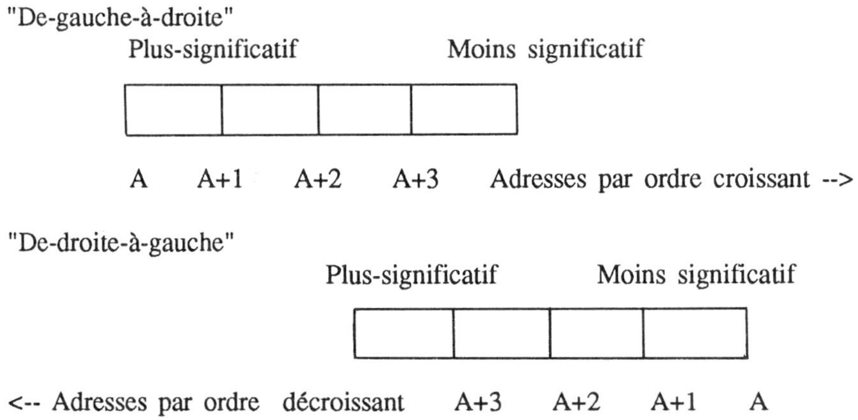

Table 6-1 : Adressage d'un entier de 32-bit à l'adresse A

Les programmes qui supposent une ordre particulier de byte ne sont pas portables. L'exemple ci-dessous est un programme qui détermine la manière dont les bytes sont ordonnés sur un ordinateur en utilisant une union d'une manière non portable. L'union a la même taille qu'un objet de type `long` et est initialisée de telle sorte que le byte le moins significatif de l'union contienne 1 et que tous les autres bytes contiennent des zéros. Dans les architectures de-droite-à-gauche, le composant de type caractère, `Char`, de l'union sera placé sur le byte le moins significatif du composant long, `Long`, alors que dans les architectures de-gauche-à-droite `Char` sera placé sur le byte le plus significatif de `Long` :

```
#include <stdio.h>
union { long Long; char Char[sizeof(long)]; } u;
int main()
{
  u.Long = 1;
  if (u.Char[0] == 1)
    printf("L'adressage est de-droite-à-gauche\n");
  else if (u.Char[sizeof(long)-1] == 1)
    printf("L'adressage est de-gauche-à-droite\n");
  else printf("L'adressage est étrange\n");
  return 0;
}
```

Les composants d'un type structure sont alloués dans l'ordre des adresses croissantes, plus exactement, soit de-gauche-à-droite ou de-droite-à-gauche en fonction de l'ordre des bytes de l'ordinateur. Etant donné que les champs de bit sont aussi groupés en fonction de l'ordre des bytes, il est naturel de numéroter les bits dans une zone de mémorisation en suivant la même convention. Par conséquent, dans un ordinateur de-gauche-à-droite, le bit le plus significatif (plus à gauche) d'un entier de 32-bit correspondra au bit numéro 0 et le bit le moins significatif correspondra au bit numéro 31. Dans les ordinateurs de-droite-à-gauche le bit le moins significatif (plus à droite) correspondra au bit 0 et ainsi de suite.

6.1.3 Restrictions d'alignement

Certains ordinateurs permettent aux objets de données de résider en mémoire à n'importe quelle adresse indépendamment de leurs types. D'autres ordinateurs imposent des *restrictions d'alignement* sur certains types de données nécessitant que certains objets occupent seulement certaines adresses. Il n'est pas hors du commun sur un ordinateur à adressage par bytes, par exemple, d'imposer que les entiers de 32 bits (4 bytes) soient situés à des adresses correspondant à des multiples de quatre. Dans ce cas nous disons que le "module d'alignement" de ces entiers est quatre. Le fait d'ignorer les restrictions d'alignement peut provoquer soit une erreur d'exécution soit un comportement erroné du programme. Même dans le cas où il n'existe aucune restriction d'alignement à proprement parler, les performances peuvent se trouver diminuées par l'utilisation de données résidant à des adresses non alignées et par conséquent une implémentation C peut aligner les données par simple soucis d'efficacité.

Le programmeur C n'est pas en général conscient des restrictions d'alignement étant donné que le compilateur prend soin de placer les données sur des limites d'adressage appropriées. Toutefois, C permet au programmeur de ne pas respecter les restrictions d'alignement en effectuant des conversions de pointeurs à des types de données différents.

En général, dans le cas où les limitations d'alignement pour un type *S* sont aussi restreintes que pour un type *D* (plus exactement, si le module d'alignement de *S* n'est pas inférieur au module d'alignement de *D*), la conversion d'un "pointeur à type *S* " en un "pointeur à type *D* " est saine. "Saine" signifie que le pointeur au type *D* résultant fonctionnera comme souhaité pour retrouver ou mémoriser un objet de type *D* et qu'une conversion inverse au type de pointeur original permettra de retrouver le pointeur d'origine. Un corollaire à cette assertion est que tout type de pointeur à des données peut être converti en type `char *` et que la conversion inverse restitue le pointeur d'origine sainement. (Dans la Proposition de normalisation ANSI C, le nouveau type "`void *`" est utilisé comme pointeur universel de type de données (voir paragraphe 11.4.5)). Des fonctions telles que `malloc` (paragraphe 18.1), qui retournent des pointeurs destinés à être convertis en différents types retournent toujours des pointeurs de type `char *` alignés sur une limite satisfaisante pour un objet de n'importe quel type.

Si les restrictions d'alignement pour un type *S* sont moins limitatives que pour un type *D*, la conversion d'un "pointeur à type *S* " en un "pointeur à type *D* " peut provoquer deux types de comportements erronés. Tout d'abord, une tentative d'utilisation du pointeur résultant pour retrouver ou mémoriser un objet de type *D* peut engendrer une erreur provoquant l'arrêt du programme. Par ailleurs, le matériel ou l'implémentation peuvent forcer une "adaptation" du pointeur de destination afin de le corriger en forçant son alignement sur l'adresse correcte inférieure la plus proche. Une conversion en type pointeur original effectuée par la suite peut dans ce cas ne pas permettre de retrouver le pointeur original.

Le programme suivant provoque délibérément des problèmes d'alignement en effectuant des conversions de pointeurs du type `char *` en type `long *`. Le pointeur à caractère est avancé de quatre incréments de 1-byte, permettant d'assurer un mauvais alignement du pointeur `long`. (Nous supposons que le type `long` occupe quatre bytes de 8 bits).

```
#include <stdio.h>
long tableau[2] = {0x01020304L, 0x05060708L};
int main()
{
  int i;
  char *char_p = (char *) &tableau[0];
  for (i=0; i <= 4; i++) {
    printf("*(long *)(car_p+%d) = 0x%08x\n",
           i, *(long *)(car_p+i) );
  }
  return 0;
}
```

Les nombres retournés par ce programme changeront en fonction du type d'arrangement de bytes de-gauche-à-droite ou de-droite-à-gauche et en fonction de l'existence de restrictions d'alignement sur le type `long` :

1. S'il n'existe pas de restrictions d'alignement, le programme retourne les valeurs suivantes :

En-tête		*De-gauche-à-droite*	*De-droite-à-gauche*
*(long *)(car_p+0)	=	0x01020304	0x01020304
*(long *)(car_p+1)	=	0x02030405	0x08010203
*(long *)(car_p+2)	=	0x03040506	0x07080102
*(long *)(car_p+3)	=	0x04050607	0x06070801
*(long *)(car_p+4)	=	0x05060708	0x05060708

2. S'il existait des restrictions d'alignement strictes et que le matériel ou le logiciel refusaient les adresses mal alignées, le programme pourrait retourner :

En-tête		*De-gauche-à-droite*	*De-droite-à-gauche*
*(long *)(car_p+0)	=	0x01020304	0x01020304
<<erreur>>		<<erreur>>	<<erreur>>

3. S'il existait des restrictions d'alignement strictes et que le matériel ou le logiciel corrigeaient les adresses mal alignées, les résultats du programme seraient encore différents. Dans le cas où les adresses mal alignées sont forcées sur la limite inférieure la plus proche autorisée, le programme retourne les valeurs suivantes :

En-tête		*De-gauche-à-droite*	*De-droite-à-gauche*
*(long *)(car_p+0)	=	0x01020304	0x01020304
*(long *)(car_p+1)	=	0x01020304	0x01020304
*(long *)(car_p+2)	=	0x01020304	0x01020304
*(long *)(car_p+3)	=	0x01020304	0x01020304
*(long *)(car_p+4)	=	0x05060708	0x05060708

Références fonction `malloc` 18.1 ; Ordre de bytes 6.1.2 ; types pointeur 5.3

6.1.4 Tailles de pointeurs

Il n'est pas nécessaire en C que n'importe quel type entier soit assez large pour représenter un pointeur. Toutefois les programmeurs supposent souvent que le type `long` est assez large, ce qui est vrai sur la plupart des ordinateurs.

Dans la plupart des implémentations de C, les pointeurs ont la même taille que le type `int`. Etant donné que `int` est aussi le spécificateur de type par défaut, certains programmeurs sont imprudents en matière de conversions pointeur/entier. En particulier, ils peuvent omettre le type de retour lors de la déclaration de fonctions retournant des pointeurs en sachant que le type sera par défaut `int`, ce qui est "suffisant" compte tenu des règles de conversion standard de C. Ceci a été reconnu comme une source fréquente de problèmes de portabilité.

Bien que les pointeurs à fonctions ne soient pas en général plus larges que les pointeurs à données (au moins pour ce qui est des pointeurs à caractère), un petit nombre d'ordinateurs font exception à cette règle. Pour assurer un maximum de portabilité, les programmeurs ne doivent pas utiliser de pointeurs à des données (tels que `char *`, le pointeur de données canonique générique) pour maintenir des pointeurs à des fonctions. L'utilisation d'un type pointeur à fonction spécifie le type de retour correct, tel que `double (*)()`. Dans la Proposition de normalisation ANSI C, il n'existe pas de type de pointeur générique ; les pointeurs à fonctions doivent avoir un type défini correctement ou les résultats peuvent être imprévisibles.

Références conversions de pointeur 6.2.7 ; taille des types 6.1.1 ; types fonction 5.8 ; types pointeur 5.3

6.1.5 Modèles d'adressage difficile

Certains ordinateurs représentent les données et les adresses sous des formes qui sont très difficiles à manipuler par des implémentations de C. Des problèmes majeurs peuvent se produire lorsque la largeur de mot naturelle de l'ordinateur n'est pas un multiple de sa taille naturelle de byte. Supposons — ce qui correspond à un exemple réel — que notre ordinateur a des mots de 36 bits et représente les caractères sur 7 bits ; chaque mot peut contenir cinq caractères et un seul bit est inutilisé. Tous les types de données différents du type caractère occupent un ou plusieurs mots complets. Cette structure de mémoire est très difficile pour une implémentation de C étant donné que la programmation en C repose sur la possibilité de faire correspondre toute structure de données avec un tableau de caractères. Plus exactement, pour copier un objet de type *T* à l'adresse *A* il devrait être suffisant de copier `sizeof(`*T*`)` caractère en commençant à l'adresse *A*. La seule alternative pour l'implémentation de C sur cet ordinateur serait de représenter les caractères en utilisant un nombre de bits non standard (par exemple 9 ou 36) de telle sorte qu'ils soient contenu de manière entière dans un mot. Cette représentation pourrait avoir des conséquences dramatiques sur les performances.

Un deuxième problème se produit sur les ordinateurs à "adressage par mot" qui ont une unité de mémorisation adressable supérieure à un seul caractère. Sur ces ordinateurs, il peut exister un type spécial d'adresse, un "pointeur-à-byte" pouvant représenter les caractères dans un mot. Si nous supposons qu'un tel "pointeur-à-byte" existe, il se peut très bien que ce pointeur soit plus large qu'un pointeur à un objet dont le type n'est pas un caractère. Une implémentation C doit choisir si le coût du support additionnel nécessaire pour représenter tous les types comme des pointeurs à bytes est une meilleure alternative plutôt que de choisir un format plus large limité uniquement aux objets de type `char *`. La deuxième possibilité forcera les programmeurs C à être plus attentifs au sujet des conversions de pointeurs.

Références types caractère 5.1.3 ; types pointeur 5.3 ; unités de mémorisation 6.1.1

6.2 CONVERSIONS

Le langage C permet de convertir des valeurs d'un type en valeurs d'un autre type dans plusieurs circonstances.

- Une expression de conversion peut être utilisée pour effectuer une conversion explicite d'une valeur en un autre type.
- Un opérande peut être explicitement converti en un autre type comme une préparation avant d'effectuer un certain type d'opération arithmétique ou logique.
- Un objet d'un certain type peut être utilisé à la place d'un autre type (gvaleur) provoquant une conversion de type implicite.
- Un argument réel de fonction peut être converti implicitement en un autre type avant d'appeler la fonction.
- Une valeur de retour de fonction peut être convertie implicitement en un autre type avant le retour de la fonction.

Il existe des restrictions concernant les types dans lesquels un objet donné peut être converti. De plus, l'ensemble des conversions possibles lors d'une affectation par exemple n'est pas le même que l'ensemble des conversions possibles par l'intermédiaire des conversions de type.

Dans les paragraphes suivants nous décrivons l'ensemble des conversions possibles et les types de conversions effectuées dans chacune des circonstances mentionnées ci-dessus.

Références appels de fonction 7.4.3 ; conversions de type 7.5.1 ; gvaleur 7.1.1 ; instruction de retour 8.9 ; opérateur d'affectation 7.9.1

6.2.1 Changements de représentation

La représentation d'un objet de données correspond à l'arrangement particulier des bits dans la zone mémoire qui contient cet objet ; cet arrangement permet de distinguer la valeur de l'objet de toutes les autres valeurs du même type.

Une conversion d'une valeur d'un type en un autre peut ou non nécessiter un changement de représentation. Par exemple, lorsque les deux types ont des tailles différentes, un changement de représentation soit être effectué. Lorsque des entiers sont convertis en une représentation à virgule-flottante, un changement de représentation est effectué même dans le cas où les types entier et virgule-flottante ont la même taille. Toutefois, lorsqu'une valeur de type `int` est convertie en type `unsigned int`, un changement de représentation peut ne pas être nécessaire (cela n'est pas nécessaire si les entiers signés sont représentés sous forme de complément à deux).

Certains changements de représentation sont très simples et nécessitent seulement l'oubli des bits excédentaires ou le remplissage avec des bits nuls supplémentaires. D'autres changements peuvent être très compliqués, tels que les conversions entre représentations de type entier et virgule-flottante. Pour chacune des conversions présentées dans les paragraphes suivants, nous décrivons les changements possibles de représentation qui peuvent se révéler nécessaires.

6.2.2 Conversions triviales

Il est toujours possible de convertir une valeur d'un type en un autre type qui est le même type que le type d'origine. Se reporter au paragraphe 5.11 pour une présentation des circonstances dans lesquelles les types sont identiques. Aucun changement de représentation n'est nécessaire dans ce cas.

La plupart des implémentations refusent de convertir les types structure ou union en eux-mêmes étant donné qu'aucune conversion en types structure ou union n'est normalement autorisée.

6.2.3 Conversion en types entier

Les types qui peuvent être convertis en entiers sont les types arithmétique et pointeur.

A partir des types entier La règle générale pour convertir un type entier en un autre est que la valeur mathématique du résultat doit être égale à la valeur mathématique originale si cela est possible. Par exemple, si un entier non signé prend la valeur `15` et cette valeur doit être convertie en un type signé, la valeur signée résultante doit aussi être `15`.

S'il n'est pas possible de représenter la valeur d'origine comme un objet du nouveau type, deux cas sont possibles. Si le type du résultat est un type signé, la conversion est considérée comme ayant dépassé la capacité et la valeur résultante n'est techniquement pas définie (voir toutefois la discussion ci-dessous). Si le type résultant est un type non-signé, le résultat doit correspondre à la valeur unique du type résultant qui est égale (congrue) modulo 2^n à la valeur d'origine ou n correspond au nombre de bits utilisés dans la représentation du type résultant.

Ces règles ont un certain nombre de conséquences intéressantes. Lorsqu'un entier signé est converti en un entier non signé de la même taille, aucun changement de représentation n'est nécessaire si les entiers signés sont représentés en utilisant la notation complément à deux ; plus exactement, l'entier non signé résultant aura la même représentation en bits que l'entier signé original. Par contre, si des entiers signés sont représentés d'une autre manière telle qu'en utilisant la représentation complément à un ou signe-amplitude, un changement de représentation devient nécessaire.

Lorsqu'un entier non signé est converti en un entier signé de la même taille, aucun changement de représentation n'est nécessaire si les entiers signés sont représentés en utilisant la représentation complément à deux. Techniquement, cette conversion est considérée comme un dépassement de capacité si la valeur originale est trop large pour être représentée exactement dans la notation signée (plus exactement, dans le cas où le bit le plus significatif du nombre non-signé est 1). Toutefois, nous ne doutons pas qu'un grand nombre de programmeurs et de programmes s'attendent à ce que la conversion soit effectuée normalement et sans changement de représentation pour produire un nombre négatif. Si les entiers signés sont représentés d'une autre manière telle qu'avec la représentation complément à un ou signe-amplitude, un changement de représentation s'avère nécessaire.

En outre, lorsque la valeur zéro est convertie, la représentation résultante peut avoir le choix entre "+0" ou "-0", de même, lors de la conversion de 2^{n-1}, la nature du résultat peut ne pas être claire. Le mieux que le créateur d'une implémentation puisse faire dans de tels cas est de choisir une solution rationnelle et de la documenter soigneusement.

Si le type de destination est plus long que le type source, le seul cas pour lequel la valeur source n'est pas représentable dans le type résultat est lorsqu'une valeur négative signée est convertie en un type plus long non-signé. Dans ce cas, la conversion doit nécessairement se comporter comme si la valeur source était d'abord convertie en un type plus long signé de la même taille que le type de destination et être ensuite convertie dans le type de destination. Par exemple, étant donné que l'expression constante `-1` est du type `int`,

```
((unsigned long) -1) == ((unsigned long) ((long) -1)))
```

Si le type de destination est plus court que le type source et que le type d'origine et de destination sont tous deux non-signés, la conversion peut être effectuée simplement en laissant de côté les bits les plus significatifs excédentaires de la valeur originale ; la représentation en bits du résultat sera égale aux *n* bits les moins significatifs de la représentation d'origine. Cette même règle est aussi l'une des nombreuses règles acceptables pour la conversion des entiers signés entre la forme complément à deux et un type non-signé plus court lorsque les entiers signés sont représentés en complément à deux. Noter que cette règle ne préserve pas le signe de la valeur en cas de dépassement de capacité, toutefois la marche à suivre en cas de dépassement de capacité n'est pas définie officiellement de toute façon. Lorsque les entiers signés ne sont pas représentés sous la forme complément à deux, les conversions sont nécessairement plus compliquées. Alors que le langage C ne nécessite pas la représentation en complément à deux pour les entiers signés, il préfère certainement cette implémentation et les implémentations doivent l'utiliser dans la mesure du possible.

Références dépassement de capacité 7.2.2 ; types caractères 5.1.3 ; types entiers 5.1 ; types non-signés 5.1.2 ; types signés 5.1.1

A partir des types virgule-flottante La conversion d'une valeur virgule-flottante en une valeur entière doit produire un résultat dont la valeur est égale (si possible) à la valeur de l'objet d'origine. Si la valeur virgule-flottante est dotée d'une partie fractionnaire non nulle, cette fraction doit être laissée de côté, plus exactement, la conversion implique normalement la troncation de la valeur virgule-flottante.

Le comportement de la conversion n'est pas défini si la valeur virgule-flottante ne peut pas être représentée, même de manière approchée, dans le nouveau type (par exemple, si son amplitude est beaucoup trop large ou si une valeur négative à virgule flottante est convertie dans un type entier non-signé). Le traitement du dépassement ou de l'insuffisance de capacité est laissé à la discrétion du créateur de l'implémentation.

Références dépassement de capacité 7.2.2 ; types virgule flottante 5.2 ; types entier 5.1

A partir des types pointeur Lorsque la valeur source est un pointeur, le pointeur est traité comme un entier non-signé de taille égale à la taille du pointeur. L'entier non-signé est ensuite converti en type de destination en utilisant les règles décrites ci-dessus.

Il existe un cas particulier : si un pointeur nul de n'importe quel type est créé lors d'une affectation ou d'une initialisation avec la constante entière 0, la conversion de ce pointeur nul en un type entier doit donner la valeur 0. Cette règle peut provoquer un changement de représentation dans certaines implémentations.

Les programmeurs C ont traditionnellement supposé que les pointeurs pouvaient être convertis en type `long` et inversement sans perte d'information. Bien que cela soit presque toujours vrai, cette assertion n'est pas spécifiée comme obligatoire par la définition du langage. (Il est certainement faux de supposer qu'un type `int` est assez large pour contenir un pointeur). Certains ordinateurs peuvent comporter des représentations de pointeurs (spécialement en ce qui concerne les pointeurs à caractère ou fonction) qui sont plus longues que le type entier le plus long. Les programmeurs ayant besoin d'un type de pointeur de données "générique" doivent utiliser `char *` au lieu de `long`. Dans la Proposition de normalisation ANS C, le type de pointeur `void *` a été inventé comme type de pointeur de données générique.

Références types entier 5.1 ; types non-signé 5.1.2 ; types pointeur 5.3 ; type `void *` 11.4.5

6.2.4 Conversions en types virgule-flottante

Seuls les types arithmétiques peuvent être convertis en types virgule-flottante.

A partir de types virgule-flottante Lors de la conversion du type `float` en type `double`, le résultat doit avoir la même valeur que la valeur originale. (Ceci peut apparaître comme une restriction sur le choix des représentations de types virgule-flottante).

Lors de la conversion de `double` en `float`, lorsque la valeur originale est dans le domaine des valeurs représentables par le type `float`, le résultat doit être l'une des deux valeurs `float` les plus proches de la valeur d'origine. (Le fait que la valeur d'origine soit arrondie à la valeur supérieure ou inférieure dépend de l'implémentation).

Si la valeur originale est en dehors du domaine des valeurs représentables par le type `float` — ou lorsque l'amplitude est trop large ou trop petite pour une représentation en `float` — la valeur résultante est non définie ainsi que le comportement de dépassement ou d'insuffisance de capacité du programme.

Références dépassement de capacité 7.2.2 ; types virgule-flottante 5.2

A partir de types entier Si la valeur entière est représentable exactement dans le type virgule-flottante, le résultat correspond à la valeur virgule-flottante équivalente. Si la valeur entière n'est pas exactement représentable mais fait partie du domaine des valeurs représentables dans le type virgule-flottante, l'une des deux plus proches valeurs virgule-flottante doivent être choisies comme résultat. Si la valeur entière est en dehors du domaine des valeurs représentables dans le type virgule-flottante, le résultat est non défini.

Références dépassement de capacité 7.2.2 ; types entier 5.1 ; types virgule-flottante 5.2

6.2.5 Conversions en types structure et union

Un objet du type structure ou union *T* peut seulement être converti en un type égal à celui de *T* (conversion triviale). Il n'y a pas de changement de représentation à l'exception du fait que les bits situés dans l'un quelconque des "trous" de la structure ou de l'union ne sont pas nécessairement préservés.

En fait, la plupart des implémentations refusent de convertir les types structure ou union en eux-mêmes étant donné qu'aucune conversion en types structure ou union n'est normalement autorisée.

Références types structure 5.6 ; types union 5.7

6.2.6 Conversions en types énumération

Les règles sont les mêmes que pour la conversion en types entiers. Certaines conversions autorisées, telles que la conversion entre types énumération et type virgule-flottante peuvent faire preuve de mauvaises techniques de programmation.

Références types énumération 5.5

6.2.7 Conversions en types pointeur

En général, les pointeurs et les entiers peuvent être convertis en types pointeur. Il existe des circonstances particulières dans lesquelles un tableau ou une fonction sont converties en pointeurs.

A partir de types pointeur Un pointeur nul d'un type quelconque peut être converti en n'importe quel autre type de pointeur et est toujours reconnu comme un pointeur nul. Un changement de représentation peut s'avérer nécessaire pendant la conversion.

Une valeur du type "pointeur à *S* " peut être convertie en type "pointeur à *D* " pour n'importe quel type *S* ou *D*. Toutefois, le comportement du pointeur résultant peut être affecté par n'importe quelle restriction d'alignement propre à l'implémentation.

Références restrictions d'alignement 6.1.3 ; types pointeur 5.3

A partir de types entier La constante entière 0 peut toujours être convertie en un type pointeur. La conversion peut ou non nécessiter un changement de représentation, indépendamment des tailles relatives du type `int` et du type pointeur. Le résultat d'une telle conversion est un "pointeur nul" qui est différent de tout autre pointeur possible à un objet de données. Les pointeurs nuls de différents types de pointeurs peuvent avoir des représentations internes différentes dans certaines implémentations.

Les entiers autres que la constante 0 peuvent être convertis en type pointeur, le résultat n'étant toutefois par portable. L'intention est que le pointeur est considéré comme un entier non-signé (de la même taille que le pointeur) et que les conversions entières standard sont ensuite appliquées pour convertir le type source en type de destination.

Références types entier 5.1 ; types non-signés 5.1.2 ; types pointeur 5.3

A partir des types tableau Une expression du type "tableau de *T* " pour un type quelconque *T* est convertie en une valeur de type "pointeur à *T* " en substituant un pointeur au premier élément du tableau au tableau lui-même. Ceci se produit dans tous les contextes à l'exception du cas où le tableau est un argument de `sizeof`.

Références conversions unaires habituelles 6.3.3 ; opérateur `sizeof` 7.5.2 ; types pointeur 5.3 ; types tableau 5.4

A partir des types fonction Une expression du type "fonction retournant *T* " pour un type quelconque *T* est convertie en une valeur du type "pointeur à fonction retournant *T* " en remplaçant la fonction par un pointeur à la fonction. Cette conversion est effectuée de manière implicite dans tous les contextes à l'exception de l'expression de la fonction dans un appel de fonction.

Références appels de fonction 7.4.3 ; conversions unaires habituelles 6.3.3

6.2.8 Conversions en types tableau et fonction

Aucune conversion en types tableau ou fonction n'est possible. En particulier, il n'est *pas* possible d'effectuer des conversions entre types tableau ou types fonction :

```
extern int f();
double d;
d = ((double () )f) (); /*  incorrect */
d = (double) f();       /*  correct */
d = (*(double (*)()) f)();
                        /*  correct, mais résultats
                            imprévisibles */
```

Dans le dernier exemple, l'adresse de `f` est convertie en un pointeur à une fonction retournant le type `double` ; ce pointeur est ensuite dé-référencé et la fonction est appelée. Ceci est correct, toutefois, la valeur résultante placée dans `d` est certainement imprévisible à moins que `f` soit réellement définie (contrairement à la déclaration externe ci-dessus) comme ayant le type `double ()`.

6.2.9 Conversions en type void

Toute valeur peut être convertie en type `void`. Bien entendu, le résultat d'une telle conversion ne peut pas être utilisé. Une telle conversion peut seulement se produire dans un contexte ou la valeur de l'expression n'est pas utilisée ainsi que dans une instruction d'expression.

Références expressions non utilisées 7.13 ; instructions d'expression 8.2 ; type `void` 5.9

6.3 LES CONVERSIONS HABITUELLES

6.3.1 Les conversions de type

L'une quelconque des conversions décrites auparavant dans ce chapitre peut être effectuée de manière explicite à l'aide d'une conversion sans provoquer d'erreur. L'exemple ci-dessous illustre des expressions de conversion de types légales :

```
int i, *ip;
char c, *cp;
float f;
double d;
enum E { rouge=1, bleu=2, vert=3} couleur;
...
ip = (int *) cp;
ip = (int *) ip;   /* Conversion triviale. */
cp = (char *) ip;
i = (int) couleur;
couleur = (enum E) ((int) d);
```

Références conversions de type 7.5.1

6.3.2 Conversions d'affectation

Dans une simple expression d'affectation, les types des expressions situées à gauche et à droite de l'opérateur d'affectation doivent être les mêmes. Dans le cas contraire, une tentative de conversion sera effectuée pour adapter la valeur située à droite de l'opérateur d'affectation au type situé à gauche de l'opérateur. Les conversions légales — un sous-ensemble des conversions possibles — sont décrites ci-dessous.

Type du côté gauche	*Type du côté droit*
tout type arithmétique	tout type arithmétique
tout type pointeur	la constante entière 0
pointeur à *T*	tableau de *T*
pointeur à fonction	fonction

Toute autre tentative de conversion peut générer un avertissement ou une erreur, toutefois certains compilateurs autorisent n'importe quelle conversion de type. La Proposition de normalisation ANSI C autorise les conversions ci-dessus avec quelques restrictions supplémentaires.

Références conversions d'affectation dans la Proposition de normalisation ANSI C 11.5.2 ; opérateur d'affectation 7.9.1

6.3.3 Les conversions unaires habituelles

Les conversions unaires habituelles définissent la possibilité et la manière suivant laquelle un opérande simple est converti avant d'effectuer une opération. Les conversions sont appliquées automatiquement aux opérandes des opérateurs unaires `!`,`-`,`~` et `*`. Elles sont aussi appliquées à chacun des opérandes des opérateurs binaires << et >>. (Bien que << et >> soient des opérateurs binaires, ils ne provoquent pas les conversions binaires habituelles. Ils effectuent à peine les conversions unaire habituelles sur chaque opérande séparément). Enfin, les conversions unaires habituelles sont appliquées sur les arguments effectifs dans un appel de fonction avant d'effectuer l'appel.

Le but de ces conversions est de réduire le grand nombre de types arithmétique et pointeur en un nombre plus restreint qui doit être traité par les opérateurs. Les conversions sont de deux types. Tout d'abord, les valeurs arithmétiques de type étroit sont élargies par un type plus large ayant la même valeur. Par exemple, les entiers de types `short` sont élargis en type `int` et les nombres à virgule-flottante du type `float` sont élargis en type `double`. Par ailleurs, les références du type pointeur à des tableaux ou à des fonctions sont convertis en pointeurs effectifs.

Type original d'opérande	*Type converti*
`char, short`	`int`
`unsigned char`	`unsigned`
`unsigned short`	`unsigned`
`float`	`double`
"tableau de *T*"	"pointeur à *T*"
"fonction retournant *T*"	"pointeur à fonction retournant *T*"

Un opérande de n'importe quel autre type reste inchangé.

Les conversions entières énumérées ci-dessus sont, d'après nous, les plus communes dans les implémentations de C. La Proposition de normalisation ANSI C supporte un ensemble de conversions légèrement différent qui pourrait même être utilisé comme une alternative dans les implémentations de C courantes.

Certaines implémentations de C fournissent un mode de compilation optionnel dans lequel la conversion implicite du type `float` en type `double` est supprimée. Ceci n'est pas compatible avec le langage C d'origine mais peut être très utile pour écrire du logiciel numérique de haute qualité et efficacité. (Ce mode de compilation est compatible dans la Proposition de normalisation ANSI C).

Références appels de fonction 7.4.3 ; conversions d'argument de fonction 6.3.5 ; conversions unaires dans la Proposition de normalisation ANSI C 11.5.3 ; opérateurs de déplacement << et >> 7.6.3 ; opérateur de négation bit-à-bit ~ 7.5.5 ; opérateur de négation logique ! 7.5.4 ; opérateur d'indirection * 7.5.7 ; opérateur unaire moins - 7.5.3

6.3.4 Les conversions binaires habituelles

Les conversions binaires habituelles déterminent la possibilité et la manière dont les opérandes sont convertis avant qu'une opération binaire ou ternaire soit effectuée. Ces conversions sont appliquées aux opérandes de la plupart des opérateurs binaires et aux deuxième et troisième opérandes dans une expression conditionnelle. Le but de ces conversions est de réduire le grand nombre de types arithmétique et pointeur en un nombre plus restreint qui peuvent être traités par des opérateurs. Lorsque deux valeurs doivent être utilisées de manière combinée, elles sont d'abord converties en un type commun unique (et typiquement le résultat est aussi du même type commun).

Un opérateur qui effectue les "conversions binaires habituelles" sur ses deux opérandes effectue d'abord les conversions unaires habituelles sur chacune des ses opérandes indépendamment (pour élargir les valeurs courtes et convertir les tableaux et les fonctions en pointeurs) et effectuer ensuite concrètement l'une des conversions suivantes sur les résultats des conversions unaires, tout ceci étant effectué avant que l'opération elle-même soit exécutée :

1. Si l'un quelconque des opérandes n'est pas de type arithmétique, ou si les deux opérandes sont du même type, aucune conversion supplémentaire n'est effectuée.
2. Dans le cas contraire, si l'un des opérandes est du type `double`, l'autre opérande est converti en type `double`.
3. Dans le cas contraire, si l'un des opérandes est du type `unsigned long int`, l'autre opérande est converti en type `unsigned long int`.
4. Dans le cas contraire, si l'un des opérandes est du type `long int`, et l'autre opérande est du type `unsigned int` chacune des deux opérandes est converti en type `unsigned long int`.
5. Dans le cas contraire, si l'un des opérandes est du type `long int`, l'autre opérande (qui doit maintenant être du type `int`) est converti en type `long int`.
6. Dans le cas contraire, si l'un des opérandes est du type `unsigned int`, l'autre opérande est converti en type `unsigned int`.
7. Dans le cas contraire, les deux opérandes doivent être du type `int` et aucune autre conversion additionnelle n'est effectuée.

La règle 4 est omise dans certaines implémentations, y-compris la Proposition de normalisation ANSI C. Lorsque cette règle est omise la combinaison des types `long int` et `unsigned int` résulte en type `long int` plutôt qu'en type `unsigned long int`. Le court programme ci-dessous détermine le type de conversion en effet :

```
unsigned int UI = -1;
long int LI = 0;
int main()
{
  if (UI < LI) printf("long+unsigned == long\n");
  else printf("long+unsigned == unsigned\n");
  return 0;
}
```

Certaines implémentations de C fournissent un mode de compilation optionnel dans lequel la conversion implicite du type `float` en type `double` est supprimée. Ceci n'est pas compatible avec le langage C d'origine mais peut être très utile pour écrire du logiciel numérique de haute qualité et efficacité. Cette règle de conversion existe dans la Proposition de normalisation ANSI C, qui comporte aussi d'autres modifications mineures.

Référence conversions binaires habituelles dans la Proposition de normalisation ANSI C 11.5.4

6.3.5 Les conversions d'arguments de fonction

Lorsqu'une expression apparaît comme un argument dans un appel de fonction, le résultat de l'expression est adapté à l'aide des conversions unaires habituelles avant d'être passé comme un argument effectif.

Comme décrit dans le paragraphe précédent, certaines implémentations de C fournissent un mode de compilation optionnel dans lequel la conversion implicite du type `float` en type `double` est supprimée. Lorsque ce mode est en effet, la conversion des arguments de fonction du type `float` en type `double` peut toujours être effectuée. Aucune des fonctions de bibliothèque C standards ne sont préparées pour accepter des arguments du type `float` étant donné qu'elles s'attendent à ce que la conversion en `double` soit effectuée automatiquement.

Dans la Proposition de normalisation ANSI C, les arguments de fonctions spécifiées à l'aide de prototypes sont convertis dans les types de paramètres spécifiés ; les conversions "habituelles" d'arguments ne sont pas applicables. Lorsqu'un prototype est absent, les conversions habituelles sont appliquées, y-compris la conversion de `float` en `double`.

Références appels de fonction 7.4.3 ; conversions unaires habituelles 6.3.3 ; prototypes de fonction 11.3.5

6.3.6 Autres conversions de fonctions

Les types déclarés des paramètres formels d'une fonction et le type de sa valeur de retour sont sujets à certaines adaptations en parallèle avec les conversions d'arguments de fonction. Ces adaptations sont décrites dans le paragraphe 9.4.

7

Expressions

C fournit un riche ensemble d'opérateurs permettant d'accéder à la plupart des opérations disponibles au niveau du matériel. Ce chapitre décrit la syntaxe des expressions et la fonction de chacun des opérateurs.

7.1 COMMENTAIRES GENERAUX

7.1.1 Objets et gvaleurs

Un *objet* est une zone de mémoire qui peut être examinée et utilisée pour stocker des valeurs. Une *gvaleur* (prononcé "g-valeur") est une expression qui se rapporte à un objet de telle sorte que l'objet puisse être modifié ou simplement examiné. Nous parlons aussi quelquefois du résultat calculé par une telle expression comme étant une gvaleur. (Une expression ou un résultat est appelé gvaleur parce qu'il peut être utilisé à gauche d'une affectation. D'une manière similaire, une expression qui permet d'examiner une valeur sans la modifier est quelquefois appelée une dvaleur étant donné qu'elle peut être utilisée à droite d'une affectation).

Certains noms sont des gvaleurs : noms de variables déclarées de type arithmétique, pointeur, énumération, structure ou union. Les noms de fonctions, les noms de tableaux et les constantes de type énumération ne sont par contre pas des gvaleurs. Certaines opérations sur des non-gvaleurs peuvent fournir des résultats qui sont des gvaleurs. Par exemple, le nom d'un tableau n'est pas une gvaleur mais des références à des éléments du tableau utilisant des expressions indicées sont des gvaleurs. (En d'autres termes, il est impossible de modifier entièrement une variable de type tableau au cours d'une affectation mais il est possible de modifier chacun des éléments). En plus des noms les formes d'expressions suivantes peuvent aussi produire des gvaleurs :

1. Chaque expression indicée *e* [*k*] est une gvaleur, indépendamment du fait que les expressions *e* ou *k* soient ou non des gvaleurs.
2. Une expression entre parenthèses est une gvaleur si et seulement si l'expression contenue à l'intérieur des parenthèses est une gvaleur.
3. Une expression de sélection directe de composant *e.nom* est une gvaleur si et seulement si l'expression *e* est une gvaleur.
4. Une expression de sélection indirecte de composant *e->nom* est toujours une gvaleur indépendamment du fait que *e* soit ou non une gvaleur.
5. Une expression d'indirection **e* est toujours une gvaleur, indépendamment du fait que *e* soit ou non une gvaleur.

Aucune autre forme d'expression ne peut produire une gvaleur. En particulier, le résultat d'une expression d'affectation n'est jamais une gvaleur et un appel de fonction ne peut pas produire une gvaleur.

Certains opérateurs imposent que certains de leurs opérandes soient des gvaleurs :

1. L'opérande d'un opérateur unaire d'adresse & doit être une gvaleur.
2. L'opérande d'un opérateur unaire ++ ou --, préfixée ou postfixée, doit être une gvaleur.
3. L'opérateur de gauche d'un opérateur d'affectation doit être une gvaleur.

Aucun autre opérateur ne nécessite une gvaleur comme opérande.

7.2 *EXPRESSIONS ET PRIORITE*

7.2.1 *Priorité et associativité des opérateurs*

La grammaire correspondant aux opérateurs présentés dans ce chapitre définit complètement la priorité des opérateurs en C. Toutefois il peut se révéler utile de résumer les règles de priorité dans ce paragraphe.

Chaque opérateur d'expression en C est doté d'un niveau de priorité et d'une règle d'associativité. Lorsque des parenthèses n'indiquent par explicitement le groupement des opérandes avec les opérateurs, il peut paraître qu'un opérateur peut être groupé avec l'un quelconque de deux opérandes. Dans de tels cas, le groupement est déterminé par les règles de priorité et d'associativité : l'opérande est groupé avec l'opérateur ayant plus haute priorité, toutefois si les deux opérateurs ont la même priorité, l'opérande est groupé avec l'opérateur de gauche ou de droite compte tenu du fait que les opérateurs sont associatifs à gauche ou associatifs à droite. (Tous les opérateurs ayant le même niveau de priorité ont toujours la même associativité). Par exemple, dans l'expression

```
a * b + c
```

l'opérande `b` est groupé avec l'opérateur de multiplication * étant donné que * a une plus haute priorité que +. Par conséquent, l'expression est traitée comme si elle était écrite

```
(a * b) + c
```

De manière similaire, dans l'expression

```
a += b != c
```

l'opérande `b` est groupé avec l'opérateur != étant donné que != a plus haute priorité que += et par conséquent l'expression est traitée comme si elle était écrite

```
a += (b != c)
```

Dans le cas de l'expression

```
a - b + c
```

les deux opérateurs - et + ont la même priorité et sont associatifs à gauche, si bien que l'opérande `b` est groupé avec l'opérateur situé à sa gauche, provoquant l'interprétation

```
(a - b) + c
```

plutôt que

```
a - (b + c)
```

Par ailleurs, dans le cas de l'expression

```
a = b += c
```

les deux opérateurs = et += ont la même priorité et sont associatifs à droite, de telle sorte que l'opérande `b` est groupé avec l'opérateur situé à sa droite, provoquant l'interprétation

```
a = (b += c)
```

La table 7-1 contient une liste précise des opérateurs C organisés par ordre croissant de priorité. Les opérateurs sont présentés dans ce chapitre par ordre décroissant de priorité.

Tous les opérateurs binaires et ternaires sont associatifs à gauche à l'exception des opérateurs conditionnels et d'affectation qui sont associatifs à droite. Les opérateurs unaires et postfixés sont quelquefois décrits comme étant associatifs à droite mais cela est seulement nécessaire pour exprimer l'idée qu'une expression telle que `*x++` est interprétée comme `*(x++)` plutôt que `(*x)++`. Nous préférons simplement mentionner que les opérateurs postfixés ont plus haute priorité que les opérateurs unaires (préfixés).

Dans la Proposition de normalisation ANSI C il existe aussi un opérateur unaire plus et une expression de concaténation de chaînes de caractères (sans opérateur explicite).

Références + unaire 11.6.5 ; opérateurs binaires 7.6 ; opérateur conditionnel 7.8 ; opérateurs d'affectation 7.9 ; concaténation de chaînes de caractères 11.1.6 ; opérateurs postfixés 7.4.4, 7.4.5

expressions primaires et postfixées		
16	*noms littéraux*	simples tokens
16	*a* [*k*]	indiçage
16	*f* (...)	appel de fonction
16	.	sélection directe
16	->	sélection indirecte
15	++ --	incrément/décrément postfixé
opérateurs unaires		
14	++ --	incrément/décrément préfixé
14	sizeof	taille
14	(*nom de type*)	conversions de type
14	~	négation bit-à-bit
14	!	non logique
14	-	négation arithmétique
14	&	adresse de
14	*	indirection
opérateurs binaires et ternaires		
13G	* / %	multiplicatif
12G	+ -	additif
11G	<< >>	décalage à gauche et à droite
10G	< > <= >=	relationnel
9G	== !=	égalité/inégalité
8G	&	et bit-à-bit
7G	^	ou exclusif bit-à-bit
6G	|	ou bit-à-bit
5G	&&	et logique
4G	||	ou logique
3D	? :	conditionnel (ternaire)
2D	= += -= *= /= %=	affectation
2D	<<= >>= &= ^= |=	
1G	,	évaluation séquentielle

Les nombres situés à gauche indiquent une priorité relative ; les nombres les plus grands indiquent une plus haute priorité. "G" caractérise des opérateurs associatifs à gauche et "D" des opérateurs associatifs à droite.

Table 7-1 : Opérateurs C par ordre de priorité

7.2.2 Dépassement de capacité et autres exceptions arithmétiques

Pour certaines opérations en C telles que l'addition et la multiplication il est possible que le résultat mathématique effectif de l'opération ne puisse pas être représenté comme une valeur du type de résultat attendu (ainsi que déterminé par les règles de conversions habituelles). Cette condition est appelée dépassement de capacité (ou, dans certains cas, insuffisance de capacité).

En général, le langage C ne définit pas les conséquences d'un dépassement de capacité. Une possibilité est l'obtention d'une valeur erronée (de type correct). Une autre possibilité est l'arrêt de l'exécution du programme. Une troisième possibilité est l'exécution d'une sorte quelconque de programme d'erreur ou de traitement d'exception dépendant de la machine qui peut être provoquée par le programme d'une manière dépendant de l'implémentation.

Pour certaines autres opérations, le langage C spécifie explicitement que les effets sont imprévisibles pour certaines valeurs d'opérandes ou (d'une manière plus restrictive) qu'une valeur est toujours produite bien qu'elle soit imprévisible pour certaines valeurs d'opérandes. Si l'opérande de droite de l'opérateur de division / ou de l'opérateur reste, `%`, est zéro, les effets sont imprévisibles, comme pour le dépassement de capacité. Si l'opérande de droite d'un opérateur de décalage << ou >> est trop large ou est négatif, une valeur imprévisible est générée.

Traditionnellement, toutes les implémentations de C ont ignoré le problème du dépassement de capacité d'un entier signé, dans la mesure où le résultat est une valeur quelconque produite par l'instruction machine utilisée pour implémenter l'opération. (De nombreux ordinateurs utilisant une représentation en complément à deux pour les entiers signés traitent le dépassement de capacité de l'addition et de la soustraction en produisant les bits les moins significatifs du résultat effectif du complément à deux. Il n'y a aucun doute que de nombreux programmes C existants reposent sur cette hypothèse, toutefois un tel programme n'est techniquement pas portable). Les dépassements et insuffisances de capacité virgule-flottante sont traités en général de la manière la plus convenable acceptée par la machine ; si l'architecture de la machine fournit plus d'une manière de traiter les conditions d'exception virgule-flottante, une fonction de bibliothèque peut être fournie pour permettre à l'opérateur d'utiliser de telles options.

Pour les entiers non-signés, le langage C est très spécifique en ce qui concerne le problème du dépassement de capacité : chaque opération sur les entiers non-signés produit toujours une valeur résultante qui est congrue modulo 2^n au résultat mathématique effectif de l'opération (où n correspond au nombre de bits utilisés pour représenter le résultat non-signé). Ceci revient à calculer les n bits les moins significatifs corrects du résultat effectif de l'opération (du résultat correct en complément à deux si le résultat effectif est négatif, comme par exemple dans le cas de la soustraction d'un entier non-signé large d'un entier non-signé plus petit).

Supposons par exemple que des objets de type `unsigned` sont représentés en utilisant 16 bits ; dans ce cas, la soustraction de la valeur non signée `7` de la valeur non signée `4` donne la valeur non signée `65533` ; ou plus exactement $2^{16} - 3$, étant donné que cette valeur est congruente modulo 2^{16} au résultat mathématique réel -3.

Une conséquence importante de cette règle est que les opérations sur les entiers non signés sont toujours complètement portables entre deux implémentations qui utilisent des représentations ayant le même nombre de bits ; en outre, n'importe quelle implémentation peut facilement simuler l'arithmétique non signée d'une autre implémentation en utilisant un nombre plus petit de bits.

Malgré la règle explicite permettant de traiter le dépassement de capacité, les opérations division et reste appliquées aux entiers non signés ont malgré tout des effets imprévisibles lorsque l'opérande de droite est 0.

Références opérateurs de décalage `<<` et `>>` 7.6.3 ; opérateur division `/` 7.6.1 ; opérateur reste `%` 7.6.1 ; types non-signés 5.1.2 ; types signés 5.1.1 ; types virgule-flottante 5.2

7.3 EXPRESSIONS PRIMAIRES

Il existe trois types d'expressions primaires : les noms (identificateurs), les constantes littérales et les expressions entre parenthèses.

expression-primaire :
  nom
  littéral
  expression-entre-parenthèses

Les appels de fonction, les expressions indicées et les expressions de sélection de composant font traditionnellement partie des expressions primaires en C, nous les décrivons toutefois dans le paragraphe suivant en même temps que les expressions postfixées.

7.3.1 Noms

La valeur d'un nom dépend de son type. Le type d'un nom est déterminé par la déclaration de ce nom (si elle existe), ainsi que décrit dans le chapitre 4.

Le nom d'une variable déclarée du type arithmétique, pointeur, énumération, structure ou union est évalué comme un objet de ce type ; le nom considéré comme une expression est une gvaleur.

Une constante de type énumération est évaluée comme la valeur entière associée avec cette constante de type énumération ; ce n'est pas une gvaleur. Dans l'exemple ci-dessous, les six noms de couleurs sont des constantes de type énumération. L'instruction `switch` (décrite dans le paragraphe 8.7) permet de sélectionner l'une de six instructions à exécuter en fonction de la valeur de la variable `couleur`.

```
typedef enum {  rouge, bleu, vert, cyan,
                jaune, parme } type-de-couleur;
static type-de-couleur complementaire(couleur)
  type-de-couleur couleur;
{
  switch (couleur) {
    case rouge:          return cyan;
    case bleu:           return jaune;
    case vert:           return parme;
    case cyan:           return rouge;
    case jaune:          return bleu;
    case parme:          return vert;
  }
}
```

Le nom d'un tableau est évalué comme le tableau ; ce n'est pas une gvaleur. Dans les contextes où le résultat est sujet aux conversions habituelles, la valeur tableau est immédiatement convertie en pointeur au premier objet du tableau. Ceci se produit dans tous les contextes à l'exception du cas ou la valeur tableau est l'argument de l'opérateur `sizeof` auquel cas la taille du tableau est retournée plutôt que la taille d'un pointeur.

```
{
  extern  void ImprimeMatrice();
  int Matrice[10][10], longueur_totale,
      longueur_de_ligne;

  longueur_totale = sizeof Matrice;
  longueur_de_ligne = sizeof Matrice[0];
  ImprimeMatrice(Matrice);  /* pointeur au premier
                               élément est passé */
}
```

Le nom d'une fonction est évalué comme égal à cette fonction ; ce n'est pas une gvaleur. Dans les contextes où le résultat est sujet aux conversions habituelles, la valeur fonction est immédiatement convertie en pointeur à la fonction. Ceci se produit dans tous les contextes à l'exception des deux cas suivant : le cas ou la fonction est l'argument de l'opérateur `sizeof`, ce qui est un cas incorrect d'argument et lorsque la fonction apparaît dans une expression d'appel de fonction auquel cas la fonction elle-même est désirée et non pas un pointeur à la fonction.

```
#include <math.h>
      /* Déclare les fonctions sin et cos */

void TraceFonction(f, x0, x1)
  double (*f)(), x0, x1;
{
  ...
}

double fn(x)   /* Fonction à tracer */
  double x;
{
  return (sin(x) - 2.0 * cos(x));
}

void main()
{
  TraceFonction(fn, 0.01, 100.0);
                    /* fn devient un pointeur */
}
```

Il n'est pas possible pour un nom, en tant qu'expression, de se référer à une étiquette, un nom typedef, un nom de composant de structure, un nom de composant d'union, un marqueur de structure, un marqueur d'union ou un marqueur d'énumération. Les noms utilisés à cet effet résident dans des zones de noms différentes des noms qui peuvent être référencés par un nom dans une expression. Certains de ces noms peuvent être référencés à l'intérieur d'expressions par l'intermédiaire de constructions spéciales. Par exemple, les noms de composants de structures et d'unions peuvent être référencés en utilisant les opérateurs `.` ou `->` et les noms de typedef peuvent être utilisés dans des conversions de types et comme arguments de l'opérateur `sizeof`.

Références appels de fonctions 5.8 ; conversions de types 7.5.1 ; conversions unaires habituelles 6.3.3 ; gvaleur 7.1.1 ; noms de typedef 5.10 ; opérateurs de sélection . et -> 7.4.2 ; opérateur `sizeof` 7.5.2 ; types énumération 5.5 ; types tableau 5.4 ; zone de nom 4.2.4

7.3.2 Littéraux

Un littéral (constante lexicale) est une constante numérique donnant une valeur constante lorsqu'elle est évaluée comme une expression. Une expression littérale n'est jamais une gvaleur. Se reporter au paragraphe 2.7 pour une description des littéraux, de leurs types et de leurs valeurs.

7.3.3 Expressions entre parenthèses

Une expression entre parenthèses comprend une parenthèse gauche, une expression quelconque et une parenthèse droite.

expression-entre-parenthèses :
(*expression*)

Le type d'une expression entre parenthèses est identique au type de l'expression entre parenthèses ; aucune conversion n'est effectuée. La valeur d'une expression entre parenthèses correspond à la valeur de l'expression placée entre parenthèses et est une gvaleur si et seulement si l'expression entre parenthèses est une gvaleur.

Le but de l'expression entre parenthèses est simplement de délimiter l'expression dans un objectif de groupement, soit pour outrepasser l'ordre de priorité par défaut des opérateurs ou soit pour rendre le programme plus lisible. Par exemple :

```
x1 = (-b + discriminant)/(2.0 * a)
```

Les parenthèses ne forcent pas nécessairement un ordre d'évaluation particulier (paragraphe 7.12).

Références gvaleur 7.1.1

7.4 EXPRESSIONS POSTFIXEES

Il existe sept types d'expressions postfixées : les expressions indicées, deux formes de sélection de composant (directe et indirecte), les appels de fonctions, les expressions postincrément et les expressions postdécrément.

expression-postfixée :
expression-primaire
expression-indicée
expression-de-sélection-de-composant
appel-de-fonction
expression-postincrément
expression-postdécrément

Les appels de fonctions, les expressions indicées et les expressions de sélection de composant sont traditionnellement considérées comme des expression primaires, toutefois leur syntaxe est plus proche de celle des expressions postfixées.

7.4.1 Expressions indicées

Une expression indicée comprend une expression postfixée, un crochet gauche, une expression arbitraire et un crochet droit. Cette construction est utilisée pour l'indiçage de tableaux où l'expression postfixée (correspondant en général à un nom de tableau) est évaluée comme un pointeur au début du tableau et l'expression arbitraire comme un indice entier.

expression-indicée :
expression-postfixée [*expression*]

En C, l'expression $e_1[e_2]$ est par définition exactement équivalente à l'expression $*((e_1)+(e_2))$. Les conversions binaires habituelles sont appliquées aux deux opérandes et le résultat est toujours une gvaleur. Noter que l'opérande correspondant à l'opérateur `*` doit être un pointeur et que la seule manière permettant au résultat de l'opérateur + d'être un pointeur est que l'une des opérandes soit un pointeur et que l'autre soit un entier. Il en résulte par conséquent que pour $e_1[e_2]$ l'une des opérandes doit être un pointeur et l'autre un entier. De manière conventionnelle, le premier opérande est un pointeur.

```
char memoire_tampon[100], *mptr = memoire_tampon;
int i = 99;
memoire_tampon[0] = '\0';
mptr[i] = mptr[0];
```

Une conséquence de la définition de l'indiçage est que les tableaux utilisent un indiçage d'origine 0. Dans l'exemple ci-dessus, le premier élément alloué pour le tableau de 100 éléments `memoire_tampon` est référencé comme `memoire_tampon[0]` et le dernier élément comme `memoire_tampon[99]`. Les noms `memoire_tampon` et `bptr` pointent tous les deux sur le même emplacement `memoire_tampon[0]`, le premier élément du tableau `memoire_tampon` et ils peuvent être utilisés d'une manière identique sans indicer les expressions. Toutefois, `bptr` est une variable (une gvaleur) et elle peut par conséquent être modifiée pour pointer sur un autre emplacement :

```
bptr = &memoire_tampon[6];
```

l'expression `bptr[-4]` référence alors le même emplacement que l'expression `memoire_tampon[2]`. (Ceci illustre le fait que des indices négatifs ont un sens dans certaines circonstances). Une affectation peut aussi initialiser `bptr` pour ne pointer sur aucun endroit particulier :

```
bptr = NULL; /* Place un pointeur nul dans bptr. */
```

Par ailleurs le tableau dénommé `memoire_tampon` n'est pas une gvaleur et ne peut pas être modifié ; considéré comme un pointeur, il pointe toujours sur le même emplacement fixe.

Des références à des tableaux multidimensionnels sont créées en composant des opérateurs d'indiçage et non pas en plaçant des expressions multiples entre crochets.

```
{
#define TAILLE 10
  double matrice[TAILLE][TAILLE];
  int i, j;
  /*  Initialise une matrice identité. Note : cette
      méthode est claire, mais ce n'est pas la
      manière la plus rapide d'initialiser une telle
      matrice. */
  for (i = 0; i TAILLE; i++)
    for (j = 0; j TAILLE; j++)
      matrice[i][j] = ((i==j) ? 1.0 : 0.0);
  ...
}
```

Il est de mauvais style de programmation d'utiliser une expression comportant des virgules à l'intérieur des crochets d'indiçage étant donné que cela peut entraîner une confusion pour un lecteur familier avec d'autres langages de programmation en le laissant supposer que cela permet d'indicer un tableau multidimensionnel. Par exemple, l'expression

```
commandes[k=n+1, 2*k]
```

peut apparaître comme étant une référence à un élément d'un tableau multidimensionnel dénommé `commandes` avec pour expressions d'indiçage `k=n+1` et `2*k`, alors que l'interprétation réelle en C est une référence à un tableau unidimensionnel dénommé `commandes` d'indice `2*k` où `k` prend la valeur `n+1`. Si une expression comportant des virgules se révèle indispensable (un exemple plausible d'une telle situation nous paraissant difficile à imaginer), il convient de la placer entre parenthèses pour indiquer qu'il s'agit ! La procédure de tri suivante qui utilise l'algorithme de tri d'une expression hors du commun :

```
commandes[(k=n+1, 2*k)]
```

Il est possible d'utiliser des pointeurs et des conversions de types pour référencer un tableau multidimensionnel comme s'il s'agissait d'un tableau unidimensionnel. Ceci peut être souhaitable pour des raisons d'efficacité. Il est utile de garder à l'esprit que les tableaux sont mémorisés en C par ordre décroissant de rangées. Un exemple d'une telle complexité est donné ci-dessous :

```
{
#define TAILLE 10
  double matrice[TAILLE][TAILLE];
  int i;
  /*  Initialise une matrice identité. Méthode
      compliquée mais rapide. Efface d'abord la
      matrice, en la traitant comme un tableau
      unidimensionnel de longueur TAILLE*TAILLE.
  */
  for (i = 0; i < TAILLE*TAILLE; i++)
      ((double *) matrice)[i] = 0.0;
  /* Initialise maintenant les éléments 1.0. */
  for (i = 0; i < TAILLE*TAILLE; i += (TAILLE + 1))
      ((double *) matrice)[i] = 1.0;
  ...
}
```

Références expression avec virgule 7.10 ; gvaleur 7.1.1 ; opérateur d'addition + 7.6.2 ; opérateur d'indirection * 7.5.7 ; types entier 5.1 ; types pointeur 5.3 ; types tableau 5.4

7.4.2 Sélection de composant

Les opérateurs de sélection de composant sont utilisés pour accéder aux champs (composants) des types structure et union.

expression-de-sélection-de-composant :
  sélection-directe-de-composant
  sélection-indirecte-de-composant

sélection-directe-de-composant :
  expression-postfixée . *nom*

sélection-indirecte-de-composant :
  expression-postfixée -> *nom*

Une expression de sélection directe de composant comprend une expression postfixée, un point . et un nom. L'expression postfixée doit être de type structure ou union et le nom doit correspondre au nom d'un composant de ce type. La valeur de l'opération de sélection est le membre nommé de l'union ou de la structure et est une gvaleur si :

1. l'expression apparaissant avant le point est une gvaleur et
2. le composant sélectionné n'est pas de type tableau

La première condition est vraie pour toutes les valeurs de structure et d'union à l'exception de celles retournées par une fonction.

Certaines implémentations de C, y-compris certaines implémentations UNIX, permettent à des fonctions de retourner des structures mais ne permettent pas la sélection de composants à partir des valeurs retournées. Nous considérons cela comme un défaut.

Une expression de sélection indirecte de composant comprend une expression postfixée, l'opérateur -> et un nom. La valeur de l'opération postfixée doit être un pointeur sur un type structure ou union et le nom doit correspondre à un nom de composant de ce type structure ou union. La valeur correspond au membre nommé de l'union ou de la structure et est une gvaleur à moins que le membre soit un tableau. L'expression *e->nom* est, par définition, exactement équivalente à l'expression (**e*). *nom.*

```
{
  static struct {float x, y; } Point, *Point_Ptr;
  /*  Initialise les deux composants de Point à 0.0
      d'une manière désordonnée pour illustrer
      l'usage de "->". */
  Point.x = 0.0;          /* Initialise x à 0.0 */
  Point_Ptr = &Point;
  Point_Ptr->y = 0.0;     /* Initialise y à 0.0 */
}
```

Références gvaleur 7.1.1 ; opérateur d'indirection *7.5.7 ; types structure 5.6 ; types union 5.7

7.4.3 Appels de fonction

Un appel de fonction comprend une expression postfixée (l'*expression fonction*), une parenthèse gauche, une suite éventuellement vide d'expressions (les *expressions argument*) séparées par des virgules et une parenthèse droite.

appel-de-fonction :
  expression-postfixée (*liste-d'expressions*$_{opt}$)

liste-d'expressions :
  expression-d'affectation
  liste-d'expressions , *expression-d'affectation*

Le type de l'expression fonction doit être "fonction retournant *T*" pour un type quelconque *T* auquel cas le résultat de l'appel de fonction est du type *T*. Le résultat n'est pas une gvaleur. Toutefois, si *T* est du type `void`, l'appel de la fonction ne génère aucun résultat et ne peut pas être utilisé dans un contexte qui nécessite que l'appel fournisse un résultat.

Certaines implémentations de C permettent d'utiliser des pointeurs à des fonctions dans des expressions d'appel de fonction :

```
int (*f)();
...
f(x,y); /* appel de fonction par pointeur */
```

L'avantage de cette généralisation est d'éviter l'utilisation répétée de la notation peu pratique `(*f)(x,y)`. La plupart des implémentations permettent cela au moins dans le cas ou `f` est le paramètre formel d'une fonction. La Proposition de normalisation ANSI C permet en général d'utiliser des pointeurs à des fonctions dans des appels de fonction.

Chacun des arguments est converti en utilisant les conversions d'arguments habituelles, toutefois aucune autre conversion ou vérification n'est rendue nécessaire pour le compilateur. En particulier, le compilateur ne doit pas donner un message d'avertissement ou effectuer un traitement spécial si le nombre d'arguments effectifs ne correspond pas au nombre de paramètres formels de la fonction appelée ou si le type (converti) d'un argument effectif ne correspond pas au type (attendu) du paramètre formel correspondant. La raison est que dans le cas général, aucune information concernant les paramètres formels n'est disponible pour le compilateur étant donné que les déclarations de fonctions externes ne contiennent pas nécessairement des informations au sujet des paramètres formels. Par ailleurs, le compilateur n'est pas empêché de donner des messages d'avertissement lorsque les informations nécessaires pour effectuer de telles vérifications sont disponibles.

Après avoir évalué et converti les paramètres effectifs, ceux-ci sont copiés pour être transmis à la fonction appelée ; par conséquent, tous les arguments sont passés par valeur. A l'intérieur de la fonction appelée les noms des paramètres sont des gvaleurs, toutefois, le fait d'initialiser un paramètre formel change seulement la valeur du paramètre formel et n'a aucun effet sur un argument quelconque qui se trouve être une gvaleur. Considérer par exemple le programme suivant :

```
/* Calcule y à la puissance quatre. */
double puissance4(y)
  double y;
{
  y *= y;           /*  Calcule le carré de y */
  return (y * y); /*  Elève à nouveau y au carré. */
}

void main()
{
  double x, z;
  ...
  x = 3.0;
  z = puissance4(x);
  ...
}
```

La fonction `puissance4` utilise son paramètre formel pour contenir un résultat intermédiaire (le carré de son argument original). La motivation d'une telle méthode est qu'elle nécessite seulement deux multiplications alors que le calcul de `y*y*y*y` en nécessiterait trois.

Lorsque la fonction `puissance4` est appelée à partir de la procédure `main`, l'affectation de `y` dans la fonction `puissance4` change la valeur de `y` sans changer la valeur de la variable `x` à l'intérieur de la fonction `main`. Après l'affectation de `z`, `z` a la valeur `81.0` et `x` a la valeur `3.0` (et non pas `9.0`).

Il convient de remarquer que lorsqu'un pointeur est passé comme un argument, le pointeur lui-même est copié mais l'objet pointé n'est pas copié. L'utilisation de pointeurs permet à une fonction de coopérer avec le programme appelant pour permettre à la fonction appelée de modifier un objet fourni par le programme appelant.

Si une fonction dont le type de retour n'est pas `void` est appelée dans un contexte où la valeur de la fonction doit être ignorée, le compilateur peut donner un message d'avertissement à cet effet. L'intention consistant à ignorer le résultat de l'appel de fonction peut être rendue explicite en utilisant une conversion de type :

```
{
   ...
   (void) strcat(mot, suffixe);
                /* Ignore le résultat de strcat. */
}
```

Les expressions avec virgule peuvent être des arguments de fonctions si elles sont placées entre parenthèses de telle sorte que leurs composants ne soient pas interprétés comme des arguments séparés. Nous ne pouvons imaginer une raison plausible pour ceci, toutefois l'exemple ci-après est un exemple plausible :

```
int main()
{
   int i, j;
   f( (i=1, i), (j=1, j)); /* légal mais étrange */
   ...
}
```

Références expressions ignorées 7.13 ; gvaleur 7.1.1 ; opérateur avec virgule 7.10 ; opérateur d'indirection * 7.5.7 ; types fonction 5.8 ; types pointeur 5.3 ; type `void` 5.9

7.4.4 Opérateur postincrément

L'opérateur postfixé ++ effectue une "postincrémentation" qui est une opération produisant un effet secondaire.

expression-postincrément :
  expression-postfixée ++

L'opérande doit être une gvaleur et peut être d'un type scalaire quelconque. La constante `1` est ajoutée à l'opérande et modifie l'opérande. Le résultat est l'ancienne valeur de l'opérande avant qu'elle soit incrémentée. Le résultat n'est pas une gvaleur. Les conversions binaires habituelles sont effectuées sur l'opérande et sur la constante `1` avant d'effectuer l'addition et les conversions habituelles d'affectation sont effectuées lorsque la somme est remise dans l'opérande. Le type du résultat est le même que celui de l'opérande de la gvaleur avant la conversion.

Cette opération peut produire des effets indésirables en cas de dépassement de capacité si l'opérande est un entier signé ou un nombre à virgule flottante. Le résultat de l'incrémentation de la valeur la plus large représentable d'un type non signé est 0.

Si l'opérande est un pointeur, par exemple de type "pointeur à *T*" pour un type quelconque *T*, l'effet est d'avancer le pointeur au delà de l'objet pointé comme si le pointeur était placé sur l'élément suivant dans un tableau d'objets de type *T*. (Sur un ordinateur à adressage par byte, ceci correspond à avancer le pointeur de `sizeof(T)` bytes). Toutefois, la valeur de l'expression correspond au pointeur avant modification. Il est très commun d'utiliser l'opérateur de postincrément lors du balayage des éléments d'un tableau ou d'une chaîne de caractères ; l'exemple suivant illustre le comptage du nombre de caractères contenus dans une chaîne de caractères.

```
int strlen(cp)
  char *cp;
{
  int nombre = 0;
  while (*cp++) nombre++;
  return nombre;
}
```

Références addition 7.6.2 ; conversions binaires habituelles 6.3.4 ; conversions d'affectation 6.3.2 ; dépassement de capacité 7.2.2 ; gvaleur 7.1.1 ; types entier 5.1 ; types non-signés 5.1.2 ; types pointeur 5.3 ; types scalaire Ch. 5 ; types signés 5.1.1 ; types tableau 5.4 ; types virgule-flottante 5.2

7.4.5 Opérateur postdécrément

L'opérateur postfixé `--` effectue une "postdécrémentation" qui est une opération produisant un effet secondaire.

expression-postdécrément :
  expression-postfixée `--`

L'opérande doit être une gvaleur et peut être d'un type scalaire quelconque. La constante `1` est soustraite de l'opérande et le résultat est remis dans la gvaleur. Le résultat est *l'ancienne* valeur de l'opérande avant qu'elle soit décrémentée, laquelle n'est pas une gvaleur. Les conversions binaires habituelles sont effectuées sur l'opérande et sur la constante `1` avant d'effectuer la soustraction et les conversions habituelles d'affectation sont effectuées lorsque la différence est remise dans l'opérande. Le type du résultat est le même que celui de l'opérande gvaleur avant la conversion.

Cette opération peut produire des effets imprévisibles en cas de dépassement de capacité si l'opérande est un entier signé ou un nombre à virgule flottante. Le résultat de la décrémentation de la valeur 0 d'un type entier non signé est la plus grande valeur représentable du même type.

Si l'opérande est un pointeur, par exemple de type "pointeur à *T*" pour un type quelconque *T*, l'effet est équivalent à reculer le pointeur sur l'objet de type *T* précédant celui d'origine comme si le pointeur était déplacé sur l'élément précédent dans un tableau d'objets de type *T*. (sur un ordinateur à adressage par byte, ceci correspond à reculer le pointeur de `sizeof(T)` bytes). Toutefois, la valeur de l'expression correspond au pointeur avant modification.

Références conversions binaires habituelles 6.3.4 ; conversions d'affectation 6.3.2 ; dépassement de capacité 7.2.2 ; gvaleur 7.1.1 ; soustraction 7.6.2 ; types entier 5.1 ; types non-signés 5.1.2 ; types pointeur 5.3 ; types scalaire Ch. 5 ; types signés 5.1.1 ; types tableau 5.4 ; types virgule-flottante 5.2

7.5 EXPRESSIONS UNAIRES

Il existe différents types d'expressions unaires.

expression-unaire :
- *expression-postfixée*
- *expression-de-conversion-de-type*
- *expression-de-calcul-de-taille*
- *expression-unaire-moins*
- *expression-de-négation-logique*
- *expression-de-négation-bit-à-bit*
- *expression-d'adresse*
- *expression-d'indirection*
- *expression-préincrément*
- *expression-prédécrément*

Les opérateurs unaires ont une priorité inférieure à celle des expressions postfixées mais supérieure à celle de tous les opérateurs binaires et ternaires. Par exemple, l'expression `*x++` est interprétée comme `*(x++)` et non pas comme `(*x)++`.

La Proposition de normalisation ANSI C comporte aussi une expression plus unaire.

Références expressions binaires 7.6 ; expressions postfixées 7.4 ; plus unaire 11.6.5 ; priorité 7.2.1

7.5.1 Conversions de type

Une expression de conversion de type comprend une parenthèse gauche, un nom de type, une parenthèse droite et une expression opérande.

expression-de-conversion-de-type :
(*nom-de-type*) *expression-unaire*

La conversion de type provoque la conversion de la valeur de l'opérande dans le type indiqué entre parenthèses. Toute conversion autorisée peut être invoquée par une expression de conversion de type. Le résultat n'est pas une gvaleur.

```
extern char *alloc();
struct S *p;
p = (struct S *) alloc(sizeof(struct S));
```

Certaines implémentations de C ignorent de manière incorrecte certaines conversions de type dont le seul effet est de donner une valeur "moins large" que la normale. Supposons par exemple que le type `unsigned short` soit représenté en 16 bits et que le type `unsigned` soit représenté en 32 bits. Dans ce cas, la valeur de l'expression

```
(unsigned)(unsigned short)0xFFFFFF
```

doit être `0xFFFF` étant donné que la conversion de type `(unsigned short)` doit causer une troncation de la valeur `0xFFFFFF` en 16 bits et la conversion de type `(unsigned)` doit ensuite élargir cette valeur à 32 bits. Certains compilateurs déficients n'effectuent pas cette troncation et génèrent du code qui passe la valeur `0xFFFFFF` inchangée. D'une manière similaire, en ce qui concerne l'expression

```
(double)(float)3.14159265358979323 84
```

certains compilateurs déficients ne produisent pas du code qui réduit la précision de l'approximation de pi à celle d'un `float` mais passe la valeur double précision inchangée. Pour assurer un maximum de portabilité, nous conseillons au programmeur de tronquer les valeurs en les stockant dans des variables ou en effectuant des opérations de masquage explicites (telles que celle obtenue en utilisant l'opérateur binaire ET bit-à-bit `&`) plutôt que dépendre de conversions de types pour assurer la troncation.

Références conversions de type Ch. 6 ; noms de type 5.12 ; opérateur ET bit-à-bit 7.6.6

7.5.2 Opérateur sizeof

L'opérateur `sizeof` est utilisé pour obtenir la taille d'un type ou d'un objet de données.

expression-de-calcul-de-taille :
    `sizeof` (*nom-de-type*)
    `sizeof` *expression-unaire*

L'expression argument de `sizeof` prend deux formes : l'opérateur `sizeof` suivi d'un nom de type entre parenthèses ou l'opérateur `sizeof` suivi d'une expression opérande.

L'application de l'opérateur `sizeof` à un nom de type placé entre parenthèses donne la taille de l'objet du type spécifié ; plus exactement, la taille de l'espace mémoire (mesurée en unités de mémorisation) qui serait occupée par un objet de ce type. Le nom du type ne doit pas désigner un type tableau sans longueur explicite, un type fonction ou le type `void`. Si le nom de type est une définition de type structure, union ou énumération (dû certainement à un mauvais style de programmation) l'effet de l'expression `sizeof` ne devrait *pas* être de créer un nouveau type mais seulement de calculer sa longueur.

L'application de l'opérateur `sizeof` à une expression donne le même résultat que s'il était appliqué au nom du type de l'expression. L'opérateur `sizeof` ne provoque pas par lui-même l'application de l'une quelconque des conversions habituelles pour déterminer le type de l'expression, toutefois si l'expression contient des opérateurs qui effectuent des conversions habituelles, ces conversions sont considérées lors de la détermination du type. Par exemple, l'application de `sizeof` à un nom de tableau retourne la taille totale du tableau ; ceci est possible étant donné que l'opérateur `sizeof` ne force pas la conversion préalable du tableau en pointeur. De la même manière, si la variable `v` est du type `short`, `sizeof(v)` est équivalent à `sizeof(int)` qui peut ne pas être identique à `sizeof(short`. Ceci grâce au fait que l'opérateur + effectue les conversions habituelles donnant à la somme `v` et à `0` le type `int`.

Le résultat de l'application de `sizeof` à une expression peut toujours être calculé lors de la compilation en examinant les types des objets dans l'expression opérande. Le résultat de `sizeof` ne dépend jamais des valeurs particulières des objets pendant l'exécution (à l'exception jusqu'à maintenant du fait que la valeur d'un entier littéral peut déterminer le fait qu'il soit ou non considéré comme une constante `long` auquel cas la valeur d'un littéral peut à nouveau être déterminée lors de la compilation).

Lorsque `sizeof` est appliquée à une expression, l'expression est analysée lors de la compilation pour déterminer son type, toutefois l'expression elle-même n'est pas compilée en code exécutable. Ceci signifie que tout effet secondaire qui peut résulter de l'exécution de l'expression n'a pas lieu. Par exemple, l'exécution de l'expression

```
k = sizeof(j++)
```

donne une certaine valeur à `k` *mais n'incrémente pas* `j`.

L'application de l'opérateur `sizeof` à un membre d'une structure qui est un champ de bits retourne la taille du type déclaré du membre ; la taille du champ en bits n'affecte pas le résultat. Cette utilisation porte certainement à confusion et doit être évitée.

La définition originale de C ne spécifiait pas le type du résultat de l'opérateur `sizeof`. Nous recommandons que le résultat de l'opérateur `sizeof` soit du type `unsigned int` ou du type `unsigned long` suivant le choix du créateur de l'implémentation. Normalement, le résultat sera `unsigned int` à moins que `unsigned int` soit trop petit pour représenter un pointeur dans l'implémentation particulière auquel cas `unsigned long` doit être utilisé. Certaines implémentations de C utilisent `int` ou `long int` comme le type du résultat de `sizeof`, ceci est toutefois un choix par défaut étant donné qu'il peut être impossible de représenter la taille d'un tableau très large tel qu'un tableau qui s'étend sur plus de la moitié de l'espace total d'adressage.

Il existe par ailleurs une ambiguïté syntaxique dans une expression telle que

```
sizeof(long)-2
```

Cette expression pourrait être interprétée comme trois opérateurs unaire (négation unaire `-`, la conversion de type `(long)`, et `sizeof`) appliqués successivement à la valeur `2` :

```
sizeof((long)(-2))
```

Une autre alternative serait d'interpréter cette expression comme un opérateur de soustraction binaire — dont les opérandes sont`sizeof(long)` et `2` :

```
(sizeof(long))-2
```

Ce cas ambigu est résolu de manière très arbitraire en déclarant que la dernière interprétation doit être utilisée.

Références conversions binaires habituelles 6.3.4 ; noms de type 5.12 ; types fonction 5.8 ; types non-signés 5.1.2 ; types tableau 5.4 ; type `void` 5.9 ; unités de mémorisation 6.1.1

7.5.3 Moins unaire

L'opérateur unaire `-` calcule la négation arithmétique de son opérande. L'opérande peut être un type arithmétique quelconque. Les conversions unaires habituelles sont effectuées sur l'opérande. Le résultat n'est pas une gvaleur.

expression-moins-unaire :
  `-` *expression-unaire*

Une expression moins unaire "*-e* " peut être considérée comme une notation abrégée de "`0-(e)`" ; les deux expressions en effet effectuent toujours le même calcul. Ce calcul peut produire des effets imprévisibles si l'opérande est un entier signé ou un nombre à virgule flottante lorsqu'un dépassement de capacité se produit.

Pour un opérande entier non-signé *k*, le résultat est toujours non-signé et égal à 2^n-*k* où `n` correspond au nombre de bits utilisés pour représenter le résultat. Etant donné que le résultat est non signé, il ne peut jamais être négatif. Ceci peut paraître étrange, mais noter cependant que (-*x*)+*x* est égal à 0 pour tout entier non signé *x*. (Cette identité est aussi valable pour tout entier signé *x* pour lequel -*x* est bien défini).

Références conversions unaires habituelles 6.3.3 ; dépassement de capacité 7.2.2 ; gvaleur 7.1.1 ; opérateur de soustraction - 7.6.2 ; types entier 5.1 ; types non-signés 5.1.2 ; types virgule-flottante 5.2

7.5.4 Négation logique

L'opérateur unaire ! calcule la négation logique de son opérande. L'opérande peut être n'importe quel type scalaire.

expression-de-négation-logique :
    ! *expression-unaire*

Les conversions unaires habituelles sont effectuées sur l'opérande. Le résultat de l'opérateur ! est du type `int` ; le résultat est `1` si l'opérande est zéro (nul dans le cas de pointeurs, 0.0 dans le cas de valeurs virgule-flottante) et 0 si l'opérande est différent de zéro (non nul, différent de 0.0). Le résultat n'est pas une gvaleur. L'expression `!(`*x*`)` a une signification identique à (*x*) `==0`.

```
/*  Suppose qu'échec_d'assertion accepte une
    chaîne de caractères et la retourne comme un
    message à l'utilisateur. */
#define assertion(x,s) if (!(x)) echec_d'assertion
...
assertion(nb_de_cas > 0, "Pas d'exemple de test.");
moyenne = total_de_points/nb_de_cas;
```

Références conversions unaires habituelles 6.3.3 ; gvaleur 7.1.1 ; opérateur d'égalité == 7.6.5 ; types entier 5.1 ; types pointeur 5.3 ; types scalaire Ch. 5 ; types virgule-flottante 5.2

7.5.5 Négation bit-à-bit

L'opérateur unaire ~ calcule la négation bit-à-bit de son opérande.

expression-de-négation-bit-à-bit :
    ~*expression-unaire*

L'opérande peut être d'un type entier quelconque. Les conversions unaires habituelles sont effectuées sur l'opérande. Chaque bit dans la représentation binaire du résultat correspond à l'inverse de ce qu'il était dans l'opérande (converti). Le résultat n'est pas une gvaleur.

```
#define BITS_DE_BASSE_ADRESSE 3L
long adresse;
...
/*  Efface les bits d'adresse les moins significatifs.
    Pour une adresse de 32 bits, ce code effectue un
    ET bit-à-bit de l'adresse avec 037777777774.
    Toutefois, l'utilisation de ~ permet au programme
    de fonctionner correctement indépendamment de la
    taille de l'adresse.
*/
adresse &= ~BITS_DE_BASSE_ADRESSE ;
```

Etant donné que différentes implémentations peuvent utiliser différentes représentations des entiers signés, le résultat de l'application de l'opérateur NOT ~ sur des opérandes signés peut ne pas être portable. Nous recommandons de limiter l'utilisation de ~ aux entiers non-signés pour assurer la portabilité du logiciel.

Références conversions unaires habituelles 6.3.3 ; gvaleur 7.1.1 ; types entier 5.1 ; types non-signés 5.1.2 ; types signés 5.1.1

7.5.6 Opérateur adresse

L'opérateur unaire `&` retourne un pointeur à son opérande qui doit être une gvaleur.

expression-d'adresse :
    `&` *expression-unaire*

Si le type de l'opérande de `&` est "*T*", le type du résultat est un "pointeur à *T*". Aucune conversion habituelle n'est applicable pour l'opérateur `&` et son résultat n'est jamais une gvaleur.

La description originale de C spécifiait qu'il était incorrect d'appliquer l'opérateur adresse unaire `&` à une variable de type `register` et certains compilateurs supportent toujours cette restriction. Toutefois, étant donné que `register` est seulement traité comme une suggestion pour le compilateur et n'est pas obligatoire, il paraît approprié de permettre une telle utilisation d'autant plus que sur certains ordinateurs les registres sont réellement adressables comme s'ils étaient des emplacements mémoire. Par ailleurs, lorsque l'ordinateur cible n'a pas de registres adressables, l'application de `&` à une variable de type `register` peut simplement annuler la déclaration de la variable comme un type `register` en l'obligeant à être du type `auto` à la place. Nous recommandons aux nouveaux compilateurs d'utiliser cette dernière approche et de générer aussi, si possible, un message d'avertissement. Dans tous les cas, une telle utilisation doit être considérée comme non portable.

Il est incorrect pour une expression opérande de porter le nom d'une fonction ou d'un tableau étant donné qu'un tel nom n'est pas une gvaleur. Il convient de se souvenir que, dans la plupart des contextes, une valeur de fonction est convertie implicitement en un pointeur à cette fonction de toute façon, exactement de la même manière que si `&` était utilisé et qu'une valeur de tableau est convertie implicitement en un pointeur à son premier élément.

```
extern int i, f();
int *ip, (*fp)();
ip = &i;        /* '&' nécessaire */
fp = f;         /* '&' facultatif mais autorisé */
```

Certains compilateurs permettent d'appliquer l'opérateur `&` à une fonction ou à un tableau et le considère comme sans effet, ce qui porte à confusion. Par ailleurs, la Proposition de normalisation ANSI C donne une signification différente à l'application de `&` à un tableau de telle sorte que les anciens programmes qui utilisent `&` de cette manière donnent des erreurs.

Références classe de mémorisation `register` 4.3 ; gvaleur 7.1.1 ; opérateur d'adresse dans la Proposition de normalisation ANSI C 11.6.4 ; type fonction 5.8 ; type pointeur 5.3 ; type tableau 5.4

7.5.7 Indirection

L'opérateur unaire `*` effectue une indirection par l'intermédiaire d'un pointeur. Par conséquent, les opérateurs `&` et `*` sont inverses l'un de l'autre.

expression-d'indirection :
    `*` *expression-unaire*

Les conversions unaires habituelles sont effectuées sur l'opérande, toutefois les seules conversions applicables sont les conversions de tableaux et de fonctions en pointeurs. L'opérande (converti) doit être un pointeur et le résultat est une gvaleur qui se rapporte à l'objet sur lequel l'opérande pointe. Si le type de l'opérande est un "pointeur à *T*", le type du résultat est simplement "*T*".

```
int i, *p;
p = &i;   /* p pointe maintenant sur la variable i */
*p = 10;  /* initialise la valeur de i à 10 */
```

Les effets de l'application de l'opérateur d'indirection à un pointeur nul pendant l'exécution ne sont pas définis. Cet opérateur peut retourner une valeur imprévisible, provoquer un traitement d'erreur ou avoir un comportement complètement imprévisible.

Références conversions unaires habituelles 6.3.3 ; gvaleur 7.1.1 ; types fonction 5.8 ; types pointeur 5.3 ; types tableau 5.4

7.5.8 Opérateur préincrément

L'opérateur unaire ++ effectue une "préincrémentation" qui est une opération produisant une effet secondaire. (Il existe aussi une forme postfixée de cet opérateur).

expression-préincrément :
    ++ *expression-unaire*

L'opérande doit être une gvaleur et peut être de n'importe quel type scalaire, La constante `1` est ajoutée à l'opérande et le résultat est remis dans la gvaleur. Le résultat est la nouvelle valeur (incrémentée) de l'opérande mais n'est pas une gvaleur. L'expression ++(*x*) a une signification identique à (*x*)+=`1`. (L'opérateur +=, un opérateur d'affectation composée, est décrit dans le paragraphe 7.9.2). Les conversions binaires habituelles sont effectuées sur l'opérande et sur la constante `1` avant d'effectuer l'addition et les conversions habituelles d'affectation sont effectuées lorsque la somme est remise dans l'opérande. Le type du résultat est le même que celui de l'opérande de la gvaleur avant la conversion.

```
int entunique()
/*  entunique : des appels successifs à cette
    procédure retournent les entiers 1, 2, ... sans
    vérifier s'il y a eu dépassement de capacité. */
{
  static int nombre = 0;
  return ++nombre;
}
```

Cette opération peut produire des effets imprévisibles en cas de dépassement de capacité si l'opérande est un entier signé ou un nombre à virgule flottante. Le résultat de l'incrémentation de la valeur la plus large représentable d'un type non signé est 0.

Si l'opérande est un pointeur, par exemple de type "pointeur à *T* " pour un type quelconque *T*, l'effet est d'avancer le pointeur au delà de l'objet pointé comme si le pointeur était placé sur l'élément suivant dans un tableau d'objets de type *T*. (sur un ordinateur à adressage par byte, ceci correspond à avancer le pointeur de `sizeof(T)` bytes).

Les instructions d'expression `x++` et `++x` sont équivalentes, `x++` étant la forme la plus populaire.

Références addition 7.6.2 ; affectation composée 7.9.2 ; conversions binaires habituelles 6.3.4 ; conversions d'affectation 6.3.2 ; dépassement de capacité 7.2.2 ; expression postincrément 7.4.4 ; gvaleur 7.1.1 ; instructions d'expression 8.2 ; types entier 5.1 ; types non-signés 5.1.2 ; types pointeur 5.3 ; types scalaire Ch. 5 ; types signés 5.1.1 ; types tableau 5.4 ; types virgule-flottante 5.2

7.5.9 Opérateur prédécrément

L'opérateur unaire `--` effectue une "prédécrémentation" qui est une opération produisant un effet secondaire. (Il existe aussi une forme postfixée de cet opérateur).

expression-prédécrément :
  `--` *expression-unaire*

L'opérande doit être une gvaleur et peut être n'importe quel type scalaire, La constante `1` est soustraite de l'opérande et le résultat est remis dans la gvaleur. Le résultat est la nouvelle valeur (décrémentée) de l'opérande mais n'est pas une gvaleur. L'expression `--`(*x*) a une signification identique à (*x*)`-=1`. (L'opérateur `-=`, un opérateur d'affectation composée, est décrit dans le paragraphe 7.9.2). Les conversions binaires habituelles sont effectuées sur l'opérande et sur la constante `1` avant d'effectuer la soustraction et les conversions habituelles d'affectation sont effectuées lorsque la différence est remise dans l'opérande. Le type du résultat est le même que celui de l'opérande de la gvaleur avant la conversion.

Cette opération peut produire des effets imprévisibles en cas de dépassement de capacité si l'opérande est un entier signé ou un nombre à virgule flottante. Le résultat de la décrémentation de la valeur 0 d'un type non signé est la valeur la plus large représentable de ce même type.

Si l'opérande est un pointeur, par exemple de type "pointeur à *T*" pour un type quelconque *T*, l'effet est de reculer le pointeur sur l'objet de type *T* précédant l'objet d'origine, comme si le pointeur était placé sur l'élément précédent dans un tableau d'objets de type *T*. (sur un ordinateur à adressage par byte, ceci correspond à avancer le pointeur de `sizeof(T)` bytes).

```
int strrev(s1, s2)
/*  strrev: copie la chaîne de caractères s2 sous sa
    forme inversée dans la chaîne de caractères s1.
    s2 doit être un pointeur au premier caractère d'une
    chaîne de caractères terminée par un caractère nul.
    s1 doit pointer sur une zone destinée à recevoir la
    chaîne de caractères terminée par un caractère nul
    de la même longueur mais dont le contenu est inversé.
*/
  char *s1, *s2;
{
  char *p = s1;
  while (*p++); /*  Trouve la fin de la première
                    chaîne de caractères. */
  --p;          /*  Dépassée : recule jusqu'au caractère
                    nul. */
  /*  Copie maintenant les caractères dans l'ordre
      inverse. */
  while (p > s1)
    *s2++ = *--p;
  *s2 = '\0';       /*  Termine la chaîne de caractères
                        résultante. */
}
```

Les instructions d'expression `x--` et `--x` sont équivalentes, `x--` étant la forme la plus populaire.

Références addition 7.6.2 ; affectation composée 7.9.2 ; conversions binaires habituelles 6.3.4 ; conversions d'affectation 6.3.2 ; dépassement de capacité 7.2.2 ; expression postdécrément 7.4.4 ; gvaleur 7.1.1 ; instructions d'expression 8.2 ; types entier 5.1 ; types non-signés 5.1.2 ; types pointeur 5.3 ; types scalaire Ch. 5 ; types signés 5.1.1 ; types tableau 5.4 ; types virgule-flottante 5.2

7.6 EXPRESSIONS D'OPERATEUR BINAIRE

Une expression d'opérateur binaire comprend deux expressions séparées par un opérateur binaire. Les différents types d'expressions binaires organisées par ordre de priorité décroissante sont :

expression-multiplicative
expression-additive
expression-décalage
expression-relationnelle
expression-d'égalité
expression-et-bit-à-bit
expression-ou-exclusif-bit-à-bit
expression-ou-bit-à-bit

Tous les opérateurs décrits dans ce paragraphe sont associatifs à gauche. Par exemple, les opérateurs `*` et `%` ont le même niveau de priorité et par conséquent l'expression `x*y%z` est traitée comme `(x*y)%z` et non pas comme `x*(y%z)`; d'une manière similaire, l'expression `x%y*z` est traitée comme `(x%y)*z` et non pas comme `x%(y*z)`.

Pour chacun des opérateurs binaires décrits dans ce paragraphe, les deux opérandes sont complètement évalués (toutefois dans aucun ordre particulier) avant que l'opération soit effectuée.

Références ordre d'évaluation 7.12 ; priorité 7.2.1

7.6.1 Opérateurs multiplicatifs

Les trois opérateurs `*` (multiplication), `/` (division) et `%` (reste) ont la même priorité et sont associatifs à gauche.

expression-multiplicative :
    expression-unaire
    expression-multiplicative op-mult expression-de-conversion-de-type

op-mult: parmi
    `* / %`

Références priorité 7.2.1

Multiplication L'opérateur binaire `*` indique une multiplication. Chaque opérande peut être d'un type arithmétique quelconque. Les conversions binaires habituelles sont effectuées sur les opérandes et le type du résultat est le même que celui des opérandes convertis. Le résultat n'est pas une gvaleur. Pour les opérandes entiers, une multiplication entière est effectuée ; pour les opérandes virgule-flottante, une multiplication est effectuée.

L'opérateur de multiplication peut provoquer des effets imprévisibles en cas de dépassement de capacité lorsque les opérandes (après conversion) sont des entiers signés ou des nombres virgule-flottante. Si les opérandes sont des entiers non-signés, le résultat est congru modulo 2^n au résultat mathématique effectif de l'opération (où n correspond au nombre de bits utilisés pour représenter le résultat non-signé).

L'opérateur `*` est supposé être commutatif et associatif et le compilateur peut réarranger une expression comportant plusieurs multiplications, ceci même en l'absence de parenthèses et sans prévoir et éviter les dépassements de capacité. Par exemple, le compilateur peut interpréter librement l'expression `a*(b*c)*d` comme si elle était `(c*a)*(b*d)` dans la limite des restrictions décrites dans le paragraphe 7.12.

Références conversions binaires habituelles 6.3.4 ; dépassement de capacité 7.2.2 ; gvaleur 7.1.1 ; ordre d'évaluation 7.12 ; types arithmétiques Ch. 5 ; types entier 5.1 ; types non-signés 5.1.2 ; types signés 5.1.1 ; types virgule-flottante 5.2

Division L'opérateur binaire / indique une division. Chaque opérande peut être d'un type arithmétique quelconque. Les conversions binaires habituelles sont effectuées sur les opérandes et le type du résultat est le même que celui des opérandes convertis. Le résultat n'est pas une gvaleur.

Pour des opérandes virgule-flottante, une division virgule-flottante est effectuée.

Pour des opérandes entiers, si le quotient mathématique des opérandes n'est pas exactement un entier, le résultat sera l'un des deux entiers les plus proches du quotient mathématique des deux opérandes. De ces deux entiers, celui qui est plus proche de 0 doit être choisi si les deux opérandes sont positifs (plus exactement, la division d'entiers positifs est une division troncative). Noter que cela caractérise complètement le comportement de la division pour les opérandes non-signés. Si l'un quelconque des opérandes est négatif, le choix est laissé à la discrétion du créateur de l'implémentation. Pour assurer une portabilité maximale, les programmes doivent par conséquent éviter de dépendre du comportement de l'opérateur division lorsqu'il est appliqué à des opérandes entiers négatifs.

L'opérateur de multiplication peut provoquer des effets imprévisibles en cas de dépassement de capacité lorsque les opérandes (après conversion) sont des entiers signés ou des nombres virgule-flottante. Noter qu'un dépassement de capacité peut se produire pour des entiers signés représentés sous la forme complément à deux dans le cas où l'entier le plus négatif représentable est divisé par `-1` ; le résultat mathématique est un entier positif qui ne peut pas être représenté. Un dépassement de capacité ne peut pas se produire si les opérandes sont des entiers non-signés.

Les conséquences d'une division par zéro, entière ou virgule-flottante, dépendent de la machine.

Références conversions binaires habituelles 6.3.4 ; dépassement de capacité 7.2.2 ; gvaleur 7.1.1 ; types arithmétiques Ch. 5 ; types entier 5.1 ; types non-signés 5.1.2 ; types signés 5.1.1 ; types virgule-flottante 5.2

Reste L'opérateur binaire `%` calcule le reste de la division du premier opérande par le second. Chaque opérande peut être d'un type arithmétique quelconque. Les conversions binaires habituelles sont effectuées sur les opérandes et le type du résultat est le même que celui des opérandes convertis. Le résultat n'est pas une gvaleur. Les fonctions de bibliothèque `div`, `ldiv` et `fmod` calculent aussi les restes des valeurs entières et virgule-flottante.

Il est toujours vrai que `(a/b)*b + a%b` est égal à `a` lorsque `b` est différent de 0. Par conséquent le comportement de l'opération reste est couplé avec celui de la division entière. Lorsque les deux opérandes sont positifs, l'opération reste est toujours équivalente à l'opération mathématique “mod”. Noter que ceci caractérise complètement le comportement de l'opération reste pour les opérandes non signés. Si l'un quelconque des opérandes est négatif, le comportement dépend de la machine d'une manière correspondant au traitement de la division entière par la machine. Pour assurer une portabilité maximale, les programmes doivent par conséquent éviter de dépendre du comportement de l'opérateur reste lorsqu'il est appliqué à des opérandes entiers négatifs.

L'opérateur reste peut provoquer des effets imprévisibles dans le cas où la division des deux opérandes résulte en un dépassement de capacité. Noter qu'un dépassement de capacité peut se produire pour des entiers signés représentés sous la forme complément à deux dans le cas où l'entier le plus négatif représentable est divisé par `-1` ; le résultat mathématique de la division est un entier positif qui ne peut pas être représenté et les résultats sont par conséquent imprévisibles bien que le reste lui-même (zéro) soit représentable. Un dépassement de capacité ne peut pas se produire si les opérandes sont des entiers non-signés.

Les conséquences de l'application de l'opérateur reste avec un deuxième opérande égal à zéro dépendent de la machine.

```
/*  Calcule le plus grand commun diviseur en
    utilisant l'algorithme d'Euclide. Le résultat est
    le plus large entier qui divise à la fois x et y
    en donnant un résultat entier.
*/
unsigned pgcd(x, y)
  unsigned x, y;
{
  while ( y != 0) {
    unsigned temp = y;
    y = x % y;
    x = temp;
  }
  return x;
}
```

Références conversions binaires habituelles 6.3.4 ; dépassement de capacité 7.2.2 ; `div`, `ldiv` 19.2 ; `fmod` 19.3; gvaleur 7.1.1 ; types entier 5.1 ; types non-signés 5.1.2 ; types signés 5.1.1

7.6.2 Opérateurs additifs

Les deux opérateurs additifs + (addition) et - (soustraction) ont la même priorité et sont associatifs à gauche.

expression-additive :
- *expression-multiplicative*
- *expression-additive op-addition expression-multiplicative*

op-addition : parmi
- `+ -`

Références priorité 7.2.1

Addition L'opérateur binaire + indique une addition, Les conversions binaires habituelles sont appliquées aux opérandes. Les opérandes peuvent être tous deux arithmétiques ou l'un d'entre eux peut être un pointeur et l'autre un entier. Aucun autre type d'opérandes n'est autorisé. Le résultat n'est pas une gvaleur.

Lorsque les opérandes sont arithmétiques, le type du résultat est le même que celui des opérandes convertis. Pour des opérandes entiers, une addition entière est effectuée ; pour des opérandes virgule-flottante, une addition virgule-flottante est effectuée.

Lors de l'addition d'un pointeur *p* à un entier *k* il est supposé que l'objet sur lequel *p* pointe est situé dans les limites d'un tableau de tels objets et le résultat est un pointeur à l'objet situé à l'intérieur des limites du tableau présupposé qui est situé *k* objets plus loin que celui sur lequel *p* pointe. Par exemple, `p+1` (ou `p+1`) pointe sur l'objet situé immédiatement après celui sur lequel *p* pointe et `p+(-1)` (ou `(-1)+p`) pointe sur l'objet situé immédiatement avant. Il est incorrect pour *p* d'être du type "pointeur à fonction". (Des fonctions ne peuvent pas être des éléments de tableaux).

L'opérateur d'addition peut provoquer des effets imprévisibles en cas de dépassement de capacité lorsque les opérandes (après conversion) sont des entiers signés ou des nombres virgule-flottante ou si l'un quelconque des opérandes est un pointeur. Si les opérandes sont tous deux des entiers non-signés, le résultat est congru modulo $2n$ au résultat mathématique effectif de l'opération (où n correspond au nombre de bits utilisés pour représenter le résultat non-signé).

L'opérateur + est supposé être commutatif et associatif et le compilateur peut réarranger une expression comportant plusieurs additions même en l'absence de parenthèses et sans prévoir et éviter les dépassements de capacité. Par exemple, le compilateur peut interpréter librement l'expression `a+(b+c)+d` comme si elle était `(c+a)+(b+d)` dans la limite des restrictions décrites dans le paragraphe 7.12.

Références conversions binaires habituelles 6.3.4 ; dépassement de capacité 7.2.2 ; gvaleur 7.1.1 ; ordre d'évaluation 7.12 ; types entier 5.1 ; types non-signés 5.1.2 ; types pointeur 5.3 ; types scalaire Ch. 5 ; types signés 5.1.1 ; types tableau 5.4 ; types virgule-flottante 5.2

Soustraction L'opérateur binaire - indique une soustraction, Les conversions binaires habituelles sont appliquées sur les opérandes. Les opérandes peuvent être tous les deux arithmétiques ou l'un d'entre eux peut être un pointeur et l'autre un entier. Aucun autre type d'opérandes n'est autorisé. Le résultat n'est pas une gvaleur.

Lorsque les deux opérandes sont arithmétiques, le type du résultat est le même que celui des opérandes convertis. Pour des opérandes entiers, une soustraction entière est effectuée ; pour des opérandes virgule-flottante, une soustraction virgule-flottante est effectuée. Noter que le résultat de la soustraction d'un entier non signé par un autre est toujours non signé et ne peut par conséquent pas être négatif. Toutefois les nombres non-signés obéissent toujours à des identités telles que `(a+(b-a)) == b` et `(a-(a-b)) == b`.

La soustraction d'un pointeur d'un entier est similaire à l'addition d'un pointeur à un entier. Lors de la soustraction d'un pointeur *p* d'un entier *k* il est supposé que l'objet sur lequel *p* pointe est situé dans les limites d'un tableau de tels objets et le résultat est un pointeur à l'objet situé à l'intérieur des limites du tableau présupposé qui est situé *-k* objets plus loin que celui sur lequel *p* pointe. Par exemple, `p-1` pointe sur l'objet situé immédiatement avant celui sur lequel *p* pointe et `p-(-1)` pointe sur l'objet situé immédiatement après. Il est incorrect pour *p* d'être du type "pointeur à fonction". (Des fonctions ne peuvent pas être des éléments de tableaux).

Etant donné deux pointeurs *p* et *q* du même type, la différence *p-q* est un entier *k* tel que l'addition de *k* à *q* donne *p*. Le type de la différence est soit `int` soit `long` en fonction de l'implémentation. Le résultat est bien défini et est seulement portable si les deux pointeurs pointent sur des objets appartenant au même tableau ou sont au moins alignés comme si cela était le cas. Si l'un quelconque des pointeurs est nul, le résultat est non défini. Il est incorrect pour l'un quelconque des pointeurs d'être du type "pointeur à fonction".

L'opérateur de soustraction peut provoquer des effets imprévisibles en cas de dépassement de capacité lorsque les opérandes (après conversion) sont des entiers signés ou des nombres virgule-flottante ou si l'un quelconque des opérandes est un pointeur. Si les opérandes sont tous deux des entiers non-signés, le résultat est congru modulo 2^n au résultat mathématique effectif de l'opération (où *n* correspond au nombre de bits utilisés pour représenter le résultat non-signé).

Références conversions binaires habituelles 6.3.4 ; dépassement de capacité 7.2.2 ; gvaleur 7.1.1 ; types entier 5.1 ; types non-signés 5.1.2 ; types pointeur 5.3 ; types scalaire Ch. 5 ; types signés 5.1.1 ; types tableau 5.4 ; types virgule-flottante 5.2

7.6.3 Opérateurs de décalage

L'opérateur binaire << indique un décalage vers la gauche et l'opérateur binaire >> indique un décalage vers la droite. Les deux opérandes ont la même priorité et sont associatifs à gauche.

expression-décalage :
    expression-additive
    expression-décalage op-décalage expression-additive

op-décalage : *parmi*
    << >>

Chaque opérande doit être de type entier. Les conversions unaires habituelles sont effectuées sur chaque opérande *séparément* (les conversions binaires habituelles ne sont *pas* utilisées pour les opérateurs de décalage) et le type du résultat est le même que celui de l'opérande de gauche converti. Le résultat n'est pas une gvaleur.

Le premier opérande contient une valeur à décaler et le deuxième opérande indique le nombre de positions de bits à décaler dans le premier opérande. La direction de l'opération de décalage est contrôlée par le type d'opérateur (<< ou >>) utilisé. L'opérateur << effectue un décalage vers la gauche de la valeur située dans l'opérande de gauche ; les bits excédentaires décalés vers la gauche sont perdus et des bits nuls sont décalés à partir de la droite. L'opérateur >> effectue un décalage vers la droite de la valeur située dans l'opérande de gauche ; les bits excédentaires décalés vers la droite sont perdus. La valeur des bits introduits sur la gauche dépend du type de l'opérande de gauche en cours de conversion : si cet opérande est non signé, des bits nuls sont introduits par la gauche, par contre si l'opérande est signé, en fonction du choix du créateur de l'implémentation, soit des bits nuls sont introduits ou soit des copies des bits de gauche de l'opérande de gauche sont introduits et décalés à partir de la gauche.

La table 7.2 montre comment les opérations de décalage peuvent être utilisées pour calculer le plus grand commun diviseur de deux entiers en utilisant l'algorithme binaire. Bien que cette méthode soit un peu plus compliquée que l'algorithme d'Euclide, elle peut aussi être plus rapide étant donné que dans certaines implémentations de C, l'opération reste est plutôt lente, spécialement pour des opérandes non signés.

La valeur résultante n'est pas définie si la valeur de l'opérande de droite est négative, par conséquent, la spécification d'une amplitude de décalage négative ne force *pas* (nécessairement) << à décaler vers la droite ou >> à décaler vers la gauche. La valeur résultante est aussi non définie si la valeur de l'opérande de droite est supérieure ou égale à la largeur (en positions de bits) de la valeur de l'opérande de gauche converti. Remarquer cependant que l'opérande de droite peut être 0, auquel cas aucun décalage n'est effectué et la valeur résultante est identique à la valeur de l'opérande de gauche converti.

Les deux opérateurs de décalage ont la même priorité et sont associatifs à gauche. Il est possible d'exploiter ce fait en écrivant des expressions qui sont visuellement plaisantes mais portent à confusion sur le plan sémantique :

```
b << 4 >> 8
```

Si `b` est une valeur de 16 bits, cette expression extrait les 8 bits du milieu. Comme toujours il est préférable d'utiliser des parenthèses lorsqu'il existe une possibilité de confusion :

```
(b << 4) >> 8
```

La description originale de C spécifiait que l'opérateur >> appliqué à un opérande de gauche signé pouvait introduire par la gauche et décaler *soit* des bits nuls, soit des copies des bits les plus à gauche de l'opérande de gauche en fonction du choix du créateur de l'implémentation. L'intention était de permettre à l'implémentation de créer un décalage vers la droite de manière efficace, toutefois l'effet a été de décourager l'utilisation de >> sur un opérande de gauche signé. Si un nouveau compilateur utilise une représentation complément à deux ou complément à un pour des entiers signés, nous recommandons fortement que les décalages à droite soient effectués en dupliquant le bit de signe. Ceci est la manière la plus cohérente avec la définition et l'utilisation des types entier signés. Le programmeur peut toujours convertir le type de l'opérande de gauche en un type non signé pour forcer l'introduction de bits nuls au cours du décalage.

Etant donné que les différentes implémentations peuvent utiliser différentes représentations pour les entiers signés et étant donné que les implémentations utilisant la même représentation peuvent de toute manière différer dans le traitement des décalages à droite des entiers signés, le résultat de l'application des opérateurs de décalage << et >> sur des opérandes signés peut ne pas être portable. Nous recommandons d'utiliser << et >> seulement avec des opérandes non-signés pour assurer la portabilité du logiciel.

Références conversions unaires habituelles 6.3.3 ; gvaleur 7.1.1 ; priorité 7.2.1 ; types entier 5.1 ; types non signés 5.1.2 types signés 5.1.1

7.6.4 Opérateurs relationnels

Les opérateurs binaires <, <=, > et >= indiquent une comparaison.

expression-relationnelle :
  expression-décalage
  expression-relationnelle op-relationnel expression-décalage

op-relationnel : *parmi*
  < <= > >=

Les conversions binaires habituelles sont effectuées sur les opérandes. Les opérandes peuvent tous deux être de type arithmétique ou du même type pointeur. Le résultat est toujours de type `int` et prend la valeur 0 ou 1. Le résultat n'est pas une gvaleur.

```
/*  Calcule le plus grand commun diviseur en utilisant
    la méthode connue sous le nom d'algorithme binaire.
    Le résultat est le plus large entier qui divise à la
    fois x et y et donne un résultat entier. Les
    opérations soustraction, décalage et les opérations
    bit-à-bit sont les seules utilisées; l'opération
    reste (qui peut être coûteuse) n'est pas utilisée. */
unsigned pgcd_binaire(x, y)
  unsigned x, y;
{
  unsigned temp;
  unsigned puissance_de_deux_commune = 0;

  /*  Cas spéciaux : si l'un quelconque des arguments
      est zéro, retourner l'autre. */
  if (x == 0) return y;
  if (y == 0) return x;
  /*  Détermine la plus grande puissance de deux qui
      divise à la fois x et y. */
  while (((x / y) & 1) == 0) {
    x = x >> 1; /* On pourrait écrire "x >>=1;" */
    y = y >> 1;
    ++puissance_de_deux_commune;
  }
  while ((x & 1) == 0) x = x >> 1;
  while (y) {
    /*  A partir de cet endroit x est garanti être
        impair et y est non nul. */
    while ((y & 1) == 0) y = y >> 1;
    /*  A partir de cet endroit x et y sont tous deux
        impairs. */
    temp = y;
    if (x > y) y = x - y;
    else   y = y - x;
    x = temp;
    /*  Maintenant x a l'ancienne valeur de y; y était
        impair, par conséquent x est impair. Maintenant
        y est pair, étant donné qu'il a été calculé comme
        la différence de deux nombres impairs; par
        conséquent y sera décalé vers la droite au moins
        unefois au cours de l'itération suivante. */
  }
  return (x << puissance_de_deux_commune);
}
```

Table 7-2 : Calcul du plus grand commun diviseur

Pour des opérandes entiers, une comparaison entière est effectuée (signée ou non-signée au besoin). Pour des opérandes virgule-flottante, une comparaison virgule-flottante est effectuée. Pour des opérandes de type pointeur, le résultat dépend des positions relatives à l'intérieur de l'espace d'adressage des deux objets pointés ; le résultat est seulement portable si les objets pointés sont situés dans le même tableau ou au moins s'ils sont alignés de la même manière auquel cas "supérieur à" signifie "avoir l'indice le plus élevé dans le tableau".

L'opérateur `<` teste la relation "est inférieur à" ; `<=` teste la relation "est inférieur ou égal à" ; `>` teste la relation "est supérieur à" et `>=` teste la relation "est supérieur ou égal à". Le résultat est `1` si la relation correspondante est vraie pour les valeurs particulières d'opérandes et `0` si la relation n'est pas vraie.

Les opérateurs binaires relationnels ont tous la même priorité et sont associatifs à gauche. Il est par conséquent autorisé d'écrire une expression telle que `3<x<7`. Toutefois, ceci n'a pas la même signification que dans la notation mathématique habituelle ; en appliquant l'associativité à gauche, cette expression est interprétée comme `(3<x)<7`. Etant donné que le résultat de `(3<x)` est `0` ou `1` qui sont tous deux inférieurs à `7`, le résultat de `3<x<7` est toujours `1`. Il est nécessaire d'exprimer la signification de la notation mathématique habituelle en utilisant un opérateur ET bit-à-bit comme dans `3<x & x<7` ou un opérateur ET logique comme dans `3<x && x<7`.

Le programmeur doit faire attention lorsqu'il utilise des opérateurs relationnels sur des types mélangés. Un cas portant particulièrement à confusion est le cas de l'expression :

```
-1 (unsigned) 0
```

On pourrait penser que cette expression donne toujours `1` (vraie) étant donné que `-1` est inférieur à 0. Toutefois, les conversions binaires habituelles entraînent le fait que `-1` est converti en une valeur (large) non-signée avant la comparaison et une telle valeur non-signée ne peut pas être inférieure à 0. Par conséquent, l'expression produit toujours `0` (fausse).

Certaines implémentations permettent d'utiliser des opérateurs relationnels entre des pointeurs et des entiers ce qui est interdit par le langage. Les implémentations peuvent traiter les comparaisons comme signées ou non-signées.

Références conversions binaires habituelles 6.3.4 ; gvaleur 7.1.1 ; opérateur ET bit-à-bit `&` ; opérateur ET logique `&&` 7.7.1 ; priorité 7.2.1 ; types arithmétique Ch. 5 ; types entier 5.1 ; types non-signés 5.1.2 ; types pointeur 5.3 ; types signés 5.1.1 ; types tableau 5.4 ; types virgule-flottante 5.2

7.6.5 Opérateurs d'égalité

Les opérateurs binaire == et != indiquent une comparaison.

expression-d'égalité :
expression-relationnelle
expression-d'égalité op-d'égalité expression-relationnelle

op-d'égalité : parmi
== !=

Ils sont en cela similaires aux opérateurs binaires relationnels décrits dans le paragraphe 7.6.4 ; ils diffèrent en ce qu'ils testent des relations différentes et ont un niveau de priorité différent. Les conversions binaire habituelles sont effectuées sur les opérandes. Le résultat est toujours de type `int` et prend la valeur 0 ou 1. Le résultat n'est pas une gvaleur.

Les opérandes peuvent tous deux être de type arithmétique ou du même type pointeur ou l'un des opérandes peut être un pointeur et l'autre une expression constante entière de valeur 0.

Pour des opérandes entiers, une comparaison entière est effectuée. Pour des opérandes virgule-flottante, une comparaison virgule-flottante est effectuée. Des opérandes de type pointeur sont considérés comme égaux si ils pointent sur le même objet ou si ils sont tous les deux nuls. Un pointeur est égal à la constante entière 0 si et seulement s'il s'agit d'un pointeur nul.

L'opérateur == teste la relation "est égal à" ; != teste la relation "n'est pas égal à". Le résultat est `1` si la relation correspondante est vraie pour les valeurs particulières d'opérandes et `0` si la relation correspondante n'est pas vraie.

Le programmeur doit faire très attention de ne pas confondre l'opérateur == avec l'opérateur =. L'opérateur == effectue une comparaison d'égalité ; l'opérateur = effectue une affectation simple. Plusieurs autres langages de programmation utilisent = pour la comparaison d'égalité. Pour une raison de style, s'il est nécessaire d'utiliser une expression d'affectation dans un contexte qui effectue un test de la valeur de l'expression par rapport à zéro, il est préférable d'écrire "!=" de manière explicite pour clarifier l'intention. Considérons par exemple le code suivant :

```
while (x = element_suivant()) {
   ...
}
```

Il n'est pas clair que le résultat soit correct ou comporte une erreur typographique qui devrait être corrigée de la manière suivante :

```
while (x == element_suivant()) {
   ...
}
```

L'intention peut être rendue claire explicitement de la manière suivante :

```
while ((x = element_suivant()) != 0) {
    ...
}
```

Les opérateurs binaires d'égalité ont tous deux la même priorité (toutefois une priorité inférieure à <, <=, > et >=) et sont associatifs à gauche. Il est par conséquent permis d'écrire une expression telle que `x==y==7`. Toutefois, ceci n'a pas la même signification que dans la notation mathématique habituelle ; en appliquant l'associativité à gauche cette expression est interprétée comme `(x==y)==7`. Etant donné que le résultat de `(x==y)` est `0` ou `1` aucune de ces valeurs n'étant égale à `7`, le résultat de `x==y==7` est toujours `0`. Il est nécessaire d'exprimer la signification de la notation mathématique habituelle en utilisant un opérateur ET bit-à-bit comme dans `x==y & y==7` ou un opérateur ET logique comme dans `x==y && y==7`.

Il existe un opérateur XOU bit-à-bit ainsi que des opérateurs ET et OU bit-à-bit, toutefois il n'existe pas d'opérateur XOU logique pour accompagner les opérateurs logiques ET et OU. L'opérateur `!=` joue le rôle de l'opérateur XOU logique : Il est possible d'écrire `a<b != c<d` pour une expression qui donne `1` si exactement une des sous-expressions `a<b` et `c<d` donne `1` et `0` dans le cas contraire. Si l'une quelconque des sous-expressions peut prendre une valeur différente de `0` ou `1`, l'opérateur unaire `!` peut alors être appliqué aux deux opérandes : `!x != !y` donne `1` si exactement une des valeurs `x` et `y` est différente de zéro et donne `0` dans le cas contraire. De la même manière, == sert d'opérateur d'équivalence logique (EQV).

Références conversions binaires habituelles 6.3.4 ; gvaleur 7.1.1 ; opérateur d'affectation simple = 7.9.1 ; opérateur ET bit-à-bit `&` ; opérateur ET logique `&&` 7.7.1 ; opérateur NON logique `!` 7.5.4 ; opérateur OU bit-à-bit `|` 7.6.8 ; opérateur OU logique `||` ; opérateur XOU bit-à-bit `^` 7.6.7 ; priorité 7.2.1 ; types arithmétique Ch. 5 ; types entier 5.1 ; types non-signés 5.1.2 ; types pointeur 5.3 ; types signés 5.1.1 ; types tableau 5.4 ; types virgule-flottante 5.2

7.6.6 Opérateur ET bit-à-bit

L'opérateur binaire `&` correspond à la fonction ET bit-à-bit; cet opérateur est associatif à gauche.

expression-et-bit-à-bit :
    expression-d'égalité
    expression-et-bit-à-bit `&` *expression-d'égalité*

Les opérandes doivent être tous les deux entiers et les conversions binaires habituelles sont effectuées sur les opérandes. Le type du résultat est le même que celui des opérandes convertis. Le résultat n'est pas une gvaleur.

Chacun des bits du résultat est égal à la fonction ET des deux bits correspondants des deux opérandes (convertis). La fonction ET donne un bit égal à 1 si les deux arguments sont des bits égaux à 1 et donne un bit 0 dans le cas contraire :

a	b	a&b
01100	01010	01000

L'opérateur `&` est commutatif et associatif et le compilateur peut réarranger une expression comportant plusieurs opérateurs ET bit-à-bit même en présence de parenthèses. Par exemple, le compilateur peut interpréter librement l'expression `a&(b&c)&d` comme si elle était égale à `(c&a)&(b&d)` dans la limite des restrictions exposées dans le paragraphe 7.12.

L'opérateur ET bit-à-bit `&` peut être utilisé pour combiner les valeurs logiques (entiers `0` ou `1`) donnant la valeur entière `1` si les deux opérandes sont égaux à la valeur entière `1` et donnant la valeur entière `0` si l'un quelconque des deux opérandes est la valeur entière `0` :

```
if ( a<b & b<c) ...
```

Toutefois, l'utilisation de l'opérateur logique ET `&&` dans ces cas est à la fois plus efficace et plus prudente lorsque les opérandes ne sont pas limités aux valeurs `0` et `1`. Par exemple, si `a` vaut 2 et `b` vaut 4, `a&b` vaut 0 (faux) alors que `a&b` vaut 1 (vrai). Bien entendu, les opérateurs `&` et `&&` diffèrent aussi en ce que le résultat de `&&` est *toujours* `0` ou `1` indépendamment des valeurs des opérandes alors qu'il n'en est pas de même pour `&`.

Etant donné que différentes implémentations peuvent utiliser différentes représentations pour les entiers signés, le résultat de l'application de l'opérateur ET bit-à-bit `&` à des opérandes signés peut se révéler non portable. Pour assurer la portabilité du logiciel, nous recommandons de seulement utiliser `&` avec des opérandes non-signés.

Références conversions binaires habituelles 6.3.4 ; gvaleur 7.1.1 ; ordre d'évaluation 7.12 ; types entier 5.1 ; types non-signés 5.1.2 ; types signés 5.1.1

7.6.7 Opérateur XOU bit-à-bit

L'opérateur binaire `^` correspond à la fonction XOU bit-à-bit;

expression-ou-exclusif-bit-à-bit :
    expression-et-bit-à-bit
    expression-ou-exclusif-bit-à-bit ^ *expression-et-bit-à-bit*

Les opérandes doivent être tous les deux entiers et les conversions binaires habituelles sont effectuées sur les opérandes. Le type du résultat est le même que celui des opérandes convertis. Le résultat n'est pas une gvaleur.

Chacun des bits du résultat est égal à la fonction XOU des deux bits correspondants des deux opérandes (convertis). La fonction XOU donne un bit égal à 1 si l'un des arguments est un bit 1 et l'autre est un bit 0 et donne 0 si les deux arguments sont soit des bits 1 soit des bits 0 :

a	b	a^b
01100	01010	00110

L'opérateur ^ est commutatif et associatif et le compilateur peut réarranger une expression comportant plusieurs opérateurs XOU bit-à-bit même en présence de parenthèses. Par exemple, le compilateur peut interpréter librement l'expression `a^(b^c)^d` comme si elle était égale à `(c^a)^(b^d)` dans la limite des restrictions exposées dans le paragraphe 7.12.

Etant donné que différentes implémentations peuvent utiliser différentes représentations pour les entiers signés, le résultat de l'application de l'opérateur XOU bit-à-bit ^ à des opérandes signés peut être non portable. Pour assurer la portabilité du logiciel, nous recommandons de seulement utiliser ^ avec des opérandes non-signés ou sur des valeurs `0/1` signées tels que le résultat d'opérateurs relationnels.

Références conversions binaires habituelles 6.3.4 ; gvaleur 7.1.1 ; ordre d'évaluation 7.12 ; types entier 5.1 ; types non-signés 5.1.2 ; types signés 5.1.1

7.6.8 Opérateur OU bit-à-bit

L'opérateur binaire | correspond à la fonction OU bit-à-bit; cet opérateur est associatif à gauche.

expression-ou-bit-à-bit :
  expression-xou-bit-à-bit
  expression-ou-bit-à-bit | *expression-xou-bit-à-bit*

Les opérandes doivent être tous les deux entiers et les conversions binaires habituelles sont effectuées sur les opérandes. Le type du résultat est le même que celui des opérandes convertis. Le résultat n'est pas une gvaleur.

Chacun des bits du résultat est égal à la fonction OU des deux bits correspondants des deux opérandes (convertis). La fonction OU donne un bit égal à 1 si l'un quelconque des arguments est un bit 1 et donne un bit 0 dans le cas contraire :

a	b	a|b
01100	01010	00110

L'opérateur OU bit-à-bit | peut être utilisé pour combiner des valeurs logiques (entier `0` ou `1`) donnant une valeur entière `1` lorsque l'un quelconque des opérandes est égal à la valeur entière `1` et l'autre opérande est égal à la valeur entière `0` ou `1` et donnant la valeur `0` lorsque les deux opérandes sont égaux à la valeur entière 0. Dans ce but, l'opérateur OU bit-à-bit diffère de l'opérateur logique OU || en ce que les deux opérandes de | sont toujours complètement évalués alors que l'opérande de droite de || n'est pas évalué si l'opérande de gauche est non nul.

Bien entendu, les opérateurs | et || diffèrent aussi en ce que le résultat de || est *toujours* 0 ou 1 indépendamment des valeurs des opérandes alors qu'il n'en est pas de même pour |.

L'opérateur | est commutatif et associatif et le compilateur peut réarranger une expression comportant plusieurs opérateurs OU bit-à-bit même en présence de parenthèses. Par exemple, le compilateur peut interpréter librement l'expression a|(b|c)|d comme si elle était égale à (c|a)|(b|d) dans la limite des restrictions exposées dans le paragraphe 7.12.

Etant donné que différentes implémentations peuvent utiliser différentes représentations pour les entiers signés, le résultat de l'application de l'opérateur OU bit-à-bit | à des opérandes signés peut être non portable. Pour assurer la portabilité du logiciel, nous recommandons de seulement utiliser | avec des opérandes non-signés ou sur des valeurs 0/1 signées tels que le résultat d'opérateurs relationnels.

Les tables 7-3 à 7-6 fournissent une bibliothèque qui définit un logiciel de traitement d'"ensemble". Ce logiciel utilise les opérateurs bit-à-bit pour implémenter les ensembles comme des vecteurs de bits. La table 7-7 fournit un programme qui utilise certains des utilitaires du logiciel de traitement d'ensemble pour énumérer et imprimer certains ensembles. La table 7-8 donne le résultat produit par ce programme.

Références conversions binaires habituelles 6.3.4 ; gvaleur 7.1.1 ; ordre d'évaluation 7.12 ; types entier 5.1 ; types non-signés 5.1.2 ; types signés 5.1.1

```
/*  Un logiciel de traitement d'ensemble, utilisable
    pour les ensembles de petits entiers compris entre 0
    (inclu) et le nombre de bits dans un type "unsigned
    int" (exclu). Chaque entier est représenté par une
    position de bit; si le bit est 1, l'entier fait
    partie de l'ensemble; si le bit est 0, l'entier ne
    fait pas partie de l'ensemble; le bit le moins
    significatif représente l'élément 0. */

/*  Nombre maximum de bits par ensemble (dépend de
    l'implémentation). */
#define ENSEMBLE_BITS 32

typedef unsigned ENSEMBLE;   /* Un type représentant les
                                ensembles. */

/* verifie: vrai si i peut être un élément d'ensemble. */
#define verifie(i)  ( ((unsigned) (i)) < ENSEMBLE_BITS )

/*  ensemble_vide: un ensemble ne contenant aucun
    élément. */
#define ensemble_vide          ((ENSEMBLE) 0)

/* ajoute: ajoute un entier simple à un ensemble. */
#define ajoute(ensemble,i)    ((ensemble) | singleton(i))

/*  singleton: retourne un ensemble contenant un seul
    élément. */
#define singleton(i)          (((ENSEMBLE) 1) << (i))

/* inter: retourne l'intersection de deux ensembles. */
#define inter(ens1,ens2)      ((ens1) & (ens2))

/* union: retourne l'union de deux ensembles. */
#define union(ens1,ens2)      ((ens1) | (ens2))

/*  differ: différence symétrique d'ensembles; retourne
    un ensemble contenant les éléments qui apparaissent
    dans l'un des ensembles arguments mais pas dans les
    deux. */
#define differ(ens1,ens2)     ((ens1) ^ (ens2))

/*  element: vrai si l'entier i fait partie de
    l'ensemble. */
#define element(i,ensemble) (singleton((i)) & (ensemble))
```

Table 7-3 : Un logiciel de manipulation d'ensembles d'entiers (1)

```
/*  pour_tout_element: effectue l'instruction suivante
    une seule fois pour chaque élément de l'ensemble s,
    la variable j correspondant à cet élément. Par
    exemple, pour imprimer tous les éléments d'un
    ensemble z, écrire simplement
         {
           int k;
           pour_tout_element(k,z)
             printf("%d",k);
         }
*/
#define pour_tout_element(j,s) \
  for ((j)=0; (j)<ENSEMBLE_BITS; ++(j)) if
      (element((j),(s)))

/*  cardinalite: retourne le nombre d'éléments dans x. */
int cardinalite(x)
  ENSEMBLE x;
{
  int compteur = 0;
  /*  A cet endroit on pourrait simplement écrire
              int j;
              pour_tout_element(j, x) ++compteur;
      qui compterait trivialement tous les éléments de
      l'ensemble. Toutefois, la boucle suivante est plus
      rapide (mais plus complexe).
  */
  while (x != ensemble_vide) {
    /*  Le corps de cette boucle est exécuté une seule
        fois tous les 1 bit dans l'ensemble x. Au cours
        de chaque passage, le plus petit élément restant
        est enlevé de x (et compté). La ruse est que
        l'expression (x & -x) donne un ensemble qui
        contient le plus petit élément de x et aucun
        autre. Cette ruse exploite les propriétés de la
        représentation binaire et de la négation
        non-signée.
    */
    x ^= (x & -x);
    ++compteur;
  }
  return compteur;
}
```

Table 7-4 : Un logiciel de manipulation d'ensembles d'entiers (2)

```
/*  Produire un ensemble de taille n dont les éléments
    sont les entiers compris entre 0 et n-1 (compris).
    Ceci est quelque peu complexe et exploite les
    propriétés de la soustraction non-signée. */
#define premier_ensemble_de_n_elements(n)
  (ENSEMBLE)((1<<(n))-1)

/*  Etant donné un ensemble de n éléments, produire un
    nouvel ensemble de n éléments. Si vous commencez
    avec le résultat de premier-ensemble-de-n-elements(k)
    et appliquez ensuite à chaque étape
    prochain_ensemble_de_n_elements au résultat précédent
    et continuez de cette manière jusqu'à obtenir un
    ensemble contenant m comme membre, vous aurez obtenu
    toutes les façons possibles de choisir k éléments
    parmi m éléments.
*/
ENSEMBLE prochain_ensemble_de_n_elements(x)
  ENSEMBLE x;
{
  /*  Ce code exploite un grand nombre de propriétés de
      l'arithmétique non signée. Comme une illustration,
      supposons que la séquence de bits 001011001111000
      soit donnée comme argument x. */
  ENSEMBLE plus_petit = (x & -x);
  /* La valeur de "plus_petit" est     000000000001000 */
  ENSEMBLE pic = x + plus_petit;
  /* La valeur de "pic" est            001011010000000 */
  ENSEMBLE nouveau_plus_petit = (pic & -pic);
  /*  La valeur de "nouveau_plus_petit"
                                   est 000000010000000 */
  ENSEMBLE uns=((nouveau_plus_petit/plus_petit) >> 1)-1;
  /*  Maintenant "uns" vaut            000000000000111 */
  return (pic | uns);
  /*  La valeur retournée est          001011010000111 */
  /*  L'idée générale est de trouver le groupe de bits
      contenant des 1 contigus situé le plus à droite. A
      partir de ce groupe, décaler le bit égal à 1 situé
      sur la gauche d'une position vers la gauche et
      décaler tous les autres complètement à droite.
      (Ce code a été adapté de HAKMEM.) */
}
```

Table 7-5 : Un logiciel de manipulation d'ensembles d'entiers (3)

```
/*  Imprime un ensemble sous la forme "{1, 2, 3, 4}". */
void imprime_ensemble(z)
  ENSEMBLE z;
{
  int premier = 1;
  int e;
  /*  Imprime les éléments avec la ponctuation qui les
      précède. */
  pour_tout_elements(e,z) {
    if (premier) printf("{");
    else printf(",");
    printf("%d", e);
    premier = 0;
  }
  /* traite l'ensemble vide. */
  if (premier) printf("{");
  /* Imprime la ponctuation de fin. */
  printf("}");
}
```

Table 7-6 : Un logiciel de manipulation d'ensembles d'entiers (4)

```
#define LARGEUR_DE_LIGNE 54

/*  Imprime tous les ensembles de taille k ayant des
    éléments inférieurs à n. Essaie d'en imprimer autant
    que chaque ligne de sortie peut en comporter. Imprime
    aussi le nombre total de tels ensembles; celui-ci
    doit être égal à n!/(k!*(n-k)!) où "!" correspond au
    symbole factorielle (5! = 1*2*3*4*5 = 120). */
void imprime_k_de_n(k, n)
  int k, n;
{
  int compteur = 0;
  /*  Estime la largeur imprimée de chaque ensemble. */
  int largeur_ensemble_imprime =
                              k * ((n > 10) ? 4 : 3) + 3;
  int ensembles_par_ligne =
           LARGEUR_DE_LIGNE / largeur_ensemble_imprime;
  ENSEMBLE z = premier_ensemble_de_n_elements(k);

  printf("\nTous les sous-ensembles de taille-%d de ", k);
  imprime_ensemble(premier_ensemble_de_n_elements(n));
  printf(" :\n");
  do {                    /* Enumère tous les ensembles */
    imprime_ensemble(z);
    if ((++compteur) % ensembles_par_ligne) printf (" ");
    else printf("\n");
    z = prochain_ensemble_de_n_elements(z);
  } while ((z != ensemble_vide) && element(n, z));
  if ((compteur % ensembles_par_ligne) printf ("\n");
  printf("Le nombre total de tels sous-ensembles est %d. \
  \n",compteur);
}

/*  Le programme principal essaie simplement quelques
    exemples. */
void main( )
{
  imprime_k_de_n(0, 4);
  imprime_k_de_n(1, 4);
  imprime_k_de_n(2, 4);
  imprime_k_de_n(3, 4);
  imprime_k_de_n(4, 4);
  imprime_k_de_n(3, 5);
  imprime_k_de_n(3, 6);
}
```

Table 7-7 : Un programme énumérant les sous-ensembles d'un ensemble donné

```
Tous les sous-ensembles de taille-0 de {0, 1, 2, 3}:
{}
Le nombre total de tels sous-ensembles est 1.

Tous les sous-ensembles de taille-1 de {0, 1, 2, 3}:
{0}    {1}    {2}    {3}
Le nombre total de tels sous-ensembles est 4.

Tous les sous-ensembles de taille-2 de {0, 1, 2, 3}:
{0, 1}    {0, 2}    {1, 2}    {0, 3}    {1, 3}    {2, 3}
Le nombre total de tels sous-ensembles est 6.

Tous les sous-ensembles de taille-3 de {0, 1, 2, 3}:
{0, 1, 2}    {0, 1, 3}    {0, 2, 3}    {1, 2, 3}
Le nombre total de tels sous-ensembles est 4.

Tous les sous-ensembles de taille-4 de {0, 1, 2, 3}:
{0, 1, 2, 3}
Le nombre total de tels sous-ensembles est 1.

Tous les sous-ensembles de taille-3 de {0, 1, 2, 3, 4}:
{0, 1, 2}    {0, 1, 3}    {0, 2, 3}    {1, 2, 3}
{0, 1, 4}    {0, 2, 4}    {1, 2, 4}    {0, 3, 4}
{1, 3, 4}    {2, 3, 4}
Le nombre total de tels sous-ensembles est 10.

Tous les sous-ensembles de taille-3 de
{0, 1, 2, 3, 4, 5} :
{0, 1, 2}    {0, 1, 3}    {0, 2, 3}    {1, 2, 3}
{0, 1, 4}    {0, 2, 4}    {1, 2, 4}    {0, 3, 4}
{1, 3, 4}    {2, 3, 4}    {0, 1, 5}    {0, 2, 5}
{1, 2, 5}    {0, 3, 5}    {1, 3, 5}    {2, 3, 5}
{0, 4, 5}    {1, 4, 5}    {2, 4, 5}    {3, 4, 5}
Le nombre total de tels sous-ensembles est 20.
```

Table 7-8 : Exemples de résultats d'énumération de sous-ensembles

7.7 *EXPRESSIONS OPERATEUR LOGIQUE*

Un expression opérateur logique consiste de deux expressions séparées par l'un des opérateurs logiques `&&` et `||`. Les deux opérateurs ont différents niveaux de priorité ; `&&` a plus haute priorité que `||`.

Les deux opérateurs logiques décrits dans ce paragraphe sont décrits comme étant syntaxiquement associatifs à gauche, bien que cela importe peu pour le programmeur étant donné que les opérateurs sont aussi complètement associatifs sémantiquement et que deux opérateurs différents n'ont jamais le même niveau de priorité. (Les créateurs d'implémentations jugent l'associativité syntaxique à gauche utile parce qu'elle a tendance à faciliter la tâche des compilateurs relativement simples en générant du code qui est meilleur pour ces opérateurs que celui qui pourrait être obtenu avec l'associativité à droite.)

Pour chacun des opérateurs logiques décrits dans ce paragraphe, le deuxième opérande *n'est pas évalué du tout* si la valeur du premier opérande fournit assez d'informations pour déterminer le résultat de l'expression opérateur logique.

Références priorité 7.2.1

7.7.1 Opérateur ET logique

L'opérateur ET logique `&&` est appelé "et conditionnel" dans d'autres langages de programmation.

expression-et-logique :
expression-ou-bit-à-bit
expression-et-logique `&&` *expression-ou-bit-à-bit*

L'opérateur logique `&&` accepte des opérandes de n'importe quel type scalaire. Il n'existe pas de contrainte entre les types de deux opérandes. Le type du résultat est toujours `int` et prend la valeur 0 ou 1. Le résultat n'est pas une gvaleur.

L'opérande de gauche de `&&` est tout d'abord complètement évalué. Si l'opérande de gauche est égal à zéro (dans le sens de l'opérateur ==), l'opérande de droite n'est pas évalué et la valeur résultante est `0`. Si l'opérande de gauche n'est pas égal à zéro, l'opérande de droite est évalué ; si l'opérande de droite est égal à zéro, la valeur résultante est `0` et `1` dans le cas contraire. Par exemple :

a	b	a&&b
1	0	0
0	-1	0
1	1	
34.5	'\0'	0
&x	&y	1

A la différence de l'opérateur binaire ET bit-à-bit `&`, l'opérateur logique `&&` garanti l'évaluation conditionnelle de gauche à droite.

Références gvaleur 7.1.1 ; opérateur ET bit-à-bit & 7.6.6 ; types entier 5.1 ; types pointeur 5.3 ; types scalaire Ch. 5 ; types virgule-flottante 5.2

7.7.2 Opérateur OU logique

L'opérateur OU logique `||` est appelé "ou conditionnel" dans d'autres langages de programmation.

expression-ou-logique :
expression-et-logique
expression-ou-logique `||` *expression-et-logique*

L'opérateur logique `||` accepte des opérandes de n'importe quel type scalaire. Il n'existe pas de contrainte entre les types de deux opérandes. Le type du résultat est toujours `int` et prend la valeur 0 ou 1. Le résultat n'est pas une gvaleur.

L'opérande de gauche de `||` est tout d'abord complètement évalué. Si la valeur de l'opérande de gauche n'est pas égale à zéro (dans le sens de l'opérateur ==), l'opérande de droite n'est pas évalué et la valeur résultante est `1`. Si l'opérande de gauche est égal à zéro, l'opérande de droite est évalué ; si l'opérande de droite n'est pas égal à zéro, la valeur résultante est `1` et `0` dans le cas contraire. Par exemple :

a	b	a&&b
0	0	0
1	0	1
0	-1	1
0.0	'\0'	0
34.5	'\0'	1
&x	0	1

A la différence de l'opérateur binaire OU bit-à-bit `|`, l'opérateur logique `||` garanti l'évaluation conditionnelle de gauche à droite.

Références gvaleur 7.1.1 ; opérateur OU bit-à-bit | 7.6.6 ; types entier 5.1 ; types pointeur 5.3 ; types scalaire Ch. 5 ; types virgule-flottante 5.2

7.8 EXPRESSIONS CONDITIONNELLES

Les opérateurs `?` et `:` introduisent une expression conditionnelle qui a plus basse priorité que les expressions binaires et qui en diffère par le fait qu'elle est associative à droite.

expression-conditionnelle :
expression-ou-logique
expression-ou-logique `?` *expression* `:` *expression-conditionnelle*

Une expression conditionnelle comprend trois expressions, la première et la deuxième expression étant séparées par ? et la deuxième et la troisième étant séparées par :.

Le premier opérande est utilisé pour déterminer lequel des deux autres opérandes doit être évalué. Le premier opérande est complètement évalué. Si le premier opérande n'est pas égal à zéro (dans le sens le l'opérateur) ==), le deuxième opérande est évalué et le troisième opérande n'est pas évalué ; la valeur résultante est la valeur (éventuellement convertie) du deuxième opérande. Si le premier opérande est égal à zéro, le deuxième opérande n'est pas évalué et le troisième opérande est évalué ; la valeur résultante est la valeur (éventuellement convertie) du troisième opérande. Dans les deux cas, le résultat n'est pas une gvaleur.

Les expressions conditionnelles sont associatives à droite en ce qui concerne leurs premier et troisième opérandes, de telle sorte que

```
a ? b : c ? d : e ? f : g
```

est interprétée comme

```
a ? b : (c ? d : (e ? f : g))
```

Ceci peut se révéler utile dans un exemple du type suivant :

```
/*  Retourne 1, -1 ou 0 si z est respectivement
    positif, négatif ou nul. */
int signe(x)
  int x;
{
  return (x > 0) ? 1 : (x < 0) ? -1 : 0;
}
```

Toute autre expression plus compliquée que cela est certainement mieux traitée avec une ou plusieurs instructions `if`.

Le deuxième opérande d'une expression conditionnelle peut être une expression quelconque et peut utiliser des opérateurs qui ont une priorité inférieure. Il n'y a aucune possibilité de confusion étant donné que les tokens respectifs ? et : encadrent le deuxième opérande concrètement comme des parenthèses. Toutefois, le troisième opérande ne peut pas invoquer d'opérateurs de priorité inférieure sans utiliser de parenthèses. A titre d'exemple l'expression

```
a ? b = c : c = b
```

n'est pas correcte. La première affectation est acceptable mais la deuxième pose un problème. Etant donné que l'opérateur d'affectation a une priorité plus basse que l'opérateur conditionnel, l'expression doit être interprétée comme

```
(a ? b = c : c) = b
```

Toutefois, une expression conditionnelle ne peut pas donner une gvaleur et le résultat est par conséquent incorrect. En cas de doute, il est préférable d'utiliser trop de parenthèses plutôt que pas assez :

```
a ? (b = c) : (c = b)
```

Le premier opérande d'une expression conditionnelle peut être d'un type scalaire quelconque. Il existe quatre possibilités pour les deuxième et troisième opérandes :

1. Ils peuvent tous les deux être arithmétiques. Les conversions binaires habituelles sont effectuées sur les deuxième et troisième opérandes et le type du résultat est le type commun dans lequel les opérandes sont convertis.
2. Ils peuvent être des pointeurs du même type, après application des conversions unaires habituelles, si nécessaire, pour convertir les fonctions et les tableaux en pointeurs. Le résultat est un pointeur de ce même type.
3. Ils peuvent avoir des types identiques (structure, union ou void). Le résultat est de ce même type.
4. L'un peut être un pointeur (après les conversions unaires habituelles) et l'autre une expression constante entière de valeur 0. Le résultat est du même type que l'opérande pointeur.

Pour une raison de style, il est bon de placer le premier opérande d'une expression conditionnelle entre parenthèses bien que cela ne soit pas nécessaire.

Les implémentations existantes de C ne permettent pas toutes que le résultat d'une expression conditionnelle soit du type structure, union ou void. Les nouvelles implémentations devraient le permettre.

Références conversions binaires habituelles 6.3.4 ; conversions unaires habituelles 6.3.3 ; gvaleur 7.1.1 ; priorité 7.2.1 ; types arithmétique Ch. 5 ; types entier 5.1 ; types non-signés 5.1.2 ; types pointeur 5.3 ; types scalaire Ch. 5 ; types signés 5.1.1 ; types structure 5.6 ; types tableau 5.4 ; types union 5.7 ; types virgule-flottante 5.2 ; type `void` 5.9

7.9 EXPRESSIONS D'AFFECTATION

Les expressions d'affectation comprennent deux expressions séparées par un opérateur d'affectation ; elles sont associatives à droite.

expression-d'affectation :
   expression-conditionnelle
   expression-unaire op-affectation expression-d'affectation

op-affectation : parmi
```
= += -= *= /= %=
<<= >>= &= ^= |=
```

L'opérateur = est appelé opérateur d'affectation simple ; tous les autres sont des opérateurs d'affectation *composés.*

Les opérateurs d'affectation ont tous le même niveau de priorité et sont associatifs à droite (tous les autres opérateurs qui prennent deux opérandes en C sont associatifs à gauche). Par exemple, l'expression `x*=y=z` est traitée comme `x*=(y=z)` et non pas comme `(x*=y)=z` ; d'une manière similaire, l'expression `x=y*=z` est traitée comme `x=(y*=z)` et non pas comme `(x=y)*=z`. L'associativité à droite des opérateurs d'affectation autorise aux "expressions d'affectation multiples" d'avoir une interprétation "évidente" ; l'expression

```
a = b = c = d + 7
```

est interprétée comme

```
a = (b = (c = d + 7))
```

et donne par conséquent la valeur `d+7` à `c` et ensuite à `b` et ensuite à `a`.

Chaque opérateur d'affectation nécessite une gvaleur comme opérande de gauche et modifie cette gvaleur en la remplaçant par la nouvelle valeur ; les opérateurs sont distingués par la manière suivant laquelle ils calculent la nouvelle valeur à mémoriser. Le résultat d'une expression d'affectation n'est jamais une gvaleur.

Références gvaleur 7.1.1 ; priorité 7.2.1

7.9.1 Affectation simple

L'opérateur d'affectation simple = indique une affectation simple. La valeur de l'opérande de droite est placée dans l'opérande de gauche. Les deux opérandes peuvent être de n'importe quel type arithmétique auquel cas les conversions habituelles d'affectation sont utilisées pour convertir l'opérande de droite dans le type de l'opérande de gauche avant l'affectation. Les deux opérandes peuvent aussi être du même type pointeur, structure ou union. Enfin, il est permis pour l'opérande de gauche d'être de n'importe quel type pointeur et pour l'opérande de droite d'être la constante entière 0 ; ceci a pour effet d'affecter un pointeur nul à la gvaleur pointeur, garantissant de ne pas pointer sur un objet.

Le type du résultat est égal au type (non converti) de l'opérande de gauche. Le résultat est la valeur placée dans l'opérande de gauche. Le résultat n'est pas une gvaleur.

L'opérateur d'affectation simple = ne peut pas être utilisé pour copier l'ensemble du contenu d'un tableau dans un autre pour deux raisons. Tout d'abord, le nom d'un tableau n'est pas une gvaleur et ne peut par conséquent pas apparaître à gauche d'une affectation. Par ailleurs, le nom d'un tableau apparaissant sur le côté droit d'une affectation serait converti (en utilisant les conversions habituelles) en un pointeur au premier élément et par conséquent l'affectation copierait le pointeur et non pas le contenu du tableau. L'opérateur = peut, par conséquent, être utilisé pour copier l'adresse d'un tableau dans une variable de type pointeur :

```
{
  int a[20], *p;
  p = a;
  ...
}
```

Dans cet exemple, a est un tableau d'entiers et p est du type "pointeur à entier". L'affectation résulte en ce que p pointe sur le (sur le premier élément du) tableau a.

Il est possible d'obtenir l'effet de copier l'ensemble d'un tableau en incorporant ce tableau dans une structure ou une union étant donné qu'une simple affectation peut copier l'ensemble d'une structure ou d'une union :

```
struct matrice {double contenu[10][10];};

struct matrice a, b;
...
{
  /* Copie une structure contenant un tableau 10x10. */
  a = b;
  /* Efface les éléments diagonaux. */
  for (j = 0; j < 10; j++)
    a.contenu[j][j] = 0;
}
```

Dans la description originale de C, l'affectation d'objets de type structure ou union n'était pas permise. Presque tous les compilateurs permettent maintenant l'affectation de structure et d'union.

Références conversions d'affectation 6.3.2 ; gvaleur 7.1.1 ; types arithmétique Ch. 5 ; types entier 5.1 ; types non-signés 5.1.2 ; types pointeur 5.3 ; types scalaire Ch. 5 ; types signés 5.1.1 ; types structure 5.6 ; types tableau 5.4 ; types union 5.7 ; types virgule-flottante 5.2

7.9.2 Affectation composée

Les opérateurs d'affectation composée peuvent être interprétés de manière informelle en considérant l'expression "*a op= b* " comme équivalente à "*a* = *a op b* " avec la provision que l'expression *a* est évaluée une seule fois. Plus précisément, les opérandes de gauche et de droite de *op=* sont évalués et l'opérande de gauche doit être une gvaleur. L'opération indiquée par l'opérateur *op* est ensuite appliquée aux deux valeurs d'opérandes ; ceci comprend toute "conversion habituelle" effectuée par l'opérateur. La valeur résultante est ensuite placée dans la gvaleur de l'opérande de gauche après avoir effectué les conversions d'affectation habituelles.

Pour les opérateurs += et −=, chacun des deux opérandes peut être d'un type arithmétique quelconque. Il est aussi possible pour l'opérande de gauche d'être de type pointeur et pour l'opérande de droite d'être de type entier.

Pour les opérateurs *= et /=, chacun des deux opérandes peut être d'un type arithmétique quelconque.

Pour l'opérateur %=, chacun des deux opérandes peut être d'un type entier quelconque.

Pour les opérateurs <<=, >>=, chacun des deux opérandes peut être d'un type entier quelconque. Pour assurer la portabilité du logiciel, nous recommandons que seuls les opérandes non-signés soient utilisés comme opérande de gauche pour chacun de ces opérateurs.

Pour les opérateurs &=, ^= et |=, chacun des deux opérandes peut être d'un type entier quelconque. Pour assurer la portabilité du logiciel, nous recommandons que seuls les opérandes non-signés soient utilisées avec ces opérateurs.

Pour les opérateurs d'affectation composés comme pour l'opérateur d'affectation simple, le type du résultat est égal au type (non converti) de l'opérande de gauche. Le résultat est la valeur placée dans l'opérande de gauche. Le résultat n'est pas une gvaleur.

Note historique : dans les plus anciennes versions de C, les opérateurs d'affectation composés étaient écrits sous forme inversée :

```
=+   =-   =*   =/   =%   =<<   =>>   =&   =^   =|
```

Ceci a provoqué des ambiguïtés syntaxiques. Par exemple, l'expression

```
x=-1
```

pourrait à priori être interprétée comme

```
x = (-1)
```

ou comme

```
x =- (1)
```

Alors que l'ambiguïté a été résolue arbitrairement en imposant la deuxième interprétation, ce problème s'est révélé en pratique très sujet à des erreurs subtiles de programmation. La forme la plus récente (+= au lieu de =+) élimine ces difficultés. Un petit nombre de compilateurs continuent à supporter les anciennes formes pour assurer la compatibilité.

Références conversions binaires habituelles 6.3.4 ; conversions d'affectation 6.3.2 ; conversions unaires habituelles 6.3.3 ; types arithmétique Ch. 5 ; types entier 5.1 ; types non-signés 5.1.2 ; types pointeur 5.3 ; types signés 5.1.1 ; types virgule-flottante 5.2

7.10 EXPRESSIONS SEQUENTIELLES

Une expression avec virgule comprend deux expressions séparées par une virgule. L'opérateur virgule est décrit ici comme étant syntaxiquement associatif à gauche bien que cela importe peu pour le programmeur étant donné que l'opérateur est complètement associatif sémantiquement.

expression-avec-virgule :
  expression-d'affectation
  expression-avec-virgule , *expression d'affectation*

expression :
  expression-avec-virgule

Noter que *l'expression-avec-virgule* est au sommet de l'arbre syntaxique de l'expression.

L'opérande de gauche de l'opérateur virgule est tout d'abord complètement évalué. Cette évaluation ne doit pas forcément produire une valeur ; si elle produit une valeur, celle-ci est ignorée. L'opérande de droite est ensuite évalué. Le type et la valeur du résultat de l'expression avec virgule sont égaux au type et à la valeur de l'opérande de droite. Le résultat n'est pas une gvaleur.

L'opérateur virgule est associatif et par conséquent il est possible d'écrire une seule expression composée d'un nombre quelconque d'expressions séparées par des virgules ; les sous-expressions sont évaluées dans l'ordre et la valeur de la dernière devient la valeur de l'expression toute entière.

Dans certains contextes, le caractère virgule est utilisé dans un autre but syntaxique. Les expressions écrites dans ces contextes peuvent ne pas utiliser l'opérateur virgule à moins qu'une ambiguïté se présente. Cette restriction peut toujours être contournée en utilisant des parenthèses pour délimiter l'expression utilisant l'opérateur virgule. Par exemple, l'expression

```
f(a, b = 5, 2*b, c)
```

est toujours traitée comme un appel de la fonction `f` avec quatre arguments. S'il est souhaitable de traiter la deuxième virgule comme l'opérateur virgule et d'appeler `f` avec trois arguments, des parenthèses supplémentaires doivent être introduites, par conséquent :

```
f(a, (b = 5, 2*b), c)
```

Les contextes dans lesquels l'opérateur virgule ne peut pas être utilisé en raison d'ambiguïtés potentielles comprennent les expressions argument dans les appels de fonction ; les expressions de longueur de champ dans les listes de déclaration de structure et d'union ; les expressions de valeurs d'énumération dans les listes de déclaration d'énumération et les expressions d'initialisation dans les déclarations et les initialisations. Noter que le caractère virgule est aussi utilisé comme séparateur dans les appels de macros de préprocesseur.

L'opérateur virgule garantit que son opérande sera évalué de gauche à droite mais d'autres utilisations du caractère virgule ne garantissent pas cela. Par exemple, les expressions argument dans une invocation de fonction n'ont pas besoin d'être évaluées de gauche à droite.

La plus importante application de l'opérateur virgule est dans les instructions `for` ; il permet à plusieurs expressions d'affectation d'être combinées en une seule expression dans le but d'initialiser ou d'incrémenter plusieurs variables en une seule boucle.

Références appels de fonction 7.4.3 ; appels de macro 3.3.2 ; expressions ignorées 7.13 ; gvaleur 7.1.1 ; initialisateurs 4.6 ; instruction `for` 8.6.3 ; types énumération 5.5 ; types structure 5.6 ; types union 5.7

7.11 EXPRESSIONS CONSTANTES

Dans de nombreux contextes, le langage C permet d'écrire une expression qui doit être évaluée comme une constante lors de la compilation (ou, dans certaines situations, lors de l'édition de liens, mais de toute manière avant l'exécution du programme). Ces contextes sont :

1. la valeur testée dans l'instruction de contrôle du préprocesseur `#if`
2. les limites de tableau
3. les étiquettes `case` dans les instructions `switch`
4. les longueurs de champs de bits dans les déclarateurs de structure
5. les valeurs explicites d'énumérateur
6. les initialisateurs de variables statique et externe

Chaque contexte impose des restrictions légèrement différentes concernant les formes autorisées d'expressions.

Dans tous les cas, le résultat de l'évaluation d'une expression constante est identique au résultat de l'évaluation de la même expression lors de l'exécution. Pour le créateur d'implémentation de compilateur, cette contrainte de cohérence est particulièrement importante dans le cas d'une compilation croisée où l'ordinateur utilisé pour exécuter le compilateur ne doit pas nécessairement avoir la même architecture que l'ordinateur utilisé pour exécuter le programme compilé. Bien que la plupart des arithmétiques entières puissent être assez bien simulées, l'arithmétique virgule-flottante — même la conversion simple d'une constante virgule-flottante de la forme caractère à la forme interne — peut être suffisamment complexe pour que le créateur d'implémentation choisisse d'évaluer les expressions constantes virgule-flottante lors de l'exécution. (C ne nécessite aucun support d'arithmétique virgule-flottante lors de la compilation).

Toutes les expressions constantes peuvent contenir des constantes entières et des constantes caractères. Les opérateurs binaires :

```
*    /    %    +    -    <<   >>   ==   !=
<    <=   >    >=   &    ^    |    &&   ||
```

peuvent être utilisés, ainsi que les opérateurs unaires

```
-   ~   !
```

L'opérateur conditionnel

```
?  :
```

peut être utilisé. Les parenthèses peuvent être utilisées librement pour le groupement.

Les autres constantes et opérations peuvent être autorisés dans les expressions constantes en fonction du contexte.

1. Les instructions de préprocesseur `#if` permettent l'utilisation de l'opérateur `#define`.
2. Les limites de tableau, les étiquettes de `case`, les longueurs de champ et les valeurs explicites d'énumérateur permettent l'utilisation de constantes de type énumération, de l'opérateur `sizeof` et des conversions en types entier. L'argument de `sizeof` n'a pas besoin d'être une expression constante étant donné que seul le type de l'expression est nécessaire et que ce type peut être déterminé lors de la compilation.
3. Les initialisateurs pour les variables static et external permettent de plus d'utiliser les constantes virgule-flottante et les conversions-de-type arbitraires. L'opérateur unaire `&` est autorisé lorsqu'il est appliqué au nom d'un objet statique ou externe ou au résultat de l'indiçage d'un tableau statique ou externe par une expression constante. Il est aussi permis d'utiliser le nom d'une fonction pour se référer à son adresse ou le nom d'un tableau statique ou externe pour se référer à son adresse. Sémantiquement, un initialisateur de variable statique ou externe doit être évalué comme une constante ou comme l'adresse d'un objet déclaré statique ou externe auparavant plus ou moins une constante entière.

La description originale de C ne mentionnait pas que l'opérateur `!` était autorisé dans les expressions constantes, mais ceci était sans aucun doute un oubli ou une erreur typographique. Toutes les implémentations de C doivent supporter cet opérateur dans les expressions constantes.

Certains compilateurs ne permettent pas les conversions de types quelconques dans les expressions constantes. D'autres permettent les conversions de types autres que les conversions en types entier. Lors de l'écriture de code portable, il est préférable pour le programmeur d'éviter les conversions de type dans les expressions constantes.

Certains compilateurs autorisent l'opérateur virgule dans les expressions constantes. Nous n'en voyons pas l'utilité, étant donné que l'opérande de gauche de l'opérateur virgule est seulement utile pour ses effets secondaires et les expressions constantes ne peuvent pas avoir d'effets secondaires. La syntaxe correspondant à une *expression-constante* donnée dans ce manuel permet en fait toute forme *d'expression* y-compris `l'expression-avec-virgule` et `l'expression-d'affectation`. Les restrictions concernant les expressions constantes proviennent des règles sémantiques de C et non pas des règles syntaxiques.

Références champs de bits 5.6.5 ; commande de préprocesseur `#if` 3.5.1 ; constantes de type énumération 5.5 ; constante de type caractère 2.7.3 ; constante de type virgule-flottante 2.7.2 ; constante entière 2.7.1 ; initialisateurs 4.6 ; instruction `switch` 8.7 ; opérateur d'adresse `&` 7.5.6 ; opérateur `sizeof` 7.5.2 ; opérateur virgule 7.10 ; opérateur `defined` 3.5.5 ; types énumération 5.5 ; types structure 5.6 ; types tableau 5.4

7.12 ORDRE D'EVALUATION

En général, l'ordinateur est libre de réarranger l'ordre dans lequel une expression est évaluée dans les limites suivantes.

Le réarrangement peut seulement consister à évaluer les arguments d'un appel de fonction ou les deux opérandes d'un opérateur binaire dans un ordre particulier différent de l'ordre habituel de gauche à droite. (le compilateur n'est jamais forcé à utiliser l'ordre de gauche à droite pour de tels opérateurs). Il existe une règle supplémentaire : les opérateurs binaires `+`, `*`, `&`, `^` et `|` sont supposés être complètement associatifs et commutatifs et un compilateur est autorisé à exploiter cette supposition. Par exemple, l'addition est supposée être commutative et associative de telle sorte que le compilateur est libre, par exemple, d'évaluer l'expression "`(a+b)+(c+d)`" comme si elle était écrite "`(a+d)+(b+c)`" (en supposant que toutes les variables sont du même type arithmétique).

La supposition de commutativité et d'associativité est en effet toujours vraie pour `&`, `^` et `|` appliqués aux opérandes non-signées. Elle peut ne pas être vraie pour `&`, `^` et `|` appliqués aux opérandes signés étant donné les problèmes potentiels avec certaines représentations signées. Elle peut ne pas être vraie pour `*` et `+` étant donné la possibilité que l'ordre indiqué par l'expression telle qu'elle est écrite peut permettre d'éviter le dépassement de capacité alors qu'un ordre différent ne peut pas. Néanmoins, le compilateur est autorisé à exploiter la supposition. Dans de telles situations, le programmeur doit utiliser les affectations à des valeurs temporaires pour forcer une ordre d'évaluation particulier :

```
{
  int temp1, temp2;
  ...
  /* Calcule q=(a+b)+(c+d), exactement de cette
     manière. */
  temp1 = a+b;
  temp2 = c+d;
  q = temp1 + temp2;
}
```

La description originale de C ne plaçait aucune restriction sur l'exploitation de la supposition de l'associativité et de la commutativité de `*`, `+`, `&`, `^` et `|`. Toutefois, la restriction suivante paraît être très importante et doit être observée par tout compilateur : tout réarrangement d'expression invoquant ces opérateurs ne doit pas modifier les conversions implicites des types des opérandes. Dans l'exemple ci-dessous, les deux instructions d'affectation ne sont pas équivalentes et le compilateur n'est pas libre de substituer l'une pour l'autre, malgré le fait que l'une est dérivée de l'autre "simplement en réassociant les additions".

```
x = (1.0 + -3) + (unsigned) 1;/* Le résultat est -1.0 */
x = 1.0 + (-3 + (unsigned) 1);/* Le résultat est large*/
```

La première affectation est évidente et donne le résultat attendu. La deuxième donne un résultat large étant donné que les conversions binaires habituelles impliquent la conversion de la valeur signée `-3` en une valeur large non signée 2^n`-3`, où *n* correspond au nombre de bits utilisés pour représenter un entier non signé. Cette valeur est ensuite ajoutée à la valeur non signée `1`, le résultat est converti en représentation virgule-flottante et est ajouté à `1.0` donnant la valeur résultante 2^n`-3` dans une représentation virgule-flottante. Ce résultat peut ou ne peut pas être ce à quoi le programmeur s'attendait mais le compilateur ne doit pas compliquer le problème outre mesure en réarrangeant les additions d'une manière différente.

Lors de l'évaluation des arguments effectifs dans un appel de fonction, l'ordre d'évaluation des arguments n'est pas spécifié ; toutefois le programme doit se comporter comme s'il choisissait un argument, l'évaluait complètement, choisissait un autre argument, l'évaluait complètement et ainsi de suite jusqu'à ce que tous les arguments soient évalués. Plus exactement, les arguments peuvent être évalués dans n'importe quel ordre, mais leurs calculs ne doivent pas apparaître mélangés. Considérons l'exemple suivant :

```
#define TAILLE 100
{
  char *x[10], **p=x;
  ...
  if ( strcmp(*p++, *p++) == 0 ) printf("Identique.");
  ...
}
```

La variable `x` est un tableau de pointeurs à caractères et est considérée comme un tableau de chaînes de caractères. La variable `p` est un pointeur à un pointeur à un caractère et doit être considérée comme un pointeur à une chaîne de caractères. Le but de l'instruction `if` est de déterminer si la chaîne de caractères pointée par `p` (appelons la *s1*) et la chaîne de caractères suivante (appelons la *s2*) sont égales (et, en passant, incrémenter le pointeur *p* au delà de ces deux chaînes de caractères dans le tableau). Il est, bien entendu de mauvais style de programmation d'avoir deux effets secondaires sur la même variable dans la même expression étant donné que l'ordre des effets secondaires n'est pas défini ; cependant le programmeur très futé qui a écrit l'exemple ci-dessus a jugé que l'ordre des effets secondaires n'avait par d'importance étant donné que les deux chaînes de caractères en question peuvent être passées à `strcmp` dans n'importe quel ordre.

S'il était permis pour le compilateur d'évaluer les deux expressions de manières mélangée, on pourrait obtenir du code tel que celui-ci :

1. Aller chercher la variable pointée par `p` comme premier argument.
2. Aller chercher la variable pointée par `p` comme second argument.
3. Incrémenter `p` pour le premier argument.
4. Incrémenter `p` pour le deuxième argument.

Le résultat final serait de passer *s1* pour les deux arguments de `strcmp` et *s2* ne serait pas passé du tout. La restriction empêchant le mélange permet d'éviter un tel comportement. Notre programmeur très futé a par conséquent raison de penser que le programme se comportera de la manière attendue. (Toutefois nous ne voudrions pas avoir à maintenir ce code !).

Une restriction similaire s'applique aux opérateurs binaires : les deux opérandes peuvent être évalués dans n'importe quel ordre mais le programme doit se comporter comme si l'un des deux opérandes était évalué complètement avant le début de l'évaluation de l'autre opérande.

La description originale de C spécifiait que les sous-expressions pouvaient être évaluées dans n'importe quel ordre et que les arguments d'une fonction pouvaient être évalués dans n'importe quel ordre. Le problème du mélange n'était pas abordé, ni la question de savoir quand le réarrangement pouvait altérer les conversions implicites de type. Nous conseillons aux créateurs d'implémentations de respecter fortement les restrictions décrites ici (qui sont en fait très acceptables et pas terriblement restrictives). Nous conseillons aussi aux programmeurs de ne pas exploiter ces restrictions d'une manière trop intelligente (comme dans l'exemple ci-dessus utilisant `strcmp`). Le but primordial de ces restrictions est de rendre le comportement d'un programme plus compréhensible.

Références appels de fonctions 7.4.3 ; conversions binaires habituelles 6.3.4 ; fonction `strcmp` 15.2 ; opérateurs binaires 7.6 ; opérateur d'addition `+` 7.6.2 ; opérateur de multiplication `*` 7.6.1 ; opérateur ET bit-à-bit `&` 7.6.6 ; opérateur OU bit-à-bit `|` 7.6.8 ; opérateur XOU bit-à-bit `^` 7.6.7

7.13 VALEURS IGNOREES

Il existe trois contextes dans lesquels une expression peut apparaître sans que sa valeur soit utilisée :

1. une instruction expression
2. le premier opérande d'une expression avec virgule
3. les expressions d'initialisation et d'incrémentation d'une instruction `for`.

Dans ces contextes nous disons que la valeur de l'expression est *ignorée.*

Lorsque la valeur d'une expression sans effets secondaires est ignorée, le compilateur peut supposer qu'une erreur s'est produite et donner un avertissement. Les opérations produisant des effets secondaires comprennent l'affectation et les appels de fonction. Par exemple :

```
{
  extern void f();
  f(x);          /* Ces expressions ne justifient pas */
  i++;           /* des avertissements concernant des */
  a = b;         /* valeurs ignorées. */
}
```

Le compilateur peut générer un message d'avertissement si l'opérateur principal d'une expression ignorée n'a pas d'effet secondaire. Par exemple, les instructions suivantes bien que correctes peuvent provoquer des messages d'avertissement :

```
{
  extern int g();
  g(x);        /* L'appel à g peut avoir des effets
                  secondaires mais il retourne aussi
                  une valeur qui n'est pas utilisée. */
  x + 7;       /* L'addition n'a pas d'effets
                  secondaires définis. */
  x + (a *= 2);
               /* L'expression a un effet secondaire
                  mais la dernière opération à exécuter
                  "+" n'en a pas et sa valeur est
                  ignorée. */
}
```

Le programmeur peut éviter les avertissements concernant les valeurs ignorées à l'aide d'une conversion en type `void` pour indiquer que la valeur est délibérément ignorée :

```
{
  extern int g();
  (void) g(x);      /* La valeur retournée est
                       délibérément ignorée. */
  (void)(x + 7);    /* Ceci est relativement stupide,
                       espérons toutefois que le
                       programmeur a une bonne
                       raison. */
}
```

Un compilateur qui n'implémente pas le type `void` ne devrait pas générer de messages d'avertissement lorsque la valeur d'un appel de fonction est ignorée étant donné qu'il est probable que la fonction appelée est théoriquement du type "fonction retournant void" même si le programmeur n'a aucun moyen de passer cette information au compilateur.

Si un compilateur détermine que l'opérateur principal d'une expression non utilisée n'a pas d'effet secondaire, il peut choisir de ne pas générer de code pour cet opérateur (et par conséquent ses opérandes deviennent des valeurs ignorées et peuvent répétitivement être sujettes au même traitement).

Références affectations 7.9 ; appels de fonction 7.4.3 ; conversions de types 7.5.1 ; instructions d'expressions 8.2 ; instruction `for` 8.6.3 ; opérateur virgule 7.10 ; type `void` 5.9

7.14 OPTIMISATION DES ACCES MEMOIRE PAR LE COMPILATEUR

En règle générale, un compilateur est libre de générer tout code équivalent, en matière de comportement calculatoire, au programme tel qu'il est écrit. Le compilateur est doté explicitement de certaines libertés de réarrangement du code ainsi que décrit dans le paragraphe 7.12. Il peut aussi ne pas générer de code pour une expression lorsque cette expression n'a pas d'effets secondaires et que sa valeur est ignorée ainsi que décrit dans le paragraphe 7.13.

Certains compilateurs peuvent aussi réorganiser le code de manière à ne pas toujours référencer la mémoire répétitivement ou dans le même ordre que celui spécifié dans le programme. Par exemple, si un certain élément de tableau est référencé plus d'une fois, le compilateur peut intelligemment s'arranger pour aller le chercher une seule fois afin d'optimiser la vitesse d'exécution ; en effet il pourrait récrire le code suivant :

```
{
  int x;
  x = a[j] * a[j] * a[j];
      /* Calcule le cube d'un élément de tableau. */
}
```

pour lui permettre d'être exécuté comme s'il avait été écrit de la manière suivante :

```
{
  int x;
  register temp;
  temp = a[j];
  x = temp * temp * temp;
      /* Calcule le cube d'un élément de tableau. */
}
```

Pour la plupart des applications, y-compris presque la totalité des applications portables, de telles techniques d'optimisation sont très bonnes étant donné que la vitesse d'un programme peut être améliorée d'un facteur de deux ou plus sans changer son comportement calculatoire effectif.

Toutefois, ceci peut poser un problème lors de l'écriture de certains programmes dépendant de la machine en C tels que des systèmes d'exploitation. Sur certains ordinateurs les registres d'état des périphériques d'entrées/sorties peuvent être manipulés comme des emplacements mémoires et accéder à un tel registre peut avoir des effets secondaires. La manière de lire un caractère en provenance d'un terminal peut être équivalente à lire un certain "emplacement mémoire" ; chaque fois que cet emplacement est lu, un nouveau caractère est obtenu.

Considérons un programme permettant de lire des caractères de cette manière :

```
/* Adresse du registre d'entrée du clavier. */
#define CLAVIER ((char *) 0177614)
...
c1 = *CLAVIER;       /* Obtient le premier caractère. */
...
c2 = *CLAVIER;       /* Obtient le caractère suivant. */
```

Il serait désastreux de compiler ce code comme s'il avait été écrit de la manière suivante :

```
/* Adresse du registre d'entrée du clavier. */
#define CLAVIER ((char *) 0177614)
...
temp = *CLAVIER;
c1 = temp;
...
c2 = temp;
```

Une difficulté du même type peut se présenter lorsque des sorties sont effectuées en écrivant des caractères successifs dans un "emplacement mémoire" spécial : le compilateur pourrait remarquer une écriture dans l'emplacement correspondant suivie d'une autre écriture sans accès à cet emplacement et pourrait par conséquent éliminer intelligemment la première opération d'écriture. Cette technique fournit une bonne optimisation pour les emplacements mémoires ordinaires mais est désastreuse dans le cas de registres d'entrée/sortie.

Nous insistons sur le fait que ce type de problème ne se produit pas dans la plupart des applications et que la plupart des programmeurs n'ont pas à s'inquiéter. Le programmeur qui écrit des programmes de bas-niveau qui dépendent de la machine, tels que des systèmes d'exploitation, doivent soigneusement étudier la documentation du compilateur C particulier à utiliser pour déterminer si de tels problèmes peuvent se produire. Dans la Proposition de normalisation ANSI C, la nouvelle déclaration modifiable `volatile` a été introduite pour résoudre ces problèmes.

Références `volatile` 11.4.4

8

Instructions

Le langage C fournit l'assortiment habituel de formes d'instructions disponibles dans la plupart des langages de programmation algébriques, y-compris les instructions conditionnelles, les boucles et l'instruction ambiguë "goto".

instruction :
instruction-expression
instruction-étiquetée
instruction-composée
instruction-conditionnelle
instruction-itérative
instruction-switch
instruction-break
instruction-continue
instruction-return
instruction-goto
instruction-nulle

instruction-conditionnelle :
    instruction-if
    instruction-if-else
instruction-itérative :
    instruction-while
    instruction-do
    instruction-for

Nous décrivons chacune de ces instructions les unes à la suite des autres après quelques commentaires généraux concernant la syntaxe des instructions.

Références instruction `break` 8.8 ; instruction composée 8.4 ; instruction `continue` 8.8 ; instruction `do` 8.6.2 ; instruction expression 8.2 ; instruction étiquetée 8.3 ; instruction `for` 8.6.3 ; instruction `goto` 8.10 ; instruction `if` 8.5 ; instruction nulle 8.11 ; instruction `return` 8.9 ; instruction `switch` 8.7 ; instruction `while` 8.6.1

8.1 REGLES SYNTAXIQUES GENERALES CONCERNANT LES INSTRUCTIONS

Bien que les instructions C soient familières pour les programmeurs habitués aux langages du type Algol, il existe un petit nombre de différences syntaxiques qui sont souvent source de confusion et d'erreurs.

8.1.1 Points-virgules

Comme en Pascal et en Ada, les points-virgules apparaissent typiquement entre deux instructions consécutives en C. Toutefois, en C, le point virgule n'est pas un séparateur d'instructions mais fait plutôt simplement partie de la syntaxe de certaines instructions. La seule instruction C qui ne nécessite pas un point-virgule terminateur est l'instruction composée (ou bloc) qui est délimitée par des accolades ('`{`' et '`}`') au lieu des mots-clés plus habituels `begin` et `end`. Par exemple, les instructions Pascal (ou Ada, ou Algol)

```
t := b;
begin b := a end;
a := t;
```

sont écrites de la manière suivante en C

```
t = b;
{ b = a; }
a = t;
```

Remarquer qu'en C, un point-virgule suit "`b = a`" mais pas `}`, alors que la règle contraire s'applique dans les autres langages.

8.1.2 Expressions de contrôle

Une autre règle concernant les instructions C est que des expressions de "contrôle" apparaissant dans les instructions conditionnelles ou itératives doivent être placées entre parenthèses. Ces parenthèses remplacent le besoin d'un mot-clé à la suite de l'expression tel que "then" ou "do". Par exemple, l'instruction Pascal

```
if x = y then
  while x = z do
    traiter(x);
```

est exprimée de la manière suivante en C

```
if ( x == y )
  while (x == z)
    traiter(x);
```

Dans tous les cas, si l'expression de contrôle est 0, elle est considérée comme "fausse"; si elle est différente de zéro, elle est considérée comme "vraie". Plus précisément, le type d'une expression de contrôle *e* doit être tel que l'expression

```
( e ) != 0
```

puisse être correctement évaluée. Si le résultat de cette dernière expression est 1, *e* est dit différent de zéro, dans le cas contraire *e* est dit égal à zéro. En pratique, ceci signifie que *e* peut être du type pointeur entier ou virgule-flottante. Les valeurs des types énumération sont aussi autorisées en fonction des propriétés sémantiques choisies pour les énumérations.

Références instructions conditionnelles 8.5 ; instruction itérative 8.6 opérateur != 7.6.5 ; type énumération 5.5 ;

8.2 INSTRUCTIONS EXPRESSION

Toute expression peut être traitée comme une instruction en écrivant l'expression suivie d'un point-virgule.

instruction-expression :
    expression ;

L'instruction est exécutée en évaluant l'expression et en ignorant sa valeur si elle existe.

Une instruction expression est seulement utile si l'évaluation de l'expression a un effet secondaire tel que l'affectation d'une valeur à une variable ou l'exécution d'entrées/sorties. L'expression est en général une opération d'affectation, d'incrémentation, de décrémentation ou un appel de fonction. Quelques exemples d'instructions expression sont donnés ci-dessous :

```
vitesse = distance / duree; /* Assigne le quotient
                                 à vitesse. */
++nombre_evenement;         /* Ajoute 1 à
                                 nombre_evenement. */
printf("Un autre jeu ?");   /* Appelle la fonction
                                 printf.*/
valeur_type &= masque;      /* Masque certains bits de
                                 valeur_type.*/
(x < y) ? ++x : ++y;        /* Incrémente le minimum de
                                 x et y. */
```

Le dernier exemple, bien que correct, peut être récrit plus clairement en utilisant une instruction `if` :

```
if (x < y) ++x; else ++y;
```

Le compilateur n'est pas obligé d'évaluer une expression ou une partie d'expression qui n'a pas d'effets secondaires et dont le résultat est ignoré. Ceci est décrit de manière plus détaillée dans le paragraphe 7.13.

Références appel de fonction 7.4.3 ; expressions Chapitre 7 ; expressions d'affectation 7.9 ; expressions de décrémentation 7.5.9, 7.4.5 ; expressions d'incrémentation 7.5.8, 7.4.4 ; expressions ignorées 7.13

8.3 INSTRUCTIONS ETIQUETEES

Une étiquette peut être utilisée pour marquer une instruction de telle sorte que le contrôle puisse être transféré à cette instruction par une instruction `goto` ou `switch`. Il existe trois types d'étiquettes. Une étiquette nommée peut apparaître dans une instruction quelconque et est utilisée en conjonction avec l'instruction `goto`. Une étiquette `case` ou `default` peut seulement apparaître dans une instruction à l'intérieur du corps d'une instruction `switch`.

instruction-étiquetée :
  étiquette : *instruction*

étiquette :
  étiquette-nommée
  étiquette-de-cas
  étiquette-de-défaut

Une étiquette ne peut pas apparaître seule mais doit toujours être attachée à une instruction. S'il est souhaitable de placer une étiquette isolée, par exemple à la fin d'une instruction composée, celle-ci peut être attachée à une instruction vide.

Les étiquettes nommées sont décrites de manière plus détaillées dans la description de l'instruction `goto`. Les étiquettes `case` et `default` sont décrites de manière plus détaillée dans la description de l'instruction `switch`.

Références instruction `goto` 8.10 ; instruction nulle 8.11 ; instruction `switch` 8.7

8.4 INSTRUCTION COMPOSEE

Une instruction composée — aussi appelée un bloc — comprend une suite (éventuellement vide) de déclarations suivies d'une suite (éventuellement vide) d'instructions, l'ensemble étant placé entre accolades.

instruction-composée :
{ *liste-de-déclaration-interne*$_{opt}$ *liste-d'instructions*$_{opt}$ }

liste-d'instructions :
instruction
liste-d'instructions instruction

Une instruction composée peut apparaître partout où une instruction peut apparaître. Lorsque l'instruction composée ne comporte pas de déclarations, elle représente simplement un groupe d'instructions. Lorsque l'instruction composée comporte des déclarations, elle crée un nouveau domaine d'application.

Une instruction composée est normalement exécutée en traitant d'abord toutes les déclarations une par une, dans l'ordre et en exécutant ensuite toutes les instructions une par une, dans l'ordre. L'exécution s'arrête lorsque la dernière instruction a été exécutée ou lorsque le contrôle est transféré en dehors de l'instruction composée par l'exécution d'une instruction `goto`, `return`, `continue` ou `break`.

Il est aussi possible de se brancher sur une instruction étiquetée à l'intérieur d'une instruction composée en utilisant une instruction `goto` ou `switch` en dehors de l'instruction composée. Lorsque cela se produit, un certain espace de mémorisation est alloué pour toute variable `auto` ou `register` déclarée à l'intérieur de l'instruction composée, toutefois, les expressions d'initialisation de ces variables ne sont pas évaluées et aucune initialisation n'est effectuée. L'exécution commence alors par l'instruction à laquelle le contrôle a été transféré et continue séquentiellement jusqu'à de que la dernière instruction soit exécutée ou jusqu'à ce que le contrôle soit transféré en dehors de l'instruction composée par exécution d'une instruction `goto`, `return`, `continue` ou `break`.

Une instruction composée non étiquetée utilisée comme corps d'une instruction `switch` ne peut pas être exécutée normalement si ce n'est par transfert du contrôle aux instructions étiquetées contenues à l'intérieur de cette instruction.

Par conséquent, les initialisations des variables `auto` et `register` dans une telle instruction composée n'ont jamais lieu et leur présence constitue à priori une erreur.

Références classe de mémorisation 4.3 ; classe de mémorisation `auto` 4.3 ; déclarations Ch. 4 ; domaine d'application 4.2.1 ; instruction `break` 8.8 ; instruction `continue` 8.8 ; instruction `goto` 8.10 ; instruction `return` 8.9

8.4.1 Déclarations à l'intérieur d'instructions composées

Le domaine d'application de tout identificateur déclaré au début d'une instruction composée s'étend à partir de son emplacement de déclaration jusqu'à la fin du bloc. Il est visible dans l'ensemble de son domaine d'application à l'exception du cas où il est caché par une déclaration du même identificateur dans un bloc intérieur.

Un identificateur déclaré au début d'une instruction composée sans spécificateur de classe de mémorisation et supposé appartenir à la classe de mémorisation `extern` si le type de l'identificateur est "fonction retournant..." et appartient à la classe de mémorisation `auto` dans tous les autres cas. Il est incorrect pour un identificateur de type fonction d'avoir une classe de mémorisation différente de `extern` lorsqu'il est déclaré au début d'un bloc.

Si la variable ou la fonction est déclarée dans une instruction composée de classe de mémorisation `extern`, aucun espace de mémorisation n'est alloué et aucune expression d'initialisation n'est autorisée. La déclaration référence une variable ou une fonction externe définie ailleurs, soit dans le même fichier source, soit dans un fichier source différent.

Si une variable est déclarée dans une instruction composée de classe de mémorisation `auto` ou `register`, elle est réallouée concrètement à chaque entrée dans l'instruction composée et désallouée à la sortie de l'instruction composée. S'il existe une expression d'initialisation pour la variable, l'expression est réévaluée et la variable est réinitialisée à chaque entrée normale dans l'instruction composée. (L'expression d'initialisation n'est pas évaluée et la variable n'est pas initialisée lorsque le contrôle est passé à une instruction située à l'intérieur de l'instruction composée par l'intermédiaire d'une instruction `goto` ou `switch` située à l'extérieur). S'il n'existe pas d'expression d'initialisation pour la variable, la valeur de la variable est initialement non définie chaque fois que l'instruction composée est exécutée; la valeur de la variable ne persiste pas entre deux exécutions de la même instruction composée.

Si une variable est déclarée dans une instruction composée de classe de mémorisation `static`, elle est allouée une seule fois concrètement avant l'exécution du programme, tout comme toute autre variable statique. S'il existe une expression d'initialisation pour la variable, cette expression est seulement évaluée une fois avant l'exécution du programme et la variable conserve sa valeur d'une exécution de l'instruction composée à une autre.

Références classe de mémorisation auto 4.3 ; classe de mémorisation extern 4.3 ; classe de mémorisation register 4.3 ; classe de mémorisation static 4.3 ; domaine d'application 4.2.1 ; initialisateurs 4.6 ; instruction goto 8.10 ; instruction switch 8.7 ; valeurs initiales 4.2.8 ; visibilité 4.2.2

8.4.2 Utilisation des instructions composées

Les instructions composées sans déclaration sont particulièrement utiles comme parties d'autres instructions de contrôle de telle sorte qu'une instruction puisse être exécutée conditionnellement ou dans une boucle :

```
if (erreur_detectee) {
  ++compteur_erreur;
  imprime_message_erreur();
}
```

Avec des déclarations, les instructions composées peuvent aussi introduire des variables supplémentaires de visibilité réduite. Ceci permet souvent d'améliorer la clarté d'un programme en limitant le domaine d'accessibilité d'une variable :

```
if (premiere_fois) {
  /* Vide le tableau. */
  int i;
  for (i = 0; i < 10; i++)
      a[i] = 0;
  /* Initialise l'indicateur première_fois. */
  premiere_fois = 0;
}
```

C ne place aucune restriction sur les branchements dans les instructions composées, toutefois nous considérons leur utilisation comme de mauvais style de programmation. En fait, aucun des langages Ada, Algol 60, Modula-2, Pascal ou PL/I n'autorise les branchements à l'intérieur des blocs. Le danger particulier en C est de ne pas permettre à l'initialisation de se produire. Par exemple, la portion de programme suivant ne fonctionnera certainement pas si l'instruction étiquetée `L:` est utilisée comme cible de branchement à partir de l'extérieur de l'instruction composée étant donné que la variable `somme` n'est pas initialisée dans ce cas. En outre, il est impossible de déterminer si un tel branchement doit se produire sans examiner au moins l'ensemble des instructions de la fonction contenant l'instruction composée.

```
{
    extern int a[100];
    int i, somme = 0;
  L:
    for (i = 0; i < 100; i++)
      somme += a[i];
    ...
}
```

Références déclarations 4 ; instruction étiquetée 8.3 ; instruction `goto` 8.10

8.5 INSTRUCTION CONDITIONNELLE

Il existe deux formes d'instructions conditionnelles : avec ou sans clause `else`. Chacune commence par le mot clé `if` suivi d'une expression de contrôle placée entre parenthèses et d'une instruction; le mot-clé `else` peut éventuellement être ajouté à la suite et être suivi d'une autre instruction. Remarquer que C, à la différence d'autres langages de programmation tels que Pascal n'utilise pas le mot-clé `then` comme faisant partie de la syntaxe de l'instruction `if`.

instruction-conditionnelle :
  instruction-if
  instruction-if-else

instruction-if :
  `if` (*expression*) *instruction*

instruction-if-else :
  `if` (*expression*) *instruction* `else` *instruction*

Pour chaque forme d'instruction `if`, l'expression entre parenthèses est d'abord évaluée. Si sa valeur est non nulle (paragraphe 8.1.2), l'instruction suivant immédiatement les parenthèses est exécutée. Si la valeur de l'expression de contrôle est zéro et s'il existe une clause `else`, l'instruction suivant le mot-clé `else` est exécutée à la place; toutefois, si la valeur de l'expression de contrôle est zéro et s'il n'existe pas de clause `else`, l'exécution continue immédiatement avec l'instruction suivant l'instruction conditionnelle.

Références expression de contrôle 8.1.2

8.5.1 Instructions conditionnelles à branches multiples

Une décision à branches multiples peut être exprimée comme une suite d'instructions if-else cascadées, où chacune des instructions `if` à l'exception de la dernière comporte une autre instruction `if` dans sa clause `else`. Une telle instruction a l'aspect suivant :

```
if (expression1 )
      instruction1
else if (expression2 )
      instruction2
else if (expression3 )
      instruction3
...
else
      instructionn
```

Un exemple de décision à trois branches est donné ci après : la fonction `signal` retourne un de trois résultats possibles en fonction de son argument.

```
/*  Retourne 1, -1 ou 0 si x est respectivement
    positif, négatif ou nul. */
int signe(x)
  int x;
{
  if (x > 0) return 1;
  else if (x < 0) return -1;
  else return 0;
}
```

Comparer cela avec la version de `signe` utilisant des expressions conditionnelles donnée dans le paragraphe 7.8.

L'instruction `switch` permet de traiter le type particulier de décision à branches multiples mis en jeu lorsque la valeur d'une expression doit être comparée avec un ensemble fixe de contraintes.

Références instruction `switch` 8.7

8.5.2 Le problème du else non apparié

Une ambiguïté est causée par le fait qu'une instruction conditionnelle peut en contenir une autre. Dans certaines situations il peut ne pas paraître évident de savoir à quelle instruction conditionnelle, parmi plusieurs autres, un `else` peut appartenir. Considérons l'exemple suivant :

```
/* Avertissement: cet exemple est indenté d'une
                  manière qui prête à confusion. */

if ((k >= 0) & (k < TAILLE_DE_TABLE))
    if (table[k] >= 0)
     printf("L'entrée %d vaut %d\n", k, table[k]);
  else printf("Erreur : index %d en dehors des \
            limites.\n",k);
```

L'inspection de ce code peut conduire à supposer que l'auteur souhaitait que la partie `else` soit une alternative pour l'instruction `if` extérieure : le message d'erreur devrait être imprimé lorsque le test

```
(k >= 0) & (k < TAILLE_DE_TABLE)
```

est faux. Toutefois, si nous changeons la tournure du dernier message d'erreur de la manière suivante

```
else printf("Erreur: l'entrée %d est négative.\n", k);
```

on pourrait alors penser que le programmeur souhaitait que la partie `else` soit exécutée lorsque le test

```
table[k] >= 0
```

est faux.

Le langage C ne nécessite pas que le compilateur interprète les significations des messages d'erreur et émette des hypothèses concernant les intentions du programmeur. A la place de cela, l'ambiguïté est résolue d'une manière arbitraire mais habituelle : Une clause `else` est toujours supposée appartenir à l'instruction `if` située *le plus possible à l'extérieur.* De par cette règle, nous nous apercevons que la deuxième interprétation du fragment de programme ci-dessus fonctionne comme souhaité alors que la première ne fonctionne pas. Le premier fragment peut être corrigé pour fonctionner comme souhaité en introduisant une instruction composée :

```
if (k >= 0 & k < TAILLE_DE_TABLE) {
  if  (table[k] >= 0)
        printf("L'entrée %d vaut %d\n", k, table[k]);
}
else  printf("Erreur: l'index %d est en dehors des
        limites.\n", k);
```

Pour réduire la confusion, la deuxième interprétation pourrait aussi utiliser une instruction composée

```
if (k >= 0 & k < TAILLE_DE_TABLE) {
  if  (table[k] >= 0)
        printf("L'entrée %d vaut %d\n", k, table[k]);
  else  printf("Erreur: l'entrée %d est
          négative.\n", k);
}
```

La confusion peut être complètement éliminée si les accolades sont toujours utilisées pour encadrer les instructions contrôlées par une instruction `if`. Toutefois, cette règle stricte peut compliquer un programme en introduisant des accolades facultatives. Il nous semble qu'un bon compromis stylistique entre la confusion et le surcroît d'information est d'utiliser des accolades avec une instruction `if` à chaque fois que l'instruction contrôlée par le `if` est différente d'une instruction expression.

Références instruction composée 8.4

8.6 INSTRUCTIONS ITERATIVES

Trois types d'instructions itératives existent en C.

instruction-itérative :
instruction-while
instruction-do
instruction-for

L'instruction `while` teste une condition de sortie *avant* chaque exécution de l'instruction. L'instruction `do` teste une condition de sortie *après* chaque exécution d'une instruction. L'instruction `for` fournit une syntaxe spéciale qui est pratique pour initialiser et mettre à jour une ou plusieurs variables de contrôle ainsi que pour tester une condition de sortie. L'instruction contenue dans une instruction d'itération est quelquefois appelée le *corps* de l'instruction.

8.6.1 Instruction while

Une instruction `while` comprend le mot-clé `while` suivi d'une expression de contrôle placée entre parenthèses et d'une instruction.

instruction-while :
`while` (*expression*) *instruction*

Noter que C, à la différence d'autres langages de programmation tels que Pascal n'utilise pas le mot-clé "`do`" comme faisant partie de la syntaxe de son instruction `while`.

L'instruction `while` est exécutée en évaluant tout d'abord l'expression de contrôle. Si le résultat est différent de zéro, l'instruction est exécutée. L'ensemble du processus est ensuite répété, en alternant entre l'évaluation de l'expression et si sa valeur est non nulle, l'exécution de l'instruction. La valeur de l'expression peut changer de temps en temps en raison d'effets secondaires dans l'instruction ou dans l'expression elle-même.

L'exécution de l'instruction `while` est complète lorsque l'expression de contrôle est évaluée à zéro ou lorsque le contrôle est transféré en dehors du corps de l'instruction `while` par une instruction `return`, `goto` ou `break`. En outre, l'instruction `continue` peut modifier l'exécution d'une instruction `while`.

A titre d'exemple, le fragment de programme suivant utilise une boucle `while` pour élever un entier `x` à la puissance spécifiée par l'entier positif `y` (sans vérification de dépassement de capacité) :

```
/*  Calcule x à la puissance y par élévations
    successives au carré. */
{
  int base = x;
  int exposant = y;
  int z = 1;
  while (exposant > 0) {
    if ( exposant % 2 )     /* Si l'exposant est impair, */
      z *= base;               /* multiplier z par base. */
    base *= base;             /* Elève la base au carré. */
    exposant /= 2;           /* Divise l'exposant par 2. */
  }
  /* Maintenant z est égal à x à la puissance y. */
}
```

La méthode utilisée est celle de l'élévation successive au carré de la base et du décodage de l'exposant en notation binaire pour déterminer si la base doit être multipliée par le résultat. (Pour comprendre comment cela fonctionne, remarquer que la boucle `while` maintient la condition invariante à savoir que `z` multiplié par `base` élevé à la puissance de l'`exposant` est égal à `x` élevé à la puissance `y`. Lorsque l'exposant est éventuellement 0, cette condition dégénère en ce que `z` est simplement égal à `x` élevé à la puissance `y` ce qui correspond au résultat souhaité).

Une boucle `while` peut de manière utile comporter une instruction nulle en guise de corps :

```
while ( *car_pointeur++ );
```

Le pointeur à caractère est incrémenté par l'opérateur ++ jusqu'à ce qu'un caractère nul soit détecté et pointe alors sur le caractère situé après le caractère nul. Cette instruction permet de détecter de manière compacte la fin d'une chaîne de caractères. (Remarquer que l'expression test dépend du fait que l'expression postfixée ++ a plus haute priorité que l'opérateur d'indirection `*`. L'expression test est interprétée comme `*(car_pointeur++)` et non pas comme `(*car_pointeur)++`, qui incrémenterait le caractère pointé par `car_pointeur`.

Une variante de cette idée utiliser deux pointeurs pour copier une chaîne de caractères à la place d'une autre.

```
while ( *dest_pointeur++ = *source_pointeur++ );
```

Les caractères sont copiés jusqu'à détection du caractère nul terminateur (qui est aussi copié). Bien entendu, lors de l'écriture de cette instruction, le programmeur doit s'assurer que la zone de destination est assez large pour contenir tous les caractères à copier.

Références expression de contrôle 8.1.2 ; instruction `break` 8.8 ; instruction `continue` 8.8 ; instruction `goto` 8.10 ; instruction nulle 8.11 ; instruction `return` 8.9

8.6.2 Instruction do

Une instruction `do` comprend le mot-clé `do`, suivi d'une instruction, du mot-clé `while`, d'une expression de contrôle placée entre parenthèses et d'un point-virgule.

instruction-do :
  `do` *instruction* `while` (*expression*) ;

L'instruction `do` exécute d'abord l'instruction imbriquée. L'expression de contrôle est ensuite évaluée; si sa valeur est zéro, l'ensemble du processus doit être répété, en passant alternativement de l'exécution de l'instruction à l'évaluation de l'expression de contrôle et si celle-ci est non nulle, le processus est répété. Noter que la valeur de l'expression peut changer de temps à autres en raison des effets secondaires dans l'instruction ou dans l'expression elle-même.

L'exécution d'une instruction `do` est complète lorsque l'expression de contrôle vaut zéro ou lorsque le contrôle est transféré en dehors du corps de l'instruction `while` par une instruction `return`, `goto` ou `break`. De plus, l'instruction `continue` peut modifier l'exécution d'une instruction `do`.

L'instruction `do` diffère de l'instruction `while` en ce que l'instruction `do` exécute le corps de l'instruction au moins une fois, alors que l'instruction `while` peut ne jamais exécuter le corps de l'instruction.

L'instruction C `do` est similaire en terme de fonctionnement à ce qui est souvent appelé une instruction "répéter-jusqu'à" dans d'autres langages de programmation tels que Pascal. L'instruction C `do` est inhabituelle en ce qu'elle termine l'exécution lorsque l'expression de contrôle est fausse alors qu'une instruction Pascal répéter-jusqu'à se termine lorsque l'expression de contrôle est vraie. C est plus cohérent pour cela : toute construction itérative en C (`while`, `do` et `for`) se termine lorsque l'expression de contrôle est fausse.

A titre d'exemple d'utilisation de l'instruction `do`, considérons le fragment de programme suivant qui lit et traite des caractères, s'arrêtant après traitement du caractère de fin de ligne.

```
int ch;
do {
    ch = getchar();
    traiter(ch);
} while (ch != '\n');
```

Le même effet pourrait être obtenu en plaçant les calculs dans l'expression de contrôle d'une instruction `while`, toutefois l'intention serait moins claire :

```
int ch;
while ( ch = getchar(ch),
        traiter(ch),
        ch != '\n\);
```

Il est possible d'écrire une instruction `do` dont le corps est une instruction nulle :

```
do ; while (expression);
```

Ceci est toutefois peu sensé, étant donné qu'une instruction `do` a une signification identique à celle d'une instruction `while` dont le corps est une instruction nulle :

```
while (expression);
```

Références expression de contrôle 8.1.2 ; instruction `break` 8.8 ; instruction `continue` 8.8 ; instruction `goto` 8.10 ; instruction nulle 8.11 ; instruction `return` 8.9 ; instruction `while` 8.6.1

8.6.3 Instruction for

L'instruction C `for` est considérablement plus générale que les instructions de type "incrément et test" disponibles dans la plupart des autres langages. Après l'explication de l'instruction `for`, nous donnons plusieurs exemples illustrant la manière de l'utiliser.

instruction-for :
    `for` *expressions-for instruction*

expressions-for :
    ($expression_{opt}$; $expression_{opt}$; $expression_{opt}$)

Une instruction `for` comprend le mot clé `for` suivi de trois expressions séparées par des points-virgules, placées entre parenthèses et suivies d'une instruction. Chacune de ces trois expressions entre parenthèses est optionnelle et peut être omise indépendamment, toutefois, les deux points-virgules les séparant et les parenthèses les encadrant sont obligatoires.

En général, la première expression est utilisée pour initialiser une variable de boucle, la deuxième effectue un test pour savoir si la boucle doit continuer ou s'arrêter et la troisième met à jour la variable de boucle (par exemple, en l'incrémentant). Toutefois, des expressions peuvent en principe être utilisées pour effectuer tout calcul utile à l'intérieur de la structure de contrôle de `for`.

L'instruction `for` est exécutée de la manière suivante :

1. En cas de présence, la première expression est évaluée et sa valeur est ignorée.
2. En cas de présence, la deuxième expression est évaluée comme une expression de contrôle. Si le résultat est zéro, l'exécution de l'instruction `for` est complète. Dans le cas contraire (si le résultat n'est pas zéro ou si la deuxième expression a été omise), continuer avec l'étape 3.
3. Le corps de l'instruction `for` est exécuté.
4. En cas de présence, la troisième expression est évaluée et sa valeur est ignorée.
5. Retourner à l'étape 2.

L'exécution d'une instruction `for` est terminée lorsque la deuxième expression (contrôle) est zéro ou lorsque le contrôle est transféré en dehors de l'instruction `for` par une instruction `return`, `goto` ou `break`. L'exécution d'une instruction `continue` à l'intérieur du corps de l'instruction `for` a pour effet de provoquer un branchement sur l'étape 4 ci-dessus.

Présenté d'une autre façon, une boucle `for` de la forme

```
for (expression1 ; expression2 ; expression3 ) instruction
```

est similaire (à l'exception de l'effet de l'instruction `continue`) à

```
{
  expression1 ;
  while (expression2 ) {
    instruction
    expression3 ;
  }
}
```

Si *expression1* ou *expression3* sont absentes dans l'instruction `for`, elle sont simplement omises de la même manière dans l'expansion. Si *expression2* est absente de l'instruction `for`, la constante `1` est utilisée à la place dans l'expansion (et par conséquent, la boucle `while` ne se termine étant donné que l'expression de contrôle devient zéro).

Références expression de contrôle 8.1.2 ; expressions ignorées 7.13 ; instruction `break` 8.8 ; instruction `continue` 8.8 ; instruction `goto` 8.10 ; instruction `return` 8.9 ; instruction `while` 8.6.1

8.6.4 Utilisation de l'instruction for

La manière classique en C d'écrire une boucle qui ne se "termine jamais" (quelquefois connue sous le nom de boucle "exécute pour toujours") est l'utilisation d'une boucle `for` sans expressions :

```
for (;;) instruction
```

Bien entendu, la boucle peut toujours être terminée par une instruction `break`, `goto` ou `return` placée à l'intérieur du corps d'instruction. Il est possible d'écrire une boucle "exécute pour toujours" d'une autre manière, telle que

```
while (1) instruction
```

toutefois, la forme idiomatique utilisant `for` sans expression est habituelle.

En général, la première expression dans une instruction `for` est utilisée pour initialiser une variable, la deuxième expression est utilisée pour tester la variable d'une certaine manière et la troisième pour modifier la variable dans un certain but. Par exemple, pour imprimer les entiers de 0 à 9 ainsi que leurs carrés, on peut écrire

```
for (j = 0; j < 10; j++)
  printf("%d %d\n", j, j*j);
```

Dans ce cas, la première expression initialise `j`; la deuxième effectue un test pour savoir si `j` a déjà atteint la valeur `10` (auquel cas, la boucle est terminée); et la troisième expression incrémente `j` de 1.

L'exemple ci-dessus élevant un entier à une puissance entière pour illustrer l'utilisation de l'instruction `while` peut être récrit de la manière suivante en utilisant une instruction `for` :

```
/*  Calcule x à la puissance y par élévations au carré
    répétées. */
{
  int base = x;
  int exposant;
  int z = 1;
  for (exposant = y; exposant > 0; exposant /= 2) {
    if ( exposant % 2)  /* Si l'exposant est impair,   */
      z *= base;        /* multiplier z par base.      */
    base *= base;       /* Elever la base au carré.    */
  }
  /* Maintenant z est égal à x à la puissance y. */
}
```

Cette forme insiste sur le fait que la boucle est contrôlée par la variable exposant alors qu'elle commence avec la valeur y et progresse vers 0 par divisions successives par 2. Noter que la variable de boucle exposant doit toujours être déclarée en dehors de l'instruction for. L'instruction for elle-même ne contient pas de déclaration de variables. Une erreur commune de programmation est d'oublier de déclarer une variable telle que i ou j utilisée dans une instruction for et de découvrir par la suite qu'une autre variable nommée i ou j à un autre endroit du programme est modifiée de manière non intentionnelle par la boucle.

L'instruction for peut être utilisée dans des cas qui ne sont pas limités à l'incrémentation de valeurs entières. L'exemple suivant effectue un balayage descendant dans une chaîne de structures liées où la variable de boucle est un pointeur :

```
struct entlist {
  struct entlist *lien;
  int donnee;
};

void imprime_duplications(p)
struct entlist *p;
{
  for (; p; p = p->lien) {
    struct entlist *q;
    for (q = p->lien; q; q = q->lien)
      if  (q->donnee == p->donnee) {
          printf("Donnée dupliquée %d",p->donnee);
          break;
      }
  }
}
```

La structure entlist est utilisée pour matérialiser une liste liée d'enregistrements, chaque enregistrement contenant certaines données. Etant donné une telle liste liée, la fonction imprime_duplications imprime les données de tout enregistrement redondant dans la liste. Un enregistrement est considéré comme redondant si un autre enregistrement qui le suit dans la liste contient les mêmes données. (Si plusieurs enregistrements dans la liste contiennent les mêmes données, tous ces enregistrements, à l'exception du dernier sont considérés comme redondant). La première instruction for utilise de manière astucieuse (peut-être trop astucieuse) le paramètre formel p comme variable de boucle ; celui-ci balaye la boucle dans le sens descendant. La boucle se termine lorsqu'un pointeur nul est rencontré. Pour chaque enregistrement, tous les enregistrements qui le suivent sont examinés par l'instruction for intérieure qui balaye un pointeur q le long de la liste de la même manière. Si l'enregistrement pointé par p est découvert comme étant redondant, l'instruction break est utilisée pour terminer la boucle intérieure afin d'éviter que les données correspondant à p soient imprimées plus d'une fois.

Comme autre exemple de boucles imbriquées for, la procédure ci-dessous effectue un simple tri qui utilise l'algorithme de tri par insertion.

```
/* Trie v[0]...v[n-1] par ordre croissant. */
void tri_insertion(v, n)
  register int v[], n;
{
    register int i, j, temp;
    for (i = 1; i < n; i++) {
      temp = v[i];
      for (j = i-1; j >=0 && v[j] > temp; j--)
          v[j+1] = v[j];
      v[j+1] = temp;
    }
}
```

La boucle for extérieure incrémente i de 1 (inclu) à n (exclu). A chaque étape, les éléments v[0] à v[i-1] ont déjà été triés et les éléments v[i] à v[n-1] restent à trier. La boucle intérieure décrémente j à partir de i-1 en déplaçant les éléments du tableau vers le haut un à la fois, jusqu'à ce que l'emplacement correct pour l'insertion de v[i] soit déterminé. (Ceci est la raison pour laquelle ce tri est appelé "tri d'insertion"). Remarquer que le test de terminaison de la boucle intérieure utilise l'opérateur &&. Ceci empêche l'exécution de la référence de tableau v[j] lorsque j est inférieur à 0.

Le tri par insertion est une méthode de tri simple et efficace pour les tableaux de petite taille (pour n inférieur à 20, par exemple) ou pour les tableaux qui sont déjà presque triés. Ce n'est pas une bonne méthode pour les tableaux très grands non triés étant donné que dans le pire des cas, le temps nécessaire à effectuer le tri est proportionnel au carré du nombre d'éléments à trier.

Une simple modification du tri d'insertion qui peut le rendre incroyablement plus efficace consiste à placer une troisième boucle autour des deux premières ! La procédure de tri suivante qui utilise l'algorithme de tri d'interpréteur est similaire à celui appelé interpreteur qui a paru comme un exemple dans la description originale de C. La procédure originale interpreteur était un bon exemple d'utilisation de trois différentes boucles imbriquées for dans un cas pratique. Toutefois, nous l'avons modifiée ci-dessous de quatre manières, deux desquelles étaient suggérées par Knuth et Sedgewick, pour la rendre plus rapide.

```
/* Trie v[0]...v[n-1] par ordre croissant. */
void tri_interpreteur(v, n)
  register int v[], n;
{
  register int espace, i, j, temp;

  espace = 1;
  do (espace = 3*espace + 1); while (espace <= n);
  for (espace /= 3; espace > 0; espace /= 3)
    for (i = espace; i < n; i++) {
        temp = v[i];
        for (j=i-espace; (j>=0)&&(v[j]>temp); j-=espace)
            v[j+espace] = v[j];
        v[j+espace] = temp;
    }
}
```

Dans la plus ancienne version `interpreteur`, la valeur de `espace` commençait à `n/2` et `espace` était divisé par deux à chaque passage à travers la boucle extérieure; dans cette nouvelle version dénommée `tri_interpreteur`, `espace` est initialisé en trouvant le plus petit nombre dans la série 1, 4, 13, 40, 121, ... qui n'est pas supérieur à `n` et `espace` est divisé par trois à chaque passage à travers la boucle extérieure. Ceci constitue la première amélioration en permettant au tri de s'exécuter 20% à 30% plus vite en moyenne. (Ce résultat est empirique; la raison théorique n'en est pas encore complètement maîtrisée. Des expériences montrent aussi qu'il ne faut *pas* initialiser `espace` à `n` et le diviser ensuite par trois à chaque fois; une telle stratégie constitue une très mauvaise procédure de tri. Il est important de commencer par un élément appartenant à la série 1, 4, 13, 40, 121, ...).

La deuxième amélioration est que le nombre d'affectations est réduit en raison du fait que la boucle interne de `tri_interpreteur` contient seulement une seule affectation alors que la boucle intérieure de `interpreteur` en contient trois.

La troisième amélioration est l'introduction de déclarations `register` dans `tri_interpreteur`; ces déclarations ne font pas de différence dans certaines implémentations de C mais peuvent fournir une amélioration dramatique des performances dans certaines autres implémentations (40% dans l'un des cas).

La quatrième amélioration est l'utilisation du spécificateur de type `void` pour indiquer explicitement que `tri_interpreteur` ne retourne pas de valeur.

Remarquer que les deux boucles internes de `tri_interpreteur` sont presque identiques aux deux boucles de `tri_insertion`; la seule différence est que la variable `espace` a été remplacée par la constante `1` à certains endroits. Malgré le fait que `tri_interpreteur` comporte trois boucles imbriquées au lieu de deux, des expériences montrent que cette procédure s'exécute en un temps à peu près proportionnel à $n^{1.25}$ au lieu de n^2.

Références classe de mémorisation `register` 4.3 ; opérateur de sélection -> 7.4.2 ; types pointeur 5.3 ; types structure 5.6 ; type `void` 5.9

8.6.5 Variables de contrôle multiples

Il est parfois pratique d'utiliser plus d'une variable pour contrôler une boucle `for`. Dans cet esprit, l'opérateur virgule est spécialement utile étant donné qu'il peut être utilisé pour regrouper plusieurs affectations dans une simple expression :

```
/*  Retourne 1 si les deux arguments de type chaîne
    sont égaux et 0 dans le cas contraire. */

int egal_chaîne(s1, s2)
  char s1[], s2[];
{
  char *p1, *p2;
  for (p1=s1, p2=s2; *p1 && *p2; p1++, p2++)
      if (*p1 != *p2) return 0;
  return *p1 == *p2;
}
```

La fonction exemple `egal_chaîne` accepte deux chaînes et retourne 1 en cas d'égalité et 0 dans le cas contraire. L'instruction `for` est utilisée pour balayer deux variables de type pointeur en parallèle le long des deux chaînes. L'expression `p1++, p2++` provoque l'avancée de chacun des deux pointeurs sur le caractère suivant. Si une différence est détectée entre les chaînes à partir d'une certaine position, l'instruction `return` est utilisée pour terminer l'exécution de l'ensemble de la fonction et retourner 0. (Ceci est probablement un peu plus rapide que d'utiliser `break` pour terminer la boucle et laisser le `return` suivant recommencer la comparaison). Si un caractère nul est détecté dans l'une des chaînes, ainsi que déterminé par l'expression `*p1 && *p2`, la boucle est terminée normalement, après quoi la deuxième instruction `return` détermine si les deux chaînes se terminaient avec un caractère nul au même endroit. (La fonction fonctionnerait toujours correctement si l'expression `*p1` était utilisée au lieu de `*p1 && *p2`. Elle serait aussi un peu plus rapide bien que moins satisfaisante en matière de symétrie).

Références instruction `break` 8.8 ; instruction `continue` 8.8 ; opérateur de sélection -> 7.4.2 ; opérateur virgule 7.10 ; types pointeur 5.3 ; types structure 5.6

8.7 INSTRUCTION SWITCH; ETIQUETTES CASE ET DEFAULT

L'instruction `switch` est un branchement à branches multiples en fonction de la valeur d'une expression de contrôle. Pour ce qui est de son utilisation, elle est similaire à celle de l'instruction "case" en Pascal ou en Ada mais ressemble plus en matière d'implémentation à l'instruction FORTRAN "goto calculée".

instruction-switch :
`switch` (*expression*) *instruction*

étiquette-de-cas :
`case` *expression-constante*

étiquette-default :
`default`

Une instruction `switch` comprend le mot-clé `switch` suivi d'une expression de contrôle placée entre parenthèses et d'une instruction. Les parenthèses entourant l'expression sont obligatoires. L'instruction contenue à l'intérieur d'une instruction `switch` est quelquefois appelée le *corps* de l'instruction `switch`. Le corps est en général une instruction composée bien que cela ne soit pas nécessaire.

Une étiquette `case` consiste du mot-clé `case` suivi d'une expression constante. Une étiquette `default` consiste du mot-clé `default`. Une étiquette `case` ou `default` est dite *appartenir* à l'instruction `switch` la plus imbriquée qui la contient. Toute instruction contenue dans le corps d'une instruction `switch` — ou le corps lui-même — peut être étiqueté avec plusieurs `case` et un seul `default`.

Les étiquettes `case` et `default` qui appartiennent à une instruction `switch` doivent satisfaire aux règles suivantes :

1. Toutes les étiquettes `case` (s'il en existe) doivent comporter des expressions constantes qui — après les conversions unaires habituelles — sont du même type que l'expression contenue dans l'instruction `switch`.
2. Aucun groupe de deux étiquettes `case` appartenant à la même instruction `switch` ne peut comporter des expressions produisant la même valeur.
3. Au plus une étiquette `default` peut appartenir à une instruction `switch` particulière.

Une étiquette `case` ou `default` peut seulement apparaître à l'intérieur d'une instruction `switch`.

L'expression de contrôle d'une instruction `switch` est sujette aux conversions unaires habituelles, il existe toutefois un certain degré d'incertitude concernant les types autorisés pour cette expression. La définition originale de C spécifiait que le type devait être `int` et ce type est toujours autorisé. Les compilateurs qui implémentent les types énumération permettent en général des expressions de type énumération dans les instructions `switch` et des constantes de type énumération dans les étiquettes `case`. Le type `long` peut aussi être autorisé dans certaines implémentations. Toutefois, l'utilisation de types pointeur ou virgule-flottante n'est pas autorisé.

Une instruction `switch` est exécutée de la manière suivante :

1. L'expression de contrôle est évaluée.

2. Si la valeur de l'expression est égale à celle de l'expression constante contenue dans l'une des étiquettes `case` de l'instruction `switch`, le contrôle du programme est transféré à l'endroit indiqué par cette étiquette `case` comme par une instruction `goto`; l'instruction étiquetée par ce `case` est ensuite exécutée.
3. Si la valeur de l'expression de contrôle n'est pas égale à l'une des étiquettes `case` et s'il existe une étiquette `default` appartenant à cette instruction `switch`, le contrôle du programme est transféré à l'endroit indiqué par l'étiquette `default`; l'instruction étiquetée par `default` est ensuite exécutée.
4. Si la valeur de l'expression de contrôle n'est pas égale à l'une des étiquettes `case` et s'il n'existe pas d'étiquette `default`, aucune instruction du corps de l'instruction `switch` n'est exécutée; le contrôle du programme est transféré aux instructions suivant le `switch`.

Après transfert du contrôle à une étiquette `case` ou `default`, l'exécution continue avec les instructions suivantes, ignorant toute étiquette `case` ou `default` qui peut être rencontrée jusqu'à la fin de l'instruction `switch` ou jusqu'à ce que le contrôle soit transféré en dehors de l'instruction `switch` par une instruction `goto`, `return`, `break` ou `continue`.

Références expressions constantes 7.11 ; instruction `break` 8.8 ; instruction `continue` 8.8 ; instruction étiquetée 8.3, 8.8 ; instruction `goto` 8.10 ; instruction `return` 8.9 ; types entier 5.1 ; types énumération 5.5 ; types pointeur 5.3 ; types virgule-flottante 5.2

8.7.1 Utilisation des instructions switch

Le style habituel d'utilisation de l'instruction `switch` nécessite que le corps de cette instruction soit une instruction composée, les instructions contenues dans celle-ci étant étiquetées par `case` et `default`. Il convient de remarquer que les étiquettes `case` et `default` ne modifient pas par elles-mêmes le cours de l'exécution du programme; l'exécution continue sans que des interférences soient causées par ces étiquettes. L'instruction `break` peut être utilisée dans le corps d'une instruction `switch` pour terminer son exécution.

A titre d'exemple, considérons le fragment de programme suivant :

```
switch (x) {
  case 1: printf("*");
  case 2: printf("**");
  case 3: printf("***");
  case 4: printf("****");
}
```

Si la valeur de `x` est 2, neuf astérisques sont imprimés. La raison est que l'instruction `switch` transfère le contrôle à l'étiquette `case` comportant l'expression 2. L'appel à `printf` avec argument `"**"` est exécuté, l'appel à `printf` avec argument `"***"` est ensuite exécuté et enfin l'appel à `printf` avec argument `"****"` est exécuté. S'il est souhaitable de terminer l'exécution du corps de `switch` après un seul appel de `printf` dans chaque cas, l'instruction `break` doit être utilisée :

```
switch (x) {
  case 1: printf("*");
          break;
  case 2: printf("**");
          break;
  case 3: printf("***");
          break;
  case 4: printf("****");
          break;
}
```

Bien que la dernière instruction `break` ne soit pas logiquement nécessaire dans cet exemple, il est préférable de l'utiliser pour des raisons de style. Ceci vous aidera à éviter des erreurs de programmation dans le cas où un troisième cas serait ajouté plus tard à l'instruction `switch`.

Alors qu'il est considéré de bon style d'utiliser l'instruction `switch` de la manière illustrée ci-dessus, la définition du langage ne nécessite pas que le corps de cette instruction soit une instruction composée ou que les étiquettes `case` ou `default` apparaissent seulement au "plus haut niveau" de l'instruction composée, dans un ordre particulier ou dans différentes instructions. Etant donné qu'une instruction `switch` correspond effectivement à une instruction `goto` calculée à plusieurs branches, les mêmes conseils de style s'appliquent aux instructions `goto`. (Voir paragraphe 8.10).

L'exemple ci-dessous illustre comment les meilleures intentions peuvent conduire au désastre. L'intention était d'implémenter ce fragment de programme simple d'une manière aussi efficace que possible :

```
if (premier(x)) traiter_premier(x);
else traiter_compose(x);
```

La fonction `premier` était supposée retourner 1 si son argument était un nombre premier et 0 si son argument était un nombre composé. Des statistiques ont révélé que la plupart des appels de `premier` ont été effectués avec des entiers de valeurs basses, par conséquent, pour éviter le surplus de programme lors des appels de `premier`, le code a été modifié de la manière suivante :

```
switch(x) {
  case 2: case 3: case 5: case 7:
    traiter_premier(x);
    break;
  case 4: case 6: case 8: case 9: case 10:
    traiter_compose(x);
    break;
  default:
    if (premier(x)) traiter_premier(x);
    else traiter_compose(x);
    break;
}
```

La dernière étape consistait à réaliser que C permettait de comprimer davantage cet exemple :

```
switch (x)
  default:
    if (premier(x))
      case 2: case 3: case 5: case 7:
        traiter_premier(x);
    else
      case 4: case 6: case 8: case 9: case 10:
        traiter_compose(x);
```

Ceci est franchement l'instruction `switch` la plus bizarre que nous ayons jamais vue qui ait toujours la prétention d'avoir une utilité. Non seulement elle est non structurée et difficile à comprendre mais encore de bons compilateurs peuvent générer le même code à partir de l'instruction `switch` bien structurée donnée ci-dessus.

Nous recommandons fortement de s'en tenir à cette règle de style simple pour les instructions `switch` : le corps doit toujours être une instruction composée et les étiquettes appartenant à l'instruction `switch` doivent apparaître sur les instructions de "plus haut niveau" à l'intérieur de cette instruction. Par ailleurs, chaque étiquette `case` (ou `default`) à l'exception de la première doit être précédée soit d'une instruction `break` qui termine le code pour le cas précédent ou soit d'un commentaire indiquant de manière explicite que le code précédent doit délibérément être exécuté :

```
enum type_erreur {info, avert, erreur, fatal}
ind_erreur;
  ...
  /* Imprime le préfixe approprié pour générer le     */
  /* message d'erreur suivant et incrémente aussi     */
  /* le compteur approprié.                           */
  switch (ind_erreur) {
    case info:
      printf("Info");
      ++compteur_info;
      break;
    case avert:
      printf("Avertissement");
      ++compteur_avert;
      break;
    case fatal:
      ind_desastre = 1;
      printf("Fatal ");
      /* Execute la suite. */
    case erreur:
      printf("Erreur");
      ++compteur_erreur;
      break;
  }
  imprime_message_erreur();
```

8.8 INSTRUCTIONS BREAK ET CONTINUE

Les instructions `break` et `continue` sont utilisées pour modifier le flot de contrôle à l'intérieur des boucles et — dans le cas de `break` — dans les instructions `switch`. Il est préférable d'utiliser ces instructions plutôt que l'instruction `goto` pour arriver au même but.

instruction-break :
    `break ;`

instruction-continue :
    `continue ;`

L'instruction `break` comprend simplement le mot `break` suivi d'un point-virgule. L'exécution d'une instruction `break` provoque l'exécution de la plus petite instruction englobante `while`, `do`, `for` ou `switch` devant être terminée. L'apparition d'une instruction `break` sans instruction itérative ou `switch` englobante est une erreur.

L'instruction `continue` comprend simplement le mot `continue` suivi d'un point-virgule. L'exécution d'une instruction `continue` provoque l'exécution du corps de la plus petite instruction englobante `while`, `do` ou `for` devant être terminée. Le contrôle du programme est immédiatement transféré à la fin du corps et l'exécution de l'instruction itérative affectée continue à partir de cet endroit avec une réévaluation du test de boucle (et de l'expression d'incrémentation dans le cas d'une instruction `for`). L'apparition d'une instruction `continue` sans instruction itérative englobante est une erreur.

L'instruction `continue` à la différence de l'instruction `break` n'a aucune interaction avec les instructions `switch`. Une instruction `continue` peut apparaître à l'intérieur d'une instruction `switch` mais affecte seulement la plus petite instruction itérative englobante et non pas l'instruction `switch`.

Les instructions `break` et `continue` peuvent être expliquées à l'aide de l'instruction `goto`. Considérer les instructions affectées par une instruction `break` ou `continue` :

`while (` *expression* `)` *instruction*

`do` *instruction* `while (` *expression* `)`

`for (`*expression1* `;` *expression2* `;` *expression3* `)` `instruction`

`switch (` *expression* `)` *instruction*

Imaginer que de telles instructions soient récrites de la manière suivante :

`{ while (` *expression* `) {`*instruction* `C:; }` *B*`:; }`

`{ do {`*instruction C* `:; } while (` *expression* `);` *B*`:; }`

`{ for (`*expression1* `;` *expression2* `;` *expression3* `) {`*instruction C*`:; } B :; }`

`{ switch (` *expression* `)` *instruction B* `:; }`

où dans chaque cas *B* et *C* sont des étiquettes qui n'apparaissent nulle part ailleurs dans la fonction englobante. Dans ce cas toute apparition d'une instruction `break` à l'intérieur du corps de l'une quelconque de ces instructions est équivalente à

`goto` *B*`;`

et toute apparition d'une instruction `continue` à l'intérieur du corps de l'une quelconque de ces instructions (à l'exception de `switch`) est équivalente à

`goto` *C*`;`

(Ceci suppose que les corps de boucle ne contiennent pas d'autre boucle contenant l'instruction `break` ou `continue`).

Références instruction `do` 8.6.2 ; instruction `for` 8.6.3 ; instruction `goto` 8.10 ; instruction `switch` 8.7 ; instruction `while` 8.6.1

8.8.1 Utilisation de `break` *et* `continue`

L'instruction `break` est souvent utilisée dans deux contextes très importants : pour déterminer le traitement d'un cas particulier dans une instruction `switch` et pour terminer une boucle prématurément. La première utilisation est illustrée en conjonction avec `switch` dans le paragraphe 8.7. La deuxième utilisation est illustrée par l'exemple suivant de remplissage d'un tableau avec des caractères d'entrée :

```
/*  Remplir "tableau" avec des caractères d'entrée en
    s'arrêtant lorsque le tableau est plein ou
    lorsque l'entrée est terminée.
*/
{
  static char tableau[100] = {0};
  int i, c;
  for (i = 0; i < 100; i++) {
    c = getchar();
    if  (c == EOF)
        break;     /* Terminer si fin-de-fichier */
    tableau[i] = c;
  }
  /*  Maintenant "i" contient le nombre effectif de
      caractères lus. */
}
```

Noter que `break` est utilisé pour traiter le cas anormal. Il est généralement de meilleur style de traiter le cas normal dans la boucle elle même.

La plupart des utilisations de `continue` peuvent être évitées en utilisant une instruction `if` plus soigneusement construite; ceci permet en général de clarifier le code. L'exemple ci-dessous illustre une mauvaise utilisation de l'instruction `continue` :

```
extern char mem_tampon_commande[];
  ...
  for (;;) {
    /*  Traiter toutes les lignes non vides qui ne
        commencent pas par "#". */
    gets(mem_tampon_commande);
    if (!mem_tampon_commande[0]) continue;
    if (mem_tampon_commande[0] = '#') continue;
    traiter_commande();
  }
```

Ceci peut être récrit pour plus de clarté en rendant l'appel de `traiter_commande` conditionnel :

```
extern char mem_tampon_commande[];
  ...
  for (;;) {
    /*  Traiter toutes les lignes non vides qui ne
        commencent pas par "#". */
    gets(mem_tampon_commande);
    if (mem_tampon_commande[0] &&
             mem_tampon_commande[0] != '#'))
      traiter_commande();
  }
```

Bien que l'utilisation des instructions `continue` ne soit pas aussi compliquée que celle des instructions `goto`, des compromis similaires doivent être examinés pour justifier l'utilisation de ces instructions. Une utilisation irréfléchie de `continue` (ou `break` dans ce cas) peut rendre la clarté et la maintenance des programmes beaucoup plus compliquées.

L'exemple ci-dessous illustre l'utilisation d'une instruction `break` à l'intérieur d'une boucle "exécute pour toujours". L'idée est de trouver le plus grand élément dans le tableau `a` (de longueur `n`) de manière aussi efficace que possible. Nous supposons que le tableau peut être modifié temporairement.

```
{
  int temp = a[0];
  register int plus_petit = a[0];
  register int *ptr = &a[n];
  for (;;) {
    while (*--ptr > plus_petit);
    if (ptr == &a[0]) break;
    a[0] = plus_petit = *ptr;
  }
  a[0] = temp;
}
```

L'idée est que la plupart du travail est effectué par une boucle `while` très dense. La boucle `while` parcourt le pointeur `ptr` à l'envers dans le tableau, en ignorant les éléments qui sont plus grands que le plus petit trouvé jusqu'à maintenant. (Si les éléments apparaissent dans un ordre aléatoire, dès qu'un élément raisonnablement petit est trouvé, la plupart des autres éléments seront plus grands et par conséquent ignorés). La boucle `while` ne peut pas s'arrêter devant le tableau étant donné que le plus petit élément trouvé jusqu'alors est aussi stocké dans le premier élément du tableau. Lorsque la boucle `while` est terminée, si le balayage a atteint le début du tableau, l'instruction `break` termine la boucle extérieure. Dans le cas contraire `plus_petit` et `a[0]` sont mis à jour et la boucle `while` est exécutée à nouveau. A la fin du calcul, l'élément `a[0]` reprend sa valeur originale.

Comparer le code ci-dessus avec une approche plus simple et plus claire :

```
{
  register int plus_petit = a[0];
  register int j;
  for (j = 1; j < n; ++j)
      if  (a[j] < plus_petit)
          plus_petit = a[j];
}
```

Cette version est certainement plus facile à comprendre. Toutefois, lors de chaque itération de boucle, une vérification explicite (`j < n`) doit être effectuée pour s'arrêter à la fin du tableau à la différence de la vérification implicite effectuée par le code plus astucieux. Dans certaines circonstances où l'efficacité est de rigueur, le code plus compliqué peut être justifié; dans le cas contraire, la boucle plus simple et plus claire doit être utilisée.

8.9 INSTRUCTION RETURN

Une instruction `return` est utilisée pour terminer la fonction courante en retournant peut-être une valeur.

instruction-return :
  `return` *expression*$_{opt}$;

Une instruction `return` comprend le mot-clé `return`, suivi d'une expression optionnelle et d'un point-virgule. L'exécution d'une instruction `return` provoque la terminaison de l'exécution de la fonction courante; le contrôle du programme est transféré à la procédure appelant la fonction à l'endroit situé immédiatement après l'appel.

Si le contrôle du programme doit "passer par la fin" d'une fonction, l'effet est identique à l'exécution d'une instruction `return` sans expression.

Si aucune expression n'apparaît, aucune valeur n'est retournée par la fonction; si la fonction était appelée à partir d'un contexte exigeant une valeur, la valeur retournée est indéfinie. Si une expression apparaît dans l'instruction `return`, elle est convertie si nécessaire comme par simple affectation au type de la valeur de retour de la fonction dans laquelle l'instruction apparaît.

Les règles gouvernant la cohérence de la valeur effective retournée avec la valeur retournée déclarée dans la définition d'une fonction sont décrites dans le paragraphe 9.8.

8.10 INSTRUCTION GOTO ET ETIQUETTES NOMMEES

Une instruction `goto` peut être utilisée pour transférer le contrôle d'une instruction quelconque d'une fonction à une autre instruction.

instruction-goto :
    `goto` *identificateur* ;

étiquette-nommée :
    identificateur

Une instruction `goto` comprend le mot-clé `goto` suivi d'un identificateur et d'un point-virgule. L'identificateur doit être identique à l'étiquette nommée d'une certaine instruction de la fonction courante. L'exécution d'une instruction `goto` provoque le transfert immédiat du contrôle du programme à l'emplacement de la fonction indiqué par l'étiquette ; l'instruction étiquetée par le nom indiqué est ensuite exécutée.

Références instruction étiquetée 8.3

8.10.1 Utilisation de l'instruction `goto`

C permet à une instruction `goto` de transférer le contrôle à une autre instruction quelconque dans une fonction, toutefois, certains types de branchements peuvent produire des programmes portant à confusion et le branchement peut nuire aux optimisations du compilateur.

Les règles suivantes permettent une utilisation plus claire de `goto` :

1. Ne pas brancher dans la portion "then" ou "else" d'une instruction if ou if-else à partir de l'extérieur de l'instruction if ou if-else.
2. Ne pas se brancher dans la partie "else" à partir de la partie "then" ou inversement.
3. Ne pas se brancher dans le corps d'une instruction `switch` ou d'une instruction d'itération à partir de l'extérieur de l'instruction.
4. Ne pas se brancher dans une instruction composée à partir de l'extérieur de l'instruction.

De tels branchements doivent être évités non seulement lors de l'utilisation d'une instruction `goto` mais aussi lors du placement d'étiquettes `case` ou `default` dans une instruction `switch` (ce qui a pour effet d'exécuter une instruction `goto` pour se rendre à l'étiquette `case` appropriée). Le branchement au milieu d'une instruction composée à partir de l'extérieur porte particulièrement à confusion étant donné qu'un tel branchement outrepasse l'initialisation de toute variable déclarée au sommet de l'instruction composée.

Il est de bon style de programmation d'utiliser les instruction `break`, `continue` et `return` plutôt que `goto` lorsque cela est possible et il est toujours préférable de les ignorer en utilisant de manière appropriée les instructions conditionnelles et itératives.

Enfin, le programmeur qui veut créer un programme C qui s'exécute aussi rapidement que possible doit se souvenir que la présence de *toute* étiquette — explicite, nommée ou implicite nécessitée par les instructions `break` et `continue` — peut empêcher les optimisations du compilateur et par conséquent ralentir le programme C.

Références expression de contrôle 8.1.2 ; instruction `break` 8.8 ; instruction `continue` 8.8 ; instruction étiquetée 8.3 ; instruction `if` 8.5 ; instruction `return` 8.9 ; instruction `switch` 8.7

8.11 INSTRUCTION NULLE

L'instruction nulle comprend simplement un point-virgule :

instruction-nulle :
;

Cette instruction est principalement utile dans deux situations. La première est qu'un corps nul est souvent souhaitable pour une instruction itérative (`while`, `do` ou `for`) ainsi que dans

```
char *p;
...
while ( *p++ );     /* trouve la fin de la chaîne */
```

Le deuxième cas est lorsqu'une étiquette est souhaitable immédiatement avant l'accolade droite qui termine une instruction composée. (Une étiquette ne peut pas simplement précéder l'accolade droite mais doit toujours être associée avec une instruction). Par exemple :

```
if (e) {
    ...
    goto L; /*  termine cette branche de
                l'instruction "if" */
    ...
  L:;}
  else ...
```

Références instruction `do` 8.6.2 ; instruction étiquetée 8.3 ; instruction `for` 8.6.3 ; instruction `while` 8.6.1

9

Fonctions

Ce chapitre décrit les définitions de fonctions en C et les règles à suivre pour le passage de paramètres et le retour de valeurs. Les types de fonctions et les déclarations sont décrits dans le paragraphe 5.8. Cette partie du langage a été largement complétée dans la Proposition ANSI C.

9.1 DEFINITIONS DE FONCTIONS

Une définition de fonction permet d'introduire une nouvelle fonction et fournit les informations suivantes :

1. le type de la valeur retournée par la fonction, au besoin
2. le type et le nombre de paramètres formels
3. la visibilité de la fonction à l'extérieur du fichier dans lequel elle est définie
4. le programme qui doit être exécuté lorsque la fonction est appelée

Ne pas confondre les *définitions* de fonctions avec les *déclarations* de fonctions. Une déclaration de fonction permet d'accéder à une fonction définie ailleurs.

La syntaxe à suivre pour une définition de fonction est

définition-de-fonction:
spécificateurs-de-déclaration$_{opt}$ déclarateur corps-de-fonction

corps-de-fonction :
liste-de-déclarations-de-paramètres$_{opt}$ instruction-composée

liste-de-déclarations-de-paramètres :
liste-de-déclarations

liste-de-déclarations :
déclaration
liste-de-déclarations déclaration

Il convient de remarquer que les spécifications de classe de mémorisation et de type peuvent être omises dans la définition de fonction sans causer d'ambiguïté.

Les seuls spécificateurs de classe de mémorisation qui peuvent apparaître dans une définition de fonction sont `extern` et `static`. `extern` indique qu'une fonction peut être référencée à partir d'autres fichiers, ou plus exactement, le nom de la fonction est déclaré à l'éditeur de liens. Le spécificateur `static` indique que la fonction ne peut pas être référencée dans d'autres fichiers, ou plus exactement, le nom de la fonction n'est pas déclaré à l'éditeur de liens. Si aucune classe de mémorisation n'est spécifiée dans la définition d'une fonction, `extern` est utilisé implicitement.

La classe de mémorisation n'affecte pas la visibilité d'une fonction à l'intérieur du fichier dans lequel elle est définie. La fonction est toujours visible à partir de l'endroit où elle est définie jusqu'à la fin du fichier. En particulier, la fonction est visible à l'intérieur du corps de la fonction elle même. (C permet à toute fonction de s'appeler récursivement).

Références classe de mémorisation `extern` 4.3 ; classe de mémorisation `static` 4.3 ; déclarateurs 4.5 ; déclarations de fonctions 5.8 ; spécificateurs de type 4.4

9.2 *TYPES DE FONCTIONS*

Dans la définition d'une fonction, ainsi que dans sa déclaration, le spécificateur de type et le déclarateur permettent de déterminer le "type" de la fonction. Nous appelons ces deux entités *spécificateur de fonction*. Dans le cas ou aucun spécificateur de type n'est indiqué, `int` est utilisé implicitement.

Dans une définition de fonction, le déclarateur et le spécificateur de type doivent indiquer le type de l'identificateur correspondant à la "fonction retournant *T* ", ou *T* est un type quelconque (y compris `void`) à l'exception de "tableau de ..." ou de "fonction retournant ...". Plus exactement, les fonctions ne peuvent pas retourner de tableaux ou d'autres fonctions. (Toutefois, les fonctions peuvent retourner des pointeurs à des tableaux ou à des fonctions). Par exemple, la déclaration de fonction suivante bien que correcte sur le plan de la syntaxe n'a aucun sens étant donné que `f` est du type "pointeur à fonction retournant `int`" :

```
int (*f)()
{
   ...
}
```

Toutefois, la définition suivante est correcte étant donné que g est du type "fonction retournant *T* " (ou *T* est un "pointeur à un tableau d'`int`").

```
int (*g())[]
{
   ...
}
```

Une autre manière de formuler cette restriction est qu'une définition doit contenir un déclarateur de fonction "*d* (...) ", ou *d* est l'identificateur correspondant au nom de la fonction. Si la fonction comporte des paramètres, ceux-ci doivent être énumérés dans le déclarateur de fonction.

Considérer les exemples suivants de spécificateurs de fonctions :

`void f()` `f` est une fonction sans paramètres ne retournant aucun résultat.

`int g(x, y)` `g` est une fonction à deux paramètres `x` et `y` retournant une valeur de type `int`.

`int (*h(z))[]` `h` est une fonction à un paramètre `z` retournant un pointeur à un tableau d'entiers.

`int (*(*d(w)[])()`

`d` est une fonction à un paramètre `w` retournant un pointeur à un tableau de pointeurs à des fonctions retournant des entiers. (Remarquer que les paramètres de `d` sont les seuls spécifiés et non pas ceux des autres fonctions mentionnées dans le déclarateur).

La Proposition de normalisation ANSI C introduit la notion de "prototypes de fonctions", qui contient d'avantage d'informations que les types de fonctions.

Références classe de mémorisation `static` 4.3 ; déclarateurs 4.5 ; déclarations de fonctions 5.8 ; prototypes de fonctions 11.3.5 ; type `void` 5.9

9.3 DECLARATIONS DE PARAMETRES FORMELS

Dans les définitions de fonctions, les paramètres formels sont déclarés en deux étapes. Ainsi que décrit auparavant, les noms des paramètres sont énumérés dans le déclarateur de la fonction. Pour indiquer les types des paramètres, le programmeur déclare chacun de ces paramètres (dans n'importe quel ordre) dans la partie déclaration de paramètres. Par exemple, pour définir une fonction à trois paramètres — un entier, un nombre à virgule flottante double précision et un pointeur à entier — le programmeur peut écrire :

```
void f(x, y, z)
  int x, *z;
  double y;
{
  ...
}
```

La partie de déclaration des paramètres peut contenir les déclarations de paramètres et peut-être aussi les déclarations de types utilisés dans les déclarations de paramètres.

Le seul spécificateur de classe de mémorisation qui doit être présent dans une déclaration formelle de paramètres est `register`, qui permet d'indiquer au compilateur qu'un paramètre est utilisé de manière extensive et qu'il est par conséquent utile de le placer dans un registre après le début d'exécution de la fonction. Les restrictions normales ayant trait aux types de paramètres qui peuvent être spécifiés comme `register` sont applicables (voir paragraphe 4.3).

Un paramètre peut être déclaré comme étant d'un type quelconque à l'exception de `void` ou de "fonction retournant ...". Des paramètres du type "tableau de *T*" et (parfois) "fonction retournant *T*" peuvent être déclarés, toutefois ces types sont adaptés respectivement comme "pointeur à *T*" et "pointeur à fonction retournant *T*". Ce mécanisme est décrit de manière plus détaillée dans le paragraphe 9.4.

Il est permis d'inclure des définitions de types structure, union, ou énumération dans la partie de déclaration de paramètres ainsi que des définitions `typedef`. La validité de ces définitions est limitée au corps de la fonction. Toutefois, l'utilité de ces définitions est marginale et fait certainement preuve d'un mauvais style de programmation. A titre d'illustration, considérer la définition de fonction suivante :

```
int traiter_enregistrement(r);
  struct { int a; int b; } *r;
{
    ...
}
```

L'inclusion de la définition de `struct` en tant qu'élément secondaire dans la déclaration de r est correcte bien qu'elle porte à confusion étant donné qu'aucun paramètre réel de ce type n'a pu être déclaré. (La validité de la définition de structure ne s'étend pas en dehors de la fonction). Lorsque le fragment de programme suivant apparaît dans un autre fichier :

```
extern struct { int premier;
                int second; } *deux_entiers;
traiter_enregistrement(deux_entiers);
```

nous pouvons deviner que le programmeur émet les hypothèses suivantes :

1. le compilateur ne vérifie pas la concordance des types des paramètres formels et actuels (ceux-ci ne correspondent pas)
2. le programmeur est cohérent en ce qui concerne la définition de types structurés à différents endroits du programme afin d'assurer la correspondance des paramètres formels et actuels (cette cohérence n'est pas garantie étant donné que le compilateur n'effectue pas forcément de vérification de type)

Les programmeurs qui se prêtent à des élucubrations de ce type vivent d'une manière dangereuse et se ridiculisent forcément au yeux des gens qui doivent lire leurs programmes.

Références classe de mémorisation `register` 4.3 ; déclarateur de fonction 4.5.4 ; spécificateurs de classe de mémorisation 4.3 ; `typedef` 5.10 ; types énumération 5.5 ; types structure 5.6 ; types union 5.7 ; types `void` 5.9

9.4 CORRESPONDANCE DES TYPES DE PARAMETRES

C définit certaines correspondances entre les types des arguments de fonctions pour permettre de simplifier et de régulariser les arguments de fonctions. Ces correspondances doivent être prise en compte à deux endroits : au niveau des types effectifs des arguments à l'emplacement de l'appel de fonction et au niveau des types d'arguments formels dans les définitions de fonctions.

Les correspondances à effectuer pour les arguments effectifs sont décrites dans le paragraphe 6.3.5. En accord avec ces correspondances, des correspondances sont effectués pour les types des paramètres formels de la fonction tels qu'ils apparaissent dans la partie déclaration de paramètres. En particulier, si un paramètre formel est déclaré du type `char`, `short` ou `float`, le compilateur s'attendra à ce qu'un paramètre effectif de type `int`, `int` ou `double` (respectivement) soit passé à la fonction. Pour cette raison, les paramètres formels déclarés de type `char`, `short` ou `float` sont implicitement *promus* en type `int`, `int` et `double` (respectivement). Ceci permet à de nombreuses bibliothèques de programmes de bénéficier d'une taille plus réduite que dans le cas où, par exemple, des définitions multiples de "racine carrée" devraient être fournies pour chacun des types d'arguments `short`, `int`, `float`, `double`, etc.

Toutefois, le compilateur s'assurera que les valeurs des paramètres sont en accord avec le type déclaré. Plus exactement, la fonction

```
void f(c)
  char c;
{
  int i;
  i = c;
  ...
}
```

est implémentée comme si elle était écrite de la manière suivante

```
void f(c)
    int c;
  {
    int i;
    i = (int) (char) c;
    ...
  }
```

(Tous les compilateurs n'implémentent pas de telles opérations de simplification sur les paramètres, de même que certains compilateurs déficients n'implémentent pas les simplifications par conversion de type dans tous les cas. Pour assurer une portabilité maximale, les programmes ne doivent pas dépendre de manière critique des effets de troncation résultant d'un tel mécanisme de simplification.)

Un paramètre formel déclaré du type "tableau de *T*" est traité comme s'il était déclaré du type "pointeur à *T*". Ceci à cause de l'équivalence des pointeurs et des tableaux, cette modification est invisible pour le programmeur. Par exemple, dans la fonction

```
int un_certain_tableau(a,n)
  int a[], n;
{
  int somme=0, i;
  for (i = 0 ; i   n ; i++)
      somme = somme + a[i];
  return somme;
}
```

les paramètres `a` et `n` pourraient avoir été déclarés comme

```
int *a, n;
```

sans autre modification du programme. Bien que les noms de tableaux ne soient pas en général des gvaleurs, un paramètre formel déclaré comme un tableau est traité comme une gvaleur par de nombreux compilateurs.

Les paramètres formels du type "fonction retournant ..." ne sont pas autorisés par le langage. Toutefois, certains compilateurs acceptent de tels paramètres et les convertissent implicitement en type "pointeur à fonction retournant..." (et retournent aussi quelquefois un message d'avertissement). Ces compilateurs suppriment aussi automatiquement la référence à un tel paramètre lorsqu'il est utilisé dans un appel de fonction. En fait, ces compilateurs effectuent cette suppression automatique de référence pour chaque expression du type "pointeur à fonction retournant...." Par exemple :

```
extern (*h)();

void f(g)   /* Ceci n'est pas un programme C correct */
  void g();
{
  g();      /* Ceci fonctionne avec certains
               compilateurs */
  (*g)();   /* Ceci aussi */
  h();      /* Ceci aussi! */
  (*h)();   /* ...et, bien sur, ceci. */
}
```

Nous recommandons de rester proche des spécifications du langage et de toujours déclarer les paramètres comme des pointeurs à des fonctions. La Proposition de normalisation ANSI C permet la suppression automatique des références de "pointeur à fonction retournant...."

Références conversions d'argument de fonction 6.3.5 ; gvaleurs 7.1.1 ; types entier ; types fonction 5.8 ; types pointeur 5.3 ; types tableau 5.4 ; types virgule-flottante 5.2

9.5 CONVENTIONS DE PASSAGE DE PARAMETRES

C permet seulement le passage de paramètres par valeurs. Ceci signifie que les valeurs des paramètres effectifs sont théoriquement copiées dans une zone de mémoire locale de la fonction appelée. Il est possible d'utiliser un nom de paramètre formel à gauche d'une affectation, par exemple, mais dans ce cas, seule la copie locale du paramètre est modifiée.

Si le programmeur souhaite modifier les paramètres effectifs de la fonction appelée, les adresses de ces paramètres doivent être passées de manière explicite. Par exemple, la fonction `echange` ci-dessous ne fonctionne pas correctement étant donné que `x` et `y` sont passés par valeurs.

```
void echange(x, y)
/* échange: échange les valeurs de x et y */
/* Version incorrecte! */
  int x, y;
{
    int temp;
    temp = x; x = y; y = temp;
}
...
    echange(a, b);   /*  n'effectue pas l'échange de
                         a et b. */
```

Une implémentation correcte de cette fonction nécessite le passage des adresses des arguments :

```
void echange(x, y)
/* échange - échange les valeurs de *x et *y */
/* Version correcte! */
  int *x, *y;
{
    int temp;
    temp = *x; *x = *y; *y = temp;
}
...
    echange(&a, &b);   /*  Effectue l'échange de a et
                           b. */
```

La zone de mémoire locale réservée aux paramètres est en général implémentée en utilisant une pile plaçant l'élément le plus récent à son sommet. Cependant l'ordre d'empilage des paramètres sur la pile n'est pas fixé par le langage, le langage n'empêche pas non plus le compilateur de passer des paramètres dans des registres. Il est correct d'appliquer l'opérateur d'adresse `&` à un nom de paramètre formel (à moins que celui-ci n'ait été déclaré comme appartenant à la classe de mémorisation `register`), ceci implique que le paramètre en question doit être situé dans une zone de mémoire adressable au moment où l'adresse est référencée. (Il convient de remarquer que l'adresse d'un paramètre formel correspond à l'adresse de la copie du paramètre effectif et non pas à l'adresse du paramètre effectif lui-même.)

Lors de l'écriture de fonctions comportant un nombre d'arguments variable, les programmeurs doivent utiliser les utilitaires `varargs` fournis dans la bibliothèque standard pour assurer une portabilité maximale.

Références classe de mémorisation `register` 4.3 ; opérateur d'adresse & 7.5.6 ; utilitaire `varargs` 13.4

9.6 CORRESPONDANCE DES PARAMETRES FORMELS ET EFFECTIFS

La plupart des langages de programmation modernes tels que Pascal et Ada vérifient la correspondance des paramètres formels et effectifs des fonctions; plus exactement, à la fois le nombre d'arguments et la correspondance de chacun des types d'arguments. De même qu'en FORTRAN, cette vérification n'est pas effectuée en C :

1. La syntaxe des déclarations ne permet pas la déclaration des types d'arguments de fonctions et il est par conséquent impossible d'effectuer une telle vérification lorsqu'une fonction est fournie dans un autre fichier source.
2. L'absence de vérification donne aux programmeurs une certaine liberté de ne pas respecter les conventions dans quelques rares occasions, tout spécialement lors de l'implémentation de fonctions comportant un nombre variable d'arguments.

Par exemple, dans la fonction `hypotenuse` donnée ci-dessous, l'appel de `sqrt` ne génère pas de message d'avertissement, bien que le paramètre effectif soit du type `long` alors que le paramètre formel est déclaré de type `double`. Cette fonction retournera (probablement) tout simplement une valeur incorrecte.

```
double sqrt(x)
  double x;
{
    ...
}

long hypotenuse(x,y)
  long x,y;
{
    return (sqrt(x*x + y*y));
}
```

Il n'existe aucun moyen portable en C d'écrire une fonction qui accepte un nombre variable d'arguments. De telles fonctions peuvent être écrites en C — `fprintf` et ses variantes en sont des exemples — toutefois elles ne sont pas portables. Ces fonctions dépendent d'une connaissance très spécifique de la façon dont les paramètres sont passés sur la pile et elles nécessitent toujours un moyen de déterminer le type et le nombre des arguments. (Par exemple, `fprintf` dépend de la chaîne de format pour l'indication du nombre et du type de ses arguments).

La Proposition de normalisation ANSI C corrige un grand nombre des défauts indiquées ci-dessus concernant les fonctions. En particulier, cette norme introduit un mécanisme — le prototype de fonction — qui permet la déclaration de fonctions avec leurs types de paramètres et elle formalise aussi le concept de fonction comportant un nombre variable d'arguments.

Références conversions des arguments de fonction 6.3.5 ; conversion des paramètres effectifs 9.4 ; fonctions prototypes 11.3.5 ; `fprintf` 17.11

9.7 TYPES RETOURNES PAR LES FONCTIONS

Une fonction peut être définie pour retourner une valeur d'un type quelconque à l'exception d'un "tableau de *T*" ou d'une "fonction retournant *T*". Ces deux cas doivent être implémentés en retournant des pointeurs au tableau ou à la fonction. La valeur effective retournée par la fonction, si elle existe, est spécifiée par une expression dans l'instruction `return` qui termine la fonction. Le passage du contrôle "à la fin" d'une fonction est équivalent à l'exécution d'une instruction

```
return;
```

La valeur retournée par une fonction n'est pas une gvaleur (le retour est "par valeur"), et par conséquent un appel de fonction ne peut pas apparaître sur le côté gauche d'un opérateur d'affectation. Le langage ne définit pas la manière suivant laquelle une valeur de retour doit être transmise au programme appelant.

Références appels de fonctions 7.4.3 ; gvaleurs 7.1.1 ; types fonction 5.8 ; types pointeur 5.3 ; types tableau 5.4

9.8 CORRESPONDANCE DES TYPES DE RETOUR EFFECTIFS ET DECLARES

Une instruction de retour sans expression,

```
return;
```

est toujours autorisée, ceci indépendamment de la présence d'un type de retour `void` ou non void. Cette règle permet d'assurer la compatibilité avec les ordinateurs qui n'implémentent pas le type `void`. Lorsqu'une fonction comporte un type de retour non void et qu'une instruction de retour sans argument est exécutée, la valeur qui est effectivement retournée est imprévisible et il est par conséquent dangereux d'invoquer la fonction dans un contexte qui nécessite une valeur de retour. Nous recommandons que cette forme de `return` soit seulement utilisée lorsque la fonction est déclarée avec un type de retour `void`.

Si une fonction comporte un type de retour déclaré `void`, il est erroné de fournir une expression quelconque dans une instruction `return` à l'intérieur de la fonction. Bien que fournir une valeur de retour `void` dans le cas ci-dessous

```
void f()
{
  extern void g();
  ...
  return g();
}
```

apparaît simplement comme un surcroît de confusion, la plupart des compilateurs traitent ceci comme une erreur. Il est aussi erroné d'invoquer la fonction dans un contexte exigeant une valeur de retour.

Si la fonction comporte un type de retour déclaré *T* qui n'est pas de type `void`, le type de n'importe quelle expression apparaissant dans une expression `return` doit pouvoir être converti en type *T* par affectation et cette conversion se produit en fait au moment du retour. Par exemple, dans une fonction comportant un type de retour déclaré `int`, l'instruction

```
return 23.1;
```

est équivalente à

```
return (int) 23.1;
```

qui est équivalente à

```
return 23;
```

Dans le cas de compilateurs plus anciens qui n'implémentent pas le type `void`, il est de coutume d'omettre le spécificateur de type pour les fonctions qui ne retournent pas de valeurs utiles :

```
main()
{
  ...
}
```

Références correspondances des paramètres formels 9.4 ; gvaleurs 7.1.1 ; instruction `return` 8.9 ; type `void` 5.9

9.9 PROGRAMMES PRINCIPAUX

Par convention, tous les programmes C doivent définir une fonction externe unique dénommée `main`. Cette fonction correspond au point d'entrée du programme, c'est-à-dire la première fonction exécutée lorsque le programme est exécuté. Les informations concernant les paramètres qui sont en général fournis à la fonction `main` sont fournies dans les chapitres décrivant la bibliothèque.

Références `main` 22.1

10

Structure de programme

Dans ce chapitre, nous essayons de rassembler plusieurs aspects de conception de logiciel en C. Dans ce but nous développons une implémentation complète d'une file du type dernier-entré, premier-sorti aussi appelée pile.

10.1 MODULARISATION

Nous préférons modulariser les programmes par types de données. Plus exactement, nous représentons un programme comme un certain nombre de *modules*, chacun desquels permet d'implémenter un nouveau type de données abstrait en fournissant des objets du même type et des opérations sur ces objets. Ces modules sont quelquefois appelés, *contrôleurs de type* pour mettre un accent sur le fait qu'ils contrôlent la représentation interne des types et l'implémentation des opérations sur les types.

Une pile peut être représentée comme un tel type de données abstrait. Un objet de "type pile" peut être imaginé (dans une certaine implémentation) comme un tableau de valeurs accompagné d'un pointeur à ce tableau permettant de marquer le "sommet" de la pile. Les opérations sur les piles comprennent "la création d'une nouvelle pile", "la mise d'une valeur sur la pile", "l'extraction d'une valeur de la pile" etc.

Lors de la conception d'un nouveau type de données abstrait, le programmeur doit répondre à de nombreuses questions :

1. Qu'est ce qui est fonctionnellement nécessaire ? Quelles opérations seront nécessaires ?
2. Les opérations seront-elles invoquées souvent ? Existe-t-il d'autre critères de performance ?
3. Quelles implémentations peuvent être appropriées ? Les structures de données devront-elles être allouées dynamiquement, ou une allocation locale ou statique sera-t-elle suffisante ? Existe-t-il un module qui peut être modifié pour satisfaire les spécifications du nouveau module ?
4. Quel sera le type d'utilisation de la structure de données ? Quelles informations doivent être exportées aux utilisateurs ?
5. Comment le type de données peut-il être implémenté de manière saine et robuste ? Plus exactement, comment empêcher les utilisateurs de corrompre les structures de données internes du type et comment permettre au contrôleur de type de détecter une utilisation erronée de ses opérations ?
6. Quels changements fonctionnels peuvent être requis dans l'avenir ? Qui maintiendra le module ? Comment cela affecte-t-il l'implémentation ?
7. Quelle documentation sera nécessaire ?

Cette liste pourrait être prolongée pour inclure le support du contrôle de versions, des revues de développements internes et bien d'autres aspects. Toutefois, ce cahier des charges devrait être suffisant pour démontrer qu'un module bien conçu peut nécessiter beaucoup plus que quelques lignes de programme.

10.2 CONCEPTION DU MODULE DE PILE

La première chose à faire est d'ébaucher les propriétés fonctionnelles d'une pile. Tout d'abord, les opérations :

- Créer une nouvelle pile
- Supprimer une pile existante.
- Placer une valeur sur le sommet de la pile.
- Extraire une valeur du sommet de la pile.

L'expérience acquise par l'utilisation de piles nous a prouvé que deux opérations supplémentaires sont souvent utiles :

- Retourner la valeur située au sommet de la pile sans la déplacer.
- Connaître la taille courante de la pile et ses limites.

Etant donné ces opérations, nous devons aussi nous poser quelques questions au sujet des valeurs du nouveau type :

- Quel type d'éléments peuvent être gérés par la pile ?
- Quelle doit être la taille de la pile ?

Enfin, nous devons nous inquiéter du traitement des erreurs telles que le dépassement ou l'insuffisance de capacité. Après avoir consulté les utilisateurs possibles de nos piles, nous avons pris la décision suivante :

- Les piles contiendront des valeurs de type `int` (bien que nous nous doutons que les utilisateurs auront besoin plus tard d'un type d'élément différent).
- Les piles seront de taille importante et devront par conséquent être allouées dynamiquement.
- Les opérations de placement et d'extraction de valeurs doivent être rapides et les utilisateurs peuvent se contenter d'une taille maximum fixe pour chaque pile. Par conséquent, nous décidons que nous pouvons utiliser une implémentation par tableaux pour représenter les piles.
- Les piles seront utilisées dans un logiciel important qui pourra éventuellement comporter des erreurs jusqu'à ce qu'il soit complètement terminé. Par conséquent, nous incorporerons des vérifications de cohérence supplémentaires qui pourront être supprimées (afin d'améliorer les performances) avant que le produit soit commercialisé.

10.3 STRUCTURES DE DONNEES

Nous commençons par quelques déclarations génériques et définitions des structures de données.

```
#include <stdio.h>
extern char *malloc();

typedef int pile_type_element;

typedef struct pile_structure {
    pile_type_element *pile_base;
    pile_type_element *pile_fin;
    pile_type_element *element_libre_suivant;
  } *pile_type;
```

Les piles seront représentées par `pile_type`. Aucun utilisateur des piles ne devra connaître la manière dont les piles sont implémentées. Cependant, `pile_type` est un pointeur à une structure contenant trois composants de type pointeurs : `pile_base` est un pointeur à la base d'un tableau d'éléments ; `pile_fin` est un pointeur au premier élément suivant la fin du tableau ; et `element_libre_suivant` est un pointeur à l'élément de tableau qui recevra la prochaine valeur placée sur la pile (plus exactement, le premier élément du tableau suivant l'élément du sommet de la pile). Il convient de remarquer que nous avons déjà introduit le type `pile_type_element` ; en modifiant la définition de ce type nous pouvons créer des piles contenant d'autres types d'éléments.

Le type `pile_type` correspond à “l’en-tête de la pile” ; les données réelles seront placées dans un tableau qui sera aussi alloué dynamiquement.

10.4 ROBUSTESSE

Lors du développement du module de pile, ou lorsque ce module est utilisé avec un programme qui comporte éventuellement des erreurs, nous souhaitons effectuer des vérifications supplémentaires de cohérence sur la structure de données représentant la pile. Notre stratégie consiste à utiliser la macro de préprocesseur `pile_depistage` pour contrôler l’inclusion de certaines vérifications de cohérence dans la compilation du module de pile. En particulier, lorsque `pile_depistage` vaut 1, une fonction spéciale, `pile_verification` est définie. Pendant l’exécution, `pile_verification` examine le contenu de la structure de données de pile et vérifie sa cohérence. Lorsque `pile_depistage` vaut 0, `pile_verification` est définie comme une macro sans corps, ce qui permet d’éliminer concrètement les vérifications effectuées dans le programme. Les définitions correspondant aux informations de dépistage sont données dans la table 10-1.

Nous pourrions bien entendu utiliser d’autres stratégies pour effectuer les vérifications de cohérence. Une méthode raisonnable n’utilisant pas la technique décrite ci-dessus consiste à fournir un test effectué lors de l’exécution du programme pour s’assurer que les structures de données doivent être vérifiées. Plus exactement, la fonction `pile_verification` est toujours définie mais l’expression

```
define pile_depistage 1
```

est remplacée par

(voir p. 271)

```
#define pile_depistage 1

#if pile_depistage

/*  programme de dépistage interactif (non inclu) */
extern void depisteur();

static void pile_verification(pile)
  pile_type pile;
/*  Vérifie la cohérence interne de la
    structure de données "pile". Si la structure est
    incohérente, imprime un message et invoque
    le dépisteur. Si elle est cohérente, effectue un
    retour simple.*/
{
  if  (pile == NULL) {
      printf("?Pile est NULL\n");
      depisteur();
      return;
  }
  if  (pile->pile_base == NULL) {
      printf("?Tableau de pile est NULL\n");
      depisteur();
      return;
  }
  if  ( (pile->element_libre_suivant <
                        pile->pile_base) ||
      (pile->element_libre_suivant >
                        pile->pile_fin)
      ) {
      printf("? Pointeurs de pile incorrects.\n");
      depisteur();
      return;
  }
  /* Pile est OK */
  return;
}
#else
/*  Dans le cas ou le dépistage n'est pas inclu, les
    appels à pile_vérification sont simplement
    éliminés par le préprocesseur.*/
#define pile_verification(pile)
#endif
```

Table 10-1 : Exemple de pile : programme de dépistage compilé de manière conditionnelle

```
int pile_depistage = 1;
```

et tous les appels à `pile_verification` sont ensuite remplacés par

```
if (pile_depistage) pile_verification(pile);
```

Cette méthode a l'avantage de ne pas nécessiter de recompilation pour ajouter ou supprimer les vérifications. Son désavantage est qu'elle nécessite le test de la variable `pile_depistage` à chaque opération. (Ce qui est certainement insignifiant comparé à un appel de fonction).

10.5 ALLOCATION ET DESALLOCATION DE PILES

Nous considérons maintenant la création et la destruction de nouveaux objets de type pile. Le programme de création est donné dans la table 10-2. Remarquer cependant que nous vérifions chaque appel à `malloc` pour nous assurer que la mémoire a été allouée correctement.

Le programme de destruction (table 10-3) est très simple, il permet cependant de rendre le contrôleur de pile un peu plus robuste. Il est toujours possible pour celui qui invoque la fonction `pile_liberation` d'utiliser accidentellement la pile (libérée) en appelant par la suite le contrôleur de type. Afin de permettre d'identifier rapidement cette erreur, `pile_liberation` remet à zéro tous les pointeurs internes avant de libérer la mémoire. Le fait que `pile_depistage` vaut 1 aide à s'assurer que la fonction `pile_verification` retourne une erreur lorsqu'elle reçoit un pointeur à l'ancienne pile. Cependant, même si `pile_depistage` vaut 0, les pointeurs nuls devraient provoquer un arrêt du programme plus rapide que dans le cas où les pointeurs pointaient dans le vide. De plus, le fait de remettre les pointeurs à zéro est insignifiant par rapport à la quantité de programme nécessaire pour assurer l'allocation de mémoire, par conséquent la quantité de programme supplémentaire ne nous inquiète pas.

10.6 OPERATIONS

Les opérations sur les piles sont très simples (voir tables 10-4 et 10-5). Nous avons décidé de traiter les erreurs de dépassement et d'insuffisance de capacité en permettant au contrôleur de type de gérer un drapeau d'erreur par l'intermédiaire d'un pointeur fourni par le programme appelant. Une alternative serait de permettre au contrôleur de type d'exporter une variable qui serait utilisée comme indicateur d'état après chaque opération ou d'utiliser la variable standard `errno` qui est utilisée dans les procédures de bibliothèques standard C. Nous estimons que notre technique permet de créer des programmes plus lisibles, bien qu'elle nécessite un peu plus de traitement lors des appels. Remarquer aussi que nous avons utilisé un type `boolean` pour les drapeaux d'erreur pour clarifier notre intention d'utilisation :

```
typedef int boolean;
#define TRUE 1
#define FALSE 0
```

Remarquer l'utilisation de la variable statique `pile_element_sans_valeur` comme valeur de retour des fonctions `pile_extraction` et `pile_visualisation`. Nous ne souhaitons pas en réalité retourner quoique ce soit en cas d'insuffisance de capacité de la pile. Toutefois, nous pensons qu'écrire simplement (voir page suivante)

```
pile_type pile_allocation(taille)
  unsigned int taille;
/*  Crée un nouvel objet de type pile avec un maximum
    de "taille" éléments. Retourne NULL s'il n'existe
    pas assez de mémoire ou si "taille" n'est pas
    supérieure à zéro. */

{
  pile_type pile;
  unsigned taille_en_tête =
              sizeof(struct pile_structure);
  unsigned taille_tableau =
              taille * sizeof(pile_type_element);

  if (taille <= 0) return NULL;
  pile = (pile_type) malloc(taille_en_tête);
  if (pile == NULL) return NULL;
  pile->pile_base =
      (pile_type_element *) malloc(taille_tableau);
  if  (pile->pile_base == NULL) {
      /*  Impossible d'obtenir assez de mémoire pour le
          tableau, libérer par conséquent l'en_tête. */
      free(pile);
      return NULL;
  }
  pile->pile_fin = pile->pile_base + taille;
  pile->element_libre_suivant = pile->pile_base;
  return pile;
}
```

Table 10-2 : Exemple de pile : allocation de pile

```
return;
```

porte à confusion étant donné que la valeur de retour ne correspond pas avec le type de retour déclaré pour la fonction. Ecrire

```
return 0;
```

est plus acceptable mais dépend du fait que `pile_type_element` a la valeur 0. En définissant une variable contenant "aucune valeur de retour", nous maintenons la généralité avec tout type `pile_type_element`.

Enfin, la table 10-6 donne une procédure qui retourne les tailles courante et maximale d'une pile et certains prédicats booléens permettant de tester si la pile est vide ou pleine. Ces prédicats sont des macros pour des raisons d'efficacité

```
void pile_liberation(pile)
  pile_type pile;
/*  Libère la pile spécifiée et retourne sa mémoire
    à la zone de mémoire libre. */

{
  pile_verification(pile);
  /*  Libère d'abord le tableau de données. */
  free((char *) pile->pile_base);
  /*  Initialise les pointeurs de telle sorte que
      "pile_verification" puisse donner plus
      facilement une erreur en cas de pile libérée. */
  pile->pile_base             = NULL;
  pile->element_libre_suivant = NULL;
  pile->pile_fin              = NULL;
  /* Libère l'en-tête */
  free((char *) pile);
  return;
}
```

Table 10-3 : Exemple de pile : désallocation de pile

10.7 GROUPEMENT DU MODULE

Maintenant que les structures de données et les algorithmes correspondant au module de pile sont terminés, nous pouvons réfléchir à la meilleure manière d'exporter les utilitaires du module à l'utilisateur. Il nous faudra fournir des déclarations pour les fonctions et les macros effectuant les opérations ainsi que le type `pile_type`.

La coutume en C est de regrouper ces définitions dans un *fichier d'en-tête* qui peut être importé (à l'aide d'`#include`) par les utilisateurs du module. Le fichier d'en-tête est aussi un bon endroit où placer une documentation courte. Les tables 10-7 et 10-8 donnent le fichier d'en-tête accompagnant le module de pile que nous avons nommé `pile.h` en accord avec les conventions habituelles.

Certaines remarques doivent être mentionnées ici. Tout d'abord, en raison des restrictions concernant les noms externes, nous avons défini des macros pour convertir nos noms (et les noms qui doivent être utilisés par nos clients) en noms plus courts qui seront moins sujet à des conflits d'édition de liens. (Nous avons aussi été prudents avec les noms internes, tels que `pile_placement` ; ils commencent tous par le préfixe "pile_" afin de minimiser les conflits). Par ailleurs, bien que notre type principalement exporté soit `pile_type`, nous devons aussi exporter `pile_type_element` et `boolean` étant donné que nous utilisons ces types au cours de la définition de `pile_type`. En outre, bien que nous considérions l'implémentation de `pile_type` comme étant "privée" pour notre contrôleur de type, il n'est pas possible en réalité de cacher son implémentation à un utilisateur du module. Un utilisateur appelant notre module pourrait modifier les composants de la structure de manière arbitraire provoquant par conséquent une corruption des données. Enfin, il est très utile d'inclure autant de documentation que possible dans le fichier d'en-tête.

Tous le reste du programme fait partie du module d'implémentation de pile, `pile.c` qui devrait commencer par la ligne

```
#include <pile.h>
```

étant donné qu'il aura besoin des mêmes définitions de types et de macros. Pour éviter toute répétition, les déclarations de `pile_type_element`, `pile_type`, `boolean`, `pile_est_vide` et `pile_est_pleine` peuvent être supprimées de `pile.c` étant donné qu'elles sont maintenant fournies par `pile.h`.

```
void pile_placement(pile, donnee, ptr_depassement)
  pile_type pile;
  pile_type_element donnee;
  boolean *ptr_depassement;
/*  Place "donnee" sur la pile. Si la pile est pleine,
    donne à "*ptr_depassement" la valeur TRUE sans
    effectuer le placement. Dans le cas contraire, donne
    à "*ptr_depassement" la valeur FALSE. */
{
  pile_verification(pile);
  if (pile->element_libre_suivant
        >= pile->pile_fin) {
    *ptr_depassement = TRUE;
  }
  else {
    *ptr_depassement = FALSE;
    *(pile->element_libre_suivant++) = donnee;
  }
}

/*  Valeur non initialisée(dummy???) de type
    "pile_type_element". */
static pile_type_element pile_element_sans_valeur;

pile_type_element pile_extraction(pile, ptr_depassement)
  pile_type pile;
  boolean *ptr_insuffisance;
/*  Si "pile" est vide, donne à "*ptr_insuffisance" la
    valeur TRUE et retourne. Dans le cas contraire,
    donne à "*ptr_insuffisance" la valeur FALSE,
    supprime et retourne l'élément situé au sommet de
    la pile. */
{
  pile_verification(pile);
  if (pile->element_libre_suivant
        <= pile->pile_base) {
    *ptr_insuffisance = TRUE;
    return pile_element_sans_valeur;
  }
  else {
    *ptr_insuffisance = FALSE;
    return *(--pile->element_libre_suivant);
  }
}
```

Table 10-4 : Exemple de pile : opérations de placement et d'extraction

```
pile_type_element pile_visualisation(pile,
  ptr_insuffisance) pile_type pile;
  boolean *ptr_insuffisance;
/*  Si "pile" est vide, donne à "*ptr_insuffisance" la
    valeur TRUE et retourne. Dans le cas contraire,
    donne à "*ptr_insuffisance" la valeur FALSE et
    retourne l'élément situé au sommet de la pile. (Sans
    l'enlever de la pile). */

{
  pile_verification(pile);
  if (pile->element_libre_suivant
        <= pile->pile_base) {
    *ptr_insuffisance = TRUE;
    return pile_element_sans_valeur;
  }
  else {
    *ptr_insuffisance = FALSE;
    return *(pile->element_libre_suivant - 1);
  }
}
```

Table 10-5 : Exemple de plie : opération de visualisation

```
void pile_tailles(pile,
                  ptr_taille_courante,
                  ptr_taille_allouee)
  pile_type pile;
  unsigned int *ptr_taille_courante, *ptr_taille_allouee;
/*  Initialise "*ptr_taille_courante" pour pointer sur
    le nombre d'éléments contenus dans la pile et
    "*ptr_taille_allouee" pour pointer sur le nombre
    d'éléments que la pile peut contenir. */

{
  pile_verification(pile);
  *ptr_taille_courante =
      pile->element_libre_suivant - pile->pile_base;
  *ptr_taille_allouee =
      pile->pile_fin - pile->pile_base;
  return;
}

#define pile_est_vide(pile) \
          ((pile)->element_libre_suivant == \
           (pile)->pile_base))

#define pile_est_pleine(pile) \
          ((pile)->element_libre_suivant == \
           (pile)->pile_fin))
```

Table 10-6 : Exemple de pile : détermination des tailles de pile

```
/*  pile.h Définitions de pile-d'entiers.

  Utilisation typique:

    #include <pile.h>

    pile_type   pile;
    pile_type_element donnee;
    unsigned int  taille_courante, taille_maximum;
    boolean     depassement, insuffisance;

    pile = pile_allocation(100);
    if (pile == NULL) ...;
    pile_placement(pile, donnee, &depassement);
    if (depassement) ...;
    donnee = pile_extraction(pile, &insuffisance);
    if (insuffisance) ...;
    pile_tailles(pile,&taille_courante,
      &taille_maximum);
    pile_liberation(pile);
*/

/* Noms externes d'opérations écourtés */

#define pile_allocation      pilall
#define pile_liberation      pillib
#define pile_placement       pilpla
#define pile_extraction      pilext
#define pile_visualisation   pilvis
#define pile_tailles         piltai

/*  Type d'éléments de pile. */
typedef int pile_type_element;

/*  Drapeaux d'erreurs booléens. */
typedef int boolean;

/*  Le type de pile lui-même. */
typedef struct pile_structure {
        pile_type_element *pile_base;
        pile_type_element *pile_fin;
        pile_type_element *element_libre_suivant;
    }   *pile_type;
```

Table 10-7 : Exemple de pile : fichier d'en-tête (première partie, types)

```
extern pile_type pile_allocation();
/*  Crée une nouvelle pile pour contenir jusqu'à "taille"
    éléments. extern pile_type pile_allocation(taille);
      pile_type_element taille; */
extern void pile_liberation();
/*  Libère une pile.
    extern void pile_liberation(pile);
      pile_type pile; */
extern void pile_placement();
/*  Place "donnee" sur "pile"; donne à "*ptr_depassement"
    la valeur TRUE si la pile est pleine et la valeur
    FALSE dans le cas contraire.
    extern void pile_placement(pile, donnee,
    ptr_depassement);
      pile_type_element donnee;
      pile_type pile; boolean *ptr_depassement; */
extern pile_type_element pile_extraction();
/*  Extrait l'élément du sommet de "pile"; donne à
    "*ptr_insuffisance" la valeur TRUE si la pile est
    vide et la valeur FALSE dans le cas contraire.
    pile_type_element pile_extraction(pile,
    ptr_insuffisance);
      pile_type pile; boolean *ptr_insuffisance; */
extern pile_type_element pile_visualisation();
/*  Retourne sans l'enlever l'élément du sommet de la
    "pile"; donne à "*ptr_insuffisance" la même valeur
    que dans pile_extraction(). pile_type_element
    pile_visualisation(pile, ptr_insuffisance);
      pile_type pile; boolean *ptr_insuffisance; */

extern void pile_tailles();
/*  Retourne les tailles courante et maximum de la pile.
    void pile_tailles(pile, ptr_taille_courante,
                            ptr_taille_alloue)
      pile_type pile;
      unsigned int *ptr_taille_courante,
        *ptr_taille_allouee; */

/*  Prédicat: la pile est-elle vide ? */
#define pile_est_vide(pile) \
  ((pile)->element_libre_suivant == (pile)->pile_base))

/*  Prédicat: la pile est-elle pleine ? */
#define pile_est_pleine(pile) \
  ((pile)->element_libre_suivant == (pile)->pile_fin))
```

Table 10-8 : Exemple de pile : fichier d'en-tête (deuxième partie, opérations)

11

Proposition de normalisation ANSI C

En 1982, l'"American National Standard Institute" (ANSI) a formé un sous-comité technique X3J11 pour la standardisation du langage C, ayant pour objectif de définir les normes du langage C, ses bibliothèques de support d'exécution et ses environnements de compilation et d'exécution. En 1986, ce sous-comité a publié une Proposition de norme américaine nationale pour les systèmes d'information — Langage de Programmation C qui est référencée sous le nom de "Proposition de normalisation ANSI C" dans cet ouvrage.

La Proposition de normalisation ANSI C codifie en majorité les pratiques existantes des programmeurs C et essaie de conserver la compatibilité avec les larges programmes C déjà écrits. Dans certains domaines limités, le langage est enrichi afin de supprimer des insuffisances spécifiques. Toutefois "l'esprit de C" est en majeure partie préservé. Des règles permettant au programmeur d'écrire des programmes sont présentées, toutefois le programmeur n'est pas obligé de suivre ces règles. Dans de nombreux domaines, la description de C est rendue plus précise.

Ce chapitre résume la Proposition de normalisation ANSI C en indiquant les endroits où elle diffère du langage C présenté dans cet ouvrage. Les paragraphes sont organisés suivant le même ordre que celui des chapitres précédents.

11.1 ELEMENTS LEXICAUX

Les modifications spécifiques concernant la structure lexicale de C comprennent l'introduction de trigraphes permettant d'écrire des programmes C en utilisant des sous ensembles du jeu de caractères ASCII, l'introduction de nouveaux mots réservés `volatile`, `const` et `signed` et des extensions concernant la syntaxe des littéraux. En outre, les opérateurs d'affectation composés sont maintenant traités comme des tokens simples.

11.1.1 Ensembles de caractères

Un ensemble de trigraphes est incorporé de telle sorte que les programmes C puissent être écrits en utilisant seulement le jeu de caractères invariant ISO 646-1083, qui est un sous-ensemble du jeu de caractères ASCII à sept bits. Les trigraphes introduits par deux caractères point d'interrogation consécutifs, sont indiqués ci-dessous :

Trigraphe	équivalent à	Trigraphe	équivalent à
`??(`	`[`	`??)`	`]`
`??`	`{`	`??`	`}`
`??/`	`\`	`??!`	|
`??'`	`^`	`??-`	`~`
`??=`	`#`		

La traduction des trigraphes dans le programme source a lieu avant l'analyse lexicale ("tokenisation") et avant la reconnaissance des caractères échappatoires introduits à l'aide d'une barre oblique inversée, \. Seuls ces neufs trigraphes sont reconnus, toutes les autres suites de caractères (y-compris les dérivés tels que `??&`) ne doivent pas être traduites. Un nouveau caractère échappatoire `\?` est disponible pour empêcher l'interprétation des séquences de caractères ressemblant à des trigraphes. Par exemple :

<u>Constante de type chaîne de caractères</u>	<u>Forme trigraphe</u>
`"Comment??!"`	`"Comment?\?!"`
`"La barre oblique \` `inversée est \\"`	`"La barre oblique` `inversée est ??/??/"`

Une ligne de programme source se terminant par une barre oblique inversée (\) est interprétée comme une continuation de ligne. Cette "séparation" est théoriquement effectuée avant l'analyse lexicale du programme C ; par conséquent même les tokens peuvent être divisés entre lignes. Auparavant, la continuation de ligne était autorisée dans les lignes de commande du préprocesseur et dans les constantes de type chaînes de caractères, bien que certaines implémentations les permettent ailleurs. Dans la Proposition de normalisation ANSI C, ce mécanisme est général mais est certainement seulement utile dans les lignes de préprocesseur étant donné que les constantes de type chaîne de caractères peuvent maintenant être regroupées.

Références jeux de caractères 2.1 ; regroupement de chaînes de caractères 11.1.6

11.1.2 Identificateurs

La Proposition de normalisation ANSI C n'impose aucune limitation sur la longueur des identificateurs et nécessite que les implémentations supportent des identificateurs comportant au moins 31 caractères significatifs. Les implémentations doivent distinguer les caractères alphabétiques dans les identificateurs.

Les implémentations peuvent réduire la signification des noms externes (au six premiers caractères et une lettre alphabétique) de manière à refléter les limitations de certains logiciels système existants.

Références identificateurs 2.5 ; limitations concernant les noms externes 2.5.1

11.1.3 Mots réservés

Les mots réservés `enum` et `void`, déjà communs dans les implémentations C sont inclus dans la Proposition de normalisation ANSI C. Toutefois, `entry`, `fortran` et `asm` ne sont font pas partie des mots réservés.

Les nouveaux spécificateurs de type `const`, `volatile` et `signed` sont ajoutés à la liste des mots réservés.

Références `const` 11.4.3 ; mots réservés 2.6 ; `signed` 11.4.1, 5.1.1 ; `volatile` 11.4.4

11.1.4 Constantes entières

La syntaxe des constantes est enrichie de manière à mieux contrôler le type des constantes. En plus du suffixe pré-existant `L` indiquant le type `long`, le suffixe `U` est maintenant autorisé pour indiquer une constante de type non-signé. Les deux suffixes peuvent être utilisés ensemble dans n'importe quel ordre. La nouvelle syntaxe est :

marqueur-de-type :
  marqueur-long marqueur-non-signé$_{opt}$
  marqueur-non-signé marqueur-long$_{opt}$

marqueur-long : *parmi*
  `l L`

marqueur-non-signé : parmi
  `u U`

Ceci permet de définir les constantes entières suivantes :

```
100u  34LU  32767ul
```

Le type d'une constante entière est déduit des règles suivantes :

1. Une constante entière écrite avec le *marqueur-long* et le *marqueur-non-signé* est du type `unsigned long int`.
2. Une constante entière écrite seulement avec le *marqueur-long* est du type `long` si ce type peut représenter la constante, dans le cas contraire elle est du type *unsigned long int*.
3. Une constante entière écrite seulement avec le *marqueur-non-signé* est du type `unsigned int` si ce type peut représenter la constante, dans le cas contraire elle est du type *unsigned long int*.
4. Une constante octale ou hexadécimale est du premier type donné dans la liste suivante qui peut représenter sa valeur : `int`, `unsigned int`, `long int`, `unsigned long int`.
5. Une constante entière décimale est du premier type donné dans la liste suivante qui peut représenter sa valeur : `int`, `long int`, `unsigned long int`.

Les règles de la Proposition de normalisation ANSI C diffèrent subtilement de celles utilisées dans la plupart des implémentations de C : en accord avec les nouvelles règles, les constantes ne comportant pas de suffixes peuvent être du type non signé et peuvent par conséquent forcer les expressions à utiliser une arithmétique non signée. Auparavant le type était toujours `int` ou `long int`. Si le type `long int` comporte 32 bits et si la représentation en complément à deux est utilisée, le programme suivant détermine les règles suivies :

```
#define K 0xFFFFFFFF   /*  -1 en 32 bits, complément
                           à 2. */
int main()
{
  if (0<K) printf("K est non-signé (ANSI C)\n");
  else printf("K est signé (C traditionnel)\n");
  return 0;
}
```

11.1.5 Constantes de type virgule-flottante

Pour permettre l'utilisation du nouveau type `long double` et pour tenir compte de la nouvelle signification du type `float`, les constantes de type virgule-flottante peuvent maintenant comporter des suffixes : `F` indique le type `float` et `L` indique le type `long double`. (Le spécificateur `long float` a été éliminé).

constante-à-virgule-flottante : (voir 2.7.2)
série-de-chiffres exposant marqueur-de-virgule-flottante$_{opt}$
chiffres-avec-virgule exposant$_{opt}$ *marqueur-de-virgule-flottante*$_{opt}$

marqueur-de-virgule-flottante : parmi
`f F l L`

Les suffixes `f` ou `F` indiquent une constante de type `float` ; les suffixes `L` ou `l` indiquent une une constante de type `long double`.

11.1.6 Constantes de type chaîne de caractères

Dans la Proposition de normalisation ANSI C, les constantes accolées de type chaîne de caractères sont automatiquement regroupées et un caractère nul unique est ajouté à la fin de la chaîne de caractères :

```
static char texte_aide[]= "Type : \n"
                          " h pour aide\n"
                          " q pour sortir\n";
```

Ceci rend l'utilisation de la convention de continuation de ligne facultative pour écrire des constantes de type chaîne de caractères très longues.

Deux autres modifications des types chaîne de caractères affectent plus sérieusement les programmes existants. Tout d'abord, les constantes de type chaîne de caractères peuvent partager la même zone de mémoire. Par ailleurs, les chaînes de caractères n'ont pas besoin d'être modifiables et une tentative de modification par le programmeur a des conséquences imprévisibles.

Le simple programme ci-dessous met en évidence les différences entre les implémentations.

```
char *chaine1, *chaine2;
int main() {
  chaine1 = "abcd";
  chaine2 = "abcd";
  if  (chaine1==chaine2) printf("Les chaînes de \
      caractères sont partagées\n");
  else  printf("Les chaînes de caractères ne sont pas \
        partagées\n"); chaine1[0] = '1';
        /* Peut provoquer une erreur d'exécution */
  if  (*chaine1=='1') printf("Les chaînes de caractères \
      peuvent être modifiées\n");
  else  printf("Les chaînes de caractères ne peuvent \
        pas être modifiées\n");
  return 0;
}
```

Il est de bonne pratique pour les implémentations de la Proposition de Normalisation ANSI C de créer des chaînes de caractères qui ne peuvent pas être modifiées lorsqu'elles partagent le même espace mémoire.

Dans la Proposition de normalisation ANSI C, le programmeur peut spécifier des chaînes de caractères non modifiables en les mémorisant dans des tableaux de type “const char [ ]” :

```
const char message_terminateur[] = "?Erreur interne\n";
```

Références constantes de type chaîne de caractères 2.7.4 ; spécificateur de type `const` 11.4.3

11.1.7 Codes de caractères échappatoires

De nouveaux codes de caractères échappatoires, `\a` ("alerte") et `\?` ("point d'interrogation") ont été ajoutés. Le code `\a` correspond en général à une "sonnerie" ou à un autre signal audible sur l'appareil de sortie (control-G en ASCII). Le caractère échappatoire `\?` est utilisé pour obtenir un caractère point d'interrogation dans le cas rare où il peut être confondu avec un trigraphe. La nouvelle syntaxe est :

code-de-caractère-échappatoire : parmi (voir 2.7.5)
`a n t b r f`
`v \ ' " ?`

Conformément à la tradition de C, le guillemet `"` peut apparaître sans séquence échappatoire dans les constantes de type caractère et l'apostrophe `'` peut apparaître sans séquence échappatoire dans les constantes de type chaîne de caractères.

Les codes numériques échappatoires peuvent être écrits en notation hexadécimale en les faisant suivre de la lettre `x` (minuscule seulement) et de un à trois chiffres hexadécimaux. La nouvelle syntaxe est :

code-numérique-échappatoire : (voir 2.7.5)
chiffre-octal
chiffre-octal chiffre-octal
chiffre-octal chiffre-octal chiffre-octal
`x` *chiffre-hexadécimal*
`x` *chiffre-hexadécimal chiffre-hexadécimal*
`x` *chiffre-hexadécimal chiffre-hexadécimal chiffre-hexadécimal*

Références codes de caractères échappatoires 2.7.6 ; trigraphes 11.1.1

11.2 PREPROCESSEUR

La Proposition de normalisation ANSI C clarifie de nombreuses propriétés du préprocesseur, tout particulièrement l'expansion de macros. Etant donné que nous avons déjà décrit ces propriétés au cours de notre exposé, nous ne nous répéterons pas dans ce paragraphe. Toutefois, la Proposition de Normalisation ANSI C complète le préprocesseur de différentes manières : elle fournit de nouveaux opérateurs pour regrouper les tokens et les convertir en chaînes de caractères, elle ajoute plusieurs macros prédéfinies et plusieurs commandes nouvelles de préprocesseur.

11.2.1 Structure lexicale

Un espace-blanc peut précéder ou suivre le caractère # qui débute une commande de préprocesseur. Les lignes ne contenant pas d'autres tokens que # sont ignorées.

11.2.2 Conversion en chaîne de caractères et regroupement des tokens

Le paragraphe 3.3.9 mentionne que certains préprocesseurs C, peut-être par accident, peuvent regrouper des tokens et les insérer dans des chaînes de caractères. Il existe de nouveaux mécanismes dans la Proposition de normalisation ANSI C donnant au programmeur un certain contrôle sur le regroupement des tokens et la conversion des paramètres de macros en chaînes de caractères.

A l'intérieur d'une définition de macro, le caractère # est reconnu comme un opérateur unaire de "conversion en chaîne de caractères" qui doit être suivi du nom d'un paramètre formel de macro. Lors de l'expansion de la macro, le caractère # et le nom formel sont remplacés par l'argument effectif correspondant placé entre les guillemets de la chaîne de caractères. Par exemple, après prétraitement et regroupement de chaîne de caractères, le texte source

```
#define TEST(a, b) printf( #a "<" #b "=%d\n", \
        (a)<(b) )
TEST(0,0xFFFFFFFF);
```

devient

```
printf("0<0xFFFFFFFF=%d\n", (0)<(0xFFFFFFFF) );
```

Ce qui se produit avec les espaces-blancs au cours de la conversion en chaîne de caractères dépend de l'implémentation.

Le regroupement de tokens pour former de nouveaux tokens est contrôlé par la présence d'un opérateur de "regroupement" ## dans les définitions de macros. Après avoir effectué tous les remplacements de macros, les deux tokens entourant tout opérateur ## sont combinés pour former un seul token. (S'ils ne constituent pas un token légal, le résultat es non défini). Par exemple, après prétraitement du texte source

```
#define TEMP(i) temp ## i
TEMP(1) = TEMP(2);
```

devient

```
temp1 = temp2;
```

Références conversion en chaîne de caractères 3.3.8 ; regroupement de tokens 3.3.9

11.2.3 Macros prédéfinies

Les préprocesseurs de la Proposition de normalisation ANSI C doivent définir cinq macros spéciales qui n'acceptent aucun argument. (Le nom de chacune de ces macros commence et se termine par deux tirets de soulignement).

`__LINE__` La valeur de la macro correspond au numéro de ligne de la ligne du programme source courant exprimé comme une constante entière décimale.

`__FILE__` La valeur de la macro correspond au nom du fichier source courant exprimé comme une constante de type chaîne de caractères.

`__DATE__` La valeur de la macro correspond à la date de la compilation exprimée comme une constante de type chaîne de caractères sous la forme "`Mmm dd yyyy`".

`__TIME__` La valeur de la macro correspond à l'heure de la compilation exprimée comme une constante de type chaîne de caractères sous la forme "`hh:mm:ss`".

`__STDC__` Dans une implémentation conforme de la Proposition de normalisation ANSI C cette macro est définie et prend une valeur non nulle.

Aucune de ces macros prédéfinies ne peut être redéfinie ou supprimée par le programmeur.

Références redéfinir et supprimer la définition des macros 3.3.5

11.2.4 #include

La syntaxe de la commande `#include` est :

commande-include : (voir 3.4)
    `#include` < *x-car-sequence* >
    `#include` "*x-car-sequence*"
    `#include` *identificateur*

x-car-sequence :
    x-car
    x-car-sequence x-car

x-car : parmi
    "tout caractère légal du programme source
    à l'exception du(des) caractère(s) de fin-de-ligne"

Pour éviter toute ambiguïté, une *x-car-sequence* placée à la suite d'un caractère < ne peut pas contenir un caractère >. D'une manière similaire, une *x-car-sequence* placée à la suite d'un caractère " ne peut pas contenir un autre caractère ".

Cette syntaxe confirme le fait que les caractères qui constituent le nom de fichier accompagnant la déclaration `#include` n'ont pas besoin d'être reconnaissables comme des tokens C légaux. Même dans la deuxième forme de `#include`, où l'argument ressemble à une constante de type chaîne de caractères, la séquence *x-car-sequence* ne doit pas être sujette aux conventions habituelles de séquence échappatoire avec une barre oblique inversée. (Une substitution de trigraphe se produira certainement ; de toutes manières cela affectera le type des noms de fichiers qui peuvent être représentés).

L'argument de `#include` peut seulement être un identificateur si l'identificateur est une macro évaluée comme l'une ou l'autre des formes autorisées de `#include`. Etant donné que les macros doivent correspondre, après expansion à une séquence de tokens C légale, le type des noms de fichiers pouvant être spécifiés est quelque peu limité. Les tokens résultant de l'expansion de macro subissent un regroupement défini par l'implémentation pour représenter un nom de fichier. Aucune règle de recherche n'est spécifiée pour les fichiers.

11.2.5 Définition et expansion de macro

Les nouvelles options de conversion de chaîne de caractères et de regroupement de tokens ont déjà été décrites dans le paragraphe 11.2.2. Il existe un petit nombre d'autres modifications concernant la manière dont les macros sont traitées.

Un changement significatif d'implémentation est le fait que les macros apparaissant dans leur propre expansion ne doivent pas subir une autre expansion. Ceci permet au programmeur de redéfinir une fonction en utilisant son ancienne définition :

```
#define sqrt(x)  ((x)<0 ? sqrt(-x)  : sqrt(x))
```

Des redéfinitions simples de macros sont autorisées. Plus exactement, une macro peut être redéfinie si la nouvelle définition est, token pour token, identique à la définition existante.

Les lignes ne sont inspectées pour détecter la présence de commandes de préprocesseur après l'expansion des macros, par conséquent l'expansion des macros ne doit pas introduire de nouvelles commandes de préprocesseur.

11.2.6 Nouvelles commandes

Il existe quatre commandes de préprocesseur supplémentaires définies dans la Proposition de normalisation ANSI C : `#elif`, `defined`, `#error` et #pragma.

Les commandes `#elif` et `defined` sont décrites dans le paragraphe 3.5.2 comme des extensions communes de C.

La nouvelle directive `#error` génère un message d'erreur lors de la compilation qui utilise la constante de type chaîne de caractères passée comme argument à `#error`. Cette directive est très utile pour détecter les incohérences de programmation et le non respect de contraintes lors du prétraitement :

```
#if defined(UNE_ENTITE) && defined(PAS_UNE_ENTITE)
#error "Entités incohérentes!"
#endif

#if TAILLE % 256 != 0
#error "TAILLE doit être un multiple de 256!"
#endif
```

La nouvelle directive `#pragma` permet au programmeur de fournir au compilateur des informations définies par l'implémentation. Aucune restriction n'est placée sur les informations qui suivent la commande `#pragma` et les implémentations doivent ignorer les informations qu'elles ne comprennent pas. Il existe de manière évidente une possibilité que deux implémentations utilisent des interprétations incohérentes de la même information, par conséquent il est conseillé d'utiliser `#pragma` de manière conditionnelle :

```
#if defined(TCC) && defined(__STDC__) && defined(vax)
#pragma bibliotheque(abs), en_ligne(mafonc)
#endif
```

- **Références** `defined` 3.5.3 ; `#elif` 3.5.2

11.3 DECLARATIONS

11.3.1 Domaines d'application et domaines de noms

Les étiquettes d'instruction possèdent leur propre domaine de nom, ce qui constitue une amélioration.

Les marqueurs de type structure, énumération et union partagent leur propre domaine de nom. Les noms de composants correspondant à des types structure et union différents possèdent leur propre domaine de nom conformément à la convention moderne.

Les déclarations de noms externes doivent obéir aux règles normales de domaine d'application. Plus exactement, les deux déclarations suivantes de `x` ne sont pas en conflit dans le fichier source bien que leurs comportements pendant l'exécution soient indéfinis en raison du fait qu'elles donnent des types différents à la même variable externe. (Un bon compilateur donnerait, dans ce cas, un message d'avertissement).

```
if (test) {
  extern int X;
  return X;
} else {
  extern double X;
  return X;
}
```

Les prototypes de fonctions introduisent une nouvelle notion de domaine d'application décrite dans le paragraphe 11.3.5.

Les noms de paramètres apparaissant dans les définitions de fonctions sont traités comme s'ils étaient déclarés au sommet du corps de la fonction. Ceci permet d'interdire la dissimulation accidentellement d'un paramètre au moyen d'une déclaration locale qui est presque toujours le résultat d'une disposition erronée des déclarations de paramètres :

```
int f(x,y)
{
  int x,y;  /* Une erreur dans la Proposition de
               normalisation ANSI C */
  ...
}
```

Références domaine d'application 4.2.1 ; domaine de noms 4.2.4 ; étiquettes d'instruction 4.2.4 ; noms externes (domaine d'application) 4.2.9 ; prototypes de fonction 11.3.5 ; types structure 5.6 ; types union 5.7

11.3.2 Références anticipées à des structures

L'utilisation d'un identificateur de type appartenant aux classes syntaxiques *définition-de-type-structure* (paragraphe 5.6) ou *définition-de-type-union* (paragraphe 5.7) introduit la définition d'un nouveau type. Le domaine d'application de la définition (et le marqueur de type s'il existe) s'étend entre l'emplacement de déclaration et la fin du bloc le plus imbriqué contenant le spécificateur. La nouvelle définition outrepasse (cache) toute définition du marqueur de type dans un bloc englobant le bloc courant.

L'utilisation d'un spécificateur de type et de classes syntaxiques *référence-de-type-structure* (paragraphe 5.6) ou *référence-de-type-union* (paragraphe 5.7) sans une définition préalable dans le même domaine ou dans un domaine englobant le domaine courant est autorisée lorsque la taille de la structure n'est pas nécessaire, y-compris lors de la déclaration de :

1. pointeurs à des structures
2. nom de typedef synonyme de la structure

L'utilisation d'un spécificateur introduit une définition "incomplète" du type et du marqueur de type dans le bloc le plus imbriqué contenant l'invocation. Pour compléter cette définition, une *définition-de-type-structure* ou une *définition-de-type-union* doit apparaître plus tard dans le même domaine d'application.

Un cas spécial est que l'utilisation d'une *référence-de-type-structure* ou d'une *référence-de-type-union* dans une déclaration sans déclarateurs masque la définition d'un marqueur de type dans tout domaine d'application englobant le domaine courant.

Considérons à titre d'exemple, la définition correcte suivante de deux structures se référençant elles-mêmes dans un bloc imbriqué.

```
{
    struct cellule;
    struct en_tete { struct cellule *premiere; /* ... */ };
    struct cellule { struct en_tete *debut;    /* ... */ };
    ...
}
```

La définition incomplète "`struct cellule ;`" dans la première ligne est nécessaire pour masquer toute définition de `struct cellule` provenant d'un domaine englobant le domaine courant. La définition de `struct en_tete` dans la deuxième ligne masque automatiquement toute définition d'un domaine englobant le domaine courant et l'utilisation de `struct cellule` dans le domaine courant pour définir un pointeur est possible. La définition de `struct cellule` sur la troisième ligne complète les informations concernant `cellule`.

Références types structure 5.6 ; types union 5.7

11.3.3 Spécificateurs de type

Il existe plusieurs nouveaux spécificateurs de type, y-compris des additions aux types entier signés (`signed`), aux types virgule-flottante (`long double`) et deux modificateurs de type `const` et `volatile`. Ces spécificateurs sont tous décrits dans le paragraphe suivant concernant les types. Une modification utile de la syntaxe des spécificateurs de type est :

spécificateur-de-type : (voir paragraphe 4.4)
spécificateur-de-type-constante
spécificateur-de-type-énumération
spécificateur-de-type-virgule-flottante
spécificateur-de-type-entier
spécificateur-de-type-structure
nom-de-typedef
spécificateur-de-type-union
spécificateur-de-type-void
spécificateur-de-type-volatile

11.3.4 Déclarateurs

Il existe plusieurs modifications concernant les déclarateurs décrits dans ce paragraphe :

1. Les déclarateurs de type pointeur peuvent maintenant contenir des spécificateurs de type imbriqués.
2. Les déclarateurs de fonctions peuvent maintenant contenir des spécifications de paramètres y-compris la spécification d'un "nombre-variable-d'arguments".

Déclarateurs de pointeur Les spécificateurs de type (particulièrement les nouveaux spécificateurs de type `const` et `volatile`) peuvent être fournis dans les déclarateurs de pointeur :

déclarateur-de-type-pointeur : (paragraphe 4.5.2)
    **liste-de-spécificateurs-de-type*$_{opt}$ *déclarateur*

liste-de-spécificateurs-de-type : (nouveau)
    spécificateur-de-type
    liste-de-spécificateurs-de-type spécificateur-de-type

La raison de cette modification des déclarateurs de pointeur est destinée à permettre au programmeur de déclarer un "pointeur constant" ainsi qu'un "pointeur à des données constantes".

Déclarateurs de fonction Les informations concernant les types des paramètres peuvent maintenant être incorporées dans tous les déclarateurs de fonction. La nouvelle syntaxe est :

déclarateur-de-fonction : (paragraphe 4.5.4)
    déclarateur (*liste-de-types-de-paramètres*,...$_{opt}$)
    déclarateur (*liste-de-paramètres*$_{opt}$)

liste-de-types-de-paramètres :
    déclaration-de-paramètres
    liste-de-types-de-paramètres , *déclaration-de-paramètres*

déclaration-de-paramètres :
    spécificateurs-de-déclaration déclarateur
    spécificateurs-de-déclaration déclarateur-abstrait

Pour éviter toute ambiguïté entre une *liste-de-paramètres* et une *liste-de-types-de-paramètres*, il est incorrect de définir un nom de paramètre qui est identique à un nom de typedef visible. (Cela serait de toutes façons de mauvais style).

Le seul spécificateur-de-classe-de-mémorisation autorisé dans une déclaration de paramètre est `register` qui est ignoré à moins que la déclaration n'apparaisse dans une définition de fonction. Ceci signifie que `register` ne peut pas être utilisé dans un prototype pour modifier la convention d'appel de la fonction, il peut aussi être utilisé comme une aide à l'intérieur du corps de la fonction.

Un déclarateur de fonction qui contient la *liste-de-types-de-paramètres* est dit contenir un *prototype* de fonction et ce prototype définit le nombre et le type des arguments acceptés par les fonctions de ce type. Un déclarateur de fonction sans *liste-de-types-de-paramètres*, c'est-à-dire qui comporte soit une *liste-de-paramètres* ou rien du tout, déclare un type de fonction sans prototype et de tels types de fonctions peuvent être appelés avec des paramètres arbitraires de la manière traditionnelle en C. La syntaxe du prototype peut être utilisée dans les déclarateurs pour des déclarations de fonctions, des définitions de fonctions ou des types fonction utilisés à l'intérieur d'autres types. Quelques exemples de prototypes sont donnés ci-dessous :

```
extern double sqrt(double x);
int abs(int i) { return i<0 ? -i : i; }
void  (*tableau_fonc[3])(int commande,double epsilon)
        = { &f1, &f2, &f3 };
```

Le paragraphe suivant décrit les prototypes en plus de détails.

11.3.5 Prototypes de fonctions

Les prototypes de fonctions constituent une amélioration importante dans la Proposition de normalisation ANSI C. Ils ajoutent au langage C la possibilité de vérifier la cohérence des arguments de fonctions et, en fait, de forcer ces arguments à correspondre aux types déclarés pour les paramètres formels. L'utilisation de prototypes de fonctions devrait améliorer la lisibilité des programmes et diminuer les erreurs. La forme qui n'utilise pas de prototype est seulement conservée pour assurer la compatibilité avec les programmes existants.

La syntaxe des prototypes de fonctions est donnée dans le paragraphe 11.3.4. Les prototypes peuvent être distingués des déclarateurs traditionnels de fonctions par leur syntaxe et les programmeurs ne doivent pas mélanger les deux formes dans une même fonction, ce qui donnerait un résultat non défini. Il est plus clair dans notre exposé de présenter les deux "styles" séparément en commençant par un rappel général.

Dans le style traditionnel n'utilisant pas les prototypes :

- Les fonctions peuvent être déclarées implicitement en les faisant apparaître dans un appel.
- Les arguments de fonctions subissent les conversions habituelles d'arguments avant l'appel.
- Aucune vérification du type ou du nombre de paramètres n'est effectuée. Toutes les fonctions peuvent accepter un nombre d'arguments arbitraire de types arbitraires.

L'utilisation de prototypes diffère en ce que :

- Les fonctions doivent être déclarées implicitement — avec un prototype — avant d'être appelées. En cas de déclarations multiples, ces déclarations doivent correspondre exactement.
- Les arguments de fonctions sont convertis comme par affectation pour correspondre aux types des paramètres formels.
- Le nombre et le type des arguments doivent correspondre aux (ou pouvoir être convertis pour correspondre aux) types déclarés, dans le cas contraire, le programme est erroné. Les fonctions acceptant un nombre variable d'arguments sont identifiées explicitement.

Le reste de cette présentation concerne l'utilisation des prototypes.

Il existe trois formes de base des prototypes qui dépendent du fait qu'une fonction n'accepte pas d'arguments, accepte un nombre fixe d'arguments ou un nombre variable d'arguments :

1. Une fonction qui n'accepte pas d'arguments doit comporter une *liste-de-types-de-paramètres* comportant uniquement le spécificateur de type `void`, par exemple,

```
extern int generateur_aleatoire(void);
static void en_tete_impression(void);
```

2. Une fonction qui accepte un nombre fixe d'arguments indique les types de ces arguments dans la *liste-de-types-de-paramètres*. Si le prototype apparaît dans une déclaration de fonction, les noms de paramètres peuvent librement être incorporés ou non, ils n'affectent toutefois pas le prototype. (Nous pensons qu'ils aident à documenter la fonction). Par exemple,

```
extern double atan2(double, double);
extern char *strncpy( char *dest,
                      char *src, int compte);
```

3. Une fonction qui accepte un nombre variable d'arguments ou des arguments de types variés indique les types de tous les arguments fixes de la manière normale et les fait suivre de la notation ",..." (qui comporte quatre tokens : une virgule et trois points) :

```
extern int fprintf( FILE fichier,
                    char *format,...);
```

Il doit exister au moins un paramètre fixe, dans le cas contraire, la liste de paramètres ne peut pas être référencée en utilisant les utilitaires de bibliothèques standard déclarés dans `stdarg.h` (paragraphe 13.4).

Les prototypes peuvent être utilisés dans tout déclarateur de fonction, y-compris ceux qui sont utilisés pour créer des types plus compliqués. Par exemple, la déclaration de `signal` dans la Proposition de normalisation ANSI C (paragraphe 21.6) devient :

```
void (*signal(int sig,void (*fonc)(int sig)))(int sig);
```

Ceci déclare `signal` comme une fonction qui accepte deux arguments : `sig`, un entier et `fonc`, un pointeur à une fonction de type void comportant un seul argument `sig`. `signal` retourne un pointeur du même type que son deuxième paramètre, c'est-à-dire un pointeur à une fonction de type void acceptant un argument entier unique. Une manière plus claire d'écrire la déclaration de `signal` est la suivante :

```
typedef void (*traitement_sig)(int sig);
traitement_sig signal(int sig, traitement_sig fonc);
```

Il est possible d'utiliser des prototypes pour certains déclarateurs et pas pour d'autres (tant qu'ils ne se rapportent pas à la même fonction ou au même type de fonction). Si nous étions sur le point de déclarer `signal2` comme

```
typedef void (*traitement2_sig)();
traitement2_sig signal2( int sig,
                         traitement2_sig fonc);
```

nous perdrions le prototype du pointeur à la fonction `traitement2_sig` bien que le prototype de `signal2` soit toujours défini.

Nous considérons maintenant les définitions de fonction. Une définition de fonction contient nécessairement un déclarateur de fonction et ce déclarateur peut être sous la forme d'un prototype ou sous la forme traditionnelle. Par exemple, les deux définitions suivantes de `f` sont approximativement équivalentes :

```
int f(int i, int j) { /*...*/ } /* forme prototype */
int f(i,j) int i,j; { /*...*/ } /* forme
                                   traditionnelle */
```

Nous disons qu'elles sont approximativement équivalentes en raison d'une différence possible d'existence de prototype. Les règles sont les suivantes :

1. Une fonction définie sous forme de prototype établit simultanément un prototype pour cette fonction. Ce prototype doit correspondre à toute déclaration préalable ou ultérieure de la même fonction (qui doit aussi être sous forme prototype).
2. Une fonction définie sous forme traditionnelle n'introduit pas de prototype, toutefois, si un prototype existe en raison d'une déclaration préalable, la déclarations des paramètres dans la définition doit correspondre exactement avec le prototype et ce prototype reste en effet.

La deuxième règle facilite la conversion de programmes existants pour utiliser des prototypes. Il est seulement nécessaire d'introduire une déclaration sous forme prototype ou de remplacer les déclarations traditionnelles existantes. La définition de la fonction n'a pas besoin d'être modifiée.

La correspondance des types de paramètres formels dans des déclarations dupliquées de prototypes doit être exacte, y-compris en ce qui concerne les limites des tableaux (à l'exception du premier) et les types de retour des fonctions (y compris les informations de prototype si elles existent). Les noms de paramètres (s'ils existent) doivent aussi correspondre. Par exemple, plusieurs paires de types de paramètres formels sont énumérées ci-dessous. Les éléments de chaque paire sont en aucun cas équivalents dans le sens demandé :

```
int                  short
int                  short *
int ()               int (double x)
int (*)[20,20]       int (*)[10,40]
```

Appels de fonctions avec prototypes Lorsqu'une fonction comportant un prototype est appelée, les arguments effectifs de l'appel doivent correspondre en nombre et en type avec les paramètres formels du prototype ou doivent être compatibles dans le sens d'une affectation avec ces paramètres formels. Les paramètres effectifs sont convertis comme par affectation pour correspondre aux types formels avant l'appel de la fonction. Les arguments faisant partie de la partie variable de la liste formelle du prototype (correspondant à la portion "..." de la liste formelle) subissent les conversions habituelles d'arguments avant d'être passés.

La présence d'un prototype ne limite en aucune manière l'implémentation des appels de fonction. Certaines implémentations peuvent souhaiter tirer parti des informations supplémentaires fournies par les prototypes et optimiser certains liens de fonctions mais ceci n'est pas nécessaire. Une liberté supplémentaire est donnée aux créateurs d'implémentations : à moins qu'une fonction soit définie sous forme de prototype et que ce prototype définisse un nombre variable d'arguments, l'implémentation n'a pas besoin d'utiliser un lien de fonction qui supporte un nombre variable d'arguments. En effet, ceci signifie que toute fonction existante qui accepte un nombre variable d'arguments doit être récrite pour comporter un prototype avant d'être compilée par une implémentation ANSI C.

Prototypes Miranda Enfin, la Proposition de normalisation ANSI C spécifie que les appels de fonctions sans prototypes doivent avoir une certaine relation avec les appels de fonction avec prototype. En particulier, un appel de fonction qui n'est pas dans le domaine d'application d'un prototype et dont le nombre fixe de types de paramètres correspond exactement aux types des arguments effectifs après application des conversions habituelles d'argument. (Le terme "Prototypes Miranda" a été choisi par le fait que la règle indique concrètement que tous les appels de fonction ont droit à un prototype. En l'absence de prototype d'appel de fonction, un prototype est donné automatiquement).

Par exemple, si un compilateur de la Proposition de normalisation ANSI C détecte un appel de fonction

```
traitement( a, b, c, d );
```

où les types des arguments effectifs sont

```
short a; struct {int a,b;} b;  float *c;  float d;
```

l'appel de fonction est implémenté de la même manière que si le prototype suivant était en effet :

```
int traitement( int, struct {int a,b;}, float *,
                double);
```

(Si un type de retour explicite avait été déclaré de manière traditionnelle, ce type de retour serait utilisé dans le prototype). Noter que cette règle n'établit pas vraiment un prototype qui peut affecter les appels ultérieurs. Si un deuxième appel à `traitement` apparaît plus loin dans le programme :

```
traitement( x, y, z )
```

où `x`, `y` et `z` sont tous du type `float`, ce deuxième appel doit être implémenté comme si le prototype était

```
int traitement( double, double, double );
```

Etant donné que les liens peuvent être différents entre les deux appels, une confusion peut certainement en résulter lors de l'exécution. Toutefois, la Proposition de normalisation ANSI C ne nécessite pas que les fonctions qui acceptent un nombre (ou un type) variable d'arguments fonctionnent correctement en l'absence d'un prototype.

11.3.6 Initialisateurs

Les unions peuvent être initialisées. L'initialisateur doit être une expression acceptable comme initialisateur du premier composant de l'union, par exemple,

```
union U {double d; long q;} x = 0.0;
union V {struct {int a; union U *b;} s;
         struct {union U *b; int a;} t; } y = {0, &x};
```

Les variables automatiques de type tableau, structure et union peuvent être initialisées, toutefois les initialisateurs doivent être des expressions constantes acceptables comme initialisateurs de variables statiques. Cette restriction quelque peu arbitraire est utile pour simplifier légèrement l'implémentation et éviter certains initialisateurs pathologiques.

Dans le cas de variables automatiques de type structure et union, la règle est moins stricte afin de permettre des expressions générales d'initialisation du même type que la variable en cours d'initialisation. Par exemple, l'initialisateur suivant est autorisé :

```
extern struct S f(), a;
auto struct S x = (i<0 ? f() : a);
```

Les initialisateurs composés utilisant des listes d'expressions entre accolades doivent complètement spécifier tous les niveaux d'accolades ou omettre tous les niveaux d'accolades à l'exception du niveau le plus extérieur. Cette restriction supprime certaines ambiguïtés d'interprétation des initialisateurs partiellement-structurés.

Lorsqu'une liste d'expressions d'initialisation est trop courte pour initialiser un composé, les éléments restants sont initialisés à 0 avec une conversion de type appropriée. Par exemple, les initialisations des deux variables ci-dessous sont identiques :

```
struct S {int a; float b; char *c; };
struct S x = { 0 };
struct S y = { 0, 0.0F, (char *)0 };
```

Les variables statiques et globales qui ne comportent pas d'initialisateurs explicites sont initialisées à zéro avec une conversion de type appropriée.

L'ancienne forme d'initialisateurs dans laquelle l'opérateur = est omis n'est plus acceptable.

11.3.7 Noms externes

Les noms déclarés de type `extern` ont un domaine d'application limité au fichier ou au bloc en fonction de leur position. Des redéclarations ultérieures d'un nom externe peuvent fournir un supplément d'information.

La Proposition de normalisation ANSI C adopte le modèle de "classe de mémorisation omise" (aussi connu sous le nom de modèle "réf/déf strict") pour résoudre les définitions de données externes. Le "modèle commun mixte" (aussi connu sous le nom de "réf/déf relaxé") est reconnu comme une extension commune.

Références domaine d'application des noms externes 4.2.9 ; modèles de nom externe 4.8

11.4 TYPES

Les types ont été améliorés de plusieurs manières :

1. Les types entier non-signés sont maintenant disponibles dans toutes les tailles ainsi que nous le supposons de manière générale dans cet ouvrage.

2. Les types entier signés peuvent maintenant être créés à l'aide de l'identificateur de type `signed` utile avec le type `char` et les champs de bits.
3. Un nouveau type virgule-flottante `long double` a été ajouté. Le spécificateur `long float` n'est plus autorisé comme un synonyme de `double`.
4. Deux nouveaux spécificateurs de type `const` et `volatile` ont été ajoutés. Ils se comportent comme des modificateurs de types plutôt que des nouveaux types.
5. Les types énumération et le type `void` sont officiellement ajoutés.

11.4.1 Types entier

Le nouveau spécificateur de type `signed` peut être utilisé explicitement pour définir un type entier signé. Les changements de syntaxe correspondants sont :

spécificateur-de-type-signé : (paragraphe 5.1.1)
  `signed`
  `signed`$_{opt}$ `int`
  `signed`$_{opt}$ `short int`$_{opt}$
  `signed`$_{opt}$ `long int`$_{opt}$

spécificateur-de-type-caractère : (paragraphe 5.1.3)
  `char`
  `signed char`
  `unsigned char`

En plus d'ajouter un peu de symétrie au langage, l'utilisation principale du nouveau spécificateur de type a lieu en conjonction avec les types caractères et champs de bits. Lorsque le type `char` est implémenté comme un type non-signé — ainsi qu'il est autorisé — le spécificateur `signed` force une implémentation signée. Ceci est similaire à utiliser `unsigned` pour forcer une représentation non-signée avec des caractères qui sont normalement implémentés à l'aide du type signé. Les champs de bits, dont le caractère signé dépend de celui du type `char` fonctionnent de la même manière. (Comme souhaité `signed` utilisé sans autre spécificateur de type est équivalent à `signed int`).

Par exemple, si le type `char` utilise une représentation 8 bits en complément à deux, étant donné les déclarations

```
unsigned char uc = -1
signed char sc = -1
char c = -1
int i=uc, j=sc, k=c;
```

`i` doit avoir la valeur 255 et `j` doit être égal à -1 dans toutes les implémentations. Toutefois, `k` peut avoir la valeur 255 ou -1 en fonction de l'implémentation. D'une manière similaire, après les déclarations

```
struct S {  unsigned  ubf:3;
            signed    sbf:3;
            int        bf:3; } x = { -1, -1, -1 };
...
{ int i=x.ubf, j=x.sbf, k=x.bf; ...
```

`i` doit avoir la valeur 7, `j` doit avoir la valeur -1 et `k` peut valoir 7 ou -1.

Enfin, la Proposition de normalisation ANSI C oblige les types entier à utiliser les codages binaires pour assurer la portabilité des opérations bit-à-bit appliquées aux entiers positifs.

Références type caractère 5.1.3 ; types entier 5.1.1

11.4.2 Types virgule-flottante

Un nouveau type virgule-flottante a été ajouté. Pour éviter toute confusion, la notation `long float` n'est plus autorisée comme un synonyme de `double`. La nouvelle syntaxe est :

spécificateur-de-type-virgule-flottante : (paragraphe 5.2)
```
float
double
long double
```

Les ordinateurs modernes fournissent de plus en plus des nombres virgule-flottante en précisions "simple", "double" et "étendue" (souvent représentés respectivement par 32, 64 et 128 bits). Le type `long double` permet aux programmes C d'utiliser les nombres à précision étendue. Les créateurs d'implémentations sont libres d'utiliser la même implémentation pour `double` et `long double` et il sont aussi libres d'implémenter `double` et `float` de manière identique. Les conversions habituelles ont été améliorées pour traiter les nouveaux types virgule-flottante de la manière attendue.

Références règles de conversion habituelles 11.5.3, 11.5.4 ; type virgule-flottante 5.2

11.4.3 const

Le nouveau spécificateur de type `const` peut être utilisé avec d'autres spécificateurs de type — y-compris les spécificateurs de type structure, union, énumération et `volatile` — ou peuvent être utilisés seuls auquel cas le spécificateur supplémentaire `int` est supposé. Les modifications de syntaxe correspondantes sont :

spécificateur-de-type-constante : (nouveau)

const

L'attribut de type `const` empêche de modifier les valeurs des objets. Plus exactement, tout objet (ou plus strictement, toute expression gvaleur) dont le type contient le spécificateur de type `const` ne peut pas être assigné ou avoir sa valeur modifiée par les opérateurs ++ ou -- :

```
const int ic = 37;
ic = 5;              /* Incorrect */
ic++;                /* Incorrect */
```

La nouvelle syntaxe des déclarateurs de pointeurs permet la déclaration des "pointeurs constants" et des "pointeurs à des données constantes" :

```
int * const pointeur_const;
const int * pointeur_a_const;
```

La syntaxe peut porter à confusion : les pointeurs constants et les entiers constants, par exemple, placent le spécificateur de type `const` à des endroits différents. L'apparence change aussi lorsque des noms typedef sont utilisés ; le pointeur constant `pointeur_const` peut aussi être déclaré

```
typedef int *pointeur_int;
const pointeur_int pointeur_const;
```

ou de manière équivalente

```
pointeur_int pointeur_const;
```

Un pointeur à des données constantes peut être assigné mais l'objet sur lequel il pointe ne peut pas. Des expressions de ce type peuvent aussi être générées en appliquant l'opérateur d'adresse `&` à des valeurs qui comprennent `const`.

```
const int *pc;   /* pointeur à une constante entière */
int *p, i;
const int ec;
pc = p = &i;     /* Correct */
pc = &ec;        /* Correct */
*p = 5;          /* Correct */
*pc = 5;         /* Correct */
```

Affecter la valeur d'un type "pointeur à `const` *T*" à un objet du type "pointeur à *T*" est seulement autorisé en utilisant une conversion de type explicite. Continuant l'exemple précédent :

```
pc = &i;           /* Correct */
pc = p;            /* Correct */
p = &ec;           /* Incorrect */
p = pc;            /* Incorrect */
p = (int *)&ec;    /* Correct */
p = (int *)pc;     /* Correct */
```

Les règles du langage pour `const` ne sont pas à l'abri d'erreurs, en effet, elles peuvent être outrepassées ou contournée si le programmeur insiste. (Par exemple, l'adresse d'un objet constant peut être passée à une fonction externe). Toutefois, les implémentations peuvent allouer des objets dont les types comprennent `const` en zone de mémorisation à lecture-seule, de telle sorte que des tentatives de modification d'objets constants peuvent provoquer des erreurs d'exécution ainsi qu'illustré par le fragment de programme suivant :

```
const int * pc, * p;
const int ec = 0;
pc = &ec;          /*  Correct */
p = (int *)pc;     /*  Correct mais dangereux */
*p = 5;            /*  Correct mais provoque une erreur
                       d'exécution */
```

Références déclarateurs de pointeur 4.5.2, 11.3.4

11.4.4 volatile

Le nouveau spécificateur de type `volatile` peut être utilisé avec d'autres spécificateurs de type — y compris les spécificateurs de type structure, union, énumération et `const` — ou peut être utilisé seul auquel cas le spécificateur additionnel `int` est supposé. Les modifications correspondantes de syntaxe sont :

spécificateur-de-type-volatile : (nouveau)
    volatile

L'attribut de type `volatile` informe l'implémentation de la Proposition de Normalisation ANSI C que certains objets peuvent avoir leurs valeurs modifiées d'une manière qui n'est pas contrôlée par l'implémentation. Plus exactement, tout objet (strictement parlant, toute expression gvaleur) dont le type contient le spécificateur de type `volatile` ne doit pas participer à des optimisations qui augmenteraient, diminueraient ou retarderaient certaines références ou modifications à cet objet).

Pour être plus précis, la Proposition de normalisation ANSI C introduit la notion de *points de séquence* dans les programmes C. Un point de séquence existe à la fin de toute expression qui ne fait pas partie d'une expression plus large, c'est-à-dire à la fin des instructions expression, des expressions d'instructions de contrôle, des expressions de retour et des initialisateurs. Des points de séquence supplémentaires sont présents dans les appels de fonctions immédiatement après l'évaluation des arguments dans les expressions logiques ET et OU et avant l'opérateur conditionnel (?) et l'opérateur virgule (,).

Des références et des modifications des objets volatiles ne doivent pas être optimisées à travers les points de séquence, bien que l'optimisation entre points de séquence soit autorisée. Des références et modifications supplémentaires peuvent être générées à tout moment. Considérons par exemple, le fragment de programme suivant :

```
extern int f();
auto int i,j;
...
i = f(0);
while (i) {
  if (f(j*j)) break;
}
```

Si la variable `i` n'était pas utilisée à nouveau pendant sa durée de vie, l'implémentation C traditionnelle serait autorisée à récrire ce programme de la manière suivante :

```
if (f(0)) {
  i = j*j;
  while( !f(i) );
}
```

La première affectation de `i` a été éliminée et `i` a été réutilisé comme une variable temporaire pour contenir `j*j` qui a été évalué une seule fois en dehors de la boucle.

Si nous modifions la déclaration de `i` et `j` de la manière suivante :

```
auto volatile int i,j;
```

ces optimisations ne seront pas autorisées. Toutefois, il serait permis d'écrire la boucle de la manière indiquée ci-dessous en éliminant la référence à `j` avant le point de séquence à la fin de l'expression d'instruction de contrôle `if` :

```
i = f(0);
while (i) {
  register int temp = j;
  if (f(temp*temp)) break;
}
```

La nouvelle syntaxe des déclarateurs de pointeur permet la déclaration du type "pointeur à `volatile`...". Des références à ce type de pointeur peuvent être optimisées alors que des références à l'objet sur lequel il pointe ne peuvent pas. Assigner une valeur de type "pointeur à `volatile` *T*" à un objet de type "pointeur à *T* " est seulement autorisé lorsqu'une conversion explicite de type est utilisée. Par exemple :

```
extern volatile int * pv, *p;
pv = p;             /* Correct */
p = pv;             /* Incorrect */
p = (int *)pv;      /* Correct */
```

L'utilisation la plus commune de `volatile` est pour fournir un accès fiable à des emplacements mémoire spéciaux utilisés par le matériel de l'ordinateur ou par des processus asynchrones. Considérons l'exemple typique suivant. Un ordinateur comporte trois emplacement spéciaux utilisés par le matériel :

Adresse	Utilisation
0xFFFFFF20	Mémoire tampon de données d'entrée
0xFFFFFF24	Mémoire tampon de données de sortie
0xFFFFFF28	Registre de contrôle

Le registre de contrôle et la mémoire tampon de données d'entrée peuvent être lus mais pas écrits par un programme ; la mémoire tampon de sortie peut être écrite mais ne peut pas être lue (de manière utile). Le dernier bit le moins significatif du registre de contrôle est appelé “entrée disponible”, il vaut 1 lorsque des données sont arrivées à partir d'une source externe et est automatiquement initialisé à zéro lorsque des données provenant de la mémoire tampon d'entrée sont lues par le programme (après quoi le contenu de la mémoire tampon est non défini jusqu'à ce que “entrée disponible” redevienne 1). Le deuxième bit le moins significatif du registre de contrôle est appelé “sortie disponible”, lorsque l'appareil externe est prêt à accepter des données, ce bit est initialisé à 1. Lorsque des données sont placées dans la mémoire tampon de sortie par le programme, ce bit est automatiquement initialisé à 0 et les données sont écrites. Le fait de placer des données dans la mémoire tampon de sortie lorsque le bit de contrôle vaut 0 provoque des résultats imprévisibles.

La fonction `copie_donnees` donnée ci-dessous copie des données provenant de l'entrée vers la sortie jusqu'à ce qu'une valeur d'entrée égale à 0 soit détectée. Le nombre de caractères copiés est retourné. Il n'y a aucune provision concernant le dépassement de capacité ou toute autre condition d'erreur.

```
typedef unsigned long type_donnees, type_controle,
    type_compte;
#define CONTROLEUR /
      ((const volatile type_controle * const) 0xFFFFFF28)
#define MEMOIRE_ENTREE /
      ((const volatile type_donnees * const) 0xFFFFFF20)
#define MEMOIRE_SORTIE ((volatile type_donnees * const)
      0xFFFFFF24)
#define BIT_ENTREE_PRETE 0x4
#define BIT_SORTIE_PRETE 0x2
#define entree_prete
      ((*CONTROLEUR) & BIT_ENTREE_PRETE)
#define sortie_prete
      ((*CONTROLEUR) & BIT_SORTIE_PRETE)

type_compteur copie_donnees()
{
  type_compteur compteur = 0;
  type_donnees temp;
  for(;;) {
    while (!entree_prete) ;    /* Attendre entrée */
    temp = *MEMOIRE_ENTREE;
    if (temp == 0) return compteur;
    while (!sortie_prete) ;    /* Attendre sortie */
    *MEMOIRE_SORTIE = temp;
    compteur++;
  }
}
```

Références déclarateurs de pointeur 4.5.2, 11.3.4

11.4.5 Pointeurs génériques

Le type `void *` est ajouté comme un "pointeur générique". Ce type a été introduit pour répondre au besoin d'une représentation uniforme de pointeur tout en permettant à une implémentation de choisir des représentations efficaces (éventuellement différentes) de pointeurs pour différents types de base. Les pointeurs génériques ne peuvent être déréférencés à l'aide des opérateurs d'indiçage `*`. Tous les autres types pointeur (à l'exception peut-être des pointeurs à fonctions) peuvent être convertis en type `void *` et inversement sans nécessiter de modification ; les conversions explicites de type doivent être utilisées dans un but de clarification mais ne sont toutefois pas nécessaires :

```
void *ptr_generique;
int *ptr_ent;
char *ptr_car;
ptr_generique = ptr_ent;         /* Correct */
ptr_ent = ptr_generique;         /* Correct */
ptr_ent = ptr_car;               /* Incorrect */
ptr_ent = (int *) ptr_car;       /* Correct */
```

Les pointeurs génériques fournissent une flexibilité supplémentaire pour l'utilisation de prototypes de fonctions. Lorsqu'une fonction comporte un paramètre formel qui peut accepter un pointeur de n'importe quel type, le paramètre formel doit être déclaré de type `void *`. Si le paramètre formel est déclaré à l'aide d'un autre type quelconque de pointeur, les arguments effectifs doivent être du même type étant donné que les types pointeur ne sont plus compatibles avec l'affectation (paragraphe 11.5.2). Par exemple, l'utilitaire `strcpy` copie des chaînes de caractères et nécessite par conséquent des arguments de type `char *` :

```
char *strcpy(char *s1, const char *s2);
```

D'un autre côté, `memcpy` accepte un pointeur de n'importe quel type et utilise par conséquent `void *` :

```
*memcpy(void *s1, const void *s2, size_t n);
```

Références compatibilité avec l'affectation 6.3.2, 11.5.2 ; spécificateur de type `const` 11.4.3 ; types pointeur 5.3 ; utilitaire `memcpy` 16.3 ; utilitaire `strcpy` 15.3

11.5 CONVERSIONS ET REPRESENTATIONS

11.5.1 Représentation des nombres

La Proposition de normalisation ANSI C oblige l'implémentation à fournir un fichier d'en-tête standard `limits.h` qui définit certaines caractéristiques des types de données entiers. La table 11-1 donne une liste des noms standard qui doivent être définis dans `limits.h` et donne pour chacun de ces noms la valeur (absolue) minimum que les implémentations conformes doivent supporter. Un deuxième fichier d'en-tête `float.h` définit les caractéristiques des types `float`, `double` et `long double`. Des extraits de ce fichier sont donnés dans la table 11-2.

Nom	Minimum	Signification
CHAR_BIT	8	largeur du type char en bits.
SCHAR_MIN	-127	valeur minimum du type signed char
SCHAR_MAX	127	valeur maximum du type signed char
UCHAR_MAX	255	valeur maximum du type unsigned char
SHRT_MIN	-32767	valeur minimum du type short int
SHRT_MAX	32767	valeur maximum du type short int
USHRT_MAX	65535	valeur maximum du type unsigned short
INT_MIN	-32767	valeur minimum du type int
INT_MAX	32767	valeur maximum du type int
UINT_MAX	65535	valeur maximum du type unsigned int
LONG_MIN	-2147483647	valeur minimum du type long int
LONG_MAX	2147483647	valeur maximum du type long int
ULONG_MAX	4294967295	valeur maximum du type unsigned long

Si le type char est signé par défaut :

CHAR_MIN	SCHAR_MIN	valeur minimum du type char
CHAR_MAX	SCHAR_MAX	valeur maximum du type char

Si le type char est non signé par défaut :

CHAR_MIN	0	valeur minimum du type char
CHAR_MAX	UCHAR_MAX	valeur maximum du type char

Table 11-1 : Tailles minimum d'entiers

Nom	Minimum	Signification
FLT_RADIX	2	base de l'exposant en représentation virgule flottante (tous les types virgule-flottante)
FLT_ROUNDS		>0 si l'addition est arrondie, 0 en cas d'approximation, inconnu autrement (tous les types virgule-flottante)
FLT_EPSILON	1E-5	minimum x >0.0 tel que 1.0+x != x
DBL_EPSILON	1E-5	
LDBL_EPSILON	1E-5	
FLT_DIGITS	6	nombre de chiffres décimaux de précision
DBL_DIGITS	6	
LDBL_DIGITS	6	
FLT_MIN	1E-37	nombre minimum positif normalisé
DBL_MIN	1E-37	
LDBL_MIN	1E-37	
FLT_MAX	1E+37	nombre maximum fini représentable
DBL_MAX	1E+37	
LDBL_MAX	1E+37	
FLT_MIN_10_EXP	-37	minimum x tel que 1Ex donne approximativement FLT_MIN
DBL_MIN_10_EXP	-37	
LDBL_MIN_10_EXP	-37	
FLT_MAX_10_EXP	37	maximum x tel que 1Ex donne approximativement FLT_MAX
DBL_MAX_10_EXP	37	
LDBL_MAX_10_EXP	37	

Table 11-2 : Caractéristiques virgule-flottante

11.5.2 Conversions d'affectation

Les règles données dans le paragraphe 6.3.2 s'appliquent toujours. Les conversions entre les types de pointeurs lors d'une affectation — une extension commune dans de nombreuses implémentations — ne sont pas permises dans la Proposition de normalisation ANSI C à moins que l'un des types soit du type `void *` ou lorsque (dans les affectations) le second membre est la constante entière 0. Dans tous les autres cas, une conversion de type explicite doit être utilisée. Un corollaire à cette règle est que les arguments de type pointeur des fonctions spécifiées à l'aide de prototypes doivent correspondre exactement. Par exemple, il est incorrect de passer un pointeur de type `char *` à une fonction qui attend un argument de type `int *`.

Les affectations de types qui contiennent les spécificateurs de type `const` et/ou `volatile` sont sujettes à des restrictions supplémentaires décrites en même temps que ces spécificateurs de type.

La Proposition de normalisation ANSI C n'adresse pas la conversion des pointeurs à fonction en détail. Les conversions entre les pointeurs à fonctions sont autorisées avec conversion de type explicite, toutefois il est admis que les pointeurs à fonction peuvent avoir une représentation sur certains ordinateurs qui ne correspond pas au type `void *`. Le programmeur doit éviter les conversions entre pointeurs à fonctions et pointeurs à données.

Références conversions d'affectation 6.3.2 ; prototypes de fonction 11.3.5 ; spécificateur de type `const` 11.4.3 ; spécificateur de type `volatile` 11.4.4 ; type `void *` 11.4.5

11.5.3 Les conversions unaires habituelles

Les conversions unaires habituelles n'assimilent plus automatiquement le type `float` au type `double`, permettant (sans obliger) des opérations arithmétiques appliquées directement aux valeurs de type `float`. (Les implémentations sont toujours libres d'effectuer des opérations arithmétiques en utilisant une plus grande précision que celle demandée).

Les règles de conversion unaire habituelles pour les types entier sont différentes de celles données pour les implémentations traditionnelles :

1. Tous les types entier plus courts que `int`, y compris leur variantes non-signées sont élargis au type `int`. (De nombreuses implémentations élargissaient traditionnellement les types non-signés plus courts en `unsigned` ; ceci est par conséquent un changement pour ces implémentations). Noter que les types `char` et `short` bien qu'habituellement plus courts que `int` ne le sont pas nécessairement dans certaines implémentations.
2. Les types entier signés qui sont de la même taille que `int` sont convertis en type `int`. Les types entier non-signés qui sont de la même taille que `int` sont convertis en type `unsigned int`.
3. Dans les implémentations qui traitent les caractères et les champs de bits comme des types signés, les caractères et les champs de bits sont élargis en fonction de leur type de base. Dans les implémentations qui traitent les caractères et les champs de bits comme des types non-signés, les

caractères et les champs de bits sont élargis comme si leur type de base était non signé. (Ces règles s'appliquent si les types `signed` et `unsigned` ne sont pas spécifiés explicitement dans la déclaration).

Supposons par exemple que le type `char` occupe 8 bits, que le type `short` occupe 16 bits et que le type `int` occupe 32 bits. Dans ce cas les conversions unaires habituelles pour les entiers sont données dans la table 11-3 pour les implémentations qui traitent respectivement le type `char` comme un type signé et non-signé. Remarquer que dans cet exemple, la seule différence apparaît dans l'élargissement des champs de bits du type `int`. Pour les implémentations dans lesquelles `sizeof(short)==sizeof(int)`, les règles de conversion pour le type `short` sont les mêmes que celles données pour le type `int` dans les tables.

Type de l'opérande originale	*Type converti signé*	*Type converti non-signé*
`char`	`int`	`int`
`short`	`int`	`int`
`int`	`int`	`int`
`unsigned char`	`int`	`int`
`unsigned short`	`int`	`int`
`unsigned int`	`unsigned`	`unsigned`
`char` champ de bit	`int`	`int`
`short` champ de bit	`int`	`int`
`int` champ de bit	`int`	`unsigned`
`unsigned char` champ de bit	`int`	`int`
`unsigned short` champ de bit	`int`	`int`
`unsigned int` champ de bit	`unsigned`	`unsigned`

Table 11-3 : Conversions habituelles dans un exemple d'implémentation signée

Références conversions unaires habituelles (traditionnelles) 6.3.3 ; représentations de données 6.1.1

11.5.4 Les conversions binaires habituelles

Les conversions binaires habituelles dans la Proposition de normalisation ANSI C sont énumérées ci-dessous. Comme à l'accoutumé, les conversions unaire habituelles sont d'abord effectuées séparément sur chaque opérande avant que ces règles ne soient appliquées.

1. Si les deux opérandes ne sont pas de type arithmétique ou si les deux opérandes sont du même type, aucune conversion additionnelle n'est effectuée.
2. Dans le cas contraire, si une opérande est du type `long double`, l'autre opérande est convertie en type `long double`.

3. Dans le cas contraire, si une opérande est du type `double`, l'autre opérande est convertie en type `double`.
4. Dans le cas contraire, si une opérande est du type `float`, l'autre opérande est convertie en type `float`.
5. Dans le cas contraire, si une opérande est du type `unsigned long int`, l'autre opérande est convertie en type `unsigned long int`.
6. Dans le cas contraire, si une opérande est du type `long int`, l'autre opérande est convertie en type `long int`.
7. Dans le cas contraire, si une opérande est du type `unsigned int`, l'autre opérande est convertie en type `unsigned int`.
8. Dans le cas contraire, les deux opérandes doivent être du type `int` auquel cas aucune conversion supplémentaire n'est effectuée.

Références conversions binaires habituelles (traditionnelles) 6.3.4

11.5.5 Les conversions d'arguments de fonctions

Les conversions unaires habituelles sont appliquées aux arguments de fonctions dont les types ne sont pas spécifiés dans un prototype de fonction. En outre, les arguments de type `float` sont convertis en type `double` pour des raisons de compatibilité avec le logiciel existant.

Références conversions d'argument de fonction (traditionnelles) 6.3.5 ; prototypes de fonction 11.3.5

11.6 EXPRESSIONS

La plupart des modifications concernant les expressions dans la Proposition de Normalisation ANSI C ont trait aux types autorisés comme opérandes. En général, les règles ont été rendues plus strictes pour rendre les programmes plus lisibles et portables.

11.6.1 Sélection de composant

Les opérandes de gauche de `.` et de `->` doivent avoir le type correct de structure, union ou pointeur à l'exception du fait que la constante pointeur nul `0` peut être utilisée de la manière stylisée suivante pour déterminer le déplacement en bytes d'un composant de structure à l'intérieur de la structure :

```
#define OFFSET(type,champ) \
        ((size_t)(char *)&((type *)0)-champ)
```

11.6.2 Appels de fonction

Dans l'invocation de fonction f(. . .), l'expression `f` peut être du type "pointeur à fonction . . . ," auquel cas un le pointeur à fonction est déréférencé automatiquement pour effectuer l'appel.

11.6.3 Opérateur sizeof

Le résultat de l'opérateur `sizeof` peut être du type `unsigned int` ou `unsigned long`. Le type choisi par une implémentation est défini comme size_t dans le fichier d'en-tête standard `stddef.h`.

11.6.4 Opérateur adresse

L'opérateur adresse `&` appliqué à une fonction retourne une valeur du type "pointeur à fonction . . . ". L'opérateur adresse appliqué à un tableau donne un "pointeur à un tableau de T" ou un "pointeur à un pointeur à T". (Ceci est différent de la plupart des implémentations qui ignorent simplement l'opérateur `&`).

Références opérateur adresse (traditionnel) 7.5.6

11.6.5 Opérateur plus unaire

L'opérateur plus unaire est ajouté avec des propriétés sémantiques spéciales. La nouvelle syntaxe est :

expression-unaire : (paragraphe 7.5)
expression-postfixée
expression-de-conversion-de-type
expression-de-calcul-de-taille
expression-moins-unaire
expression-plus-unaire
expression-de-négation-logique
expression-de-négation-bit-à-bit
expression-d'adresse
expression-d'indirection
expression-préincrément
expression-prédécrément

expression-plus-unaire : (nouveau)
\+ *expression-unaire*

Une expression plus unaire "+*e*" peut être considérée comme une notation abrégée pour "0+(*e*)"; les deux expressions en effet effectuent toujours le même calcul.

L'expression plus unaire a pour effet supplémentaire d'interdire toutes les optimisations qui regrouperaient les sous-expressions de *e* avec des sous-expressions situées en dehors de *e*. Ce nouvel opérateur a été introduit dans le langage pour donner au programmeur la possibilité de forcer certains ordres d'évaluation des expressions. (L'opérateur moins unaire ne force pas un ordre d'évaluation). Par exemple, il est bien connu que l'addition virgule-flottante n'obéit pas à la loi d'associativité. Plus exactement, l'expression `((X+Y)-X)-Y` évaluée telle qu'elle est écrite ne donne pas nécessairement la même valeur que `(X+Y)-(X+Y)` ou zéro. Pour empêcher les compilateurs de réarranger la première expression, le programmeur C doit écrire

```
+((+(X+Y))-X)-Y
```

11.6.6 Addition et soustraction

Lorsque deux pointeurs du même type sont soustraits le résultat est du type `ptrdiff_t` définit dans le fichier d'en-tête standard `stddef.h`. Deux pointeurs du type `void *` ne peuvent pas être soustraits, de même, un entier ne peut ni être ajouté ni être soustrait d'un pointeur de type `void *`.

La Proposition de normalisation ANSI C nécessite qu'un pointeur au premier élément situé après la fin d'un tableau soit représenté suffisamment bien pour permettre la soustraction et les comparaisons relationnelles avec un pointeur situé à l'intérieur du tableau. (Nous ne sommes pas surs que cela est possible sur certains ordinateurs dotés d'espaces d'adressage segmentés, lorsqu'un tableau s'étend sur l'ensemble d'un segment).

11.6.7 Expressions relationnelles

Les expressions relationnelles entre pointeurs du type `void *` ne sont pas autorisées. Toutefois, les comparaisons d'égalité sont autorisées dans les cas suivants :

1. entre des valeurs de types arithmétiques
2. entre des pointeurs du même type
3. entre un pointeur du type `void *` et tout autre pointeur
4. entre tout pointeur et la constante entière 0.

Références expressions relationnelles 7.6.4 ; type `void *` 11.4.5

11.6.8 Expressions constantes

La définition des expressions constantes a été clarifiée. Les opérateurs avec virgule ne sont plus autorisés dans les expressions constantes. La différence entre les adresses de deux membres du même composé est une expression constante et peut être utilisée comme un initialisateur constant.

Le préprocesseur est autorisé à effectuer son arithmétique constante en utilisant l'arithmétique naturelle d'entier long sur l'ordinateur hôte. Par conséquent les commandes de préprocesseur ne peuvent être utilisées de manière fiable pour déterminer les caractéristiques de l'arithmétique de l'ordinateur cible. Par exemple, le fragment de programme ci-dessous essaie de vérifier de manière incorrecte si le type `int` comporte plus de 16 bits sur l'ordinateur cible :

```
#if 1<<16
  /*  Les entiers comportent plus de 16 bits sur
      l'ordinateur cible */
  ...
  #endif
```

En fait, le programme peut seulement tester la représentation du type `long` sur l'ordinateur hôte.

Les initialisateurs statiques peuvent mettre en jeu des expressions arbitraires contenant des constantes virgule-flottante. La Proposition de Normalisation ANSI C établit qu'une implémentation est libre d'effectuer l'initialisation effective lors de l'exécution et n'est pas par conséquent requise de simuler l'arithmétique virgule-flottante de l'ordinateur cible. Toutefois, effectuer cette initialisation lors de l'exécution — avant que le code qui utilise les variables initialisées puisse être exécuté — est très difficile en général.

Les implémentations C peuvent utiliser l'arithmétique virgule-flottante naturelle sur l'ordinateur hôte pour les expressions constantes tant que leur précision est au moins aussi large que celle de l'ordinateur cible.

11.7 INSTRUCTIONS

L'expression de contrôle d'une instruction `switch` peut être d'un type entier quelconque, elle est sujette aux conversions unaires habituelles. Les expressions constantes qui apparaissent dans les étiquettes de `case` sont converties pour correspondre au type de l'expression `switch` (après conversion) et sont ensuite seulement vérifiées pour une duplication des valeurs à l'intérieur des étiquettes `case`.

Dans une instruction `return`, l'expression (si elle existe) est convertie comme par affectation pour correspondre au type de retour déclaré de la fonction contenant l'instruction. Cette instruction est incorrecte lorsqu'une telle conversion est impossible.

11.8 BIBLIOTHEQUE DE SUPPORT D'EXECUTION

La bibliothèque de support d'exécution C, qui a toujours constitué l'un des avantages primordiaux de C, a été standardisée avec le langage de la Proposition de normalisation ANSI C. Les utilitaires contenus dans cette bibliothèque évitent les fonctions particulières à UNIX. Tous les utilitaires de bibliothèque sont classés dans plusieurs groupes chacun desquels comporte un fichier d'en-tête propre. Les utilitaires de bibliothèque sont énumérés par groupe dans les tables 12-1 et 12-2 du paragraphe 12.1 et sont décrits dans les chapitres suivants.

Les utilitaires de bibliothèque et les fichiers d'en-tête sont spéciaux sous de nombreux aspects, la plupart de ces aspects permettant de protéger l'intégrité des implémentations :

1. Les noms de bibliothèques sont en principe réservés, ou plus exactement, les programmeurs ne peuvent pas définir d'objets externes dont les noms sont identiques à ceux utilisés dans la librairie standard. (Tous les noms commençant par un tiret de soulignement sont aussi réservés aux implémentations).
2. Les fichiers d'en-tête de bibliothèque ou les noms de fichiers peuvent être "incorporés" dans l'implémentation bien qu'ils doivent toujours être inclus pour que leurs noms soient visibles.
3. Les programmeurs peuvent inclure les fichiers d'en-tête de bibliothèque dans un ordre quelconque et un nombre de fois quelconque.

La dernière contrainte peut forcer une implémentation à utiliser certains mécanismes prudents pour éviter la duplication des déclarations :

```
/* Fichier d'en-tête stddef.h */
#ifndef _STDDEF
#define _STDDEF 1
  typedef int ptrdiff_t;    /* Ne pas essayer de
                               redéclarer */
  ...
#endif
```

La Proposition de normalisation ANSI C nécessite que la plupart des utilitaires de bibliothèque "ressemblant à des fonctions" soient concrètement implémentés comme des fonctions de telle sorte que le programmeur puisse passer leurs adresses, par exemple, à une autre fonction. Cependant pour des raisons d'efficacité, les fichiers d'en-tête peuvent masquer le nom de la fonction par un nom équivalent de macro. L'exemple suivante est une déclaration hypothétique d'une fonction `paszero` qui retourne 1 si son argument est différent de zéro et zéro dans le cas contraire. (Noter que la conversion de type en `int` est nécessaire dans la macro pour simuler l'effet d'un appel de fonction dans le domaine d'application d'un prototype).

```
extern int paszero( int x ); /* Forme fonctionnelle */
#define paszero(x) ((int)(x)?1:0)    /* Forme macro */
```

Un programmeur ayant besoin de la forme fonctionnelle devra inclure une commande explicite `#undef` pour masquer toutes les macros :

```
#ifdef paszero
#undef paszero
#endif
```

Les fonctions de bibliothèque sont, pour la plupart, écrites pour accepter des arguments dont les types sont inchangés par les conversions habituelles d'arguments. Ceci leur permet d'être appelées sans l'aide d'un prototype, pour des raisons de compatibilité avec les implémentations existantes. La compatibilité ne peut pas être préservée de manière fiable pour des fonctions telles que `fprintf` et `fscanf` qui acceptent un nombre variable d'arguments étant donné que la Proposition de normalisation ANSI C oblige ces fonctions à être appelées dans le domaine d'application d'un prototype.

Références `fprintf` 17.11 ; `fscanf` 17.8

PARTIE II : LES BIBLIOTHEQUES DE SUPPORT D'EXECUTION C

12

Introduction aux bibliothèques de support d'exécution

De nombreux utilitaires qui sont utilisés dans les programmes C ne font pas partie du langage C en tant que tels mais font partie de "bibliothèques standard" qui sont écrites en C pour être utilisées par d'autres programmes C. Ces utilitaires comprennent :

- signaux (exceptions) et autres fonctions de contrôle non locales
- opérations sur les caractères et les chaînes de caractères
- calcul et impression de l'heure du jour
- opérations sur des blocs arbitraires de mémoire
- fonctions mathématiques
- fonctions d'allocation mémoire
- fonctions d'entrée/sortie
- communication avec le système d'exploitation

Chacun de ces utilitaires fait partie d'une bibliothèque particulière. La façon correcte d'utiliser un utilitaire est d'insérer une commande de préprocesseur `#include` au début du programme utilisateur pour inclure les déclarations de bibliothèques utiles ; l'utilitaire peut alors être appelé à l'intérieur du programme utilisateur. Par exemple, afin d'utiliser la fonction trigonométrique `cos` dans in programme, le programmeur C doit insérer la commande

```
#include <math.h>
```

au début du programme permettant de déclarer `cos` afin de pouvoir l'utiliser ultérieurement. Malheureusement, dans de nombreuses implémentations, tous les utilitaires ne sont pas déclarés dans des fichiers d'en-tête standard ; certains doivent être déclarés explicitement par le programmeur. Dans les descriptions qui suivent, le fichier d'en-tête est indiqué dans le cas ou il existe de manière commune. (Dans la Proposition de normalisation ANSI C, les fichiers d'en-tête standard peuvent être inclus dans l'implémentation, plus exactement, ils peuvent ne pas correspondre du tout à des fichiers. Ceci permet aux implémentations de se conformer à la Proposition de normalisation ANSI C même si, par exemple, leur système de gestion de fichiers n'autorise pas la présence de points dans les noms de fichiers).

Le mot *utilitaire* a été utilisé pour éviter de se demander si une opération est implémentée comme une fonction ou comme une macro de préprocesseur. La plupart des utilitaires sont décrits comme s'ils étaient des fonctions, toutefois l'implémentation est en général libre de fournir une macro équivalente — quoique certainement plus efficace. Dans ce contexte, nous continuerons souvent à utiliser le terme plus naturel de "fonction". Toutefois, afin d'éviter toute confusion ou erreur subtile, un utilitaire conçu comme une macro doit évaluer chaque expression argument exactement une seule fois, de la même manière que s'il était implémenté comme une fonction. (Dans certains cas, ceci important pour le programmeur : si une opération est définie comme une macro, elle peut être supprimée avec `#undef` ; si cette même opération est définie comme une fonction, l'adresse de la fonction peut être passée à une autre fonction).

Lorsqu'une fonction de bibliothèque est invoquée et ne peut effectuer une opération avec succès, elle peut se comporter de deux manières : soit retourner une valeur spéciale indiquant une erreur ou placer un code d'erreur non nul dans la variable externe `errno` (paragraphe 13.2). Les procédures suivies de diverses utilitaires sont décrites de manière explicite ci-dessous pour chaque utilitaire. Les codes d'erreur et la variable externe `errno` sont décrits dans le paragraphe 13.2.

La Proposition de normalisation ANSI C est la première description de C qui contient explicitement une importante bibliothèque indépendante du système d'exploitation. Les implémentations plus anciennes de C fournissent des ensembles d'utilitaires différents, bien que les bibliothèques fournies avec UNIX aient servi de modèle pour de nombreuses implémentations. Nous avons choisi de décrire les utilitaires qui appartiennent à l'une de trois catégories :

1. les utilitaires contenus dans la Proposition de normalisation ANSI C
2. les utilitaires utilisés de manière commune qui reproduisent les utilitaires de la Proposition de normalisation ANSI C
3. les autres utilitaires utilisés de manière commune qui ne dépendent pas d'une manière importante du système (e.g., UNIX)

Les utilitaires sont divisés en groupes correspondant à leur objectif général. Chaque utilitaire est décrit en fournissant le fichier d'en-tête approprié (s'il existe), suivi d'une déclaration typique de fonction ou de macro correspondant à l'utilitaire ainsi qu'une description plus détaillée.

12.1 UTILITAIRES DE LA PROPOSITION DE NORMALISATION ANSI C

La Proposition de normalisation ANSI C est la première implémentation de C contenant une description détaillée d'un ensemble de bibliothèques standard. Les utilitaires de bibliothèques mentionnés dans les chapitres suivants doivent être disponibles à la fois dans la Proposition de normalisation ANSI C et dans les implémentations traditionnelles de C à défaut d'indication contraire. Considérons par exemple, l'extrait de programme suivant :

```
#include <header.h>                         /* ANSI */

int f();

int g(a)                          /* forme non-ANSI */
void g(a)                                   /* ANSI */
  int a;
```

La description doit être interprétée de la manière suivante :

1. Le fichier d'en-tête `header.h` est seulement fourni dans la Proposition de normalisation ANSI C.
2. La fonction `f` est fournie à la fois dans la Proposition de normalisation ANSI C et dans de nombreuses implémentations traditionnelles.
3. La fonction `g` est fournie dans les deux implémentations, toutefois, dans la Proposition de normalisation ANSI C, `g` retourne une valeur `void` alors que dans les implémentations traditionnelles elle retourne un entier.

Les descriptions détaillées accompagnant chaque déclaration doivent permettre de clarifier la situation.

Le groupement des utilitaires dans la Proposition de normalisation ANSI C ne suit pas toujours les divisions utilisées dans cet ouvrage. Les tables 12-1 et 12-2 donnent une liste des utilitaires standard tels qu'ils sont organisés dans la Proposition de normalisation ANSI C ainsi que des références à des descriptions fournies dans ce livre.

Utilitaire défini de manière interne

`__LINE__` (13.3) `__FILE__` (13.3) `__DATE__` (13.3) `__TIME__` (13.3)
`__STDC__` (13.3)

Diagnostics `assert.h`

`assert` (21.1)

Traitement de caractères `ctype.h`

`isalnum` (14.1)	`isgraph` (14.4)	`ispunct` (14.4)	`isxdigit` (14.3)
`isalpha` (14.1)	`islower` (14.5)	`isspace` (14.6)	`tolower` (14.9)
`iscntrl` (14.1)	`isprint` (14.4)	`isupper` (14.5)	`toupper` (14.9)
`isdigit` (14.3)			

Mathématiques `math.h`

`acos` (19.9)	`cosh` (19.10)	`ldexp` (19.5)	`sin` (19.8)
`asin` (19.9)	`exp` (19.4)	`log` (19.4)	`sinh` (19.10)
`atan` (19.9)	`fabs` (19.1)	`log10` (19.4)	`sqrt` (19.6)
`atan2` (19.9)	`floor` (19.3)	`modf` (19.5)	`tan` (19.8)
`ceil` (19.3)	`fmod` (19.3)	`pow` (19.6)	`tanh` (19.10)
`cos` (19.8)	`frexp` (19.5)		

Branchements non locaux `setjmp.h`

`longjmp` (21.4) `setjmp` (21.4)

Traitement de signal `signal.h`

`raise` (21.6) `signal` (21.6)

Arguments variables `stdarg.h`

`va_arg` (13.4) `va_end` (13.4) `va_start` (13.4)

Table 12-1 : Bibliothèques de la Proposition de normalisation ANSI C (première partie)

Entrées/Sorties `stdio.h`

`clearerr` (17.14)	`fputs` (17.10)	`perror` (13.2)	`setvbuf` (17.3)
`fclose` (17.2)	`fread` (17.13)	`printf` (17.11)	`sprintf` (17.11)
`feof` (17.14)	`freopen` (17.2)	`putc` (17.9)	`sscanf` (17.8)
`ferror` (17.14)	`fscanf` (17.8)	`putchar` (17.9)	`tmpfile` (17.16)
`fflush` (17.2)	`fseek` (17.5)	`puts` (17.10)	`tmpnam` (17.16)
`fgetc` (17.6)	`ftell` (17.5)	`remove` (17.15)	`ungetc` (17.6)
`fgets` (17.7)	`fwrite` (17.13)	`rename` (17.15)	`vfprintf` (17.12)
`fopen` (17.2)	`getc` (17.6)	`rewind` (17.5)	`vprintf` (17.12)
`fprintf` (17.11)	`getchar` (17.6)	`scanf` (17.8)	`vsprintf` (17.12)
`fputc` (17.9)	`gets` (17.7)	`setbuf` (17.3)	

Utilitaires généraux `stdlib.h`

`abort` (21.3)	`calloc` (18.1)	`ldiv` (19.2)	`malloc` (18.1)
`abs` (19.1)	`div` (19.2)	`rand` (19.7)	`onexit` (21.5)
`atof` (15.9)	`exit` (21.3)	`srand` (19.7)	`qsort` (22.6)
`atoi` (15.9)	`free` (18.2)	`strtod` (15.8)	`realloc` (18.3)
`atol` (15.9)	`getenv` (22.4)	`strtol` (15.8)	`system` (21.2)
`bsearch` (22.5)	`labs` (19.1)	`strtoul` (15.8)	

Traitement de caractères `string.h`

`memchr` (16.1)	`strcat` (15.1)	`strerror` (13.2)	`strpbrk` (15.6)
`memcmp` (16.2)	`strchr` (15.5)	`strlen` (15.4)	`strrchr` (15.5)
`memcpy` (16.3)	`strcmp` (15.2)	`strncat` (15.1)	`strspn` (15.6)
`memmove` (16.3)	`strcpy` (15.3)	`strncmp` (15.2)	`strstr` (15.7)
`memset` (16.4)	`strcspn` (15.6)	`strncpy` (15.3)	`strtok` (15.7)

Date et heure `time.h`

`asctime` (20.3)	`ctime` (20.3)	`gmtime` (20.4)	`mktime` (20.4)
`clock` (20.1)	`difftime` (20.5)	`localtime` (20.4)	`time` (20.2)

Table 12-2 : Bibliothèques de la Proposition de normalisation ANSI C (deuxième partie)

13

Additions standard au langage

Nom	Paragraphe	Nom	Paragraphe
`__DATE__`	13.3	`ptrdiff_t`	13.1
`errno`	13.2	`size_t`	13.1
`__FILE__`	13.3	`__TIME__`	13.3
`NULL`	13.1	`stdarg.h`	13.4
`__LINE__`	13.3	`__STDC__`	13.3
`perror`	13.2	`varargs.h`	13.4

Les utilitaires décrits dans ce chapitre sont fortement liés au langage C. Ils permettent de fournir quelques définitions et paramètres standard qui améliorent la portabilité des programmes C.

13.1 NULL, PTRDIFF_T, SIZE_T

```
#include <stddef.h>                          /* ANSI */

#define NULL 0

typedef ... ptrdiff_t;                       /* ANSI */

typedef ... size_t;                          /* ANSI */
```

La valeur de la macro `NULL` est la constante traditionnelle pointeur nul. De nombreuses implémentations la définisse simplement comme la constante entière 0. Dans la Proposition de normalisation ANSI C, cette macro est définie dans le fichier d'en-tête `stddef.h` ; d'autres systèmes la définisse dans d'autres fichiers d'en-tête tels que `stdio.h`.

Deux types de définitions sont fournies à ce sujet dans la Proposition de normalisation ANSI C. Le type `ptrdiff_t` est un type entier signé défini par l'implémentation qui correspond au type de résultat obtenu en soustrayant deux pointeurs ; les implémentations existantes utilisent `int` ou `long` pour ce type. Le type `size_t` correspond au type entier non signé du résultat donné par l'opérateur `sizeof` ; les implémentations existantes utilisent souvent le type (signé) `int` pour déclarer ce type.

Références conversion d'entiers en pointeurs 6.2.7 ; opérateur *sizeof* 7.5.2 ; soustraction de pointeurs 7.6.2 ; types pointeurs 5.3

13.2 ERRNO, STRERROR, PERROR

```
#include <stddef.h>                          /* ANSI */

extern  int errno;

#include <string.h>                          /* ANSI */
char *strerror(errnum);                      /* ANSI */
  int errnum;

#include <stdio.h>                           /* ANSI */

void perror(s);
  char *s;

extern int sys_nerr;               /* forme non-ANSI */
extern char *sys_errlist[];        /* forme non-ANSI */

#include <math.h>                            /* ANSI */
#include <errno.h>                 /* forme non-ANSI */
#define EDOM ...
#define ERANGE ...
```

La variable externe `errno` est utilisée pour contenir les codes d'erreur retournés par les procédures de bibliothèque et définis par l'implémentation, ces codes d'erreur sont traditionnellement définis dans le fichier d'en-tête `errno.h`. Tous les codes d'erreur sont des entiers positifs et les procédures de bibliothèques n'effacent jamais `errno`. Par conséquent, la manière typique d'utiliser `errno` est de l'effacer avant d'appeler une fonction de bibliothèque et de le vérifier par la suite :

```
errno = 0;
x = sqrt(y);
if (errno) {
  printf("? erreur de sqrt, code %d\n", errno);
  x = 0;
}
```

Dans la Proposition de normalisation ANSI C, `errno` ne peut pas être une variable ; `errno` peut être une macro qui devient une gvaleur quelconque modifiable après expansion, telle qu'un pointeur déréférencé retourné par une fonction :

```
extern int *_errno();
#define errno (*_errno())
```

La fonction `strerror` retourne un pointeur à une chaîne de caractère message d'erreur dont le contenu n'est pas défini ; cette chaîne de caractères n'est pas modifiable et peut être effacée par un appel ultérieur à la fonction `strerror`.

La fonction `perror` permet d'imprimer sur la sortie standard d'erreur :

- la chaîne de caractères argument s,
- un point virgule, suivi d'un espace,
- un court message concernant l'erreur dont le code est contenu dans `errno` et
- une fin de ligne.

Les messages d'erreur correspondant aux valeurs d'`errno` peuvent aussi être mémorisés dans un tableau de pointeurs à chaînes de caractères, `sys_errlist` lequel peut être indexé à l'aide de la valeur contenue dans `errno`. La variable `sys_nerr` contient l'entier maximum qui peut être utilisé pour indexer `sys_nerr` ; ceci doit être vérifié pour s'assurer que `errno` ne contient pas un numéro d'erreur non standard.

Les implémentations de C définissent en général une liste standard des codes d'erreur qui peuvent être contenus dans `errno`. Les implémentations traditionnelles les définissent dans un emplacement central tel que le fichier d'en-tête `errno.h` ; d'autres implémentation les définissent dans les fichiers d'en-tête de chaque bibliothèque. Quelques valeurs d'erreurs communes sont :

`EDOM` Lorsqu'un argument ne fait pas partie du domaine mathématique accepté par la fonction. Un exemple est le passage d'un argument négatif à la fonction `log`.

`ERANGE` Le résultat d'une fonction mathématique est hors limites ; la fonction prend un résultat mathématique bien défini mais qui ne peut pas être représentée à cause des limitations du format de virgule-flottante imposé par l'implémentation. Un exemple consiste à d'essayer d'utiliser la fonction `pow` pour élever un grand nombre à une puissance très élevée.

13.3 __DATE__, __FILE__, __LINE__, __TIME__, __STDC__

```
#define __DATE__ ...
#define __FILE__ ...
#define __LINE__ ...
#define __TIME__ ...
#define __STDC__ ...
```

Ces identificateurs sont des macros spéciales construites dans les implémentations de la Proposition de normalisation ANSI C ; certaines implémentations existantes les définissent aussi, tout spécialement `__FILE__` et `__LINE`. Ces macros ne peuvent pas être redéfinies ou supprimées et aucun fichier d'en-tête n'est nécessaire pour les définir.

`__DATE__` prend comme valeur une constante de type chaîne de caractères représentant la date de compilation du fichier source, par exemple, `"23 Oct 1986"`

`__FILE__` prend comme valeur une constante de type chaîne de caractères représentant le nom du fichier source.

`__LINE__` prend comme valeur une constante entière décimale représentant le numéro de ligne dans le fichier source, par exemple, celui contenant la description de l'utilisation de la macro `__LINE__`.

`__TIME__` prend comme valeur une constante de type chaîne de caractères représentant l'heure de compilation du fichier source, par exemple, `"14:22:00"`.

`__STDC__` doit seulement être défini (avec une valeur non nulle) par les implémentations de la Proposition de normalisation ANSI C.

13.4 VARARG, STDARG

```
#include <varargs.h>                    /* Forme non-ANSI */
#include <stdarg.h>                               /* ANSI */

#define va_alist ...                    /* Forme non-ANSI */
#define va_dcl ...                      /* Forme non-ANSI */

typedef ... va_list;

void va_start( ap )                     /* Forme non-ANSI */
void va_start( ap, DerParFix )                    /* ANSI */
  va_list ap;
  type DerParFix;

type va_arg(ap, type);
  va_list ap;

void va_end(ap);
  va_list ap;
```

L'utilitaire `varargs` (ou `stdargs`) fournit à l'utilisateur un moyen portable d'accéder à des listes d'arguments variables, tels qu'elles sont nécessaires pour implémenter des fonctions telles que `fprintf` (implicitement) et `vfprintf` (explicitement).

Traditionnellement, C ne place aucune limitation sur la manière dont les arguments sont passés aux fonctions et les programmeurs ont par conséquent effectué des hypothèses non portables reposant sur le comportement d'un ordinateur particulier. L'utilitaire `varargs` a été par conséquent adopté sous UNIX pour assurer la portabilité et la Proposition de normalisation ANSI C a adopté un utilitaire semblable connu sous le nom de `stdargs`. L'utilisation de `stdargs` est légèrement différente de celle de `vararg` en raison du fait que la Proposition de normalisation ANSI C autorise un nombre fixe de paramètres avant la partie variable d'une liste d'arguments, alors que ce que nous appelons les implémentations traditionnelles forcent l'ensemble de la liste d'arguments à être traitée comme une variable.

Les significations des macros, fonctions et types définis sont indiquées ci-dessous. Cet utilitaire est très stylisé afin de minimiser les hypothèses concernant l'implémentation adoptée.

`va_alist` Dans la version traditionnelle de C, cette macro remplace la liste de paramètres dans la définition d'une fonction acceptant un nombre variable d'arguments. Elle n'est pas utilisée dans la Proposition de normalisation ANSI C.

`va_dcl` Dans la version traditionnelle de C, cette macro remplace les déclarations de paramètres dans la définition d'une fonction. Elle ne doit *pas* être suivie d'un point virgule, pour lui permettre d'être vide. La macro `va_dcl` n'est pas utilisée dans la Proposition de normalisation ANSI C.

`va_list` Ce type est utilisé pour déclarer une variable locale d'état, appelée de manière générique `ap` dans notre exposé décrivant les paramètres.

`va_start` Cette fonction (elle est décrite comme une fonction mais doit être implémentée comme une macro) permet d'initialiser la variable d'état `ap` et elle doit être invoquée avant tout appel à `va_arg` ou `va_end`. Dans la version traditionnelle de C, `va_start` initialise le pointeur interne dans `ap` pour pointer sur le premier argument passé à la fonction ; dans la Proposition de normalisation ANSI C, `va_start` accepte un paramètre additionnel — le dernier nom de paramètre fixe — et initialise le pointeur interne dans `ap` pour pointer sur le premier argument variable passé à la fonction.

`va_arg` Cette macro retourne la valeur du paramètre suivant dans la liste d'arguments et avance le pointeur interne à argument (dans `ap`) jusqu'à l'argument suivant (s'il existe). Le type de l'argument suivant (une fois les conversions habituelles d'arguments effectuées) doit être spécifié (comme *type*) de telle sorte que `va_arg` puisse calculer sa taille sur la pile. Le premier appel à `va_arg` après avoir appelé `va_start` retourne la valeur du premier paramètre variable.

`va_end` Cette fonction ou macro doit être appelée après avoir lu tous les arguments à l'aide de `va_arg`. Elle effectue toutes les opérations de nettoyage nécessaires sur `ap` et `va_alist`.

A titre d'exemple, la fonction suivante "traditionnelle C" `imprime_args` accepte un nombre variable d'arguments de types différents et imprime leurs valeurs sur la sortie standard. Le premier argument de `imprime_args` est un tableau d'entiers qui indiquent le nombre et le type des arguments suivants. Le tableau est terminé par un zéro. La signification des entiers est indiquée dans le fichier `imprime_args.h` :

```
#define INTARG 1
#define DBLARG 2
/* ... */
```

La fonction `imprime_args` accompagnée d'un court programme de test est donnée dans la table 13-1. L'exemple correspondant pour la Proposition de normalisation ANSI C est donné dans la table 13-2. Les seules différences apparaissent dans la liste d'arguments de la fonction et dans l'appel à `va_start`.

Références `printf` 17.11 ; `vfprintf` 17.12

```
#include <stdio.h>
#include <varargs.h>
#include "imprime_args.h"
void imprime_args( va_list )
  va_dcl
{
  va_list ap;
  int argtype, *argtypep;
  va_start(ap);
  argtypep = va_arg(ap, int *);
  while ( (argtype = *argtypep++) != 0 ) {
    switch (argtype) {
      case INTARG:
        printf("int: %d\n", va_arg(ap, int) );
        break;
      case DBLARG:
        printf("double: %f\n", va_arg(ap, double) );
        break;
      /* ... */
    }
  }
  va_end(ap);
  return;
}

#ifdef TEST
int at[] = { INTARG, DBLARG, INTARG, DBLARG, 0};
int main()
{
  imprime_args( &at[0], 1, 2.0, 3, 4.0);
  return 0;
}
#endif
```

Table 13-1 : fonction imprime_args en C traditionnel

```
#include <stdio.h>
#include <stdargs.h>
#include "imprime_args.h"
void imprime_args( int *argtypep, ... )
{
  va_list ap;
  int argtype;
  va_start(ap, argtypep);
  while ( (argtype = *argtypep++) != 0 ) {
    switch (argtype) {
      case INTARG:
        printf("int: %d\n", va_arg(ap, int) );
        break;
      case DBLARG:
        printf("double: %f\n", va_arg(ap, double) );
        break;
      /* ... */
    }
  }
  va_end(ap);
  return;
}
```

Table 13-2 : fonction imprime_args dans la Proposition de normalisation ANSI C

14

Traitement de caractères

Nom	Paragraphe	Nom	Paragraphe
`isalnum`	14.1	`ispunct`	14.4
`isalpha`	14.1	`isspace`	14.6
`isascii`	14.1	`isupper`	14.5
`iscntrl`	14.1	`iswhite`	14.6
`iscsym`	14.2	`isxdigit`	14.3
`iscsymf`	14.2	`toascii`	14.7
`isdigit`	14.3	`toint`	14.8
`isgraph`	14.4	`tolower`	14.9
`islower`	14.5	`_tolower`	14.9
`isodigit`	14.	`toupper`	14.9
`isprint`	14.4	`_toupper`	14.9

Il existe deux sortes d'utilitaires de traitement de caractères : classification et conversion. Chaque utilitaire de classification de caractères comporte un nom commençant par "`is`" et retourne une valeur de type `int` qui est non nulle si l'argument fait partie de la classe spécifiée et zéro dans le cas contraire. Chaque utilitaire de conversion comporte un nom commençant par "`to`" et retourne une valeur de type `int` représentant un caractère ou `EOF`.

La valeur EOF (-1) est utilisée de manière conventionnelle comme une valeur qui n'est par un "vrai caractère". Par exemple, fgetc (paragraphe 17.6) retourne EOF lorsque la fin-de-fichier est rencontrée, étant donné qu'il n'existe pas de "vrai caractère" à lire. Il convient de se souvenir, cependant, que le type char peut être signé dans certaines implémentations et par conséquent EOF ne peut pas forcément être distingué d'un "caractère réel" lorsque des valeurs de caractères non standard apparaissent. (Les valeurs de caractères standard sont toujours positives, même si le type char est signé).
Tous les utilitaires décrits ici fonctionnent convenablement sur toutes les valeurs représentables à l'aide du type char ou unsigned char et sur la valeur EOF mais ne sont pas définis sur toutes les autres valeurs entières, à moins que chaque description individuelle ne l'indique autrement.

Les utilitaires isascii et toascii supposent que le jeu des caractères ASCII standard de 128 caractères est utilisé en tant que jeu de caractère d'implémentation pendant l'exécution, toutefois les autres utilitaires ne font pas cette hypothèse et sont en fait utilisés pour isoler le programme du jeu de caractères d'implémentation pendant l'exécution.

Un avertissement : certaines implémentations de C permettent au type char d'être signé et supportent aussi un type unsigned char. Jusqu'alors, les utilitaires de traitement de caractères ne fonctionnent pas correctement avec toutes les valeurs représentables à l'aide du type unsigned char. Dans certains cas, les utilitaires ne fonctionnent même pas correctement avec toutes les valeurs représentables à l'aide du type char et peuvent seulement traiter des valeurs "standard" de caractères et EOF.

L'ensemble des utilitaires décrits ici sont déclarés dans le fichier d'en-tête de bibliothèque ctype.h.

14.1 ISALNUM, ISALPHA, ISASCII, ISCNTRL

```
#include <ctype.h>

int isalnum(c)
  char c;

int isalpha(c)
  char c;

int isascii(c)
  char c;

int iscntrl(c)
  char c;
```

La fonction isalnum retourne une valeur non nulle dans le cas où c est un code de caractère alphanumérique ; ou plus exactement l'un des codes suivants :

```
0 1 2 3 4 5 6 7 8 9
A B C D E F G H I J K L M N O P Q R S T U V W X Y Z
a b c d e f g h i j k l m n o p q r s t u v w x y z
```

Dans le cas contraire, la valeur retournée est zéro.

La fonction `isalpha` retourne une valeur non nulle dans le cas où `c` est un code de caractère alphabétique ; ou plus exactement l'un des codes suivants :

```
A B C D E F G H I J K L M N O P Q R S T U V W X Y Z
a b c d e f g h i j k l m n o p q r s t u v w x y z
```

Dans le cas contraire, la valeur retournée est zéro.

La fonction `isascii` retourne une valeur non nulle dans le cas où `c` a une valeur comprise entre `0` et `177` (le domaine occupé par le jeu de caractères ASCII standard de 128 caractères). Dans le cas contraire `isascii` retourne zéro. A la différence de la plupart des fonctions de classification de caractères `isascii` fonctionne correctement avec toute valeur de type `int`.

La fonction `iscntrl` retourne une valeur non nulle dans le cas où `c` est un code de "caractère de contrôle" ; plus exactement, un caractère qui ne peut pas être imprimé. Si le jeu de caractères ASCII standard de 128 caractères est utilisé, les caractères de contrôle sont ceux dont les codes sont compris entre `000` et `037` ainsi que le code `0177`. La fonction `isprint` est la fonction complémentaire, tout au moins dans le cas des implémentations ASCII standard.

Références `isprint` 14.4

14.2 ISCSYM, ISCSYMF

```
#include <ctype.h>
int iscsym(c)                /* Berkeley UNIX uniquement */
  char c;

int iscsymf(c)               /* Berkeley UNIX uniquement */
  char c;
```

La fonction `iscsym` retourne une valeur non nulle dans le cas où `c` est un code de caractère qui peut apparaître dans un identificateur C. `iscsymf` retourne une valeur non nulle dans le cas où `c` est un code de caractère qui peut de plus apparaître comme premier caractère d'un identificateur. La fonction `iscsymf` accepte au minimum les 52 lettres majuscules et minuscules ainsi que le tiret de soulignement. `iscsym` accepte de plus au minimum les dix chiffres décimaux. D'autres caractères peuvent aussi être acceptés par ces fonctions, en fonction de l'implémentation.

14.3 ISDIGIT, ISODIGIT, ISXDIGIT

```
#include <ctype.h>
int isdigit(c)
  char c;

  int isodigit(c)                  /* Berkeley UNIX */
  char c;

int isxdigit(c)
  char c;
```

La fonction `isdigit` retourne une valeur non nulle dans le cas où `c` est l'un des codes des dix chiffres décimaux. La fonction `isodigit` retourne une valeur non nulle dans le cas où `c` est l'un des codes des huit chiffres octaux. La fonction `isxdigit` retourne une valeur non nulle dans le cas où `c` est l'un des codes des 22 chiffres hexadécimaux ; ou plus précisément l'un des caractères suivants :

```
0 1 2 3 4 5 6 7 8 9 A B C D E F a b c d e f
```

14.4 ISGRAPH, ISPRINT, ISPUNCT

```
#include <ctype.h>
int isgraph(c)
                                   /* Berkeley UNIX */
  char c;

int isprint(c)
  char c;

int ispunct(c)
  char c;
```

La fonction `isprint` retourne une valeur non nulle dans le cas où `c` est un code de "caractère imprimable" ; plus exactement, tout caractère qui n'est pas un caractère de contrôle. La fonction `isgraph` retourne une valeur non nulle dans le cas où `c` est un code de "caractère graphique" ; plus exactement, tout caractère imprimable différent d'un espace. Les fonctions `isprint` et `isgraph` diffèrent seulement par la manière dont elles traitent le caractère espace ; `isprint` est l'opposé de `iscntrl`.

Si le jeu de caractères ASCII standard de 128 caractères est utilisé, les caractères imprimables sont ceux dont les codes sont compris entre `040` et `0176` ; plus exactement, l'espace et les caractères suivants :

```
  ! " # $ % & ' ( ) * + , - . /
0 1 2 3 4 5 6 7 8 9 : ; < = > ?
— A B C D E F G H I J K L M N O
P Q R S T U V W X Y Z [ \ ] ^ _
` a b c d e f g h i j k l m n o
p q r s t u v w x y z { | } ~
```

Les caractères graphiques sont identiques mais l'espace est exclu.

La fonction `ispunct` retourne une valeur non nulle dans le cas où `c` est un code de "caractère de ponctuation" ; plus exactement, ni un caractère de contrôle, ni un caractère alphanumérique. Si le jeu de caractères ASCII standard de 128 caractères est utilisé, les caractères de ponctuation sont l'espace et les caractères suivants :

```
! " $ % & ' ( ) * + , - . / : ; < = > ?
— [ \ ] ^ _ ` { | } ~
```

Références `isalpha` 14.1 ; `iscntrl` 14.1

14.5 ISLOWER, ISUPPER

```
#include <ctype.h>
int islower(c)
  char c;

int isupper(c)
  char c;
```

La fonction `islower` retourne une valeur non nulle dans le cas où `c` correspond au code de l'une des 26 lettres minuscules. La fonction `isupper` retourne une valeur non nulle dans le cas où `c` correspond au code de l'une des 26 lettres majuscules. Dans le cas contraire les valeurs retournées sont nulles.

14.6 ISSPACE, ISWHITE

```
#include <ctype.h>
int isspace(c)
  char c;

int iswhite(c)                              /* rare */
  char c;
```

La fonction `isspace` retourne une valeur non nulle dans le cas où `c` correspond au code d'un des caractères espace-blanc ; ou plus précisément, un espace, une tabulation, un retour de chariot, une fin de ligne, une tabulation verticale ou une avance de page. Si le jeu des caractères ASCII standard de 128 caractères est utilisé, les caractères espaces-blancs sont ceux dont les codes sont compris entre `011` et `015` ainsi que `040`. Certaines implémentations de C ne fournissent pas exactement cette fonction mais une variante appelée `iswhite`.

14.7 TOASCII

```
#include  <ctype.h>
int toascii(c)
  int c;
```

La fonction `toascii` accepte une valeur entière quelconque et la réduit au domaine des caractères ASCII valides (codes `0` à `0177`) en conservant seulement les sept bits les moins significatifs de la valeur courante. Si l'argument est déjà un code ASCII valide, le résultat est égal à l'argument.

14.8 TOINT

```
#include <ctype.h>
int toint(c)                                            /* rare */
  char c;
```

La fonction `toint` retourne le "poids" d'un chiffre hexadécimal : de 0 à 9 pour les caractères `'0'` à `'9'`, respectivement et de 10 à 15 pour les lettres `'a'` à `'f'` (ou `'A'` à `'F'`) respectivement.

14.9 TOLOWER, TOUPPER

```
#include <ctype.h>
int tolower(c)
  char c;

int toupper(c)
  char c;
```

Si `c` est une lettre majuscule, `tolower` retourne la lettre minuscule correspondante. Si `c` est une lettre minuscule, `toupper` retourne la lettre majuscule correspondante.

Il convient de s'inquiéter de la valeur retournée par `tolower` lorsque son argument n'est pas une lettre majuscule, ou de la valeur retournée par `toupper` lorsque son argument n'est pas une lettre minuscule. La Proposition de Normalisation ANSI C indique que les autres arguments doivent être retournés inchangés, toutefois, de nombreuses implémentations courantes ne fonctionnent correctement que dans le cas où l'argument est une lettre du type spécifié.

Des implémentations qui autorisent des arguments plus généraux pour `tolower` et `toupper` peuvent fournir des versions plus rapides de ces fonctions — `_tolower` et `_toupper` — qui nécessitent des arguments plus restrictifs et qui sont plus rapides que les fonctions correspondantes.

15

Traitement de chaînes de caractères

Nom	Paragraphe	Nom	Paragraphe
`atof`	15.9	`strncpy`	15.3
`atoi`	15.9	`strpbrk`	15.6
`atol`	15.9	`strpos`	15.5
`strcat`	15.1	`strrchr`	15.5
`strchr`	15.5	`strrpbrk`	15.6
`strcmp`	15.2	`strrpos`	15.5
`strcpy`	15.3	`strspn`	15.6
`strcspn`	15.6	`strtod`	15.8
`strlen`	15.4	`strtol`	15.8
`strncat`	15.1	`strtoul`	15.8
`strncmp`	15.2		

Par convention, les chaînes de caractères en C sont de longueur variable et sont terminées par un caractère nul (plus exactement,`'\0'`). Le compilateur place automatiquement un caractère nul supplémentaire à la fin de toutes les constantes de type chaîne de caractères. Toutefois, le programmeur doit s'assurer que les chaînes de caractères créées dans des variables de type chaîne de caractères (plus exactement, des tableaux de caractères) se terminent par un caractère nul.

L'ensemble des caractères d'une chaîne, sans compter le caractère nul de fin de chaîne, constituent le *contenu* de la chaîne de caractères. Une chaîne de caractères vide ne contient aucun caractère et est représentée par un pointeur à un caractère nul. Il convient de remarquer qu'un pointeur à un caractère nul n'est pas équivalent à un pointeur nul à caractère (`NULL`), qui représente un pointeur qui ne pointe sur aucun caractère. Lorsque nous parlons de "pointeur au premier caractère d'une chaîne de caractères," nous nous référons à un pointeur au caractère nul de fin de chaîne dans le cas où la chaîne de caractères est vide et au premier caractère du contenu de la chaîne de caractères dans le cas contraire.

Tous les utilitaires de traitement de chaînes de caractères décrits ci-après supposent que les chaînes de caractères sont terminées par un caractère nul. Lorsque les caractères sont transférés dans une chaîne de destination, aucun test n'est effectué pour vérifier le dépassement de capacité de la destination. Le programmeur doit s'assurer que la zone de destination comporte assez de mémoire pour contenir la chaîne de caractères résultante, y compris le caractère nul de fin de chaîne. Tous les utilitaires décrits ici sont déclarés dans le fichier d'en-tête de bibliothèque `string.h`. Dans la Proposition de Normalisation ANSI C, les paramètres de type chaîne de caractères qui ne sont pas modifiés sont en général déclarés comme étant du type `const char *` au lieu de `char *` ; les paramètres entiers ou les valeurs de retour qui représentent la longueur d'une chaîne de caractères sont du type `size_t` au lieu de `int`. Pour simplifier l'exposé, nous ne décrivons pas les deux formes de fonctions.

Reportez-vous aussi aux utilitaires fournis par les fonctions de gestion de mémoire (chapitre 16), `sprintf` (paragraphe 17.11) et `sscanf` (paragraphe 17.8).

15.1 STRCAT, STRNCAT

```
#include <string.h>

char *strcat(s1, s2)
  char *s1, *s2;

char *strncat(s1, s2, n)
  char *s1, *s2;
  int n;
```

La fonction `strcat` place le contenu de la chaîne de caractères `s2` à la fin de la chaîne de caractères `s1`. La valeur de `s1` est retournée. Le caractère nul qui termine `s1` (et peut-être d'autres caractères qui suivent celui-ci en mémoire) est remplacé par des caractères de `s2` ainsi qu'un nouveau caractère nul de fin de chaîne. Les caractères sont copiés à partir de `s2` jusqu'à ce qu'un caractère nul soit rencontré dans `s2`. La zone de mémoire commençant par `s1` est supposée être assez large pour contenir les deux chaînes de caractères.

La fonction `strncat` place jusqu'à `n` caractères en provenance du contenu de `s2` à la fin de `s1`. Si le caractère nul qui termine `s2` est rencontré avant que les `n` caractères aient été copiés, le caractère nul est copié et aucun caractère après celui-ci n'est copié. Si aucun caractère nul n'apparaît parmi les `n` premiers caractères de `s2`, l'effet produit est que les `n` premiers caractères sont copiés et qu'un caractère nul est fourni pour terminer la chaîne de caractères de destination ; plus exactement, un nombre total de `n+1` caractères sont copiés, le premier de ces caractères remplace le caractère nul qui terminait auparavant `s1`. Si la valeur de `n` est zéro ou est négative, le fait d'appeler la cette fonction est sans effet.

Les résultat fournis par les deux fonctions sont imprévisibles si les deux paramètres de type chaîne de caractères se superposent en mémoire.

15.2 STRCMP, STRNCMP

```
#include <string.h>

char *strcmp(s1, s2)
  char *s1, *s2;

char *strncmp(s1, s2, n)
  char *s1, *s2;
  int n;
```

La fonction `strcmp` effectue une comparaison lexicographique du contenu de la chaîne de caractères `s1` terminée par un caractère nul avec le contenu de la chaîne de caractères `s2` terminée par un caractère nul. Cette fonction retourne une valeur de type `int` qui est négative dans le cas où `s1` est inférieure à `s2` ; nulle dans le cas où `s1` est égale à `s2` ; et positive dans le cas où `s1` est supérieure à `s2`. Par conséquent, pour seulement vérifier l'égalité de deux chaînes de caractères, le programmeur, prend l'opposé de la valeur retournée par `strcmp` :

```
if    (!strcmp(s1,s2)) printf("Les chaînes de \
      caractères sont égales\n");
else  printf("Les chaînes de caractères ne sont pas \
      égales\n");
```

Deux chaînes de caractères sont égales si leurs contenus sont identiques. La chaîne de caractères `s1` est lexicographiquement inférieure à la chaîne de caractères `s2` dans les deux cas suivants :

1. Les contenus des chaînes de caractères sont égaux jusqu'à une certaine position de caractère et à la première position de caractère différent, la valeur en caractères de `s1` est inférieure à la valeur en caractères de `s2`.

2. La chaîne de caractères s1 est plus courte que la chaîne de caractères s2 et le contenu de s1 est identique au contenu de s2 sur toute la longueur de s1.

La fonction strncmp est similaire à la fonction strcmp à l'exception du fait qu'elle compare jusqu'à n caractères de la chaîne de caractères s1 terminée par un caractère nul avec un maximum de n caractères de la chaîne s2 terminée par un caractère nul. Lors de la comparaison des chaînes de caractères, l'ensemble de la chaîne est utilisé si elle contient moins de n caractères. Dans le cas contraire, la chaîne est traitée comme si elle comportait un maximum de n caractères. Si la valeur de n est nulle ou négative, les deux chaînes de caractères sont traitées comme si elles étaient vides et par conséquent égales, un zéro est retourné dans ce cas.

La fonction memcmp (paragraphe 16.2) est similaire en comportement à strcmp.

15.3 STRCPY, STRNCPY

```
#include <string.h>

char *strcpy(s1, s2)
  char *s1, *s2;

char *strncpy(s1, s2, n)
  char *s1, *s2;
  int n;
```

La fonction strcpy copie le contenu de la chaîne de caractères s2 dans la chaîne de caractères s1 en remplaçant l'ancien contenu de s1. L'ensemble du contenu de s2 est copié, y compris le caractère nul de fin de chaîne, même dans le cas où s2 est plus longue que s1. Un pointeur au premier caractère de s1 est retourné.

La fonction strncpy copie exactement n caractères dans s1. Elle copie d'abord jusqu'à n caractères provenant de s2. S'il existe moins de n caractères dans s2 avant le caractère nul de fin de chaîne, des caractères nuls de remplissage sont copiés dans s1 jusqu'à ce qu'un total de n caractères soient copiés. S'il existe n caractères ou plus dans s2, seulement n caractères sont copiés et par conséquent une copie tronquée de s2 est transférée dans s1. Une conséquence est que la copie placée dans s1 est seulement terminée par un caractère nul par strncpy dans le cas où la longueur de s2 (sans compter le caractère nul de fin de chaîne) est inférieure à n. (Ceci est aussi valable dans la Proposition de normalisation ANSI C). Si a valeur de n est nulle ou négative, l'appel de la fonction strncpy est sans effet.

Les fonctions memcpy et memccpy (paragraphe 16.3) sont similaires en comportement à strcpy. Les résultats des deux fonctions strcpy et strncpy sont imprévisibles si les deux paramètres de type chaîne de caractères se superposent en mémoire ; la fonction memmove (paragraphe 16.3) est fournie dans la Proposition de normalisation ANSI C pour les cas où une superposition se produit.

15.4 STRLEN

```
#include <string.h>

int strlen(chaine)
  char *chaine;
```

La fonction `strlen` retourne le nombre de caractères de `chaine` situés avant le caractère nul de fin de chaîne. Une chaîne de caractères vide comporte un caractère nul comme premier caractère et par conséquent la longueur d'une chaîne de caractères vide est zéro. Dans la Proposition de normalisation ANSI C, le type retourné par `strlen` est `size_t` et l'argument de cette fonction est du type `const char *`. Dans certaines implémentations de C, cette fonction est appelée `lenstr`.

15.5 STRCHR, STRPOS, STRRCHR, STRRPOS

```
#include <string.h>
char *strchr(s, c)
  char *s, c;

int strpos(s, c)                          /* Forme non-ANSI */
  char *s, c;

char *strrchr(s, c)
  char *s, c;

int strrpos(s, c)                         /* Forme non-ANSI */
  char *s, c;
```

Les fonctions décrites dans ce paragraphe permettent toutes de rechercher un caractère unique à l'intérieur d'une chaîne de caractères `s` terminée par un caractère nul. Dans la Proposition de normalisation ANSI C, `c` est du type `int` et `s` est du type `const char*`.

La fonction `strchr` recherche la première apparition du caractère `c` dans la chaîne de caractères `s`. Si le caractère `c` est trouvé dans la chaîne de caractères, un pointeur à la première apparition de ce caractère est retourné. Si ce caractère n'est pas trouvé, un pointeur nul est retourné. Le caractère de fin de chaîne est considéré comme faisant partie de `s` au cours de cette recherche. Par conséquent la recherche d'un caractère nul retournera un pointeur au caractère nul et non pas un pointeur nul.

La fonction `strpos` fonctionne d'une manière similaire à `strchr`, à l'exception du fait que la position de la première apparition de `c` est retournée (où le premier caractère de `s` est considéré comme étant en position `0`). Si ce caractère n'est pas trouvé, la valeur `-1` est retournée. La recherche d'un caractère nul retourne la position du caractère nul de fin de chaîne (plus exactement, la longueur de la chaîne de caractères), et non pas la valeur `-1`.

La fonction `strrchr` fonctionne d'une manière similaire à `strchr`, à l'exception du fait que la position de la dernière apparition de `c` est retournée. Si ce caractère n'est pas trouvé, un pointeur nul est retourné. La recherche d'un caractère nul retourne un pointeur au caractère nul de fin de chaîne et non pas un pointeur nul.

La fonction `strrpos` fonctionne d'une manière similaire à `strrchr`, à l'exception du fait que la position de la dernière apparition de `c` est retournée (où le premier caractère de `s` est considéré comme étant en position `0`). Si ce caractère n'est pas trouvé, la valeur `-1` est retournée. La recherche d'un caractère nul retourne la position du caractère nul de fin de chaîne (plus exactement, la longueur de la chaîne), et non pas la valeur `-1`.

La fonction `memchr` (paragraphe 16.1) a un comportement semblable à celui de `strchr`. Dans certaines implémentations de C, `strchr` et `strrchr` sont appelées respectivement `index` et `rindex`. Certaines implémentations de C fournissent la fonction `scnstr` qui est une variante de `strpos`.

15.6 STRSPN, STRCSPN, STRPBRK, STRRPBRK

```
#include <string.h>

int strspn(s, ensemble)
  char *s, *ensemble;

int strcspn(s, ensemble)
  char *s, *ensemble;

char *strpbrk(s, ensemble)
  char *s, *ensemble;

int strrpbrk(s, ensemble)
  char *s, *ensemble;
```

Les fonctions décrites dans ce paragraphe permettent toutes de rechercher des caractères spécifiés par leur appartenance à une seconde chaîne de caractères `ensemble` terminée par un caractère nul à l'intérieur d'une chaîne de caractères `s` terminée par un caractère nul. Le deuxième argument est considéré comme un ensemble de caractères ; l'ordre des caractères ou l'existence de duplications est sans importance. Dans la Proposition de normalisation ANSI C, `s` et `ensemble` sont tous deux du type `const char *` et la valeur retournée par `strspn` et `strcspn` est du type `size_t`

La fonction `strspn` recherche la première apparition d'un caractère qui ne fait pas partie de la chaîne de caractères `ensemble` dans la chaîne de caractères `s`, ce procédé ignore ("balaye") les caractères qui appartiennent à `ensemble`. La valeur retournée est la longueur du plus long fragment initial de `s` qui contient seulement des caractères appartenant à `ensemble`. Si tous les caractères de `s` appartiennent à `ensemble`, la longueur totale de `s` est retournée (sans compter le caractère nul de fin de chaîne). Si `ensemble` est une chaîne de caractères vide, le premier caractère de `s` n'est pas trouvé dans `ensemble` et un zéro est retourné.

La fonction `strcspn` fonctionne d'une manière similaire à `strspn`, à l'exception du fait que la première apparition d'un caractère appartenant à l'ensemble de caractères `ensemble` est recherchée dans `s`, ce procédé ignore les caractères qui n'appartiennent pas à `ensemble`.

La fonction `strpbrk` fonctionne d'une manière similaire à `strcspn`, à l'exception du fait qu'elle retourne un pointeur au premier caractère trouvé dans `ensemble` plutôt que le nombre de caractères balayés. Si aucun des caractères d'`ensemble` n'est trouvé, un pointeur nul est retourné.

La fonction `strrpbrk` fonctionne d'une manière similaire à `strpbrk`, à l'exception du fait qu'elle retourne un pointeur au *dernier* caractère d'`ensemble` trouvé dans `s`. Si aucun des caractères de `s` n'appartient à `ensemble`, un pointeur nul est retourné.

Dans certaines implémentations de C, les fonctions `strspn` et `strcspn` sont appelées `notstr` et `instr`.

15.7 STRSTR, STRTOK

```
#include <string.h>

char *strstr(src, sub)
  const char *src, *sub;                          /* ANSI */

char *strtok(str, ensemble)
  char *str, *ensemble;
```

La fonction `strstr` est nouvelle dans la Proposition de normalisation ANSI-C. Elle permet de localiser la première apparition de la chaîne de caractères `sub` dans la chaîne de caractères `src` et retourne un pointeur au début de la première apparition. Si `sub` n'apparaît pas dans `src`, un pointeur nul est retourné.

La fonction `strtok peut être utilisée pour diviser une chaîne de caractères str` en tokens séparés par des caractères appartenant à la chaîne de caractères `ensemble`. Un appel à `strtok` est effectué pour chaque token, changeant éventuellement la valeur d'`ensemble` au cours d'appels successifs. Le premier appel comprend la chaîne de caractères `str` ; les appels successifs passent un pointeur nul comme premier argument, indiquant à `strtok` de continuer à partir de la fin du token précédent.

D'une manière plus précise, si `str` n'est pas nulle, `strtok` ignore d'abord tous les caractères de `str` qui appartiennent aussi à `ensemble`. Si tous les caractères de `str` appartiennent à `ensemble`, `strtok` retourne un pointeur nul et un *pointeur d'état interne* est initialisé comme pointeur nul. Dans le cas contraire, le pointeur d'état interne est initialisé pour pointer sur le premier caractère de `str` qui n'appartient pas à `ensemble` et l'exécution continue comme si `str` était nulle.

Si `str` est nulle et si le pointeur d'état interne est nul, `strtok` retourne un pointeur nul et le pointeur d'état interne reste inchangé. Si `str` est nulle et si le pointeur d'état interne n'est pas nul, la fonction cherche alors le premier caractère contenu dans `ensemble` à partir du pointeur d'état interne. Si un tel caractère est trouvé, il est remplacé par '\0', `strtok` retourne la valeur du pointeur d'état interne et le pointeur d'état interne est adapté pour pointer sur le caractère suivant immédiatement le caractère nul inséré. Si un tel caractère n'est pas trouvé, `strtok` retourne la valeur du pointeur d'état interne et le pointeur d'état interne est initialisé à zéro.

15.8 STRTOD, STRTOL, STRTOUL

```
#include <stdlib.h>                              /* ANSI */

double strtod(str, ptr)
  char *str, **ptr;

long strtol(str, ptr, base)
  char *str, **ptr;
  int base;

unsigned long strtoul(str, ptr, base)          /* ANSI */
  char *str, **ptr;
  int base;
```

Ces fonctions, disponibles dans la Proposition de normalisation ANSI C et UNIX Système V convertissent des chaînes de caractères en nombres. Dans chaque cas, `str` pointe sur la chaîne de caractères à convertir et `ptr` (dans le cas où il n'est pas `NULL`) est initialisé par les fonctions pour pointer sur le premier caractère de `str` suivant immédiatement la partie convertie de la chaîne de caractères. Si `str` commence par des caractères espaces-blancs (tels que définis par la fonction `isspace`) ces caractères sont ignorés.

La fonction `strtod` s'attend à un nombre à convertir ayant le format suivant :

1. un signe plus ou moins optionnel,

2. une suite de chiffres décimaux contenant éventuellement une virgule décimale unique et
3. une partie exposant optionnelle comportant une lettre `e` ou `E`, un signe optionnel et une suite de chiffres décimaux.

La plus longue suite de caractères correspondant à ce modèle est convertie en un nombre à virgule-flottante de type `double` qui est retourné. Exprimé d'une manière différente, `strtod` accepte des nombres commençant par un signe optionnel et ayant la syntaxe d'une *constante-décimale*, *constante-octale* ou *constante-à-virgule-flottante*. Les nombres ayant le format de *constante-octale* sont toujours traités comme des nombres décimaux et les *marqueurs-de-type* apparaissant à la fin du nombre ne sont jamais traités comme faisant partie du nombre.

Si aucune conversion n'est possible en raison du fait que la chaîne de caractères ne correspond pas au modèle attendu pour un nombre (ou est vide), zéro est retourné, `ptr` (dans le cas où il n'est pas `NULL`) prend la valeur de `str` et `errno` prend la valeur `ERANGE`. Si le nombre converti provoque un dépassement de capacité, `HUGE_VAL` (doté du signe approprié) est retourné ; si le nombre converti provoque une insuffisance de capacité, zéro est retourné. Dans les deux cas, `errno` prend la valeur `ERANGE`. (En accord avec cette définition, un nombre incorrect ne peut pas être distingué d'un nombre qui provoque une insuffisance de capacité, si ce n'est peut-être grâce à la valeur prise par `*ptr`. Certaines implémentations peuvent donner à `errno` la valeur `EDOM` lorsque la chaîne de caractères ne correspond pas au modèle de nombre.)

Les fonctions `strtol` et `strtoul` convertissent la partie initiale de l'argument du type chaîne de caractères en un entier de type respectif `long int` ou `unsigned long int`. Le format attendu pour le nombre — qui varie en fonction de la valeur de `base`, correspondant au radix attendu — est le même dans les deux cas à l'exception du fait qu'un signe optionnel peut précéder le nombre dans le cas de `strtol`, ce qui n'est pas possible pour `strtoul`.

Si `base` vaut zéro, le nombre doit prendre le format d'une *constante- décimale*, d'une *contante-octale* ou d'une *constante-hexadécimale*. La base du nombre est déduite de son format. Si la valeur de `base` est comprise entre 2 et 36 inclus, le nombre doit contenir une suite de lettres et de chiffres non nuls représentant un entier dans la base spécifiée. Les lettres `a` à `z` (ou `A` à `Z`) représentent respectivement les valeurs allant de `10` à `36`. Seules les lettres représentant des valeurs inférieures à `base` sont autorisées. (Un cas spécial doit être mentionné lorsque `base` vaut 16 auquel cas le nombre peut commencer par `0x` ou `0X`, qui est ignoré).

Si aucune conversion ne peut être effectuée, les fonctions retournent zéro, `ptr` (s'il n'est pas `NULL`) prend la valeur de `str` et `errno` prend la valeur `ERANGE`. Si le nombre à convertir provoque un dépassement de capacité, `strtol` retourne `LONG_MAX` ou `LONG_MIN` (en fonction du signe du résultat dans le cas de `strtol`) ou `ULONG_MAX` (dans le cas de `strtoul`) et `errno` prend la valeur `ERANGE`.

Références *constante-décimale* 2.7.1 ; *constante-entière* 2.7.1 ; *constante-hexadécimale* 2.7.1 ; *constante-octale* 2.7.1 ; *constante-à-virgule-flottante* 2.7.2 ; `errno` 13.2 ; fonction `isspace` 14.6 ; `HUGE_VAL` 19 ; `LON_MAX`, `LONG_MIN`, `ULONG_MAX` 11.5.1 ; *marqueur-de-type* 2.7.1

15.9 ATOF, ATOI, ATOL

```
#include <stdlib.h>                                   /* ANSI */

double atof(str)
  char *str;

int atoi(str)
  char *str;

long atol(str)
  char *str;
```

Ces fonctions, qui convertissent les chaînes de caractères en nombres, sont disponibles dans de nombreuses implémentations d'UNIX. Dans la Proposition de normalisation ANSI C, ces fonctions sont présentes pour assurer la compatibilité, toutefois les fonctions `strtod`, `strtol` et `strtoul` sont préférées. Ces fonctions peuvent être définies à partir de fonctions plus générales :

```
extern double strtod();
extern long strtol();
extern unsigned long strtoul();

double atof(str)
  char *str;
{
  return strtod(str, (char **) NULL);
}

int atoi(str)
  char *str;
{
  return (int) strtol(str, (char **) NULL, 10);
}

long atol(str)
  char *str;
{
  return strtol(str, (char **) NULL, 10);
}
```

16

Fonctions de gestion de mémoire

Nom	Paragraphe	Nom	Paragraphe
`bcmp`	16.2	`memcpy`	16.3
`bcpy`	16.3	`memccpy`	16.3
`bzero`	16.4	`memmove`	16.3
`memchr`	16.1	`memset`	16.4
`memcmp`	16.2		

Les utilitaires décrits dans ce chapitre fournissent au programmeur C des manières efficaces de copier, comparer et initialiser des blocs de mémoire. Dans la Proposition de normalisation ANSI C, ces fonctions sont considérées comme faisant partie des fonctions de gestion de chaînes de caractères et sont déclarées dans le fichier d'en-tête `string.h`. Dans de nombreuses autres implémentations, ces fonctions sont déclarées dans le fichier d'en-tête `memory.h`.

16.1 MEMCHR

```
#include <string.h>                          /* ANSI */
#include <memory.h>                /* Forme non-ANSI */

char *memchr( ptr, val, longp )
  char *ptr;
  int val, longp;
```

La fonction `memchr` recherche la valeur `val` dans chacun des `longp` premiers caractères en commençant à `ptr`. Cette fonction retourne un pointeur au premier caractère contenant `val`, s'il existe, ou un pointeur nul si aucun caractère de ce type n'est trouvé. Dans la Proposition de normalisation ANSI C, `memchr` a un type de retour `void *`, son premier argument est du type `const void *` et l'argument `long` est du type `size_t`. Se reporter aussi à `strchr` (paragraphe 15.5).

16.2 MEMCMP, BCMP

```
#include <string.h>                          /* ANSI */
#include <memory.h>                /* Forme non-ANSI */

int memcmp( ptr1, ptr2, longp )
  char *ptr1, *ptr2;
  int longp;

int bcmp( ptr1, ptr2, longp )       /* Berkeley UNIX */
  char *ptr1, *ptr2;
  int longp;
```

La fonction `memcmp` compare les `long` premiers caractères commençant à `ptr1` avec les `long` caractères commençant à `ptr2`. Si la première chaîne de caractères est lexicographiquement inférieure à la seconde, `memcmp` retourne un entier négatif. Si la première chaîne de caractères est lexicographiquement supérieure à la seconde, `memcmp` retourne un entier positif. Dans le cas contraire, `memcmp` retourne 0. Dans la Proposition de normalisation ANSI C, les arguments `ptr1` et `ptr2` sont du type `void *` et l'argument `longp` est du type `size_t`.

La fonction `bcmp`, disponible dans certaines implémentations permet aussi de comparer deux chaînes de caractères, mais elle retourne 0 si les deux chaînes sont identiques et un résultat différent de zéro dans le cas contraire. Aucune comparaison d'infériorité ou de supériorité n'est effectuée. Se reporter aussi à `strcmp` (paragraphe 15.2).

16.3 MEMCPY, MEMCCPY, MEMMOVE, BCPY

```
#include <string.h>                          /* ANSI */
#include <memory.h>                /* Forme non-ANSI */

char *memcpy( dest, src, long )
  char *dest, *src;
  int long;

char *memccpy( dest, src, val, lon/g* )Forme non-ANSI */
  char *dest, *src;
  int val, long;

void *memmove( dest, src, long )             /* ANSI */
  char *dest;
  const void *src;
  size_t long;

char *bcopy( src, dest, long )
  char *dest, *src;
  int long;
```

La fonction `memcpy` copie `long` caractères en provenance de `src` vers `dest` et retourne la valeur de `src`. Si les zones mémoire source et destination se chevauchent, les résultats sont imprévisibles. Dans la Proposition de normalisation ANSI C, `memcpy` est du type `void *`, son premier argument est du type `const void *` et l'argument `long` est du type `size_t`.

La fonction `memmove` disponible dans la Proposition de normalisation ANSI C diffère seulement de `memcpy` par le fait qu'elle est garantie de fonctionner dans le cas où les zones mémoire se chevauchent. Plus exactement, son effet est équivalent à celui qui serait obtenu en copiant d'abord la zone de mémoire source dans une zone temporaire séparée et en la recopiant ensuite dans la zone mémoire de destination. (Certaines implémentations donnent à `memcpy` les mêmes propriétés).

La fonction `memccpy`, disponible dans certaines implémentations copie aussi `long` caractères en provenance de `src` dans `dest`, toutefois cette fonction s'arrête immédiatement après avoir copié un caractère dont la valeur est `val`. Lorsque `long` caractères sont copiés, `memccpy` retourne un pointeur nul ; dans le cas contraire elle retourne un pointeur au caractère suivant la copie de `val` dans `dest`.

La fonction `bcopy`, disponible dans certaines implémentations, fonctionne comme `memcpy` à la différence du fait que les opérandes de source et de destination sont inversées. Se reporter aussi à `strcpy` (paragraphe 15.3).

16.4 MEMSET, BZERO

```
#include <string.h>                                    /* ANSI */
#include <memory.h>                          /* Forme non-ANSI */

char *memset( ptr, val, long )
  char *ptr;
  int val, long;

void bzero( ptr, long )                     /* Berkeley UNIX */
  char *ptr;
  int long;
```

La fonction `memset` copie la valeur `val` dans chacun des `long` caractères commençant à `ptr`. Cette fonction retourne la valeur de `ptr`. Dans la Proposition de normalisation ANSI C, `memset` est du type `void *`, son premier argument est du type `const void *` et l'argument `long` est du type `size_t`.

La fonction plus limitée `bzero` copie la valeur 0 dans chacun des `long` caractères commençant à `ptr` ; cette fonction existe dans certaines implémentations d'UNIX.

17

Utilitaires d'entrée/sortie

Nom	Paragraphe	Nom	Paragraphe
`clearerr`	17.14	`printf`	17.11
`feof`	17.14	`putc`	17.9
`ferror`	17.14	`putchar`	17.9
`fflush`	17.2	`puts`	17.10
`fgetc`	17.6	`remove`	17.15
`fgets`	17.7	`rename`	17.15
`fclose`	17.2	`rewind`	17.5
`fopen`	17.2	`scanf`	17.8
`fputc`	17.9	`setbuf`	17.3
`fputs`	17.10	`setvbuf`	17.3
`fprintf`	17.11	`sprintf`	17.11
`fread`	17.13	`sscanf`	17.8
`freopen`	17.2	`stderr`	17.4
`fscanf`	17.8	`stdin`	17.4
`fseek`	17.5	`stdout`	17.4
`ftell`	17.5	`tmpfile`	17.16
`fwrite`	17.13	`tmpnam`	17.16
`getc`	17.6	`ungetc`	17.6
`getchar`	17.6	`vfprintf`	17.12
`gets`	17.7	`vprintf`	17.12
`mktemp`	17.16	`vsprintf`	17.12
`perror`	13.2		

C est doté d'un ensemble riche et pratique d'utilitaires d'entrées/sorties qui reposent sur le concept de *suite continue de caractères* ou *flot*, qui peut correspondre à un fichier ou à une autre source de données utilisateur, y-compris un terminal ou un autre appareil physique. Le type de donnée `FILE` (défini dans `stdio.h` avec le reste des utilitaires d'E/S) maintient des informations au sujet des flots. Un *pointeur à fichier* est un objet de type `FILE *` créé en appelant `fopen` et utilisé comme argument pour la plupart des utilitaires d'E/S décrits dans ce chapitre.

Quelques-unes des informations contenues dans un objet de type `FILE` sont la position courante dans le flot, les pointeurs à toutes les mémoires tampons associées et des indications de détection d'erreur ou de fin de fichier. Les flots sont en général associés à des zones de mémoire tampon, à moins qu'ils ne soient associés à des appareils physiques. Le programmeur a un certain contrôle des zones de mémoire tampon grâce à l'utilitaire `setvbuf`, mais en général, les flots peuvent être implémentés d'une manière très efficace et le programmeur n'a pas besoin de se soucier des performances.

Il existe deux formes générales de flots : texte et binaire. Un flot de texte comprend une suite de caractères divisée en lignes; chaque ligne comprend zéro ou plusieurs caractères suivis du caractère passage-de-ligne `'\n'` (inclu). Les flots de texte sont seulement portables lorsqu'ils correspondent à des lignes complètes composées de caractères appartenant au jeu de caractères standard. Les composants matériel et logiciel supportant l'implémentation d'une bibliothèque d'exécution C peuvent avoir des représentations différentes de fichiers texte (spécialement en ce qui concerne l'indication de fin de ligne), toutefois, la bibliothèque de support d'exécution doit faire correspondre ces représentations à la représentation standard. La Proposition de normalisation ANSI C exige que les implémentations supportent les lignes de flot de texte d'au moins 254 caractères, y compris le caractère terminateur de fin de ligne.

Les flots binaires sont des suites de valeurs de donnée de type `char`. Etant donné que n'importe quelle valeur de donnée C peut être mise en correspondance avec un tableau dont les valeurs sont du type `char`, les flots binaires peuvent enregistrer de manière transparente des données internes.

Références `fopen 17.2` ; jeu de caractères standard 2.1 ; `setvbuf 17.3`

17.1 EOF

```
#include <stdio.h>

#define EOF (-1)
```

La valeur `EOF` est utilisée de manière conventionnelle comme une valeur qui n'est "pas un caractère réel". Par exemple, `fgetc` (paragraphe 17.6) retourne `EOF` à la fin d'un fichier étant donné qu'il n'y a pas de "caractère réel" à lire. Il est cependant nécessaire de se souvenir que le type `char` peut être signé dans certaines implémentations et par conséquent `EOF` ne peut pas nécessairement être distingué d'un "caractère réel" si des valeurs non standard de caractères apparaissent. (Les valeurs standard de caractères sont toujours positives, même si le type `char` est signé). Lorsque la valeur `EOF` est lue, il est préférable d'invoquer l'utilitaire `feof` (paragraphe 17.14) pour s'assurer que la fin-du-fichier a effectivement été rencontrée.

17.2 FOPEN, FCLOSE, FFLUSH, FREOPEN

```
#include <stdio.h>

FILE *fopen(nom_de_fichier, type)
  char *nom_de_fichier, *type;

int fclose(flot)
  FILE *flot;

int fflush(flot)
  FILE *flot;

FILE *freopen(nom_de_fichier, type, flot)
  char *nom_de_fichier, *type;
  FILE *flot;
```

La fonction `fopen` accepte comme arguments un nom de fichier et un type; chacun de ces arguments est spécifié comme une chaîne de caractères. Le nom de fichier est utilisé d'une manière propre à l'implémentation pour identifier ou créer un fichier. Un flot est associé avec le fichier de la manière indiquée par l'argument de type. Un pointeur de type `FILE *` est retourné pour identifier le flot pour d'autres opérations d'entrées/sorties. Si une erreur est détectée, `fopen` place un code d'erreur dans `errno` et retourne un pointeur nul. Le nombre de flots qui peuvent être ouverts simultanément n'est pas spécifié; dans la Proposition de normalisation ANSI C, ce nombre correspond à la valeur de la macro `SYS_OPEN` qui doit être supérieure ou égale à huit.

La fonction `fclose` prend comme argument un flot qui doit être ouvert pour entrée ou pour sortie. Le flot est fermé d'une manière appropriée et ordonnée, qui comprend même le vidage et la libération des zones de mémoire tampon de données internes. La fonction `fclose` retourne `EOF` si une erreur est détectée et zéro dans le cas contraire.

La fonction `fflush` prend comme argument un flot de sortie et vide toutes les mémoires tampons internes dans l'appareil de destination. Le flot reste ouvert. La fonction `fflush` retourne `EOF` si une erreur est détectée et zéro dans le cas contraire. `fflush` est en général seulement utilisée dans des circonstances exceptionnelles; `fclose` et `exit` peuvent normalement être utilisées pour prendre soin de vider les mémoires tampons de sortie.

La fonction `freopen` accepte comme arguments un nom de fichier, un type et un flot ouvert. Cette fonction essaie d'abord de fermer `flot` comme en appelant `fclose`, toutefois, toute erreur rencontrée au cours de cette tentative est ignorée. `nom_de_fichier` et `type` sont ensuite utilisés pour ouvrir un nouveau fichier, comme en appelant `fopen` à l'exception du fait que le nouveau flot est associé avec `flot` plutôt que d'obtenir une nouvelle valeur de type `FILE *`. La fonction `freopen` retourne `flot` en cas de succès ou, dans le cas contraire (si la nouvelle ouverture est sans succès), un pointeur nul est retourné. Une des utilisations principales de `freopen` consiste à réassocier un des flots standard d'entrée/sortie `stdin`, `stdout` et `stderr` avec un autre fichier.

Les valeurs suivantes sont autorisées pour la spécification de type dans `fopen` et `freopen` :

`"r"`	Ouvre un fichier existant en entrée.
`"w"`	Crée un nouveau fichier ou tronque un fichier existant en sortie.
`"a"`	Crée un nouveau fichier ou écrit à la suite d'un fichier existant en sortie.
`"r+"`	Ouvre un fichier existant pour modification (écriture et lecture) en commençant au début du fichier.
`"w+"`	Crée un nouveau fichier ou tronque un fichier existant pour le modifier.
`"a+"`	Crée un nouveau fichier ou continue la modification d'un fichier existant.

Lorsqu'un fichier est ouvert pour modification ("+" apparaît dans la chaîne de caractère indiquant le type), le flot résultant peut être utilisé à la fois comme entrée et comme sortie. Toutefois, une opération de sortie ne peut pas être suivie d'une opération d'entrée sans faire intervenir un appel à `fseek`, `rewind` ou `fflush` et une opération d'entrée ne peut pas être suivie d'une opération de sortie sans faire intervenir un appel à `fseek`, `rewind` ou `fflush` ou une opération d'entrée qui rencontre la fin du fichier.

La Proposition de normalisation ANSI C permet à n'importe lequel des type mentionnés ci-dessus d'être suivis du caractère `b` pour indiquer qu'un flot "binaire" (par opposition à "texte") doit être créée. (Cette distinction était masquée sous UNIX étant donné que les deux types de fichiers sont traités de la même façon; d'autres systèmes d'exploitation ne sont pas aussi simples). La Proposition de normalisation ANSI C permet à n'importe quel type de fichier ouvert pour "modification" de supposer le mode binaire.

Références `EOF` 17.1 ; `exit` 21.3 ; `stdin` 17.4

17.3 SETBUF, SETVBUF

```
#include <stdio.h>

int setvbuf( flot, buf, type, taille)
  FILE *flot;
  char *buf;
  int type, taille;

void setbuf( flot, buf)
  FILE *flot;
  char *buf;

/* Taille de mémoire tampon */
#define BUFSIZ ...
/* Valeurs de 'type' dans setvbuf */
#define _IOFBF ...
#define _IOLBF ...
#define _IONBF ...
```

Ces fonctions permettent au programmeur de contrôler la stratégie de stockage en mémoire tampon pour les flots dans les rares cas ou le stockage par défaut n'est pas satisfaisant. Ces fonctions doivent être appelées après l'ouverture d'un flot et avant qu'aucune donnée ne soit lue ou écrite.

La fonction `setvbuf` est la fonction la plus générale. Le premier argument correspond au flot contrôlé; le deuxième argument (s'il n'est pas NULL) est un tableau de caractères à utiliser à la place de la mémoire tampon générée automatiquement; `type` indique le type de stockage en mémoire tampon et `taille` indique la taille de la mémoire tampon. La fonction retourne zéro si elle est exécutée avec succès et un résultat différent de zéro si les arguments sont incorrects ou la requête ne peut pas être satisfaite.

Si `type` est `_IOFBF`, le flot est complètement stocké en mémoire; si `type` vaut `_IOLBF`, la zone de mémoire tampon est vidée lorsqu'un caractère passage de ligne est copié ou lorsque la mémoire tampon est saturée; si `type` vaut `_IONBF`, le flot n'est pas stocké en mémoire. Si le stockage en mémoire est sélectionné et si `buf` n'est pas un pointeur nul, le tableau spécifié par `buf` doit comporter `taille` bytes et est utilisé à la place des mémoires tampons générées automatiquement. La constante `BUFSIZ` est une valeur appropriée indiquant la taille de la mémoire tampon. Dans la Proposition de normalisation ANSI C, la `taille` du paramètre est de type `size_t`.

La fonction `setbuf` est une forme simplifiée de `setvbuf`. L'appel de fonction

```
setbuf(flot, buf)
```

est équivalent à l'expression

```
((buf==NULL) ?
    (void) setvbuf(flot,NULL,_IONBF,0) |
    (void) setvbuf(flot,buf,_IOFBF,BUFSIZ));
```

Références `EOF` 17.1 ; `fopen` 17.2 ; `size_t` 13.1

17.4 STDIN, STDOUT, STDERR

```
#include <stdio.h>
extern FILE *stderr;
extern FILE *stdin;
extern FILE *stdout;
```

Les variables externes `stdin`, `stdout` et `stderr` sont initialisées avant le lancement d'un programme d'application comme certains flots de texte standard. La variable `stdin` est initialisée comme un flot d'entrée qui correspond à "l'entrée normale" du programme. D'une manière similaire `stdout` est initialisé comme un flot de sortie qui correspond à la "sortie normale" du programme et `stderr` est initialisée comme un flot de sortie destiné à recevoir des messages d'erreur et d'autres sorties inattendues du programme. Dans un environnement interactif, les trois flots sont typiquement associés au terminal utilisé pour lancer le programme.

Les systèmes UNIX en particulier fournissent des manières pratiques d'associer ces flots standard avec des fichiers ou d'autres programmes en les rendant très puissants lorsqu'ils sont utilisés dans le cadre de certaines conventions standard.

17.5 FSEEK, FTELL, REWIND

```
#include <stdio.h>

/*  Codes de recherche pour "point de départ" dans
    fseek. */
#define SEEK_SET  0                            /* ANSI */
#define SEEK_CUR  1                            /* ANSI */
#define SEEK_END  2                            /* ANSI */

int fseek(flot, deplacement, point_de_depart)
  FILE *flot;
  long int deplacement;
  int point_de_depart;

long int ftell(flot)
  FILE *flot;

void rewind(flot)
  FILE *flot;
```

La fonction `fseek` permet d'accéder aléatoirement à un fichier. Le premier argument doit être un flot ouvert pour entrée ou pour sortie. Les deux arguments suivants indiquent une position dans le fichier : `deplacement` est un entier signé spécifiant un nombre de caractères et `point_de_départ` est un "code de recherche" indiquant à partir de quel endroit du fichier le déplacement doit être mesuré. Le flot est positionné comme demandé et `fseek` retourne zéro en cas de succès et une valeur non nulle en cas d'erreur. Toute indication de fin de fichier est effacée et tout effet de `ungetc` est annulé. La Proposition de normalisation ANSI C définit les constantes `SEEK_SET`, `SEEK_CUR` et `SEEK_END` pour représenter les valeurs de `point_de_depart`; d'autres implémentations utilisent simplement les valeurs entières spécifiées.

La nouvelle position du fichier est :

- `deplacement` caractères à partir du début du fichier si `point_de_depart` est `SEEK_SET` (0);
- `deplacement` caractères à partir de la position courante du fichier si `point_de_depart` est `SEEK_CUR` (1);
- `deplacement` caractères à partir de la fin du fichier si `point_de_depart` est `SEEK_END` (2);

Si `point_de_depart` est `SEEK_END` et `deplacement` est positif, le fichier est rallongé de la taille indiquée et le contenu de la zone rajoutée n'est pas spécifié.

La fonction `fseek` est habituellement appliquée aux flots binaires; l'ensemble plus limité d'appels suivant est permis (de manière portable) pour les flots de texte :

```
fseek( flot, 0L, SEEK_SET)      /* Positionne au début */
fseek( flot, 0L, SEEK_CUR)      /* Sans effet          */
fseek( flot, 0L, SEEK_END)      /* Positionne à la fin */
fseek( flot, ftell_pos, SEEK_SET)
           /* Positionne à l'emplacement précédent */
```

La valeur *ftell_pos* doit être une valeur retournée auparavant par `ftell` pour *flot*. Tous les effets d'un appel à `ungetc` sont aussi annulés par un appel à `fseek`.

La fonction `ftell` accepte comme paramètre un flot qui est ouvert pour entrée ou pour sortie et retourne la position dans le flot sous la forme d'une valeur compatible avec le deuxième argument de `fseek`. L'utilisation de `fseek` sur un résultat sauvegardé de `ftell` provoque le changement de la position du flot pour refléter l'endroit auquel `ftell` a été invoquée. Pour les fichiers binaires, la valeur retournée correspond au nombre de caractères précédant la position courante du fichier. Pour les fichiers texte, la valeur retournée est définie par l'implémentation (utilisable dans `fseek`) mais la valeur `0L` doit être utilisée pour représenter le début d'un fichier. Si `ftell` rencontre une erreur, elle retourne `-1L` et donne à `errno` une valeur qui est fonction de l'implémentation. Etant donné que `-1L` peut aussi être une position valide dans le fichier, `errno` doit être vérifié pour confirmer l'erreur.

La fonction `rewind` repositionne un flot à son début. L'appel `rewind(flot)` est équivalent à `fseek(flot, 0L, SEEK_SET)`.

Références `ungetc` 17.6

17.6 FGETC, GETC, GETCHAR, UNGETC

```
#include <stdio.h>

int fgetc(flot)
  FILE *flot;

int getc(flot)
  FILE *flot;

int getchar()

int ungetc(c, flot)
  char c;
  FILE *flot;
```

La fonction `fgetc` accepte comme argument un flot d'entrée. Elle lit le caractère suivant à partir du flot et le retourne comme une valeur de type `int`. Des appels successifs à `fgetc` retourneront des caractères successifs provenant du flot d'entrée. Si une erreur se produit ou si le flot est à la fin du fichier, `fgetc` retourne EOF. L'utilitaire feof doit être utilisé dans ce cas pour s'assurer que la fin-de-fichier a effectivement été rencontrée.

La fonction getc est identique à fgetc à l'exception du fait que getc est implémenté en général comme une macro pour des raisons d'efficacité. L'expression argument ne doit avoir aucun effet secondaire étant donné qu'elle sera peut être évaluée plusieurs fois.

La fonction getchar lit le caractère suivant provenant du flot d'entrée standard stdin et le retourne comme une valeur de type int. L'appel getchar() a le même effet que l'appel getc(stdin). De même que getc, getchar est souvent implémentée comme une macro.

La fonction ungetc remet le caractère c sur le flot de sortie spécifié. Ce caractère sera retourné par un appel ultérieur à fgetc, getc ou getchar sur ce flot. ungetc retourne c lorsque le caractère est remis avec succès et EOF si cette tentative échoue.

La remise d'un caractère est garantie du moment que le flot est stocké en mémoire et qu'au moins un caractère a été lu sur le flot depuis la dernière opération fseek, fopen ou freopen sur le flot. Une tentative de remise de la valeur EOF sur le flot comme un caractère n'a pas d'effet sur le flot et retourne EOF. Un appel à fseek ou freopen efface de la mémoire tous les caractères remis sur le flot.

La fonction ungetc est utile pour l'implémentation d'opérations de balayage d'entrée telles que scanf. Un programme peut "examiner d'avance" le prochain caractère en le lisant et en le remettant sur le flot s'il ne convient pas.

Références EOF 17.1 ; feof 17.14 ; fseek 17.5 ; fopen 17.2 ; scanf 17.8 ; stdin 17.4

17.7 FGETS, GETS

```
#include <stdio.h>

char *fgets(s, n, flot)
  char *s;
  int n;
  FILE *flot;

char *gets(s)
  char *s;
```

La fonction fgets accepte trois arguments : un pointeur s au premier élément d'un tableau de caractères, un nombre n et un flot d'entrée. Les caractères sont lus à partir du flot d'entrée dans s jusqu'à ce que :

1. Un changement de ligne soit rencontré.
2. Une fin de ligne soit rencontrée.

3. `n-1` caractères soient lus sans rencontrer une fin de fichier ou un changement de ligne.

Un caractère délimiteur nul est ensuite placé à la fin du tableau après les caractères lus. Si l'entrée est terminée par détection d'un changement de ligne, le caractère de fin de ligne est stocké dans le tableau immédiatement avant le caractère délimiteur nul. L'argument `s` est retourné si l'opération est terminée avec succès.

Si la fin-de-fichier est rencontrée avant que tous les caractères du flot aient été lus, `fgets` retourne un pointeur nul et le contenu du tableau `s` est inchangé. Si une erreur se produit pendant l'opération d'entrée, `fgets` retourne un pointeur nul et le contenu du tableau `s` est indéterminé. L'utilitaire `feof` (paragraphe 17.14) doit être utilisé pour déterminer si la fin de fichier a été effectivement détectée lorsque `NULL` est retourné.

La fonction `gets` lit des caractères provenant de l'entrée standard `stdin` et les place dans le tableau `s`. Toutefois, à la différence de `fputs`, lorsque l'entrée est terminée par un caractère de changement de ligne, `gets` ignore le caractère de fin de ligne et ne le place *pas* dans `s`. L'utilisation de `gets` peut être dangereuse étant donné qu'il est toujours possible que la longueur d'entrée dépasse l'espace disponible dans le tableau de caractères. La fonction `fgets` est moins dangereuse étant donné que le nombre maximum de caractères placés dans `s` par cette fonction ne peut jamais dépasser `n`.

Références `feof` 17.14 ; `stdin` 17.4

17.8 FSCANF, SCANF, SSCANF

```
#include <stdio.h>

int fscanf(flot, format, arguments supplémentaires )
  FILE *flot;
  char *format;

int scanf(format, arguments supplémentaires )
  char *format;

int sscanf(s, format, arguments supplémentaires )
  char *s, *format;
```

La fonction `fscanf` décompose un texte formaté passé en entrée, en lisant des caractères provenant du flot spécifié comme premier argument et en convertissant les séquences de caractères conformément à la chaîne de contrôle `format`. Des arguments supplémentaires peuvent être nécessaires, en fonction du contenu de la chaîne de contrôle. Chaque argument apparaissant après la chaîne de contrôle doit être un pointeur; les valeurs converties lues à partir du flot d'entrée sont stockées aux emplacements indiqués par les pointeurs.

Les fonctions `scanf` et `sscanf` sont similaires à `fscanf`. Dans le cas de `scanf`, les caractères sont lus en provenance du flot d'entrée standard `stdin`. Dans le cas de `sscanf`, les caractères sont lus à partir de la chaîne de caractères `s`. Lorsque `sscanf` essaie de lire au-delà de la fin de la chaîne de caractères `s`, elle se comporte de la même manière que `fscanf` et `scanf` lorsqu'elles détectent une fin de fichier.

L'opération d'entrée peut se terminer prématurément lorsque le flot d'entrée atteint la fin du fichier ou en raison d'un conflit entre la chaîne de contrôle et un caractère lu à partir du flot d'entrée. La valeur retournée par ces fonctions correspond au nombre d'affectations effectuées avec succès avant la fin de l'opération quelqu'en soit la cause. Si l'entrée atteint la fin du fichier avant qu'un conflit quelconque d'affectation se produise, les fonctions retournent `EOF`.

La chaîne de contrôle est un modèle de la forme d'entrée attendue. On peut imaginer `fscanf` comme effectuant une simple opération de comparaison entre la chaîne de contrôle et le flot d'entrée. Le contenu de la chaîne de contrôle peut être divisé en trois catégories :

1. Caractères espaces-blancs. Un caractère espace-blanc dans la chaîne de contrôle provoque la lecture et l'ignorance des caractères espaces-blancs. Le premier caractère rencontré qui n'est pas un caractère espace-blanc demeure le premier caractère à lire sur le flot d'entrée. Noter que dans le cas où plusieurs caractères espaces-blancs apparaissent dans la chaîne de contrôle, l'effet est le même que si un seul apparaissait. Par conséquent, toute suite de caractères espaces-blancs consécutifs dans la chaîne de contrôle correspond à une suite de caractères espaces-blancs consécutifs, éventuellement de longueurs différentes en provenance du flot d'entrée.
2. Spécifications de conversion. Une spécification de conversion commence par un signe pour-cent `%`; le reste de la syntaxe pour les spécifications de conversions est décrit en détail ci-dessous. Le nombre de caractères lus à partir du flot d'entrée dépend de l'opération de conversion. En règle générale, une opération de conversion traite des caractères jusqu'à ce que : (a) une fin de fichier soit rencontrée, (b) un caractère espace-blanc ou un autre caractère non approprié soit rencontré ou (c) le nombre de caractères lus pour l'opération de conversion soit égal à la largeur de champ maximum spécifiée explicitement. Une opération de conversion peut entraîner l'utilisation d'une affectation à un emplacement indiqué par l'argument suivant de type pointeur.
3. Autres caractères. Tout caractère autre qu'un espace-blanc ou un signe pour-cent doit correspondre au caractère suivant du flot d'entrée. S'il ne correspond pas, un conflit s'est produit et le caractère d'entrée responsable du conflit reste dans le flot d'entrée pour être lu par la prochaine opération d'entrée effectuée sur ce flot.

Il doit exister un nombre exact d'arguments de type pointeur, chacun ayant exactement le même type pour satisfaire aux spécifications de conversion dans la chaîne de contrôle; dans le cas contraire, les résultats sont imprévisibles. Si une spécification de conversion quelconque est incorrecte, les effets sont imprévisibles. Une spécification de conversion commence par un signe pour-cent `%`. Après le signe pour-cent, les éléments de spécification de conversion suivants doivent apparaître dans l'ordre indiqué ci-dessous :

1. Un *indicateur de suppression d'affectation* optionnel, écrit comme une astérisque `*`. Si cet indicateur est présent pour une opération de conversion qui effectue normalement une affectation, les caractères sont lus et traités à partir du flot d'entrée de la manière habituelle pour cette opération. Toutefois, aucune affectation n'est effectuée et aucun argument de type pointeur n'est consommé.
2. Une *largeur maximum de champ* optionnelle exprimée comme un entier décimal non-signé; ou plus exactement, comme une séquence non vide de chiffres décimaux. Cette largeur ne doit pas être nulle et doit être un nombre positif.
3. Une *spécification de taille* optionnelle exprimée comme le caractère `h` signifiant `short` ou comme le caractère `l` (caractère minuscule L), signifiant `long`. La lettre h peut être utilisée avec les opérations `d`, `u`, `o` ou `x` pour indiquer une affectation à un emplacement de type `short` ou `unsigned short`. La lettre `l` peut être utilisée avec les opérations `d`, `u`, `o` ou `x` pour indiquer une affectation à un emplacement de type `long` ou `unsigned long`. La lettre `l` peut être utilisée avec les opérations `e`, `f` ou `g` pour indiquer une affectation à un emplacement de type `double` plutôt que `float`.
4. Une *opération de conversion* obligatoire, exprimée (à une exception près) comme un simple caractère : `c`, `d`, `e`, `E`, `f`, `g`, `G`, `o`, `s`, `u`, `x`, `X`, `%` ou '`[`'. (La Proposition de normalisation ANSI C ajoute `i`, `n` et `p`). L'exception est l'opération '`[`' qui implique que tous les caractères suivants jusqu'au prochain '`]`' font partie de la spécification de conversion.

Les spécifications de conversion de `fscanf` sont similaires en syntaxe et en signification à celles de `fprintf`. Dans certains cas rares, il est possible d'utiliser la même chaîne de contrôle de format à la fois pour `fscanf` et `fprintf`. Toutefois, il existe certaines différences. L'opération de conversion '`[`' est particulière à `fscanf`. Par ailleurs `fscanf` n'accepte pas de spécifications de précision du type de celles acceptées par `fprintf` et n'accepte aucun des caractères indicateurs -, +, 0 et # qui sont acceptés par `fprintf`. Pour `fprintf`, le minimum est une largeur de champ spécifiée explicitement; pour `fscanf`, ceci est un maximum. Alors que `fprintf` permet à une largeur de champ d'être spécifiée par un argument de fonction utilisant une astérisque pour la largeur de champ, `fscanf` utilise l'astérisque dans un autre but, principalement pour la suppression d'affectation; ceci est sans doute l'incohérence la plus remarquable de toutes. Il est préférable de considérer la syntaxe des chaînes de contrôle de `fprintf` et `fscanf` comme étant seulement vaguement identiques; ne pas utiliser la documentation de l'une comme guide d'utilisation de l'autre.

Les opérations de conversion sont très compliquées. Des descriptions brèves de chaque opération sont données ci-dessous dans un premier temps comme une référence pratique; des explications détaillés sont données par la suite.

`d` Une conversion décimale signée est effectuée. Une valeur du type `int`, `short` ou `long` est assignée en fonction de la spécification de taille.

`i` Une conversion signée, de base entière est effectuée (Proposition de normalisation ANSI C). Une valeur de type `int`, `short` ou `long` est assignée en fonction de la spécification de taille. Le format de l'entier attendu est celui d'une *constante-entière* C à l'exception du fait qu'un *marqueur-de-type* n'apparaît pas nécessairement (paragraphe 2.7.1).

`u` Une conversion décimale non-signée est effectuée. Une valeur du type `unsigned`, `unsigned short` ou `unsigned long` est assignée en fonction de la spécification de taille.

`o` Une conversion octale non-signée est effectuée. Une valeur du type `unsigned`, `unsigned short` ou `unsigned long` est assignée en fonction de la spécification de taille.

`x`, `X` Une conversion hexadécimale non-signée est effectuée. Une valeur du type `unsigned`, `unsigned short` ou `unsigned long` est assignée en fonction de la spécification de taille. Les opérations `x` et `X` sont totalement identiques, elles acceptent toutes les deux l'ensemble des caractères `0123456789abcdefABCDEF` comme des nombres hexadécimaux valides. Un préfixe `0x` ou `0X` peut apparaître en entrée bien qu'il ne soit pas nécessaire.

`c` Un ou plusieurs caractères, autant que spécifiés par largeur de champ, sont lus et assignés. Aucun caractère délimiteur nul n'est ajouté.

`s` Une chaîne délimitée par un espace-blanc est lue et assignée et un caractère terminateur nul supplémentaire est ajouté.

`p` Une valeur pointeur — telle que celle produite par la conversion `%p` dans `fprintf` — est convertie et assignée à l'argument (Proposition de normalisation ANSI C), lequel doit être du type `void **`. Les valeurs de type pointeur perdent typiquement leur signification entre exécutions du même programme.

`n` Aucune conversion n'est effectuée (Proposition de normalisation ANSI C). Au lieu de cela, le nombre de caractères lus jusqu'alors à partir du flot d'entrée est placé dans l'argument qui doit être du type `int *`. Cette opération n'incrémente pas le compteur d'affectation retourné par `fscanf`.

f, e, E, g, G
: Une conversion décimale virgule-flottante est effectuée. Une valeur du type `float` ou `double` est assignée en fonction de la spécification de taille. Ces opérations sont toutes identiques.

%
: Un simple signe pour-cent est attendu en entrée. Aucun argument de type pointeur n'est consommé.

[
: Les caractères d'entrée sont balayés et assignés. Les caractères compris entre '`[`' et '`]`' dans la chaîne de contrôle indiquent quels caractères peuvent être balayés. Les caractères balayés sont mémorisés comme une chaîne de caractères et un caractère délimiteur nul est ajouté.

Des explications détaillées concernant la manière dont chaque opération est effectuée sont données ci-dessous.

d
: Une conversion décimale signée est effectuée. Un argument de type pointeur est consommé; celui-ci doit être du type `int *` (en l'absence de spécification de taille), du type `short *` (en présence d'une spécification de taille `h`) ou du type `long *` (en présence d'une spécification de taille `l`).

Tout d'abord, tous les caractères espaces-blancs préliminaires sont ignorés, ils ne sont pas comptés comme faisant partie de la largeur maximum de champ. Un signe optionnel (+ ou -) peut être présent suivi d'un nombre quelconque de chiffres décimaux (éventuellement aucun). Les caractères sont lus jusqu'à ce que la fin du fichier soit atteinte, jusqu'à ce qu'un caractère différent d'un chiffre soit détecté (auquel cas ce caractère demeure non lu) ou (si la largeur de champ a été spécifiée) jusqu'à ce que le nombre maximum de caractères soit lu. Les caractères lus sont ensuite interprétés comme un nombre décimal signé et convertis en une valeur entière signée. Si aucun chiffre n'est lu, la valeur est zéro. Si la valeur exprimée par l'entrée est trop large pour être représentée comme un entier signé de taille appropriée, une valeur imprévisible en résulte.

La valeur est assignée à l'emplacement indiqué par l'argument suivant de type pointeur à moins que l'indicateur de suppression d'affectation `*` n'apparaisse dans la spécification de conversion.

u
: Une conversion décimale non signée est effectuée. Un argument de type pointeur est consommé; celui-ci doit être du type `unsigned *` (en l'absence de spécification de taille), du type `unsigned short *` (en présence d'une spécification de taille `h`) ou du type `unsigned long *` (en présence d'une spécification de taille `l`).

Tout d'abord, tous les caractères espaces-blancs préliminaires sont ignorés, ils ne sont pas comptés comme faisant partie de la largeur maximum de champ. Les chiffres décimaux (éventuellement aucun) sont ensuite lus. Les caractères sont lus jusqu'à ce que la fin du fichier soit atteinte, jusqu'à ce qu'un caractère différent d'un chiffre soit détecté (auquel cas ce caractère demeure non lu) ou (si une largeur de champ a été spécifiée) jusqu'à ce que le nombre maximum de caractères soit lu. Les caractères lus sont ensuite interprétés comme un nombre décimal signé et convertis en une valeur entière non signée. Si aucun chiffre n'est lu, la valeur est zéro. Si la valeur exprimée par l'entrée est trop large pour être représentée comme un entier non signé de taille appropriée, une valeur imprévisible en résulte.

La valeur est assignée à l'emplacement indiqué par l'argument suivant de type pointeur à moins que l'indicateur de suppression d'affectation `*` n'apparaisse dans la spécification de conversion.

`o` Une conversion octale non signée est effectuée. Un argument de type pointeur est consommé; celui-ci doit être du type `unsigned *` (en l'absence de spécification de taille), du type `unsigned short *` (en présence d'une spécification de taille `h`) ou du type `unsigned long *` (en présence d'une spécification de taille `l`).

Tout d'abord, tous les caractères espaces-blancs préliminaires sont ignorés, ils ne sont pas comptés comme faisant partie de la largeur maximum de champ. Les chiffres octaux (éventuellement aucun) sont ensuite lus. Les caractères sont lus jusqu'à ce que la fin du fichier soit atteinte, jusqu'à ce qu'un caractère différent d'un chiffre soit détecté (auquel cas ce caractère demeure non lu) ou (si une largeur de champ a été spécifiée) jusqu'à ce que le nombre maximum de caractères soit lu. Si le chiffre `8` ou `9` est détecté en entrée, le résultat est imprévisible.

Les caractères lus sont ensuite interprétés comme un nombre octal signé (indépendamment de la présence d'un `0` préliminaire en entrée) et convertis en une valeur entière non signée. Si aucun chiffre n'est lu, la valeur est zéro. Si la valeur exprimée par l'entrée est trop large pour être représentée comme un entier non signé de taille appropriée, une valeur imprévisible en résulte.

La valeur est assignée à l'emplacement indiqué par l'argument suivant de type pointeur à moins que l'indicateur de suppression d'affectation `*` n'apparaisse dans la spécification de conversion.

`x, X` Une conversion hexadécimale non signée est effectuée. Un argument de type pointeur est consommé; celui-ci doit être du type `unsigned *` (en l'absence de spécification de taille), du type `unsigned short *` (en présence d'une spécification de taille `h`) ou du type `unsigned long *` (en présence d'une spécification de taille `l`).

Tout d'abord, tous les caractères espaces-blancs préliminaires sont ignorés, ils ne sont pas comptés comme faisant partie de la largeur maximum de champ. Si le caractère suivant est `0` et le suivant après cela est x ou X, ces caractères sont comptés comme faisant partie de la largeur maximum de champ mais sont ignorés dans le cas contraire. Les chiffres hexadécimaux (éventuellement aucun) sont ensuite lus. Les caractères sont lus jusqu'à ce que la fin du fichier soit atteinte, jusqu'à ce qu'un caractère qui n'appartient pas à l'ensemble 0123456789abcdefABCDEF soit détecté (auquel cas ce caractère demeure non lu) ou (si une largeur de champ a été spécifiée) jusqu'à ce que le nombre maximum de caractères soit lu.

Les caractères lus sont ensuite interprétés comme un nombre hexadécimal (indépendamment de la présence d'un 0x ou d'un 0X préliminaire en entrée) et convertis en une valeur entière non signée. Si aucun chiffre n'est lu, la valeur est zéro. Si la valeur exprimée par l'entrée est trop large pour être représentée comme un entier non signé de taille appropriée, une valeur imprévisible en résulte.

La valeur est assignée à l'emplacement indiqué par l'argument suivant de type pointeur à moins que l'indicateur de suppression d'affectation * n'apparaisse dans la spécification de conversion.

Les opérations x et X sont complètement identiques, elles acceptent toutes les deux l'ensemble des caractères 0123456789abcdefABC-DEF comme chiffres hexadécimaux valides. Ces opérations sont comparables aux conversions x et X de fprintf.

c Un ou plusieurs caractères sont lus. Un argument de type pointeur est consommé; celui-ci doit être du type char *. L'opération de conversion c n'ignore *pas* les caractères espaces-blancs initiaux.

Si aucune largeur de champ n'est sélectionnée, exactement un seul caractère est lu (à moins que le flot d'entrée ne soit positionné en fin de fichier auquel cas l'opération de conversion échoue). La valeur de type caractère est assignée à l'emplacement indiqué par l'argument suivant de type pointeur à moins que l'indicateur de suppression d'affectation * n'apparaisse dans la spécification de conversion.

Si une largeur de champ est spécifiée, l'argument de type pointeur est supposé pointer au début d'un tableau et la largeur de champ indique le nombre de caractères à lire; l'opération de conversion échoue si la fin-de-fichier est rencontrée avant qu'un grand nombre de caractères soient lus. Les caractères lus sont stockés dans des positions successives du tableau à moins que l'indicateur de suppression d'affectation ne soit présent dans la spécification de conversion. Aucun caractère terminateur nul supplémentaire n'est ajouté aux caractères qui sont lus. La spécification de taille n'est pas applicable à l'opération de conversion c.

s Une chaîne est lue. Un argument de type pointeur est consommé; celui-ci doit être du type char *.

Tout d'abord, tous les caractères espaces-blancs préliminaires sont ignorés, ils ne sont pas comptés comme faisant partie de la largeur maximum de champ. Les caractères sont lus jusqu'à ce que la fin du fichier soit atteinte, jusqu'à ce qu'un caractère espace-blanc soit détecté (auquel cas ce caractère demeure non lu) ou (si une largeur de champ a été spécifiée) jusqu'à ce que le nombre maximum de caractères soit lu. Si la fin du fichier est rencontrée avant de détecter au moins un caractère espace-blanc, l'opération de conversion est considérée comme ayant échoué.

L'argument de type pointeur est supposé pointer au début d'un tableau de caractères. Les caractères lus sont stockés dans des positions successives du tableau à moins que l'indicateur de suppression d'affectation ne soit présent dans la spécification de conversion. Si l'affectation n'est pas supprimée, un caractère terminateur nul supplémentaire est ajouté aux caractères stockés. La spécification de taille n'est pas applicable à l'opération de conversion `s`.

L'opération de conversion `s` peut être dangereuse si aucune largeur de champ maximale n'est spécifiée étant donné qu'il est toujours possible que la longueur d'entrée dépasse la zone mémoire disponible dans le tableau de caractères.

L'opération `s` dotée d'une largeur de champ explicite diffère de l'opération `c` avec une largeur de champ explicite. L'opération `c` n'ignore pas les caractères espaces-blancs et lit exactement autant de caractères que spécifié à moins que la fin de fichier soit rencontrée; l'opération `s` ignore les caractères espaces-blancs initiaux, cette opération se termine dès qu'un caractère espace-blanc est détecté après avoir lu un certain nombre de caractères qui ne sont pas des espaces-blancs et ajoute un caractère nul aux caractères stockés.

`f`, `e`, `E`, `g`, `G`

Une conversion décimale signée est effectuée. Un argument de type pointeur est consommé; celui-ci doit être du type `float *` (en l'absence de spécification de taille) ou du type `double *` (en présence d'une spécification de taille `l`).

Tout d'abord, tous les caractères espaces-blancs préliminaires sont ignorés, ils ne sont pas comptés comme faisant partie de la largeur maximum de champ. Le format d'entrée attendu comporte un signe optionnel, zéro ou plusieurs chiffres décimaux, un point décimal optionnel, zéro ou plusieurs chiffres décimaux et éventuellement la lettre `e` ou `E`, laquelle peut être suivie d'un signe optionnel et de zéro ou plusieurs chiffres décimaux.

Les caractères lus sont ensuite interprétés comme un nombre en représentation virgule-flottante et convertis en un nombre virgule-flottante de la taille spécifiée. Si aucun chiffre n'est lu ou tout au moins aucun chiffre n'est lu avant que l'une des lettres e ou E ne soit détectée, la valeur est zéro. Si aucun chiffre n'apparaît après l'une des lettres e ou E, la partie exposant de la représentation décimale est supposée égale à zéro. Si la valeur exprimée par l'entrée est trop large ou trop petite pour être représentée comme un nombre virgule-flottante de taille appropriée, une valeur imprévisible en résulte. Si la valeur exprimée par l'entrée n'est ni trop large ni trop petite mais ne peut toutefois pas être représentée exactement comme un nombre virgule-flottante de taille appropriée, une certaine forme d'arrondi ou de troncation est effectuée.

La valeur est assignée à l'emplacement indiqué par l'argument suivant de type pointeur à moins que l'indicateur de suppression d'affectation * n'apparaisse dans la spécification de conversion.

Les opérations de conversion f, e, E, g et G sont complètement identiques, elles acceptent toutes n'importe quel style de représentation virgule-flottante avec ou sans partie exposant.

% Un simple signe % est attendu en entrée. Etant donné qu'un signe pour-cent est utilisé pour indiquer le début d'une spécification de conversion, il est nécessaire d'en écrire deux de suite pour en détecter un. Aucun argument de type pointeur n'est consommé. L'indicateur de suppression d'affectation, la largeur de champ et la spécification de taille ne sont pas applicables à l'opération de conversion %.

[Une chaîne de caractères est lue. Un argument de type pointeur est consommé; celui-ci doit être du type char *.

L'opération de conversion '[' n'ignore *pas* les caractères espace-blanc initiaux. La spécification de conversion indique exactement quels caractères doivent être lus comme faisant partie du champ d'entrée. Le '[' doit être suivi de plusieurs caractères terminés par ']' dans la chaîne de contrôle. Tous les caractères jusqu'à ']' font partie de la spécification de conversion. Si le caractère situé immédiatement après le '[' est l'accent circonflexe ^, celui-ci a la signification spéciale d'indicateur de négation; tous les autres caractères compris entre '[' et ']' y-compris ^ s'il n'apparaît pas immédiatement après le '[' initial sont traités de la même manière. Les caractères apparaissant dans la chaîne de contrôle entre le '[' initial et le ']' délimiteur et différents de l'indicateur de négation s'il est présent, sont considérés comme un ensemble dans le sens mathématique du terme. Noter que '[' peut faire partie de l'ensemble mais que ']' ne peut pas en faire partie. En outre ^ peut seulement faire partie de l'ensemble si un indicateur de négation est présent ou si d'autres caractères précèdent le ^; il est impossible d'avoir un ensemble comportant un ^ sans indicateur de négation.

Les caractères sont lus jusqu'à ce que la fin du fichier soit atteinte, jusqu'à ce qu'un caractère terminateur soit détecté (auquel cas ce caractère reste demeure non lu) ou (si une largeur de champ a été spécifiée) jusqu'à ce que le nombre maximum de caractères soit lu. En l'absence d'un indicateur de négation, un caractère est considéré comme caractère terminateur s'il n'appartient *pas* à l'ensemble. En présence d'un indicateur de négation, un caractère est considéré comme un caractère terminateur si il appartient *effectivement* à l'ensemble. Considérant l'autre aspect du problème, en cas d'absence de l'indicateur de négation, seuls les caractères de l'ensemble sont lus mais en cas de présence de l'indicateur de négation, seuls les caractères qui ne font pas partie de l'ensemble sont lus.

L'argument de type pointeur est supposé pointer au début d'un tableau de caractères. Les caractères lus sont stockés dans des positions successives du tableau à moins que l'indicateur de suppression d'affectation ne soit présent dans la spécification de conversion. Si l'affectation n'est pas supprimée, un caractère terminateur nul supplémentaire n'est pas ajouté aux caractères stockés. La spécification de taille n'est pas applicable à l'opération de conversion '`[`'.

Tout comme la conversion `s`, l'opération de conversion '`[`' peut être dangereuse si aucune largeur de champ maximale n'est spécifiée étant donné qu'il est toujours possible que la longueur d'entrée dépasse l'espace mémoire disponible dans le tableau de caractères.

Remarquer qu'aucune opération de conversion n'ignore normalement les caractères espaces-blancs terminateurs. Les caractères espaces-blancs terminateurs (tels qu'un changement de ligne qui termine la ligne d'entrée) ne sont pas lus à moins qu'ils soient indiqués d'une manière explicite correspondante dans la chaîne de contrôle. Toutefois, ceci peut compliquer les choses étant donné qu'un caractère espace-blanc dans la chaîne de contrôle essaiera de s'identifier avec un grand nombre de caractères espaces-blancs en entrée ce qui résultera en une tentative de lecture au delà du caractère de fin de ligne.

Il n'est pas possible de déterminer directement si la comparaison des caractères littéraux dans la chaîne de contrôle est effectuée avec succès. Il est aussi impossible de déterminer directement si les opérations de conversion mettant en jeu des affectations supprimées sont effectuées avec succès. La valeur retournée par ces fonctions reflète seulement le nombre d'affectations effectuées avec succès.

Références `EOF` 17.1 ; `fprintf` 17.11 ; `stdin` 17.4

17.9 FPUTC, PUTC, PUTCHAR

```
#include <stdio.h>

int fputc(c, flot)
  char c;
  FILE *flot;

int putc(c, flot)
  char c;
  FILE *flot;

int putchar(c)
  char c;
```

La fonction `fputc` accepte comme arguments une valeur de type caractère et un flot de sortie. Elle copie le caractère dans le flot et retourne aussi le caractère comme une valeur du type `int`. Des appels successifs à `fputc` écriront les caractères donnés successivement dans le flot de sortie. Si une erreur se produit, `fputc` retourne `EOF` au lieu du caractère qui aurait du être écrit.

La fonction `putc` fonctionne exactement de la même manière que `fputc` toutefois elle est en général implémentée comme une macro. L'expression argument ne doit avoir aucun effet secondaire étant donné qu'elle sera peut-être évaluée plus d'une fois.

La fonction `putchar` copie un caractère dans le flot de sortie standard `stdout`. Ainsi que `putc`, `putchar` est en général implémentée comme une macro et est très efficace. L'appel `putchar(c)` est équivalent à `putc(c, stdout)`.

Références `EOF` 17.1 ; `stdout` 17.4

17.10 FPUTS, PUTS

```
#include <stdio.h>

int fputs(s, flot)
  char *s;
  FILE *flot;

int puts(s)
  char *s;
```

La fonction `fputs` accepte comme arguments une chaîne de caractères terminée par un caractère nul et un flot de sortie. Elle écrit sur le flot tous les caractères contenus dans la chaîne à l'exception du caractère nul de terminaison. Si une erreur se produit, `fputs` retourne `EOF` et dans le cas contraire une autre valeur, (La Proposition de normalisation ANSI C spécifie que fputs et puts retournent une valeur non nulle lorsqu'une erreur se produit et zéro dans le cas contraire ce qui est légèrement incohérent avec fputc et putchar.

La fonction puts fonctionne comme fputs à l'exception du fait que :

1. Les caractères sont toujours écrits dans le flot de sortie stdout.
2. Après l'écriture des caractères de s, un caractère additionnel de changement de ligne est ajouté (indépendamment du fait que s contienne ou non un caractère de passage de ligne).

Les fonctions fputs et puts sont souvent implémentées de la manière suivante :

```
int fputs(s, flot)
  char *s;
  FILE *flot;
{
  int ch, retval;    /* Erreur ? */
  while ( ch = *s++ )
    derniere_val_retour = fputc( ch, flot );
  return retval;
}

int puts( s )
  char *s;
{
  int ch;
  while( ch = *s++ ) putchar( ch );
  return putchar( '\n', flot );
}
```

Noter que l'implémentation de fputs comporte une erreur; lorsque l'argument s est la chaîne vide, la valeur retournée par fputs est indéterminée. Cette erreur apparaît en réalité dans plusieurs versions de UNIX et les programmeurs doivent être conscients de cette limitation.

Références EOF 17.1 ; fputc, putc, putchar 17.9; stdout 17.4

17.11 FPRINTF, PRINTF, SPRINTF

```
#include <stdio.h>

int fprintf(flot, format, arguments supplémentaires )
  FILE *flot;
  char *format;

int printf(format, arguments supplémentaires )
  char *format;

int sprintf(s, format, arguments supplémentaires )
  char *s, *format;
```

La fonction `fprintf` effectue un formatage de sortie, dirigeant la sortie dans le flot spécifié comme premier argument. Le deuxième argument est une chaîne de contrôle de format. Des arguments supplémentaires peuvent être requis en fonction du contenu de la chaîne de contrôle. Une série de caractères de sortie est générée de la manière indiquée par la chaîne de contrôle; ces caractères sont dirigés vers le flot spécifié.

Les fonctions `printf` et `sprintf` sont similaires à `fprintf`. `printf` dirige les caractères vers le flot de sortie standard `stdout` alors que `sprintf` stocke les caractères de sortie dans la mémoire tampon de chaîne de caractères `s`. Dans le cas de `sprintf`, un caractère délimiteur nul est placé dans `s` après la sortie de tous les caractères spécifiés par la chaîne de contrôle. (Le programmeur a la responsabilité de s'assurer que la zone de chaîne de caractères de destination est assez large pour contenir la sortie générée par l'opération de formatage).

La valeur retournée par ces fonctions est `EOF` si une erreur se produit pendant l'opération de sortie et dans le cas contraire, le résultat est une valeur quelconque différente de `EOF`. Dans la Proposition de normalisation ANSI C et dans la plupart des implémentations courantes, les fonctions retournent le nombre de caractères copiés sur le flot de destination dans le cas ou aucune erreur ne se produit. Dans le cas de `sprintf`, ce nombre exclut le caractère terminateur nul. (La Proposition de normalisation ANSI C permet à ces fonctions de retourner une valeur négative quelconque en cas d'erreur).

La chaîne de contrôle spécifie simplement du texte à copier tel quel, à l'exception du fait que la chaîne de caractères peut contenir des *spécifications de conversion*. Une spécification de conversion peut entraîner le traitement d'un certain nombre d'arguments supplémentaires, résultant en une opération de conversion formatée qui génère des caractères de sortie qui ne sont pas explicitement contenus dans la chaîne de contrôle. Il doit exister exactement un nombre correct d'arguments, chacun d'eux étant d'un type satisfaisant aux spécifications de conversion de la chaîne de contrôle; dans le cas contraire, les résultats sont imprévisibles. Si une spécification de conversion quelconque est incorrecte, les effets sont imprévisibles.

La suite de caractères de sortie correspondant à une spécification de conversion peut théoriquement être divisée en trois éléments : la *valeur convertie* propre qui reflète la valeur de l'argument converti; le *préfixe* qui est typiquement un signe ou un espace et le *remplissage* qui correspond à une série d'espaces ou de chiffres zéro ajoutés au besoin pour augmenter la largeur de la séquence de sortie jusqu'à la taille minimum spécifiée. Le préfixe précède toujours la valeur convertie. En fonction de la spécification de conversion, le remplissage peut précéder le préfixe, séparer le préfixe de la valeur convertie ou suivre la valeur convertie.

Une spécification de conversion commence par un signe pour-cent `%`. A la suite du signe pour-cent, les éléments suivants de spécification de conversion doivent apparaître dans l'ordre décrit ci-dessous :

1. Zéro ou plusieurs *caractères indicateurs* optionnels qui modifient la signification de l'opération principale de conversion.

-	Justifier à droite dans la largeur du champ plutôt que justifier à droite.
`0`	Utiliser `0` comme caractère de remplissage au lieu de l'espace.
+	Toujours ajouter un signe, soit +, soit -.
espace	Toujours ajouter un signe - ou un espace.
#	Utiliser une variante de l'opération principale de conversion.

   Les effets des caractères indicateurs sont décrits de manière plus détaillée ci-dessous.
2. Une *largeur de champ minimum* exprimée comme une constante entière décimale; c'est à dire comme une série non vide de chiffres décimaux. La série de chiffres ne doit pas commencer par un chiffre zéro (qui peut être confondu avec un indicateur). La largeur de champ peut aussi être spécifiée à l'aide d'un astérisque `*` auquel cas un argument est consommé; l'argument doit être du type `int` et sa valeur spécifie la largeur minimale de champ. Si les valeurs converties donnent moins de caractères que la largeur de champ spécifiée, des caractères de remplissage (espaces ou zéros) sont utilisés pour compléter la valeur jusqu'à la largeur de zone spécifiée. Si la valeur convertie donne plus de caractères que la largeur spécifiée, le champ est élargi pour correspondre à cette valeur.
3. Une spécification optionnelle de *précision* exprimée comme un "." suivi d'un entier décimal optionnel. Si un point apparaît et que l'entier est absent, l'entier est supposé être égal à zéro ce qui a en général un effet différent de celui d'omettre la spécification de précision toute entière. La précision peut aussi être spécifiée par un astérisque `*` placé après le point, auquel cas un argument est consommé; l'argument doit être du type `int` et sa valeur définit la précision. Le résultat de la spécification d'une précision négative est imprévisible. La spécification de précision est utilisée pour contrôler le nombre de chiffres à imprimer pour une conversion numérique et est décrite en détail en même temps que les opérations principales de conversion.

4. Une spécification optionnelle *long size* exprimée par le caractère `l` (lettre minuscule L) est utilisée en conjonction avec les opérations de conversion `d`, `o`, `u`, `x` et `X` indique que l'argument est `long`. (La Proposition de normalisation ANSI C utilise le préfixe `L` (lettre majuscule L) avec `e`, `E`, `f`, `g` et `G` pour indiquer que l'argument est du type `long double`; elle permet aussi d'utiliser un préfixe `h` avec `d`, `o`, `u`, `x` et `X` pour indiquer que l'argument est un type entier `short`; ceci seulement par soucis d'uniformité avec les formats de `scanf` étant donné que l'argument pourrait être converti en type non-`short`).
5. Une *opération de conversion* obligatoire exprimée comme un simple caractère : `c`, `d`, `e`, `E`, `f`, `g`, `G`, `o`, `s`, `u`, `x`, `X` ou `%`. (La Proposition de normalisation ANSI C ajoute aussi `i`, `p` et `n`).

Si la largeur de champ ou la précision est spécifiée avec un astérisque, l'argument consommé par l'astérisque précède tout argument consommé par l'opération principale de conversion. Si la largeur de champ et la précision sont toutes les deux spécifiées avec des astérisques, l'argument de largeur de champ précède l'argument de précision. La règle générale est que les spécifications de conversion qui consomment des arguments sont associées avec les arguments dans un ordre évident strict de gauche-à-droite.

Les caractères indicateurs et leur signification sont décrits ci-dessous :

- Si un signe moins est présent, la valeur convertie est justifiée à gauche dans le champ; plus exactement, tout remplissage sera placé à droite de la valeur convertie. En l'absence de tout signe moins, la valeur convertie est justifiée à droite dans le champ; plus exactement, tout remplissage est placé à gauche de la valeur convertie. Cet indicateur est seulement valable lorsqu'une largeur minimum de champ est explicitement spécifiée et la valeur convertie est plus petite que la largeur minimum.

0 Si un indicateur correspondant au chiffre zéro est présent, 0 est utilisé comme caractère de remplissage si le remplissage doit être effectué sur la gauche de la valeur convertie. Si aucun indicateur correspondant au chiffre zéro n'est présent, l'espace est utilisé comme caractère de remplissage. (L'espace est toujours utilisé comme caractère de remplissage si le remplissage doit être effectué à droite de la valeur convertie; plus exactement si l'indicateur - est présent). L'indicateur 0 est seulement valable lorsqu'une largeur minimum de champ est explicitement spécifiée et que la valeur convertie est plus petite que la largeur minimum). Par ailleurs, cet indicateur est remplacé par la spécification de précision qui peut être présente dans les conversions entières.

\+ Si un signe + est présent, le résultat d'une conversion signée commencera toujours par un signe; plus exactement un signe + précèdera toujours une valeur positive convertie. (Les valeurs négatives sont toujours précédées de - indépendamment du fait qu'un indicateur de signe plus soit spécifié). Cet indicateur est seulement applicable aux opérations de conversion `d`, `e`, `E`, `f`, `g` et `G`.

espace — Si un indicateur espace est présent et si le premier caractère de la valeur convertie résultant d'une conversion signée n'est pas un signe (+ ou -), un espace est ajouté avant la valeur convertie. L'addition de cet espace sur la gauche est indépendant de tout remplissage et peut être placé sur la gauche ou sur la droite sous contrôle du caractère indicateur signe moins. Si les indicateurs espace et signe plus apparaissent dans une seule spécification de conversion, l'indicateur espace est effectivement ignoré étant donné que l'indicateur signe plus assure que la valeur convertie commence toujours par un signe. Cet indicateur est seulement applicable aux opérations de conversion `d`, `e`, `E`, `f`, `g` et `G`.

— Si un indicateur de signe de nombre est présent, la forme alternée de l'opération principale de conversion est utilisée. Cet indicateur est seulement applicable aux opérations de conversion `e`, `E`, `f`, `g`, `G`, `o`, `x` et `X`. Les modifications entraînées par l'indicateur de signe de nombre sont décrites en même temps que les opérations principales de conversion correspondantes.

Les opérations de conversion sont très compliquées. De brèves descriptions de chacune des opérations sont données ci-dessous dans un premier temps, pour permettre une référence pratique; des explications plus détaillées sont données par la suite.

`d, i` — Conversion décimale signée du type `int` ou du type `long`.

`u` — Conversion décimale non-signée du type `unsigned` ou `unsigned long`.

`o` — Conversion octale non-signée du type `unsigned` ou `unsigned long`.

`x, X` — Conversion hexadécimale non-signée du type `unsigned` ou `unsigned long`. L'opération `x` utilise `0123456789abcdef` comme chiffres alors que l'opération `X` utilise `0123456789ABCDEF`.

`c` — L'argument est imprimé comme un caractère.

`s` — L'argument est imprimé comme une chaîne de caractères.

`p` — L'argument doit avoir le type `void *` et être imprimé d'une manière définie par l'implémentation (Proposition de normalisation ANSI C).

`n` — L'argument doit être du type `int *`; le nombre de caractères sortis jusqu'à maintenant par cet appel de `fprintf` est écrit dans ce nombre (Proposition de normalisation ANSI C).

`f` — Une conversion décimale virgule-flottante signée est effectuée. La sortie est de la forme générale `[-]ddd.dddd`. La précision définit le nombre de chiffres à imprimer après le point décimal.

`e`, `E` Une conversion décimale virgule-flottante signée est effectuée. La sortie est de la forme générale `[-]d.ddddde+dd` ou `[-]d.dddddE+dd`. Un chiffre apparaît avant le point décimal; la précision définit le nombre de chiffres à imprimer après le point décimal.

`g`, `G` Une conversion décimale virgule-flottante signée est effectuée. D'une manières approximative, si la valeur à imprimer n'est ni trop large ni trop petite, le format `f` est utilisé, dans le cas contraire, le format `e` ou `E` est utilisé. L'idée générale est d'utiliser le format qui nécessite le moins de place. La précision définit le nombre de chiffres significatifs à imprimer.

`%` Un signe pour-cent simple est imprimé.

Des explications détaillées décrivant la manière dont chaque opération est effectuée sont données ci-dessous. Chaque opération calcule et imprime un préfixe et une valeur convertie dans cet ordre. Soit le préfixe, soit la valeur convertie peuvent être vides. Un remplissage supplémentaire peut être imprimé avant ou après la paire préfixe/valeur.

Le remplissage est effectué de la même manière pour chaque opérateur de conversion. Si le préfixe et la valeur convertie réunis sont plus courts que la largeur minimum de champ, un remplissage suffisant est ajouté pour augmenter la largeur jusqu'au minimum spécifié. Si l'indicateur - est présent, l'espace est utilisé comme caractère de remplissage et le remplissage est placé à la suite de la valeur convertie. Si l'indicateur - n'est pas présent et si l'indicateur 0 est présent, 0 est utilisé comme caractère de remplissage et le remplissage est placé entre le préfixe et la valeur convertie. Si les indicateurs - ou 0 ne sont pas présents, l'espace est utilisé comme caractère de remplissage et le remplissage précède le préfixe.

Des explications détaillées concernant la manière dont les opérateurs de conversion individuels calculent un préfixe et une valeur convertie sont données ci-dessous.

`d`, `i` Une conversion décimale signée est effectuée. Un argument est consommé, lequel doit être du type `int` (ou du type `long int` si la spécification `l` (taille longue) est présente). (L'opérateur `i` est seulement présent dans la Proposition de normalisation ANSI C et est particulièrement utile dans `fscanf`. Il est reconnu par `fprintf` pour des raisons d'uniformité où il est identique à l'opérateur `d`).

La valeur convertie comporte une série de chiffres décimaux qui représentent la valeur absolue de l'argument. Cette série est aussi courte que possible mais n'est pas plus courte que la précision spécifiée. La valeur convertie comportera des zéros préliminaires si nécessaire, pour satisfaire à la spécification de précision; ces zéros préliminaires sont indépendants de tout remplissage qui peut aussi introduire des zéros préliminaires (voir ci-dessous). Si la précision est 1, la valeur convertie ne comportera pas de 0 préliminaire à moins que l'argument spécifié soit 0, auquel cas un simple `0` est placé en sortie. La précision définit, d'une manière générale, le nombre de chiffres à imprimer. Un chiffre apparaît avant le point décimal en sortie. Si la précision est 0 et l'argument est 0, la valeur convertie est vide (chaîne nulle). Si aucune précision n'est spécifiée, une précision de 1 est supposée.

Le préfixe est calculé de la manière suivante. Si l'argument est négatif, le préfixe est un signe moins. Si l'argument n'est pas négatif et si l'indicateur + est spécifié, le préfixe a un signe positif. Si l'argument n'est pas négatif, l'indicateur espace est spécifié et l'indicateur + n'est pas spécifié, le préfixe est un espace. Dans le cas contraire, le préfixe est vide. L'indicateur # n'est pas applicable à l'opération de conversion `d`.

`u` Une conversion décimale non-signée est effectuée. Un argument est consommé, lequel doit être du type `unsigned` (ou du type `unsigned long` si la spécification `l` (taille longue) est présente).

La valeur convertie comporte une série de chiffres décimaux qui représentent la valeur absolue de l'argument. Cette série est aussi courte que possible mais n'est pas plus courte que la précision spécifiée. La valeur convertie comportera des zéros préliminaires si nécessaire pour satisfaire à la spécification de précision; ces zéros préliminaires sont indépendants de tout remplissage qui peut aussi introduire des zéros préliminaires (voir ci-dessous). Si la précision est 1, la valeur convertie ne comportera pas de `0` préliminaire à moins que l'argument spécifié soit 0, auquel cas un simple `0` est placé en sortie. Si la précision est 0 et l'argument est 0, la valeur convertie est vide (chaîne nulle). Si aucune précision n'est spécifiée, une précision de 1 est supposée. Le préfixe est toujours vide

Les indicateurs +, espace et # ne sont pas applicables à l'opération de conversion `u`.

`o` Une conversion octale non-signée est effectuée. Un argument est consommé, lequel doit être du type `unsigned` (ou du type `unsigned long` si la spécification `l` (taille longue) est présente).

La valeur convertie comporte une série de chiffres décimaux qui représentent la valeur absolue de l'argument. Cette série est aussi courte que possible mais n'est pas plus courte que la précision spécifiée. La valeur convertie comportera des zéros préliminaires si nécessaire pour satisfaire à la spécification de précision; ces zéros préliminaires sont indépendants de tout remplissage qui peut aussi introduire des zéros préliminaires (voir ci-dessous). Si la précision est 1, la valeur convertie ne comportera pas de `0` préliminaire à moins que l'argument spécifié soit 0, auquel cas un simple `0` est placé en sortie. Si la précision est 0 et l'argument est 0, la valeur convertie est vide (chaîne nulle). Si aucune précision n'est spécifiée, une précision de 1 est supposée.

Si l'indicateur # est présent, le préfixe est `0`. Si l'indicateur # n'est pas présent, le préfixe est vide. Les indicateurs + et espace ne sont pas applicables à l'opération de conversion `o`.

`x`, `X` Une conversion hexadécimale non-signée est effectuée. Un argument est consommé, lequel doit être du type `unsigned` (ou du type `unsigned long` si la spécification `l` [taille longue] est présente).

La valeur convertie comporte une série de chiffres décimaux qui représentent la valeur absolue de l'argument. Cette série est aussi courte que possible mais n'est pas plus courte que la précision spécifiée. L'opération `x` utilise les chiffres `0123456789abcdef` alors que l'opération `X` utilise les chiffres `0123456789ABCDEF`. La valeur convertie comportera des zéros préliminaires si nécessaire pour satisfaire à la spécification de précision; ces zéros préliminaires sont indépendants de tout remplissage qui peut aussi introduire des zéros préliminaires (voir ci-dessous). Si la précision est 1, la valeur convertie ne comportera pas de `0` préliminaire à moins que l'argument spécifié soit 0, auquel cas un simple `0` est placé en sortie. Si la précision est 0 et l'argument est 0, la valeur convertie est vide (chaîne nulle). Si aucune précision n'est spécifiée, une précision de 1 est supposée.

Si l'indicateur # est présent, le préfixe est `0x` (pour l'opération `x` ou `0X` (pour l'opération `X`). Si l'indicateur # n'est pas présent, le préfixe est vide. Les indicateurs + et espace ne sont pas applicables à l'opération de conversion `x`.

`c` L'argument est imprimé comme un caractère. Un argument est consommé, lequel doit être du type `int` ou `unsigned`. La valeur de cet argument entier doit correspondre au codage valide d'un certain caractère; si le code résultant n'est pas un code de caractère valide, les résultats sont imprévisibles. La valeur convertie correspond au caractère unique spécifié par l'argument. Le préfixe est toujours vide.

Les indicateurs +, espace, #, la spécification de précision et la spécification `l` (taille longue) ne sont pas applicables à l'opération de conversion `c`.

`s` L'argument est imprimé comme une chaîne de caractères. Un argument est consommé, lequel doit être du type "pointeur à `char`". Si aucune spécification de précision n'est indiquée, la valeur convertie correspond à la suite de caractères contenue dans l'argument de type chaîne jusqu'au caractère nul terminateur (non inclu). Si une spécification de précision `p` est donnée, la valeur convertie correspond aux *p* premiers caractères de la chaîne ou jusqu'au caractère nul terminateur (non inclu) en fonction du résultat le plus court. Le préfixe est toujours vide.

Les indicateurs +, espace, #, et la spécification `l` (taille longue) ne sont pas applicables à l'opération de conversion `s`.

`p` L'argument doit être du type `void *` et est imprimé dans un format défini par l'implémentation. Cet opérateur de conversion est disponible dans la Proposition de normalisation ANSI C mais n'est pas autrement habituel.

`n` L'argument doit être du type `int *`. Au lieu de placer des caractères en sortie, cet opérateur de conversion entraîne l'écriture du nombre de caractères placés en sortie jusqu'alors dans l'entier désigné. Cet opérateur de conversion est disponible dans la Proposition de normalisation ANSI C mais n'est pas autrement habituel.

`f` Une conversion décimale virgule-flottante signée est effectuée. Un argument est consommé, lequel doit être du type `double`. (Noter que si un argument du type `float` est donné, il est converti en type `double` par les conversions habituelles d'arguments de fonction avant que `printf` ne puisse manipuler l'argument, par conséquent, il est possible d'utiliser `%f` pour imprimer un nombre du type `float`).

La valeur convertie comporte une série de chiffres décimaux, contenant éventuellement un point décimal incorporé, qui représentent la valeur approximative de l'argument. Au moins un chiffre apparaît avant le point décimal mais toutefois pas plus de chiffres que nécessaire pour représenter la valeur (plus exactement, aucun zéro préliminaire supplémentaire n'est généré). La précision définit le nombre de chiffres qui apparaissent après le point décimal. Si la précision est 0, aucun chiffre n'apparaît après le point décimal; en outre, le point décimal lui-même n'apparaît pas à moins que l'indicateur # soit présent. Si aucune précision n'est spécifiée, une précision de 6 est supposée.

Si la valeur virgule-flottante ne peut pas être représentée exactement avec le nombre de chiffres générés, la valeur convertie doit correspondre au résultat de l'arrondi de la valeur virgule-flottante exacte avec nombre de positions décimales générées. (Toutefois, certaines implémentations n'effectuent pas un arrondi correct dans tous les cas).

Le préfixe est calculé de la manière suivante. Si l'argument est négatif, le préfixe est un signe moins. Si l'argument n'est pas négatif et si l'indicateur + est spécifié, le préfixe a un signe positif. Si l'argument n'est pas négatif, l'indicateur espace est spécifié et l'indicateur + n'est pas spécifié, le préfixe est un espace. Dans le cas contraire, le préfixe est vide. La spécification `l` (taille longue) n'est pas applicable à l'opération de conversion `f`.

`e, E` Une conversion décimale virgule-flottante signée est effectuée. Un argument est consommé, lequel doit être du type `double`. (Un argument du type `float` est autorisé comme pour la conversion `f`).

La valeur convertie comporte une série de chiffres décimaux, suivie éventuellement d'un point décimal, de chiffres décimaux supplémentaires, de la lettre `e` (pour l'opération `e`) ou `E` (pour l'opération `E`), d'un signe plus ou moins et enfin d'au moins deux chiffres décimaux supplémentaires. La partie située avant les lettres `e` ou `E` représente une valeur comprise entre 1 (inclu) et 10 (exclu). La partie située après les lettres `e` ou `E` représente une valeur d'exposant correspondant à un entier décimal signé. La valeur de la première partie multipliée par 10 et élevée à la puissance de la deuxième partie est approximativement égale à la valeur absolue de l'argument.

Exactement un chiffre apparaît avant le point décimal. La précision définit le nombre de chiffres qui apparaissent après le point décimal. Le nombre total de chiffres imprimés avant les lettres `e` ou `E` est par conséquent égal à un plus la précision spécifiée. (Comparer cela aux opérations de conversion `g` et `G` pour lesquelles si le format `e` est utilisé, le nombre de chiffres imprimés est exactement égal à la précision). Si la précision est 0, aucun chiffre n'apparaît après le point décimal; en outre, le point décimal lui-même n'apparaît pas à moins que l'indicateur # soit présent. Si aucune précision n'est spécifiée, une précision de 6 est supposée.

L'exposant est toujours imprimé avec un signe et un minimum de deux chiffres décimaux. Si plus de deux chiffres sont nécessaires pour représenter l'exposant, aussi peu de chiffres que nécessaire sont imprimés.

Si la valeur virgule-flottante ne peut pas être représentée exactement avec le nombre de chiffres générés, la valeur convertie doit correspondre au résultat de l'arrondi de la valeur virgule-flottante exacte avec le nombre de positions décimales générées. (Toutefois, certaines implémentations n'effectuent pas un arrondi correct dans tous les cas).

Le préfixe est calculé de la manière suivante. Si l'argument est négatif, le préfixe est un signe moins. Si l'argument n'est pas négatif et si l'indicateur + est spécifié, le préfixe a un signe positif. Si l'argument n'est pas négatif, l'indicateur espace est spécifié et l'indicateur + n'est pas spécifié, le préfixe est un espace. Dans le cas contraire, le préfixe est vide.

La spécification `l` (taille longue) n'est pas applicable à l'opération de conversion `e`.

`g`, `G` Une conversion décimale virgule-flottante signée est effectuée. Un argument est consommé, lequel doit être du type `double`. (Un argument du type `float` est autorisé comme pour les conversions `f`, `e` et `E`). Seul l'opérateur de conversion `g` est étudié ci-dessous; l'opération `G` est identique à l'exception du fait que partout où `g` utilise la conversion `e`, `G` utilise la conversion `E`. Si la précision spécifiée est inférieure à 1, une précision de 1 est utilisée. Si aucune précision n'est spécifiée, une précision de 6 est supposée.

Le processus de conversion peut être expliqué de la manière suivante. Supposons que *p* soit la précision à utiliser pour l'opération de conversion `g`. Produire une valeur convertie comme pour l'opérateur de conversion `e` en utilisant une précision pour la conversion `e` égale à *p*-1 et supposant que l'indicateur # soit présent (indépendamment du fait qu'il soit présent ou non dans la spécification de conversion `g`). Supposons que la valeur de l'exposant (la partie de la valeur convertie située après la lettre `e`) s'appelle *n*. Si *n* est supérieur à *p* ou est inférieur à -3, la valeur convertie à partie de la conversion `e` est utilisée comme la valeur convertie de la conversion `g`. (Certaines implémentations utilisent une limite inférieure de -4 au lieu de -3). Si, cependant, *n* est compris entre -3 et *p* (inclu), une nouvelle valeur convertie est produite en utilisant la conversion `f` avec une précision égale à `p-n` et en supposant que l'indicateur # soit présent (indépendamment du fait qu'il soit présent dans la spécification de conversion `g`).

Si l'indicateur # n'est pas présent dans la spécification de conversion `g`, la valeur convertie est alors modifiée en supprimant les zéros délimiteurs de la manière suivante. Si la valeur convertie résultait d'une conversion `e`, appeler le caractère situé juste avant la lettre `e` le "caractère de dernière fraction"; si la valeur convertie résultait d'une conversion `f`, appeler le dernier caractère de la valeur convertie le "caractère de dernière fraction". La règle est alors que si le caractère de dernière fraction est `0`, ce caractère est ignoré et le processus de compression est réitéré; si le caractère de dernière fraction est `.`, ce caractère est ignoré et le processus de compression est arrêté; dans le cas contraire, aucun caractère n'est ignoré et le processus de compression est arrêté. L'effet est d'ignorer les chiffres zéro qui ne contribuent pas de manière importante à la valeur et d'ignorer le point décimal si aucun chiffre ne le suit immédiatement. Noter que seule la conversion `g` ignore les zéros terminateurs; les conversions `f` et `e` ne les ignorent jamais.

Le préfixe est calculé de la manière suivante. Si l'argument est négatif, le préfixe est un signe moins. Si l'argument n'est pas négatif et si l'indicateur + est spécifié, le préfixe a un signe positif. Si l'argument n'est pas négatif, l'indicateur espace est spécifié et l'indicateur + n'est pas spécifié, le préfixe est un espace. Dans le cas contraire, le préfixe est vide.

La spécification `l` (taille longue) n'est pas applicable à l'opération de conversion `g`.

`%` Un simple signe pour-cent est imprimé. Etant donné qu'un signe pour-cent est utilisé pour indiquer le début d'une spécification de conversion, il est nécessaire d'en écrire deux à la suite pour en imprimer un.

Aucun argument n'est consommé. La valeur convertie correspond au simple caractère `%`. Le préfixe est toujours vide.

Noter qu'un remplissage est effectué pour cette opération de conversion comme pour toute autre opération de conversion; par exemple, la spécification de conversion `%05%` imprimera `0000%`; plus exactement, un signe pour-cent justifié à droite avec remplissage dans un champ de largeur 5.

Les indicateurs +, espace, #, et la spécification `l` (taille longue) ne sont pas applicables à l'opération de conversion `%`.

Les tables 17-1 et 17-2 donnent quelques exemples de la manière dont les différentes opérations de conversion fonctionnent et de l'influence des différents indicateurs sur ces opérations. Par exemple, la troisième rangée de la Table 17-1 a été générée par l'appel suivant à `printf` :

```
printf( "%6s|%#5d|%#5o|%#5x|%#7.2f|%#10.2e|%10.4g|\n",
        "%#", 45, 45, 45, 12.678, 12.678, 12.678);
```

Les autres rangées ont été générées par des appels similaires différents seulement par la combinaison d'indicateurs utilisée. La troisième rangée de la Table 17-2 a été générée par l'appel suivant à `printf` :

```
printf( "%6s|%#5s|%#5c|%#5%|%#7.2f|%#10.2e|%10.4g|\n",
        "%#", "zap", '*', -3.4567, -3.4567, -3.4567);
```

Les exemples donnés dans ces tables n'illustrent pas tous les effets intéressants qui peuvent être obtenus avec `printf`.

Références `EOF` 17.1 ; `scanf` 17.8 ; `stdout` 17.4

17.12 VFPRINTF, VPRINTF, VSPRINTF

```
#include <varargs.h>                /* Forme non-ANSI */
#include <stdarg.h>                           /* ANSI */
#include <stdio.h>

int vfprintf(flot, format, arg)
  FILE *flot;
  char *format;
  va_list arg;

int vprintf(format, arg)
  char *format;
  va_list arg;

int vsprintf(s, format, arg)
  char *s, *format;
  va_list arg;
```

Les fonctions `vfprintf`, `vprintf` et `vscanf` sont identiques aux fonctions respectives `fprintf`, `printf` et `sprintf` à l'exception du fait que les arguments supplémentaires sont donnés comme une liste d'arguments variable ainsi que définie par l'utilitaire `vararg` (paragraphe 13.4). Ces fonctions ont été adoptés dans la Proposition de normalisation ANSI C à partir du système UNIX V. Ces fonctions sont utiles lorsque le programmeur souhaite définir ses propres fonctions variable-argument faisant appel aux utilitaires de sortie formatés. Ces fonctions n'invoquent pas l'utilitaire `va_end`.

```
Valeur      45     45     45  12.678        12.678        12.678
Opération  5d     5o     5x     7.2f         10.2e          10.4g
Indicateurs
        %|   45|   55|   2d|  12.68|   1.27e+01|        12.68|
       %0|00045|00055|0002d|0012.68|001.27e+01|0000012.68|
       %#|   45|  055| 0x2d|  12.68|   1.27e+01|        12.68|
      %#0|00045|00055|0x02d|0012.68|001.27e+01|0000012.68|
       % |   45|   55|   2d|  12.68|   1.27e+01|        12.68|
      % 0| 0045|00055|0002d| 012.68| 01.27e+01| 000012.68|
      % #|   45|  055| 0x2d|  12.68|   1.27e+01|        12.68|
    % # 0| 0045|00055|0x02d| 012.68| 01.27e+01| 000012.68|
       %+|  +45|   55|   2d| +12.68| +1.27e+01|       +12.68|
      %+0|+0045|00055|0002d|+012.68|+01.27e+01|+000012.68|
      %+#|  +45|  055| 0x2d| +12.68| +1.27e+01|       +12.68|
     %+#0|+0045|00055|0x02d|+012.68|+01.27e+01|+000012.68|
      %+ |  +45|   55|   2d| +12.68| +1.27e+01|       +12.68|
     %+ 0|+0045|00055|0002d|+012.68|+01.27e+01|+000012.68|
     %+ #|  +45|  055| 0x2d| +12.68| +1.27e+01|       +12.68|
    %+ #0|+0045|00055|0x02d|+012.68|+01.27e+01|+000012.68|
       %-|45   |55   |2d   |12.68  |1.27e+01  |12.68     |
      %-0|45   |55   |2d   |12.68  |1.27e+01  |12.68     |
      %-#|45   |55   |2d   |12.68  |1.27e+01  |12.68     |
      -#0|45   |055  |0x2d |12.68  |1.27e+01  |12.68     |
      %- | 45  |55   |2d   | 12.68 | 1.27e+01 | 12.68    |
      - 0| 45  |55   |2d   | 12.68 | 1.27e+01 | 12.68    |
      - #| 45  |055  |0x2d | 12.68 | 1.27e+01 | 12.68    |
    %- #0| 45  |055  |0x2d | 12.68 | 1.27e+01 | 12.68    |
      %-+|+45  |55   |2d   |+12.68 |+1.27e+01 |+12.68    |
      -+0|+45  |55   |2d   |+12.68 |+1.27e+01 |+12.68    |
      -+#|+45  |055  |0x2d |+12.68 |+1.27e+01 |+12.68    |
    %-+#0|+45  |055  |0x2d |+12.68 |+1.27e+01 |+12.68    |
      -+ |+45  |55   |2d   |+12.68 |+1.27e+01 |+12.68    |
    %-+ 0|+45  |55   |2d   |+12.68 |+1.27e+01 |+12.68    |
    %-+ #|+45  |055  |0x2d |+12.68 |+1.27e+01 |+12.68    |
   %-+ #0|+45  |055  |0x2d |+12.68 |+1.27e+01 |+12.68    |
```

Cette Table démontre les effets des caractères indicateurs sur différentes opérations de conversion. Les valeurs imprimées dans chaque colonne sont indiquées au sommet de la table (45 pour les trois premières colonnes et 12.678 pour les trois dernières) ainsi que l'opération de conversion accompagnée de la largeur et de la précision utilisées pour les imprimer. Toute les combinaisons possibles de cinq caractères indicateurs apparaissent dans la colonne de gauche.

Table 17-1 : Exemples de formatage de sortie (première partie)

```
Valeur "zap"    '*'   sans -3.4567     -3.4567     -3.4567
Opération 5s    5c    5%    7.2f        10.2e        10.4g
Indicateurs
      %|  zap|    *|    %|  -3.46| -3.46E+00|     -3.457|
     %0|00zap|0000*|0000%|-003.46|-03.46E+00|-00003.457|
     %#|  zap|    *|    %|  -3.46| -3.46E+00|     -3.457|
    %#0|00zap|0000*|0000%|-003.46|-03.46E+00|-00003.457|
     % |  zap|    *|    %|  -3.46| -3.46E+00|     -3.457|
    % 0| 0zap|0000*|0000%|-003.46|-03.46E+00|-00003.457|
    % #|  zap|    *|    %|  -3.46| -3.46E+00|     -3.457|
     #0| 0zap|0000*|0000%|-003.46|-03.46E+00|-00003.457|
     %+|  zap|    *|    %|  -3.46| -3.46E+00|     -3.457|
    %+0|00zap|0000*|0000%|-003.46|-03.46E+00|-00003.457|
    %+#|  zap|    *|    %|  -3.46| -3.46E+00|     -3.457|
    +#0|00zap|0000*|0000%|-003.46|-03.46E+00|-00003.457|
    %+ |  zap|    *|    %|  -3.46| -3.46E+00|     -3.457|
    + 0|00zap|0000*|0000%|-003.46|-03.46E+00|-00003.457|
    + #|  zap|    *|    %|  -3.46| -3.46E+00|     -3.457|
  %+ #0|00zap|0000*|0000%|-003.46|-03.46E+00|-00003.457|
     %-|zap  |*    |%    |-3.46  |-3.46E+00 |-3.457    |
    %-0|zap  |*    |%    |-3.46  |-3.46E+00 |-3.457    |
    %-#|zap  |*    |%    |-3.46  |-3.46E+00 |-3.457    |
    -#0|zap  |*    |%    |-3.46  |-3.46E+00 |-3.457    |
    %- |zap  |*    |%    |-3.46  |-3.46E+00 |-3.457    |
    - 0|zap  |*    |%    |-3.46  |-3.46E+00 |-3.457    |
    - #|zap  |*    |%    |-3.46  |-3.46E+00 |-3.457    |
  %- #0|zap  |*    |%    |-3.46  |-3.46E+00 |-3.457    |
    %-+|zap  |*    |%    |-3.46  |-3.46E+00 |-3.457    |
    -+0|zap  |*    |%    |-3.46  |-3.46E+00 |-3.457    |
    -+#|zap  |*    |%    |-3.46  |-3.46E+00 |-3.457    |
  %-+#0|zap  |*    |%    |-3.46  |-3.46E+00 |-3.457    |
    -+ |zap  |*    |%    |-3.46  |-3.46E+00 |-3.457    |
  %-+ 0|zap  |*    |%    |-3.46  |-3.46E+00 |-3.457    |
  %-+ #|zap  |*    |%    |-3.46  |-3.46E+00 |-3.457    |
 %-+ #0|zap  |*    |%    |-3.46  |-3.46E+00 |-3.457    |
```

Cette Table démontre les effets des caractères indicateurs sur différentes opérations de conversion. Les valeurs imprimées pour chaque colonne sont indiquées au sommet de la table (la chaîne "zap" pour la première colonne, le caractère '*" pour la seconde, aucun pour la troisième qui utilise l'opération de conversion % et -3.4567 pour les trois dernières colonnes) ainsi que l'opération de conversion accompagnée de la largeur et de la précision utilisées pour les imprimer. Toutes les combinaisons possibles de cinq caractères indicateurs apparaissent dans la colonne de gauche.

Table 17-2 : Exemples de formatage de sortie (deuxième partie)

A titre d'exemple, supposons que le programmeur souhaite écrire une fonction générale `trace` qui imprime le nom d'une fonction et ses arguments. Toute fonction à tracer commencera par un appel à trace de la forme :

```
trace(nom, format, parm1, parm2, ..., parmN)
```

où `nom` est le nom de la fonction appelée et `format` est une chaîne de formatage convenable pour imprimer les valeurs des arguments `parm1`, `parm2`, ..., `parmN`. Voilà par exemple à quoi une fonction `f` ressemblerait avec un appel à `trace` :

```
int f(x,y)
  int x;
  double y;
{
  trace("f","x=%d, y=%f", x, y);
  ...
}
```

Une implémentation possible de `trace` est donnée ci-dessous :

```
#include <varargs.h>
#include <stdio.h>
extern trace_globale_autorisee;

void trace(va_alist)
  va_dcl
{
  va_list args;
  char *nom;
  char *format;

  if (trace_globale_autorisee) {
    va_start(args);
    nom = va_arg(args,char *);
    format = va_arg(args,char *);
    fprintf(stderr,"--entrant %s(", nom);
    vfprintf(stderr, format, args);
    fprintf(stderr,")\n");
    va_end(args);
  }
}
```

17.13 FREAD, FWRITE

```
#include <stdio.h>

int fread(ptr, taille_element, nombre, flot)
  char *ptr;
  unsigned taille_element;
  int nombre;
  FILE *flot;

int fwrite(ptr, taille_element, nombre, flot)
  char *ptr;
  unsigned taille_element;
  int nombre;
```

Les fonctions `fread` et `fwrite` effectuent des entrées/sorties respectives dans des fichiers binaires. Dans les deux cas, `flot` est le flot d'entrée ou de sortie et `ptr` est un pointeur à un tableau de `nombre` éléments chacun desquels comporte `taille_element` caractères. Dans la Proposition de normalisation ANSI C, le paramètre `ptr` est du type `void *` et les paramètres `taille_element` et `nombre` sont du type `size_t`.

La fonction `fread` lit jusqu'à `nombre` éléments de la taille indiquée à partir d'un flot d'entrée dans un tableau spécifié. Le nombre effectif d'éléments lus est retourné par `fread`; il peut être inférieur à `nombre` si la fin du fichier est rencontrée. Si une erreur est rencontrée, zéro est retourné. Les utilitaires `feof` ou `ferror` peuvent être utilisés pour déterminer si une erreur ou une fin de fichier immédiate a provoqué le retour de la valeur zéro. Si `nombre` ou `taille_element` est zéro, aucune donnée n'est transférée et zéro est retourné. A titre d'exemple simple, le programme suivant lit un fichier d'entrée contenant des objets de type structure et imprime le nombre de tels objets lu. Le programme utilise la fonction `exit` pour fermer le fichier d'entrée.

```
/*  Compte le nombre d'éléments du type "struct S"
    dans le fichier "in.dat" */
#include <stdio.h>
static char *NomFichier = "in.dat";
struct S { int a,b; double d; char str[103]; };

main()
{
  struct S memoire_tampon;
  int elements_lus = 0;
  FILE *dans_fichier = fopen(NomFichier,"r");
  if (dans_fichier == NULL)
    {   fprintf(stderr,"? Impossible d'ouvrir %s\n",
        NomFichier); exit(1); }
  while (fread((char *) &memoire_tampon,
        sizeof(struct S), 1, dans_fichier) == 1)
    elements_lus++;
  if (ferror(dans_fichier))
    { fprintf(stderr,"? Erreur_de_lecture, fichier %s
        enregistrement %d\n", NomFichier,elements_lus+1);
        exit(1); }
  printf("Terminé; %d éléments lus\n",elements_lus);
  exit(0);
}
```

La fonction `fwrite` copie `nombre` éléments de taille `element_taille` provenant du tableau spécifié. Le nombre effectif d'éléments copiés est retourné par `fwrite`; il sera équivalent à `nombre` à moins qu'une erreur se soit produite. Pour lire ou écrire des blocs de données dans un ordre quelconque, utiliser les fonctions `fseek` et `ftell`.

Références `exit` 21.3 ; `feof`, `ferror` 17.14 ; `fseek`, `ftell` 17.5

17.14 FEOF, FERROR, CLEARERR

```
#include <stdio.h>

int feof(flot)
  FILE *flot;

int ferror(flot)
  FILE *flot;

int clearerr(flot)
  FILE *flot;
```

La fonction feof accepte comme argument un flot d'entrée. Si la fin du fichier a été détectée lors de la lecture du flot d'entrée, une valeur non nulle est retournée; dans le cas contraire, zéro est retourné. Remarquer que même s'il n'y a plus de caractères dans le flot à lire, feof ne signale pas la fin de fichier jusqu'à ce qu'une tentative de lecture "au-delà" du dernier caractère soit effectuée. Cette fonction est normalement utilisée après une opération d'entrée qui a retourné une erreur.

La fonction ferror retourne l'état d'erreur d'un flot. Si une erreur s'est produite en lisant ou en écrivant sur le flot, ferror, retourne une valeur non nulle; dans le cas contraire, zéro est retourné. Une fois qu'une erreur s'est produite pour un flot donné, des appels répétés à ferror continueront à reporter une erreur à moins que clearerr soit utilisée pour annuler explicitement l'indication d'erreur. La Fermeture du flot telle qu'effectuée par fclose annule aussi l'indication d'erreur.

La fonctionclearerr annule toute indication d'erreur sur le flot spécifié; des appels ultérieurs à ferror ne donneront aucune indication d'erreur pour ce flot jusqu'à ce qu'une autre erreur se produise.

17.15 REMOVE, RENAME

```
#include <stdio.h>                              /* ANSI */

int remove(nom_de_fichier)                      /* ANSI */
  char *nom_de_fichier;

int rename(ancien_nom,nouveau_nom)
  char *ancien_nom, *nouveau_nom;
```

La fonction remove supprime ou détruit le fichier indiqué; elle retourne zéro si l'opération est effectuée avec succès et une valeur non nulle dans le cas contraire. La chaîne pointée par nom_de_fichier n'est pas modifiée. Les implémentations peuvent différer en ce qui concerne la signification exacte de "supprimer" ou "détruire". Toutefois, il ne devrait pas être possible pour un programme d'ouvrir un fichier qu'il a détruit. Si le fichier est ouvert ou si le fichier n'existe pas, l'effet de remove est défini par l'implémentation. (Dans le dernier cas, nous pensons que la fonction ne devrait rien faire et retourner zéro). Cette fonction ne fait pas partie de la bibliothèque C de la plupart de systèmes UNIX.

La fonction rename modifie le nom ancien_nom en nouveau_nom, elle retourne zéro si l'opération est effectuée avec succès et une valeur non nulle dans le cas contraire. Les chaînes pointées par ancien_nom et nouveau_nom ne sont pas modifiées. Si le fichier ancien_nom est ouvert ou n'existe pas ou si le fichier nouveau_nom existe déjà, l'effet de rename est défini par l'implémentation.

17.16 TMPFILE, TMPNAM, MKTEMP

```
#include <stdio.h>

FILE *tmpfile()

char *tmpnam(buf)
  char *buf;

#define L_tmpnam n
#define TMP_MAX m                              /* ANSI */

char *mktemp(buf)                   /* Forme non-ANSI */
  char *buf;
```

La fonction `tmpfile` crée un nouveau fichier et l'ouvre pour sortie en utilisant le mode "w+" ("w+b" dans la Proposition de normalisation ANSI C) de `fopen`. `tmpfile` retourne un pointeur à fichier pour le nouveau fichier ou un pointeur nul en cas d'erreur. L'intention est que le nouveau fichier soit seulement utilisé pendant l'exécution du programme courant et qu'il soit supprimé lorsque le programme se termine. Après avoir écrit les données dans le fichier, le programmeur peut utiliser la fonction `rewind` pour repositionner le fichier à son début afin de permettre sa lecture.

La fonction `tmpnam` est utilisée pour créer des nouveaux noms de fichiers qui n'entrent par en conflit avec d'autres noms de fichiers déjà utilisés; le programmeur peut ensuite ouvrir un nouveau fichier de ce nom en utilisant `fopen` en toute généralité. Les fichiers ainsi créés ne sont pas "temporaires", ils sont automatiquement détruits lorsque le programme se termine. Si `buf` n'est pas `NULL`, il doit pointer sur un tableau qui ne comporte pas moins de `L_tmpnam` caractères; `tmpnam` copie ensuite la chaîne de caractères contenant le nom du nouveau fichier dans ce tableau et retourne `buf`. Si `tmpnam` échoue, elle retourne un pointeur nul. La Proposition de normalisation ANSI C définit la valeur `TMP_MAX` comme étant le nombre d'appels successifs à `tmpnam` qui généreront des noms uniques.

La fonction `mktemp` est similaire à `tmpnam` à l'exception du fait que `buf` (le "modèle") doit pointer sur une chaîne comportant six caractères "X" terminateurs qui seront remplacés par d'autres lettres ou chiffres pour former un nom de fichier unique. La valeur `buf` est retournée. Des appels successifs à `mktemp` doivent spécifier des modèles différents pour assurer le choix de noms uniques.

Un exemple de pratique commune bien que mauvaise est d'écrire en C :

```
ptr = fopen(mktemp("/tmp/abcXXXXXX"),"w+");
```

Cette forme idiomatique repose sur le fait qu'il est possible de modifier les caractères de la constante de type chaîne de caractères étant donné que `mktemp` fonctionne de cette manière. Le programmeur perd aussi la possibilité de référencer la chaîne de caractères contenant le nom du fichier. Il est préférable et aussi efficace d'écrire :

```
char nom_de_fichier[]="/tmp/abcXXXXXX";
ptr = fopen(mktemp(nom_de_fichier),"w+");
```

Références `fopen` 17.2 ; `rewind` 17.5

18

Allocation mémoire

Nom	Paragraphe	Nom	Paragraphe
`calloc`	18.1	`malloc`	18.1
`cfree`	18.2	`mlalloc`	18.1
`clalloc`	18.1	`realloc`	18.3
`free`	18.2	`relalloc`	18.3

Les utilitaires d'allocation mémoire fournissent une forme simple de gestion de mémoire locale qui permet à un programme de demander de manière répétée l'allocation d'une région de mémoire "nouvelle" et peut-être plus tard de libérer cette région lorsqu'elle n'est plus nécessaire. Les régions libérées de manière explicite sont recyclées par le gestionnaire de mémoire pour satisfaire aux demandes ultérieures d'allocation.

Lorsqu'une région de mémoire est allouée en réponse à une demande, un pointeur à cette région est retourné au demandeur. Ce pointeur est du type `char *` (`void *` dans la Proposition de normalisation ANSI C), toutefois son alignement est garanti être correct pour un type de données quelconque. Le programme appelant peut ensuite utiliser un opérateur de conversion pour transformer ce pointeur dans un autre type de pointeur.

Dans la Proposition de normalisation ANSI C, les utilitaires décrits dans ce chapitre ont été déclarés dans le fichier d'en-tête `stdlib.h`. Dans d'autres implémentations de C, il n'existe pas vraiment de fichier d'en-tête associé et le programmeur doit déclarer les utilitaires lui-même.

18.1 MALLOC, CALLOC, MLALLOC, CLALLOC

```
#include <stdlib.h>                                  /* ANSI */

char *malloc(taille)
  unsigned taille;

char *calloc(nombre_elt, taille_elt)
  unsigned nombre_elt, taille_elt;

char *mlalloc(taille)                     /* Forme non-ANSI */
  unsigned long taille;

char *clalloc(nombre_elt, taille_elt)
                                          /* Forme non-ANSI */
  unsigned long nombre_elt, taille_elt;
```

La fonction `malloc` effectue l'allocation d'une région de mémoire suffisamment vaste pour contenir un objet dont la taille (mesurée par l'opérateur `sizeof`) est `taille`. Un pointeur au premier élément de la région est retourné. S'il est impossible pour une raison quelconque d'effectuer l'allocation demandée, ou si `taille` vaut 0, un pointeur nul est retourné. La région de mémoire n'est pas initialisée spécialement de quelque manière que ce soit et le programme appelant doit supposer qu'elle contiendra des informations insignifiantes. Dans la Proposition de normalisation ANSI C, le paramètre de `malloc` est du type `size_t` (paragraphe 13.1) et le pointeur retourné est du type `void *`.

La fonction `calloc` effectue l'allocation d'une région de mémoire suffisamment vaste pour contenir un tableau de `nombre_elt` éléments, chacun desquels a pour taille `taille_elt` (obtenue de manière typique à l'aide de l'opérateur `sizeof`). La région de mémoire est effacée (tous les bits sont mis à zéro) et un pointeur au premier élément de la région est retourné. S'il est impossible pour une raison quelconque d'effectuer l'allocation demandée, ou si `nombre_elt` ou `taille_elt` est zéro, un pointeur nul est retourné. Dans la Proposition de normalisation ANSI C, les paramètres de `calloc` sont tous les deux du type `size_t` et le pointeur retourné est du type `void *`. Les programmeurs doivent remarquer que des valeurs arithmétiques dont tous les bits sont nuls n'ont pas forcément la valeur zéro, de même les pointeurs dont tous les bits sont nuls n'ont pas forcément la valeur `NULL`.

La fonction mlalloc est similaire à malloc à l'exception du fait que ses arguments sont du type unsigned long int plutôt que unsigned int. Dans certaines implémentations de C, il est possible d'allouer des régions mémoires tellement vastes que les nombres du type unsigned int ne sont pas assez grand pour les spécifier. Cette fonction n'est pas disponible dans la Proposition de normalisation ANSI C étant donné que l'utilisation du type size_t pour le paramètre de malloc permet d'éviter le problème.

De même, la fonction clalloc est similaire à calloc à l'exception du fait que ses arguments sont du type unsigned long int au lieu de unsigned int.

Le programme appelant une procédure d'allocation effectue en général une conversion du pointeur résultant en un type de pointeur approprié :

```
/* Retourne un pointeur à un nouvel objet . */
typedef struct { /* ... */ } objet;
objet *NouvelObjet()
{
  objet *objptr = (objet *) malloc(sizeof(objet));
  if (objptr==NULL)
        printf("NouvelObjet: dépassement de capacité \
        mémoire!\n");
  return objptr;
}
```

18.2 FREE, CFREE

```
#include <stdlib.h>                              /* ANSI */

void free(ptr)
  char *ptr;

void cfree(ptr)                        /* Forme non-ANSI */
  char *ptr;
```

La fonction free libère une région de mémoire précédemment allouée par malloc, mlalloc, realloc (paragraphe 18.3) ou relalloc. L'argument de free doit être un pointeur qui est équivalent (à l'exception d'une conversion intermédiaire possible de type) à un pointeur précédemment retourné par la procédure d'allocation. Si l'argument de free est un pointeur nul aucune action ne devrait être effectuée, toutefois ce cas est connu comme une cause de problèmes dans certaines implémentations de C). Une fois que la région de mémoire a été libérée de manière explicite, elle ne doit pas être utilisée pour une autre raison quelconque.

La fonction `cfree` libère une région de mémoire allouée au préalable par `calloc` ou `clalloc`. Dans la Proposition de normalisation ANSI C, `free` est utilisée pour libérer une région de mémoire allouée par `calloc` et l'argument de `free` est du type `void *`.

18.3 REALLOC, RELALLOC

```
#include <stdlib.h>                               /* ANSI */

char *realloc(ptr, taille)
  char *ptr;
  unsigned taille;

char *relalloc(ptr, taille)          /* Forme non-ANSI */
  char *ptr;
  unsigned long taille;
```

La fonction `realloc` prend comme argument un pointeur à une région de mémoire allouée au préalable par l'une des fonctions standard et modifie sa taille tout en préservant son contenu. Le contenu est copié au besoin dans une nouvelle région de mémoire. Un pointeur à la région (éventuellement nouvelle) de mémoire est retourné. Si la requête ne peut pas être satisfaite, un pointeur nul est retourné et l'ancienne région n'est pas modifiée.

Si le premier argument de `realloc` est un pointeur nul, la fonction se comporte comme `malloc` (paragraphe 18.1). Si `ptr` n'est pas nul et `taille` est zéro, `realloc` retourne un pointeur nul et l'ancienne région est libérée. Si la nouvelle taille est plus petite que l'ancienne, une partie de l'extrémité de l'ancien contenu est perdue. Si la nouvelle région est plus large que l'ancienne, l'ensemble de l'ancien contenu est préservé et un nouvel espace est ajouté à son extrémité; le nouvel espace n'est pas initialisé spécialement de quelque manière que ce soit et le programme appelant doit supposer qu'il contient des informations insignifiantes. Lorsque `realloc` retourne un pointeur qui est différent de son premier argument, le programmeur doit supposer que l'ancienne région de mémoire a été libérée et ne doit pas être utilisée.

La fonction `relalloc` se comporte comme `realloc` à l'exception du fait que l'argument `taille` est du type `unsigned long int` au lieu de `int`. Cette fonction n'existe pas dans la Proposition de normalisation ANSI C, dans laquelle l'argument `taille` de `realloc` est du type `size_t`.

Une utilisation typique de `realloc` est illustrée ci-dessous pour provoquer l'expansion du tableau dynamique `echantillons`. Les éléments du tableau sont toujours référencés en utilisant des indices du tableau; l'un quelconque des pointeurs dans le tableau pourrait être supprimé par un appel à `realloc`.

```
#define INCREMENT_ECHANTILLON 100
int limite_echantillon = 0;
int nombre_echantillon = 0;

int AjouteEchantillon( nouvel_echantillon )
  double nouvel_echantillon;
{
  if (nombre_echantillon >= limite_echantillon) {
          limite_echantillon += INCREMENT_ECHANTILLON;
          echantillons = (double *)
                      realloc((char *) echantillons,
                          limite_echantillon *
                              sizeof(double));
  }
  echantillons[nombre_echantillon++] =
    nouvel_echantillon;
  return nombre_echantillon;
}
```

19

Fonctions mathématiques

Nom	Paragraphe	Nom	Paragraphe
abs	19.1	labs	19.1
acos	19.9	ldexp	19.5
asin	19.9	ldiv	19.2
atan	19.9	log	19.4
atan2	19.9	log10	19.4
ceil	19.3	modf	19.5
cos	19.8	pow	19.6
cosh	19.10	rand	19.7
div	19.2	sin	19.8
exp	19.4	sinh	19.10
fabs	19.1	sqrt	19.6
floor	19.3	srand	19.7
fmod	19.3	tan	19.8
frexp	19.5	tanh	19.10

La plupart des utilitaires décrits dans ce chapitre sont déclarés dans le fichier d'en-tête de bibliothèque `math.h`. Toutes les opérations sur les nombres à virgule-flottante sont seulement définies pour des arguments de type `double`, étant donné que la règle est de convertir tous les arguments effectifs de fonctions de type `float` en type `double` avant d'effectuer l'appel. Cette convention est maintenue dans la Proposition de normalisation ANSI C pour assurer la compatibilité.

Deux types généraux d'erreurs sont possibles en utilisant les fonctions mathématiques, bien que les plus anciennes implémentations de C ne les traitent pas d'une manière cohérente. Lorsqu'un paramètre d'entrée est en dehors du domaine dans lequel la fonction est définie, une *erreur de domaine* se produit. La variable `errno` (paragraphe 13.2) prend la valeur `EDOM` et la fonction retourne une valeur qui dépend de l'implémentation. Zéro est la valeur traditionnellement retournée en cas d'erreur, toutefois certaines implémentations peuvent fournir de meilleurs choix tels que des valeurs spéciales "non numériques". (UNIX système V possède un mécanisme plus élaboré avec `matherr`).

Si le résultat d'une fonction est trop grand pour être représenté par le type de retour de la fonction, une *erreur de taille* se produit. Lorsque cette erreur se produit, `errno` doit prendre la valeur `ERANGE` et la fonction doit retourner la valeur virgule-flottante la plus large représentable avec le même signe que celui du résultat correct. Dans la Proposition de normalisation ANSI C cette valeur est celle définie par la macro `HUGE_VAL`; Dans le Système V cette valeur correspond à `HUGE`.

Si le résultat d'une fonction est trop petit pour être représenté, la fonction doit retourner zéro; le fait que `errno` prenne la valeur `ERANGE` dépend de l'implémentation.

19.1 ABS, FABS, LABS

```
#include <math.h>

double fabs(x)
  double x;

#include <stdlib.h>                              /* ANSI */

int abs(x)
  int x;

long int labs(x)
  long int x;
```

Les fonctions `abs`, `fabs` et `labs` retournent toutes la valeur absolue de leurs arguments. Plus précisément, si l'argument n'est pas négatif, la valeur de l'argument lui-même est retournée; si l'argument est négatif, l'opposé (obtenu par application de l'opérateur unaire '`-`') de l'argument est retourné. L'argument et le résultat sont tous deux du type `int` pour `abs`, du type `double` pour `fabs` et du type `long int` pour `labs`.

Dans la Proposition de normalisation ANSI C, les fonctions `abs` et `labs` sont définies dans `stdlib.h` au lieu de `math.h`. Les fonctions de valeur absolue sont si faciles à implémenter que certains compilateurs les traitent comme des fonctions définies de manière interne; ceci est autorisé par la Proposition de normalisation ANSI C.

19.2 DIV, LDIV

```
#include <stdlib.h>
typedef ... div_t;
typedef ... ldiv_t;

div_t div(n,d)                                   /* ANSI */
  int n, d;

ldiv_t ldiv(n,d)
  long int n, d;                                 /* ANSI */
```

Les fonctions `div` et `ldiv` font partie de la Proposition de Normalisation ANSI C, toutefois elles ne sont habituellement pas rencontrées dans les implémentations de C. Ces fonctions permettent de calculer simultanément le quotient et le reste de la division de `n` par `d`. Le type `div_t` est une structure comportant deux composants, `quot` et `rem` (dans un ordre quelconque), de types `int`. Le type `ldiv_t` est aussi une structure comportant les composants `quot` et `rem` tous deux de type `long int`. Le quotient retourné est du même signe que `n/d`. Le comportement de ces fonctions lorsque `d` est zéro ou lorsque `n/d` n'est pas représentable n'est pas défini (pas nécessairement une erreur de domaine) pour assurer une implémentation plus efficace.

19.3 CEIL, FLOOR, FMOD

```
#include <math.h>

double ceil(x)
  double x;

double floor(x)
  double x;

double fmod(x, y)
  double x, y;
```

La fonction `ceil` arrondit son argument à une valeur entière supérieure; l'argument et le résultat sont tous deux du type `double`. Plus précisément, la fonction retourne le plus petit nombre à virgule-flottante supérieur à `x` dont la valeur est un entier mathématique exact. Si la valeur de l'argument est déjà une valeur entière mathématique, le résultat prend la même valeur que l'argument.

D'une manière similaire, `floor` arrondit son argument à une valeur entière inférieure. Cette fonction retourne le plus grand nombre à virgule-flottante inférieur à `x` dont la valeur est un entier mathématique exact. Si la valeur de l'argument est déjà une valeur entière mathématique, le résultat prend la même valeur que l'argument.

La fonction `fmod` retourne le reste de `x/y` en virgule-flottante. Si `y est zéro`, `x` est retourné; si le quotient `x/y` ne peut pas être représenté, le résultat est n'est pas défini. Plus précisément, `fmod` retourne une approximation de la valeur mathématique `f` telle que `f` est du même signe que `x`, la valeur absolue de `f` est inférieure à la valeur absolue de `y` et il existe un entier `k` tel que `k*y+f` vaut `x`. La fonction `fmod` ne doit pas être confondue avec `modf` (paragraphe 19.5), une fonction utilisée pour extraire les parties fractionnaire et entière d'un nombre à virgule-flottante.

19.4 EXP, LOG, LOG10

```
#include <math.h>

double exp(x)
  double x;

double log(x)
  double x;

double log10(x)
  double x;
```

La fonction `exp` calcule une approximation virgule-flottante de la fonction exponentielle; plus exactement, *e* élevé à la puissance `x`, ou *e* est la base des logarithmes naturels. L'argument et le résultat sont tous deux du type `double`. Une erreur de taille peut se produire pour de grands arguments.

La fonction `log` calcule une approximation virgule-flottante de la fonction logarithme naturel. L'argument et le résultat sont tous deux du type `double`. Si l'argument est négatif, une erreur de domaine se produit. Dans le cas contraire, si l'argument est zéro ou proche de zéro, une erreur de taille se produit (infini du côté des abscisses négatives). Certaines implémentations de C traite zéro comme une erreur de domaine et certaines implémentations utilisent le nom `ln` pour cette fonction.

La fonction `log10` calcule une approximation virgule-flottante de la fonction logarithme de base 10. Les conditions provoquant des erreurs de domaine et de taille sont les mêmes que pour la fonction `log`.

19.5 FREXP, LDEXP, MODF

```
#include <math.h>

double frexp(x, nptr)
  double x;
  int *nptr;

double ldexp(x, n)
  double x;
  int n;

double modf(x, nptr)
  double x;
  int *nptr;
```

La fonction `frexp` décompose un nombre à virgule flottante en une fraction `f` et un exposant `n`, de telle sorte que la valeur absolue de `f` soit inférieure à `1.0` tout en étant supérieure ou égale à `0.5` et que le produit de `f` par 2 élevé à la puissance `n` soit égal à `x`. La fraction `f` est retournée et l'exposant `n` est placé à l'endroit pointé par `nptr`. Si l'argument de `frexp` est zéro les deux valeurs retournées sont nulles.

La fonction `ldexp` est l'inverse de `frexp`; elle calcule la valeur de `x` multipliée par 2 et élevée à la puissance `x`. Une erreur de taille peut se produire.

La fonction `modf` décompose un nombre à virgule-flottante en une partie fractionnaire `f` et une partie entière `n`, de telle sorte que la valeur absolue de `f` soit inférieure à `1.0` et que la somme de `f` et de `n` soit égale à `x`. `f` et `n` sont du même signe que l'argument d'entrée. La partie fractionnaire `f` est retournée et la partie entière `n` est placée à l'endroit pointé par `nptr`.

La fonction `modf` ne doit pas être confondue avec `fmod` (paragraphe 19.3), une fonction calculant le reste de la division d'un nombre à virgule-flottante par un autre. Le nom `modf` porte à confusion, étant donné que la valeur calculée par la fonction du même nom est à juste titre appelée un *reste*.

19.6 POW, SQRT

```
#include <math.h>

double pow(x, y)
  double x, y;

double sqrt(x)
  double x;
```

La fonction `pow` calcule une approximation virgule-flottante de la fonction puissance; plus exactement `x` élevé à la puissance `y`. Lorsque `x` est non nul et `y` vaut zéro, le résultat est `1.0`. Lorsque `x` est zéro et `y` est positif, le résultat est zéro. Des erreurs de domaine se produisent lorsque `x` est négatif et `y` n'est pas un entier exact ou lorsque `x` est zéro et `y` n'est pas positif. Des erreurs de taille peuvent aussi se produire.

La fonction `sqrt` calcule une approximation virgule-flottante de la racine carrée non négative de son argument. Une erreur de domaine se produit lorsque l'argument est négatif. Certaines implémentations qui supportent la notion de zéro négatif à virgule-flottante retournent la racine carrée d'un tel nombre, tout en indiquant une erreur de domaine.

19.7 RAND, SRAND

```
#include <stdlib.h>                                  /* ANSI */

int rand();

void srand(graine)
  unsigned int graine;
```

Des appels successifs à `rand` retournent (inclusivement) des valeurs comprises entre 0 et la valeur de type `int` la plus large représentable qui correspondent aux résultats successifs d'un générateur pseudo-aléatoire de nombres. Dans la Proposition de normalisation ANSI C, la limite supérieure de la valeur de `rand` est donnée par `RAND_MAX` qui doit être au moins 32767.

La fonction `srand` peut être utilisée pour initialiser le générateur de nombre pseudo-aléatoire qui est utilisé pour générer les valeurs successives pour les appels de `rand`. Après un appel à `srand`, des appels successifs à `rand` produisent une certaine suite de nombres pseudo-aléatoires. Si `srand` est appelée à nouveau avec le même argument, les appels successifs à `rand` produisent dès lors les mêmes suites de nombres pseudo-aléatoires. Des appels successifs à `rand` avant toute invocation de `srand` à partir d'un programme utilisateur produisent la même suite de nombres pseudo-aléatoires qui serait obtenue après avoir appelé `srand` avec `1` pour argument.

19.8 COS, SIN, TAN

```
#include <math.h>

double cos(x)
  double x;

double sin(x)
  double x;

double tan(x)
  double x;
```

La fonction `cos` calcule une approximation virgule-flottante de la fonction trigonométrique cosinus de la valeur de l'argument, où l'argument est supposé être exprimé en radians. Aucune erreur de domaine ou de taille n'est possible, toutefois, le programmeur doit être conscient du fait que le résultat peut avoir peu ou pas de signification pour des arguments dont la valeur absolue est très grande.

Les fonctions `sin` calcule d'une manière similaire les approximations virgule-flottante des fonctions trigonométriques respectives sinus et tangente. Une erreur de taille peut se produire dans la fonction `tan` lorsque l'argument est proche d'un multiple impair de `π/2`. Le même avertissement concernant les arguments très grands s'applique aussi aux fonctions `sin` et `tan`.

19.9 ACOS, ASIN, ATAN, ATAN2

```
#include <math.h>

double acos(x)
  double x;

double asin(x)
  double x;

double atan(x)
  double x;

double atan2(x)
  double x;
```

La fonction `acos` calcule une approximation virgule-flottante de la valeur principale de la fonction trigonométrique arc cosinus de la valeur de l'argument. Le résultat est exprimé en radians et est compris entre 0 et π. (La portée de ces fonctions est approximative en raison de l'effet des approximations.) Une erreur de domaine se produit si l'argument est inférieur à `-1.0` ou supérieur à `1.0`.

La fonction asin calcule une approximation virgule-flottante de la valeur principale de la fonction trigonométrique arc sinus de la valeur de l'argument. Le résultat est exprimé en radians et est compris (approximativement) entre -π/2 et π/2. Une erreur de domaine se produit si l'argument est inférieur à -1.0 ou supérieur à 1.0.

La fonction atan calcule une approximation virgule-flottante de la valeur principale de la fonction trigonométrique arc tangente de la valeur de l'argument. Le résultat est exprimé en radians et est compris (approximativement) entre -π/2 et π/2. Aucune erreur de portée ou de domaine ne peut se produire. Dans certaines implémentations de C, cette fonction est appelée arctan.

La fonction atan2 calcule une approximation virgule-flottante de la valeur principale de la fonction trigonométrique arc tangente de la valeur y/x. Les signes des deux arguments sont pris en compte pour déterminer les informations relatives aux quadrants. Le résultat, vu sous forme d'un système de coordonnées cartésiennes, est l'angle entre l'axe positif des abscisses et la ligne passant par l'origine et le point (x, y). Le résultat est exprimé en radians et est compris (approximativement) entre -π et π. Si x vaut zéro, le résultat est π/2 ou -π/2 pour y respectivement positif ou négatif. Une erreur de domaine se produit lorsque x et y sont tous les deux nuls.

19.10 COSH, SINH, TANH

```
#include <math.h>

double cosh(x)
  double x;

double sinh(x)
  double x;

double tanh(x)
  double x;
```

La fonction cosh calcule une approximation virgule-flottante de la fonction cosinus hyperbolique de la valeur de l'argument. Une erreur de portée se produit lorsque la valeur absolue de l'argument est grande.

La fonction sinh calcule une approximation virgule-flottante de la fonction sinus hyperbolique de la valeur de l'argument. Une erreur de portée se produit lorsque la valeur absolue de l'argument est grande.

La fonction tanh calcule une approximation virgule-flottante de la fonction tangente hyperbolique de la valeur de l'argument.

20

Fonctions de date et d'heure

Nom	Paragraphe	Nom	Paragraphe
`asctime`	20.3	`gmtime`	20.4
`CLK_TCK`	20.1	`localtime`	20.4
`clock`	20.1	`mktime`	20.4
`clock_t`	20.1	`time_t`	20.2
`ctime`	20.3	`times`	20.1
`difftime`	20.5	`tm (struct)`	20.4

Les utilitaires décrits dans ce chapitre fournissent au programmeur C différents moyens de manipuler la date et l'heure (du calendrier) et la durée d'exécution, ou plus exactement, le temps utilisé par le programme en cours d'exécution.

Le temps du calendrier est représenté de deux façons : sous la forme d'une simple valeur arithmétique retournée par la fonction `time` et sous une forme "décomposée" structurée calculée à partir de la valeur arithmétique retournée par les fonctions `gmtime` et `localtime`. La durée d'exécution est représentée par une valeur arithmétique (normalement entière) retournée par la fonction `clock`.

20.1 CLOCK, CLOCK_T, CLK_TCK, TIMES

```
/* unsigned */ long clock()          /* UNIX Système V */

#include <time.h>                                /* ANSI */
typedef ... clock_t;                             /* ANSI */
#define CLK_TCK ...                              /* ANSI */
clock_t clock()                                  /* ANSI */

#include <sys/types.h>                /* Berkeley UNIX */
#include <sys/times.h>                /* Berkeley UNIX */
void times(tmsbuf)                    /* Berkeley UNIX */
struct tms { ... } tmsbuf;            /* Berkeley UNIX */
```

La fonction `clock` retourne le temps processeur utilisé par le processus en cours. Les unités dans lesquelles cette durée est exprimée dépendent de l'implémentation ; les microsecondes sont utilisées en général. Bien que la valeur de retour de `clock` soit par définition du type `long`, la valeur retournée en réalité est du type `unsigned long` ; l'utilisation de `long` empêche l'addition du type `unsigned long` au langage. Lorsque des durées d'exécution sont utilisées pour effectuer des calculs, une arithmétique non signée doit toujours être utilisée.

Les programmeurs doivent être conscients du "bouclage" possible de la durée d'exécution du processus. Par exemple, si le type long est représenté par 32 bits et `clock` retourne une durée en microsecondes, la durée retournée "bouclera" sur sa valeur d'origine en 2147 secondes ou 36 minutes.

La version de `clock` de la Proposition de normalisation ANSI C permet à l'implémentation de choisir un type arithmétique quelconque, `clock_t`, pour la durée d'exécution. Le nombre d'unités de temps ("incréments d'horloge") par seconde est défini par la macro `CLK_TCK`. Si le temps processeur n'est pas disponible, la valeur `-1` (dont le type est converti pour correspondre au type `clock_t`) est retournée.

L'exemple typique ci-dessous montre comment la fonction `clock` peut être utilisée pour mesurer la durée d'exécution d'un programme.

```
typedef unsigned long clock_t;
clock_t clock();
#define CLK_TCK 10000000
...
clock_t debut, fin, duree;
debut = clock();
processus();
fin = clock();
printf("processus() a utilisé %f secondes pour \
      d'exécution\n",
  ((double) (fin - debut)) /CLK_TCK );
```

Remarquer que la conversion en type `double` permet à `clock_t` et `CLK_TCK` d'être de type virgule-flottante ou entier.

La fonction `times` est utilisée à la place de `clock` sous Berkeley UNIX et dans certains systèmes non-UNIX ; cette fonction retourne une valeur structurée contenant différents composants de la durée d'exécution, chacun de ces composants étant mesuré en unités de 1/60 secondes. Un équivalent approximatif de la fonction `clock` peut être écrit de la manière suivante en utilisant `times` :

```
#include <sys/types.h>
#include <sys/times.h>
#define CLK_TCK 60
long clock()
{
  struct tms tmsbuf;
  times(tmsbuf);
  return(tmsbuf.tms_utime + tmsbuf.tms_stime);
}
```

Le type `time_t` utilisé dans la structure ci-dessus est une unité de "durée d'exécution de processus" et n'est par conséquent *pas* équivalent au type de "durée de calendrier" `time_t` défini en même temps que la fonction `time`.

Références `time` 20.2 ; `time_t` 20.2

20.2 TIME, TIME_T

```
/* non-signé */ long time(tptr)    /* Forme non-ANSI */
/* non-signé */ long *tptr;

#include <time.h>                            /* ANSI */
typedef ... time_t;                          /* ANSI */
time_t time(tptr)                            /* ANSI */
  time_t *tptr;
```

La fonction `time` retourne l'heure du calendrier courante codée sous forme d'un entier de type `long`. Si le paramètre `tptr` n'est pas `NULL`, la valeur de retour est aussi placée à `tptr`. Si des erreurs sont rencontrées, la valeur `-1` est retournée ; sous UNIX Système V, `errno` prend aussi la valeur `EFAULT`. Bien que le type de retour de `time` soit `long`, la valeur retournée est habituellement du type `unsigned long` ; l'utilisation de `long` empêche l'addition de `unsigned long` au langage.

La version de `clock` de la Proposition de normalisation ANSI C permet à l'implémentation de choisir un type de retour arithmétique quelconque, time_t. Si des erreurs sont rencontrées, la valeur `-1` (dont le type est converti pour correspondre au type `time_t`) est retournée.

D'une manière générale, la valeur retournée par `time` est passée à la fonction `asctime` ou `ctime` pour être convertie sous une forme lisible ou est passée à `localtime` ou `gmtime` pour être convertie sous une forme plus facilement traitable. Le calcul de l'intervalle de temps entre deux heures de calendrier peut être effectué en utilisant la fonction de la Proposition de normalisation ANSI C `difftime` ; dans d'autres implémentations, le programmeur doit, soit travailler avec le temps décomposé calculé par `gmtime`, soit dépendre d'une représentation personnalisée du temps définie comme le nombre de secondes écoulées depuis une date arbitraire du passé. (Le 1er Janvier 1970 est une date populaire.)

Références `asctime` 20.3 ; `ctime` 20.3 ; `difftime` 20.5 ; `errno` 13.2 ; `gmtime` 20.4 ; `localtime` 20.4

20.3 ASCTIME, CTIME

```
#include <time.h>
#include <sys/time.h>                        /* Berkeley UNIX */

char *asctime(ts)
  struct tm *ts;

char *ctime(timptr)
  long *timptr;                             /* Forme non-ANSI */
  time_t *timptr;                                     /* ANSI */
```

Les fonctions `asctime` et `ctime` retournent toutes les deux un pointeur à une chaîne de caractères correspondant à une date et une heure imprimables de la forme :

```
Mon Jan 26 12:34:56 1952\n\0
```

La fonction `asctime` utilise comme unique argument un pointeur à une heure de calendrier structurée ; une telle structure est calculée par `localtime` ou `gmtime` à partir du temps arithmétique retourné par `time`. La fonction `ctime` prend directement la valeur retournée par `time` et par conséquent `ctime(t)` est équivalent à l'expression

```
asctime(localtime(t))
```

Dans la plupart des implémentations, les fonctions retournent un pointeur à une zone de donnée statique et par conséquent, la chaîne de caractères retournée doit être imprimée ou copiée (à l'aide de `strcpy`) avant d'invoquer à nouveau l'une des deux fonctions.

Références `gmtime` 20.4 ; `localtime` 20.4 ; `strcpy` 15.3; `struct tm` 20.4 ; `time` et `time_t` 20.2

20.4 GMTIME, LOCALTIME, MKTIME

```
#include <time.h>
#include <sys/time.h>                    /* Berkeley UNIX */

struct tm { ... };

struct tm *gmtime(t)
  long *t;
  time_t *t;                                     /* ANSI */

struct tm *localtime(t)
  long *t;
  time_t *t;                                     /* ANSI */

time_t mktime( tmptr )                           /* ANSI */
  struct tm *tmptr;
```

Les fonctions `gmtime` et `localtime` convertissent un temps arithmétique de calendrier retourné par `time` en une forme "décomposée" du type `struct tm`. La fonction `gmtime` effectue une conversion en heures du méridien de Greenwich (HMG) alors que `localtime` effectue une conversion en heure locale, en tenant compte du fuseau horaire et des décalages horaires saisonniers possibles. Ces fonctions retournent un pointeur nul si elles rencontrent des erreurs. Ces fonctions sont portable parmi les systèmes UNIX et la Proposition de normalisation ANSI C.

Dans la plupart des implémentations, les fonctions ci-dessus retournent un pointeur à une zone de mémoire statique unique qui est réutilisée lors de chaque appel. Par conséquent, la structure retournée doit être utilisée ou copiée avant d'invoquer à nouveau l'une des fonctions ci-dessus.

La structure `struct tm` comprend les champs suivants :

```
int tm_sec;    /* secondes; intervalle 0 .. 59 */
int tm_min;    /* minutes; intervalle 0 .. 59 */
int tm_hour;   /* heures depuis minuit; intervalle
                  0 .. 23 */
int tm_mday;   /* jour du mois; intervalle 1 .. 31 */
int tm_mon;    /* mois; intervalle 0 .. 11 */
int tm_year;   /* année; avec 0 ==1900 */
int tm_wday;   /* jour de la semaine; intervalle
                  Dim==0 .. 6 */
int tm_yday;   /* jour de l'année; intervalle 0 .. 365 */
int tm_isdst;  /* non nul implique décalage solaire */
```

La fonction `mktime construit une valeur du type time_t` à partir de l'heure locale décomposée indiquée par l'argument `tmptr`. Les valeurs de `tmptr->tm_wday` et `tmptr->tm_yday` sont ignorées par `mktime`. En cas de succès, mktime retourne la nouvelle valeur de l'heure et modifie le contenu de *tmptr, pour établir les composants tm_wday et tm_yday. Si l'heure de calendrier indiquée ne peut pas être représentée comme une valeur de time_t, mktime retourne la valeur (time_t)-1.

20.5 DIFFTIME

```
#include <time.h>                              /* ANSI */

double difftime(t1, t0)                        /* ANSI */
  time_t t1, t0;
```

La fonction difftime apparaît seulement dans la Proposition de normalisation ANSI C ; elle permet de soustraire l'heure de calendrier t0 de l'heure de calendrier t1 et retourne la différence en secondes comme une valeur du type double. Etant donné que le codage de l'heure de calendrier dans le type time_t n'est pas défini, difftime peut nécessiter un traitement spécial.

Références time_t 20.2

21

Fonctions de contrôle

Les utilitaires décrits dans ce chapitre fournissent des extensions des normes standard de contrôle dans les programmes C. Les fonctions `signal` et `raise` implémentent un mécanisme primitif de traitement d'exceptions ; `assert` et `exit` fournissent des possibilités de terminaison de programme et `exec` et `system` permettent à d'autres programmes d'être lancés à partir d'un programme C.

21.1 ASSERT, NDEBUG

```
#include <assert.h>

#ifndef NDEBUG
#define assert(expression) ...
#else
#define assert(expression) ;
#endif
```

La macro `assert` prend comme simple argument une valeur d'un type scalaire quelconque. Si cette valeur est 0 (fausse) et si de plus la macro NDEBUG n'est *pas* définie, `assert` imprime un message de diagnostic sur le support de sortie standard et arrête le programme en appelant `exit`. L'utilitaire `assert` est toujours implémenté comme une macro et le fichier `assert.h` doit être inclu dans le fichier source pour pouvoir invoquer l'utilitaire.

Si la macro `NDEBUG` est définie lors de la lecture du fichier `assert.h`, l'utilitaire `assert` est désactivé, ceci étant en général accompli en définissant `assert` comme une instruction vide. Non seulement aucun message de diagnostic n'est imprimé, mais aussi l'expression passée comme argument à `assert` n'est pas évaluée. L'utilitaire `assert` est typiquement utilisé lors du développement d'un programme pour vérifier la validité de certaines conditions lors de l'exécution.

Références `exit` 21.3

21.2 EXEC, SYSTEM

```
#include <stdlib.h>                               /* ANSI*/

int system(commande)
  char *commande;

execl (nom, arg0, arg1, ... , argn, 0 )  /* Forme UNIX */
execlp(nom, arg0, arg1, ... , argn, 0 )
execle(nom, arg0, arg1, ... , argn, 0, envp)
  char *nom, *arg0, *arg1, ... , *argn, *envp[];

execv (nom, argv )                       /* Forme UNIX */
execvp(nom, argv )
execve(nom, argv, envp)
  char *nom, *argv[], *envp[];
```

La fonction `system` passe son argument de type chaîne de caractères au processeur de commandes du système d'exploitation pour permettre l'exécution suivant une manière définie par l'implémentation. Dans les systèmes UNIX, le processeur de commandes correspond à l'interpréteur de commandes. La valeur retournée par `system` est définie par l'implémentation bien qu'elle corresponde en général au résultat de la commande.

Dans la Proposition de normalisation ANSI C, `system` peut être appelé avec un argument nul auquel cas 0 est retourné si aucun processeur de commandes n'est fourni dans l'implémentation et une valeur non nulle est retournée s'il existe un processeur de commandes.

Les différentes formes d'`exec` sont disponibles principalement dans les systèmes UNIX ; elles ne font pas partie de la Proposition de normalisation ANSI C. Dans tous les cas, elles permettent de transformer le processus courant en un nouveau processus en exécutant le `nom` de fichier (habituellement créé par le logiciel de chargement). Elles diffèrent dans la manière de fournir les arguments au nouveau processus :

1. Les fonctions `execl`, `execlp` et `execle` prennent un nombre variable d'arguments, lesquels sont tous des pointeurs (à chaînes de caractères). Le dernier argument doit être un pointeur nul (0). Par convention, `arg0` doit pointer sur la chaîne de caractères correspondant à `nom`, ou doit plus exactement correspondre au nom du programme à exécuter.
2. Les fonctions `execv`, `execvp` et `execve` fournissent un pointeur à un vecteur d'arguments tel que celui fournit à la fonction `main`. Par convention `argv[0]` doit pointer sur une chaîne de caractères correspondant à `nom` ou doit plus exactement correspondre au nom du programme à exécuter. La liste spécifiée par `argv` doit être terminée par un pointeur nul.
3. Les fonctions `execle` et `execve` passent aussi un "environnement" explicite au nouveau processus. Le paramètre `envp` est un tableau de pointeurs à chaînes de caractères terminé par un pointeur nul. Chaque chaîne de caractères est de la forme `"nom = valeur."` Dans les autres versions d'`exec`, le pointeur d'environnement du processus appelant est passé au nouveau processus.
4. Les fonctions `execlp` et `execvp` sont les mêmes que les fonctions respectives `execl` et `execv`, à l'exception du fait que le système cherche le `nom` de fichier dans l'ensemble des répertoires dans lesquels les commandes sont normalement cherchées (correspondant en général à la valeur de la variable d'environnement `path` ou `PATH`).

Lorsqu'un nouveau processus est lancé, les arguments fournis à `exec` sont mis à la disposition de la fonction principale `main` du nouveau processus.

Références `main` 22.1

21.3 EXIT, ABORT

```
#include <stdlib.h>                                /* ANSI */

void exit(etat)
  int etat;

void _exit(etat)
  int etat;

void abort()
```

Les fonctions `exit`, `_exit` et `abort` forcent la terminaison du programme. Le contrôle n'est pas en général retourné au programme invoquant ces fonctions.

La fonction `exit` force la terminaison "normale" d'un programme, en effectuant les activités normales de nettoyage telles que le vidage des mémoires-tampons et la fermeture de tout fichier ouvert (voir `fflush` et `fclose`, paragraphe 17.2). La fonction `_exit` est différente dans la mesure où elle n'effectue pas les opérations de nettoyage. Les deux fonctions retournent une valeur entière, *etat*, à l'environnement de l'hôte. Par convention, un *etat* de 0 signifie que le programme s'est terminé avec succès et les valeurs non nulles sont utilisées pour indiquer différents types de terminaison anormale. Dans un programme C, le retour d'une valeur entière par la fonction `main` à l'aide d'une instruction `return` est équivalent à utiliser `exit` avec la même valeur.

La fonction `abort` arrête l'exécution du programme, en exécutant en général une instruction illégale ou en provoquant une autre forme d'erreur de matériel. Cette erreur est souvent traduite comme un signal spécial qui peut être intercepté ou ignoré ; dans le cas où le signal est ignoré, le contrôle est retourné au programme responsable de l'appel de la fonction `abort` (en retournant une valeur dans certaines implémentations). (Le signal correspond à `SIGABRT` dans la Proposition de normalisation ANSI C et `SIGIOT` dans UNIX Système V). Le fait que la fonction `abort` génère des actions de nettoyage dépend de l'implémentation. Lorsqu'`abort` provoque la terminaison du programme, la valeur d'état retournée dépend de l'implémentation et doit être non nulle.

Dans la Proposition de normalisation ANSI C, `exit` provoque l'appel de toutes les fonctions enregistrées avec la fonction `onexit` dans l'ordre inverse de leur enregistrement. Ceci se produit avant les opérations normales de nettoyage. De plus, `exit` ferme les fichiers créés par `tmpfile`.

Références `fflush` 17.2 ; fonction `main` 9.9 ; instruction `return` 8.9 ; `onexit` 21.5 ; `signal` 21.6 ; `tmpfile` 17.16

21.4 SETJMP, LONGJMP, JMP_BUF

```
#include <setjmp.h>

typedef ... jmp_buf;

int setjmp(env)
  jmp_buf env;

void longjmp(env, etat)
  jmp_buf env;
  int etat;
```

Les fonctions `setjmp` et `longjmp` implémentent une forme primitive de branchements non locaux qui peuvent être utilisés pour traiter les situations anormales ou exceptionnelles. Cet utilitaire est traditionnellement considéré comme plus portable que `signal`, toutefois cette dernière fonction a aussi été incorporée dans la Proposition de normalisation ANSI C.

La fonction `setjmp` enregistre l'environnement du programme appelant dans l'`env` de la "mémoire-tampon de branchement", un tableau défini par l'implémentation, et retourne 0 au programme appelant (Le type `jmp_buf` doit être un type tableau de telle sorte qu'un pointeur à `env` puisse être passé en réalité à `setjmp`).

La fonction `longjmp` prend comme argument une mémoire-tampon précédemment enregistrée lors d'un appel à `setjmp` et une valeur entière, `etat` qui est en général différente de zéro. L'effet de l'appel à `longjmp` est de provoquer à nouveau un retour du programme à l'appel de `setjmp`, en retournant cette fois la valeur `etat`. Certaines implémentations, y compris la Proposition de normalisation ANSI C, ne permettent pas à `longjmp` de forcer le retour de 0 par `setjmp` et retourneront 1 à l'appel de `setjmp` si `longjmp` est appelé avec un argument d'état égal à 0.

Si l'argument de mémoire-tampon de branchement de `longjmp` n'est pas spécifié par `setjmp`, ou si la fonction contenant `setjmp` retourne avant l'appel à `longjmp`, un comportement imprévisible et certainement peu plaisant peut en résulter. Dans certaines implémentations, un appel à `setjmp` ou `longjmp` pendant le traitement d'une interruption ou d'un signal ne fonctionne pas convenablement ; la Proposition de normalisation ANSI C nécessite un fonctionnement convenable de `longjmp` dans les procédures de traitement de signaux non imbriqués.

Références `signal` 21.6

21.5 ONEXIT, ONEXIT_T

```
#include <stdlib.h>                              /* ANSI */

typedef ... onexit_t;

onexit_t onexit(fonc)
  onexit_t (*fonc)();
```

La fonction `onexit` fait partie de la Proposition de normalisation ANSI C. Elle permet "d'enregistrer" une fonction de telle sorte qu'elle soit appelée lorsque le programme se termine lorsque `exit` est appelée ou lorsque la fonction `main` retourne. Ces fonctions ne sont pas appelées lorsque le programme se termine de manière anormale, comme pour `abort` et `raise`. Les implémentations doivent autoriser l'enregistrement d'au moins 32 fonctions. La fonction `onexit` retourne une valeur non nulle (vraie) de type scalaire `onexit_t` si elle se termine avec succès et une valeur zéro (fausse) dans le cas contraire.

Les fonctions enregistrées sont appelées dans l'ordre inverse de leur enregistrement, avant qu'`exit` n'effectue l'une des opérations standard de nettoyage. Chaque fonction est appelée sans arguments et doit être du type `void`. Une fonction enregistrée ne doit pas essayer de référencer un objet ayant une classe de mémorisation du type `auto` ou `register`, à l'exception des objets qu'elle définit elle-même. L'enregistrement de la même fonction plusieurs fois donne des résultats imprévisibles.

Références `abort` 21.3 ; `exit` 21.3 ; fonction `main` 9.9 ; `raise` 21.6 ; type `void` 5.9

21.6 SIGNAL, RAISE, GSIGNAL, SSIGNAL, PSIGNAL

```
#include <signal.h>

#define SIG_IGN ...
#define SIG_DFL ...
#define SIG_ERR ...                              /* ANSI */
#define SIGxxx ...
...

void (*signal(sig,fonc))()
  int sig;
  void (*fonc)();

int raise(sig)                                   /* ANSI */
  int sig;

int kill(pid,sig)                   /* Forme Non-ANSI */
  int pid, sig;

int (*ssignal(softsig,fonc))()      /* UNIX Système V */
  int softsig;
  int (*fonc)();

int gsignal(softsig)                /* UNIX Système V */
  int softsig;

void psignal(sig,prefixe)            /* Berkeley UNIX */
  int sig;
  char *prefixe;
```

Les *signaux* sont (éventuellement) des événements asynchrones qui peuvent nécessiter un traitement spécial par le programme utilisateur ou par l'implémentation. Les signaux sont nommés par valeurs entières et chaque implémentation définit un ensemble de signaux dans un fichier d'en-tête `signal.h`. Les signaux peuvent être déclanchés ou *levés* par le mécanisme de détection d'erreurs de l'ordinateur, par le programme utilisateur lui-même à l'aide de `kill` ou `raise`, ou par des actions externes au programme. Les *signaux de logiciel* utilisés par les fonctions `ssignal` et `psignal` sont définis par l'utilisateur et prennent des valeurs comprises en général entre 1 et 15 ; pour ce qui est du reste, elles fonctionnent de la même manière que les signaux réguliers.

Une *procédure de traitement de signal* correspondant au signal *sig* est une fonction utilisateur qui est invoquée lorsque le signal *sig* est "levé". La fonction de traitement est supposée effectuer une opération utile et retourner ensuite en provoquant en général la continuation du programme à partir de l'endroit où il a été interrompu. (Les procédures de traitement peuvent aussi appeler `exit` ou `longjmp`). Les procédures de traitement de signaux sont des fonctions C normales prenant un seul argument, correspondant au signal levé :

```
void ma_procedure_de_traitement(sig)
int sig; /* le signal */
{
  ...
}
```

Certaines implémentations peuvent passer des arguments supplémentaires aux procédures de traitement de certains signaux prédéfinis.

La fonction `signal` est utilisée pour associer des procédures de traitement de signaux avec des signaux spécifiques. Dans le cas normal `signal` reçoit une valeur de signal et un pointeur à la procédure de traitement de signal correspondant à ce signal. Si l'association est effectuée avec succès, `signal` retourne un pointeur à la procédure de traitement de signal précédente (lequel peut être `SIG_DFL` si aucune procédure de traitement n'a été spécifiée) ; dans le cas contraire `signal` retourne la valeur `-1` (`SIG_ERR` dans la Proposition de normalisation ANSI C) et initialise `errno`.

```
void nouvelle_procedure(sig) int sig; { ... }
void (*ancienne_procedure)();
...
ancienne_procedure = signal( sig,
&nouvelle_procedure );
if  (ancienne_procedure == SIG_ERR)
    printf("? Impossible d'établir la nouvelle \
          procédure.\n");
...
if  (signal(sig,ancienne_procedure) == SIG_ERR)
    printf("? Impossible de rétablir l'ancienne \
           procédure.\n");
```

L'argument de la fonction `signal` peut aussi prendre deux valeurs spéciales, `SIG_IGN` et `SIG_DFL`. Un appel à `signal` de la forme

```
signal(sig, SIG_IGN)
```

signifie que le signal `sig` doit être ignoré. Un appel à `signal` de la forme

```
signal(sig, SIG_DFL)
```

signifie que le signal `sig` doit subir un traitement de "défaut", lequel correspond en général à ignorer certains signaux et terminer le programme pour certains autres signaux.

La fonction `ssignal` fonctionne exactement comme `signal` mais est seulement utilisée avec `gsignal` pour les signaux de logiciel définis par l'utilisateur. Les procédures de traitement correspondant à `ssignal` peuvent retourner des valeurs entières qui constituent la valeur de retour de `gsignal`.

Les fonctions `raise` et `gsignal` permettent de lever le signal (ou signal de logiciel) indiqué par le processus courant. La fonction `kill` permet de lever le signal indiqué dans le processus spécifié ; cette dernière fonction est moins portable.

Lorsqu'un signal est levé et qu'une procédure de traitement a été définie à l'aide de `signal` ou `gsignal`, la procédure en question reçoit le contrôle. La plupart des implémentations réinitialisent la procédure associée à `SIG_DFL` avant de donner le contrôle à cette procédure pour éviter une répétition inattendue. La procédure de traitement peut retourner, auquel cas l'exécution continue à partir du point d'interruption. Si le signal a été levé par `raise` ou `gsignal`, ces fonctions retournent au programme appelant.

La fonction `psignal` imprime la chaîne de caractères `prefixe` sur la sortie standard d'erreur (cette chaîne correspond en général au nom du programme) ainsi qu'une courte description du signal `sig`. Cette fonction peut s'avérer utile dans les procédures de traitement qui sont sur le point d'appeler `exit`.

Références `exit` 21.3 ; `longjmp` 21.4

21.7 SLEEP, ALARM

```
void sleep(secondes)
  unsigned secondes;

unsigned alarm(secondes)
  unsigned secondes;
```

La fonction `alarm` initialise un temporisateur interne du système au nombre de secondes indiqué et retourne le nombre de secondes lues auparavant sur le temporisateur. Lorsque le temporisateur expire, le signal `SIGALRM` est levé dans le programme. Si l'argument d'`alarm` est 0, l'effet de l'appel est d'annuler toute requête précédente à l'alarme. La fonction `alarm` est utile pour sortir de différentes situations de blocage.

La fonction `sleep` suspend le programme pendant le nombre indiqué de secondes, la fonction `sleep` retourne alors et l'exécution continue. `Sleep` est implémenté d'une manière typique en utilisant le même temporisateur que la fonction `alarm` et dans le cas où la durée de sommeil dépasse la durée déjà indiquée par le temporisateur d'alarme, `sleep` retourne immédiatement après le traitement du signal `SIGALRM`. Si la durée de sommeil est inférieure à la durée déjà indiquée par le temporisateur d'alarme, `sleep` réinitialise le temporisateur immédiatement avant son retour de telle sorte que le signal `SIGALRM` puisse être reçu au moment attendu.

L'implémentation termine en général `sleep` lors du traitement d'un signal quelconque ; certaines implémentations, y-compris UNIX Système V, fournissent le nombre de secondes d'activité comme valeur de retour de `sleep` (de type `unsigned`).

Certaines implémentations peuvent définir ces fonctions comme acceptant des arguments de type `unsigned long`. Ces fonctions ne font pas partie de la Proposition de normalisation ANSI C.

Références `signal` 21.6

22

Fonctions diverses

Nom	Paragraphe	Nom	Paragraphe
`bsearch`	22.5	`getopt`	22.4
`ctermid`	22.2	`getwd`	22.3
`cuserid`	22.2	`main`	22.1
`getcwd`	22.3	`putenv`	22.4
`getenv`	22.4	`qsort`	22.6
`getlogin`	22.4		

Les utilitaires décrits dans ce chapitre permettent au programmeur C d'interroger et dans certains cas de modifier l'environnement dans lequel le programme évolue. La fonction `main` que les programmeurs doivent définir comme point d'entrée dans leurs programmes C est aussi décrite dans ce chapitre ainsi que les fonctions `bsearch` et `qsort` qui fournissent des méthodes générales de recherche et de tri.

22.1 MAIN

```
int main()

int main(argc, argv)
  int argc;
  char *argv[];

int main(argc, argv, env)
  int argc;
  char *argv[];
  char *env[];

extern char *environ[];
```

La fonction `main` n'est pas une fonction de bibliothèque ; elle correspond à une fonction que le programmeur définit comme point d'entrée dans son programme pour permettre d'obtenir des informations concernant l'environnement du programme. Parmi tous les fichiers source qui constituent un programme C, la fonction `main` doit être définie d'une façon unique. La plupart des implémentations du langage C, y compris la proposition de normalisation ANSI C, permettent de définir `main` avec zéro ou deux paramètres définis en général comme `argc` et `argv`. Certaines implémentations fournissent un troisième paramètre, `env`. Les arguments de `main` sont définis par l'environnement dans lequel le programme s'exécute et ne sont pas sous le contrôle direct du programmeur C.

Le paramètre `argc` correspond au décompte du nombre "d'arguments du programme" ou "des options" fournis au programme lorsqu'il est invoqué par un utilisateur ou par un autre programme. Etant donné que le premier argument correspond en général au nom du programme lui-même, `argc` doit toujours être supérieur à zéro.

Le paramètre `argv` est un vecteur de pointeurs à des chaînes de caractères qui représentent les arguments du programme. `argv[0]` pointe sur une chaîne de caractères correspondant au nom du programme. `argv[`*i*`]`, où *i* =1,...,`argc`-1, pointe sur le *i* ème argument du programme. La valeur de `argv[argc]` peut être un pointeur nul bien que cela ne soit pas toujours le cas dans toutes les implémentations.

Le paramètre `env` pointe sur un vecteur de "valeurs d'environnement", dont chacune est un pointeur à une chaîne de caractères terminée par un caractère nul de la forme

"*nom*=*valeur*"

Le vecteur `env` est terminé par un pointeur nul. Dans certaines implémentations UNIX, une variable externe `environ` maintient le pointeur d'environnement au lieu d'être passé comme argument à la fonction `main`.

Par exemple, le court programme donné ci-après imprime son nom, ses arguments et son environnement:

```
#include <stdio.h>

int main(argc,argv,envp)
  int argc;
  char *argv[], *envp[];
{
  int i;
  printf("Invocation: ");
  for( i=0; iargc; i++)
    printf("%s",argv[i]);
  printf("\nEnvironnement:\n");
  for ( i=0; envp[i] != NULL; i++)
    printf("%s\n",envp[i]);
  return 0;
}
```

22.2 CTERMID, CUSERID

```
#include <stdio.h>                    /* Système V UNIX */

char *ctermid(s)                      /* Système V UNIX */
  char *s;

char *cuserid(s)                      /* Système V UNIX */
  char *s;

#define L_ctermid n
#define L_cuserid m
```

La fonction `ctermid` calcule un nom de fichier qui correspond au terminal contrôlant le processus en cours d'exécution. Ce nom de fichier peut être passé à `fopen` pour établir une connexion entrée/sortie avec un terminal. L'idée du traitement des appareils d'entrées/sorties tels que des terminaux comme des fichiers est propre à UNIX et est moins naturelle dans d'autres systèmes. Toutefois, beaucoup d'implémentations permettent une analogie du même type.

L'argument `s` peut être nul, auquel cas le nom de fichier correspondant au terminal est conservé dans une zone de mémoire interne dont l'adresse est retournée comme valeur de l'appel. L'invocation suivante de la fonction `ctermid` peut récrire sur cette zone mémoire. Si `s` n'est pas nul, sa valeur est considérée comme un pointeur à un tableau de caractères contenant au moins `L_ctermid` caractères, dans lequel le nom est conservé. La valeur de `s` est alors retournée.

La fonction `cuserid` permet de retrouver le nom de l'utilisateur qui "possède" le processus en cours d'exécution. L'argument `s` peut être nul, auquel cas auquel cas le nom de fichier correspondant à l'utilisateur est conservé dans une zone de mémoire interne dont l'adresse est retournée comme valeur de l'appel. L'invocation suivante de la fonction `ctermid` peut récrire sur cette zone mémoire. Si `s` n'est pas nul, sa valeur est considérée comme un pointeur à un tableau de caractères contenant au moins `L_cuserid` caractères, dans lequel le nom est conservé. La valeur de `s` est alors retournée.

Références `fopen` 17.2

22.3 GETCWD, GETWD

```
char *getcwd(buf,taille)                /* Système V UNIX */
  char *buf;
  int taille;

char *getwd(nom_de_cheminement)          /* Berkeley UNIX */
  char *nom_de_cheminement;

#include <sys/parm.h>                    /* Berkeley UNIX */
#define LONG_CHEMINEMENT_MAX ...
```

Les fonctions `getcwd` ou `getwd` (en fonction de l'implémentation) sont utilisées pour identifier le "répertoire de travail courant", qui correspond en général au répertoire du système de fichiers dans lequel les opérations d'entrées/sorties sur fichier seront effectuées dans le cas où un nom de répertoire n'est pas spécifié dans un nom de fichier.

La fonction `getcwd` retourne un pointeur au nom du répertoire courant. Si l'argument `buf` n'est pas nul, il doit pointer sur une zone d'au moins `taille` caractères dans lequel le nom du répertoire courant sera copié et l'adresse `buf` sera retournée par `getcwd`. Si l'argument `buf` est un pointeur nul, une zone de `taille` bytes est alloué par `malloc` ; le nom du répertoire courant est copié dans cette zone et son adresse est retournée. Dans certaines implémentations, `taille` doit être relativement plus large que le nom de cheminement le plus long qui doit être retourné (par exemple, plus grand de deux bytes). Dans le cas où une erreur se produit, un pointeur nul est retourné et `errno` est initialisé.

La fonction `getwd` copie le nom du répertoire courant dans le tableau de caractère situé à `nom_de_cheminement`. La taille de ce tableau doit être au moins `LONG_CHEMINEMENT_MAX` caractères. Si une erreur se produit, un pointeur nul est retourné et un message est placé dans `nom_de_cheminement`.

Références `errno` 13.2 ; `malloc` 18.1

22.4 GETENV, GETLOGIN, GETOPT, PUTENV

```
char *getenv(nom)
  char *nom;

#include <stdlib.h>                                  /* ANSI */
char *getenv( const char *nom )                      /* ANSI */
```

La fonction `getenv` accepte comme simple argument un pointeur à une chaîne de caractères qui est interprétée comme le “nom” connu de l’environnement d’exécution. Cette fonction retourne un pointeur à une autre chaîne de caractères correspondant à la “valeur” du nom de l’argument. Si le nom indiqué n’a pas de valeur, un pointeur nul est retourné. La chaîne de caractères correspondant à la valeur ne doit pas être modifiée par le programmeur et peut être modifiée au cours d’un appel ultérieur à la fonction `getenv`.

L’ensemble des relations (nom,valeur) est aussi disponible au point d’entrée du programme ou fonction `main`.

Références `main` 22.1

22.5 BSEARCH

```
#include <stdlib.h>                                  /* ANSI */

char *bsearch( cle, base, nombre, taille, compar )
  char *cle, *base;
  unsigned nombre;
  int taille;
  int (*compar)();
```

La fonction `bsearch` permet de rechercher un tableau de `nombre` éléments dont le premier élément est pointé sur par `base`. La taille de chaque élément en caractères est spécifiée par `taille`. `compar` est une fonction qui prend comme arguments des pointeurs sur deux éléments et retourne -1 si le premier élément est “inférieur” au second, 1 si le premier élément est “supérieur” au second et 0 si les deux éléments sont égaux. Le tableau est trié par convention dans l’ordre croissant (en accord avec `compar`) au début de la recherche. `bsearch` retourne un pointeur sur l’élément du tableau qui correspond à l’élément pointé par `cle` ou `NULL` si un tel élément est introuvable.

Dans la proposition de normalisation ANSI C, `cle` et `base` sont du type `void *` ; `nombre` et `taille` sont du type `size_t` ; `bsearch` retourne un pointeur de type `void *` ; et `compar` est du type

```
int (*compar)(const void *, const void *)
```

22.6 QSORT

```
#include <stdlib.h>                                  /* ANSI */

void qsort( base, nombre, taille, compar )
  char *base;
  unsigned nombre;
  int taille;
  int (*compar)();
```

La fonction `qsort` trie un tableau comportant `nombre` élément dont le premier élément est pointé par `base`. La taille de chaque élément en caractères est spécifiée par `taille`. `compar` est une fonction qui prend comme arguments des pointeurs sur deux éléments et retourne -1 si le premier élément est “inférieur” au second, 1 si le premier élément est “supérieur” au second et 0 si les deux éléments sont égaux. Le tableau est trié dans l’ordre croissant (en accord avec `compar`) à la fin du tri.

Dans la proposition de normalisation ANSI C, `base` est du type `void *` ; `nombre` et `taille` sont du type `size_t` ; et `compar` est du type

```
int (*compar)(const void *, const void *)
```

ANNEXES

A

Le jeu de caractères ASCII

Le jeu de caractères ASCII est le plus commun des jeux de caractères utilisés dans les implémentations de C. Dans le tableau suivant, chaque colonne comporte un caractère ASCII suivi de ses valeurs octale, décimale et hexadécimale.

Oct	Déc	Hex	Caractère	Oct	Déc	Hex	Caractère
00	0	0x0	'\0'	040	32	0x20	' ' espace
01	1	0x01	'\001'	041	33	0x21	'!'
02	2	0x02	'\002'	042	34	0x22	'"'
03	3	0x03	'\003'	043	35	0x23	'#'
04	4	0x04	'\004'	044	36	0x24	'$'
05	5	0x05	'\005'	045	37	0x25	'%'
06	6	0x06	'\006'	046	38	0x26	'&'
07	7	0x07	'\007'	047	39	0x27	'\'
010	8	0x08	'\b'	050	40	0x28	'('
011	9	0x09	'\i'	051	41	0x29	')'
012	10	0x0a	'\n'	052	42	0x2a	'*'
013	11	0x0b	'\v'	053	43	0x2b	'+'
014	12	0x0c	'\f'	054	44	0x2c	','
015	13	0x0d	'\r'	055	45	0x2d	'-'
016	14	0x0e	'\016'	056	46	0x2e	'.'
017	15	0x0f	'\017'	057	47	0x2f	'/'
020	16	0x10	'\020'	060	48	0x30	'0'
021	17	0x11	'\021'	061	49	0x31	'1'
022	18	0x12	'\022'	062	50	0x32	'2'
023	19	0x13	'\023'	063	51	0x33	'3'
024	20	0x14	'\024'	064	52	0x34	'4'
025	21	0x15	'\025'	065	53	0x35	'5'
026	22	0x16	'\026'	066	54	0x36	'6'
027	23	0x17	'\027'	067	55	0x37	'7'
030	24	0x18	'\030'	070	56	0x38	'8'
031	25	0x19	'\031'	071	57	0x39	'9'
032	26	0x1a	'\032'	072	58	0x3a	'|'
033	27	0x1b	'\033'	073	59	0x3b	';'
034	28	0x1c	'\034'	074	60	0x3c	'<'
035	29	0x1d	'\035'	075	61	0x3d	'='
036	30	0x1e	'\036'	076	62	0x3e	'>'
037	31	0x1f	'\037'	077	63	0x3f	'?'

Oct	Déc	Hex	Caractère	Oct	Déc	Hex	Caractère
0100	64	0x40	'@'	0140	96	0x60	'`'
0101	65	0x41	'A'	0141	97	0x61	'a'
0102	66	0x42	'B'	0142	98	0x62	'b'
0103	67	0x43	'C'	0143	99	0x63	'c'
0104	68	0x44	'D'	0144	100	0x64	'd'
0105	69	0x45	'E'	0145	101	0x65	'e'
0106	70	0x46	'F'	0146	102	0x66	'f'
0107	71	0x47	'G'	0147	103	0x67	'g'
0110	72	0x48	'H'	0150	104	0x68	'h'
0111	73	0x49	'I'	0151	105	0x69	'i'
0112	74	0x4a	'J'	0152	106	0x6a	'j'
0113	75	0x4b	'K'	0153	107	0x6b	'k'
0114	76	0x4c	'L'	0154	108	0x6c	'l'
0115	77	0x4d	'M'	0155	109	0x6d	'm'
0116	78	0x4e	'N'	0156	110	0x6e	'n'
0117	79	0x4f	'O'	0157	111	0x6f	'o'
0120	80	0x50	'P'	0160	112	0x70	'p'
0121	81	0x51	'Q'	0161	113	0x71	'q'
0122	82	0x52	'R'	0162	114	0x72	'r'
0123	83	0x53	'S'	0163	115	0x73	's'
0124	84	0x54	'T'	0164	116	0x74	't'
0125	85	0x55	'U'	0165	117	0x75	'u'
0126	86	0x56	'V'	0166	118	0x76	'v'
0127	87	0x57	'W'	0167	119	0x77	'w'
0130	88	0x58	'X'	0170	120	0x78	'x'
0131	89	0x59	'Y'	0171	121	0x79	'y'
0132	90	0x5a	'Z'	0172	122	0x7a	'z'
0133	91	0x5b	'['	0173	123	0x7b	'{'
0134	92	0x5c	'\\'	0174	124	0x7c	'|'
0135	93	0x5d	']'	0175	125	0x7d	'}'
0136	94	0x5e	'^'	0176	126	0x7e	'~'
0137	95	0x5f	'_'	0177	127	0x7f	'\177'

B

Syntaxe du langage C

Cette annexe contient une copie triée des règles lexicales et la syntaxe traditionnelle ainsi que celle de la Proposition de normalisation ANSI C telle qu'elle est présentée dans ce manuel. Les règles lexicales sont indiquées par le mot "(LEXICAL)" dans leur définition.

appel-de-fonction :
    expression-postfixée (*liste-d'expressions*$_{opt}$)

caractère : (LEXICAL)
    caractère-imprimable
    caractère-échappatoire

caractère-échappatoire : (LEXICAL)
    '\ *code-échappatoire*'

caractère-suivant : (LEXICAL)
    lettre
    tiret-de-soulignement
    chiffre

champ-de-bits :
    déclarateur$_{opt}$: *largeur*

chiffre : parmi (LEXICAL)
    `0 1 2 3 4 5 6 7 8 9`

chiffres-à-virgule : (LEXICAL)
série-de-chiffres
série-de-chiffres . *série-de-chiffres*
. *série-de-chiffres*

chiffre-hexadécimal : parmi (LEXICAL)
`0 1 2 3 4 5 6 7 8 9`
`A B C D E F a b c d e f`

chiffre-non-nul : parmi (LEXICAL)
`1 2 3 4 5 6 7 8 9`

chiffre-octal : parmi (LEXICAL)
`0 1 2 3 4 5 6 7`

code-de-caractère-échappatoire : parmi (LEXICAL)
`n t b r f v \ ' "`

code-de-caractère-échappatoire : parmi (ANSI C) (LEXICAL)
`a n t b r f`
`v \ ' " ?`

code-échappatoire : (LEXICAL)
code-caractère-échappatoire
code-numérique-échappatoire

code-numérique-échappatoire : (LEXICAL)
chiffre-octal
chiffre-octal chiffre-octal
chiffre-octal chiffre-octal chiffre-octal
x *chiffre-hexadécimal* (Proposition de normalisation ANSI C)
x *chiffre-hexadécimal chiffre-hexadécimal* (ANSI C)
x *chiffre-hexadécimal chiffre-hexadécimal chiffre-hexadécimal*
(Proposition de normalisation ANSI C)

composant-simple :
déclarateur

constante : (LEXICAL)
constante-entière
constante-à-virgule-flottante
constante-de-type-caractère
constante-de-type-chaîne-de-caractères

constante-à-virgule-flottante : (LEXICAL)
série-de-chiffres exposant
chiffres-avec-virgule $exposant_{opt}$

constante-à-virgule-flottante : (ANSI C) (LEXICAL)
série-de-chiffres exposant marqueur-de-virgule-flottante$_{opt}$
chiffres-avec-virgule exposant$_{opt}$*marqueur-de-virgule-flottante*$_{opt}$

constante-décimale : (LEXICAL)
chiffre-non-nul
constante-décimale chiffre

constante-de-type-caractère : (LEXICAL)
' caractère '

constante-de-type-chaîne-de-caractères : (LEXICAL)
" *suite-de-caractères*$_{opt}$"

constante-de-type-énumération :
identificateur

constante-de-type-énumération = expression

constante-entière : (LEXICAL)
constante-décimale marqueur-de-type$_{opt}$
constante-octale marqueur-de-type$_{opt}$
constante-hexadécimale marqueur-de-type$_{opt}$

constante-hexadécimale : (LEXICAL)
marqueur-hexadécimal
constante-hexadécimale chiffre-hexadécimal

constante-octale : (LEXICAL)
0
constante-octale chiffre-octal

corps-de-fonction :
liste-de-déclarations-de-paramètres$_{opt}$*instruction-composée*

déclarateur :
déclarateur-simple
(*déclarateur*)
déclarateur-de-fonction
déclarateur-de-tableau
déclarateur-de-pointeur

déclarateur-abstrait :
déclarateur-abstrait-vide
déclarateur-abstrait-non-vide

déclarateur-abstrait-non-vide :
(*déclarateur-abstrait-non-vide*)
déclarateur-abstrait ( )
déclarateur-abstrait [*expression*$_{opt}$]
* *déclarateur-abstrait*

déclarateur-abstrait-vide :

déclarateur-de-composant :
composant-simple
champ-de-bits

déclarateur-de-fonction :
déclarateur (*liste-de-paramètres*$_{opt}$)

déclarateur-de-fonction : (Proposition de normalisation ANSI C)
déclarateur (*liste-de-types-de-paramètres,...*$_{opt}$)
déclarateur (*liste-de-paramètres*$_{opt}$)

déclarateur-de-tableau :
déclarateur [*expression-contante*$_{opt}$]

déclarateur-de-type-pointeur :
* *déclarateur*

déclarateur-de-type-pointeur : (Proposition de normalisation ANSI C)
* *liste-de-spécificateurs-de-type*$_{opt}$*déclarateur*

déclarateur-initialisé :
déclarateur partie-initialisation$_{opt}$

déclarateur-simple :
identificateur

déclaration :
spécificateurs-de-déclaration liste-de-déclarations ;

déclaration-de-composant :
spécificateur-de-type liste-de-déclarateurs-de-composant ;

déclaration-de-haut-niveau :
déclaration-initialisée
définition-de-fonction

déclaration-de-paramètres : (Proposition de normalisation ANSI C)
spécificateurs-de-déclaration déclarateur
spécificateurs-de-déclaration déclarateur-abstrait

déclaration-initialisée :
spécificateurs-de-déclaration liste-de-déclarations-initialisées ;

définition-de-constante-de-type-énumération :
constante-de-type-énumération
constante-de-type-énumération = *expression*

définition-de-fonction :
spécificateurs-de-déclaration$_{opt}$*déclarateur corps-de-fonction*

définition-de-type-énumération :
`enum` *marqueur-d'énumération*$_{opt}$
{ *liste-de-définitions-d'énumération* }

définition-de-type-structure :
res[struct] marqueur-de-structure$_{opt}${*liste-de-champs* }

définition-de-type-union :
`union` *marqueur-d'union*$_{opt}${ *liste-de-champs* }

étiquette :
étiquette-nommée
étiquette-de-cas
étiquette-de-défaut

étiquette-de-cas :
`case` *expression-constante*

étiquette-de-défaut :
`default`

étiquette-nommée :
identificateur

exposant : (LEXICAL)
`e` *signe*$_{opt}$*série-de-chiffres*
`E` *signe*$_{opt}$*série-de-chiffres*

expression :
expression-avec-virgule

expression-additive :
expression-multiplicative
expression-additive op-addition expression-multiplicative

expression-avec-virgule :
  expression-d'affectation
  expression-avec-virgule, expression-d'affectation

expression-conditionnelle :
  expression-ou-logique
  expression-ou-logique ? *expression* : *expression-conditionnelle*

expression-constante :
  expression

expression-d'adresse :
  & *expression-unaire*

expression-d'affectation :
  expression-conditionnelle
  expression-unaire op-affectation expression-d'affectation

expression-décalage :
  expression-additive
  expression-décalage op-décalage expression-additive

expression-d'égalité :
  expression-relationnelle
  expression-d'égalité op-d'égalité expression-relationnelle

expression-de-calcul-de-taille :
  `sizeof` (*nom-de-type*)
  `sizeof` *expression-unaire*

expression-de-conversion-de-type :
  (*nom-de-type*) *expression-unaire*

expression-de-négation-bit-à-bit :
  ~*expression-unaire*

expression-de-négation-logique :
  ! *expression-unaire*

expression-de-sélection-de-composant :
  sélection-directe-de-composant
  sélection-indirecte-de-composant

expression-d'indirection :
  * *expression-unaire*

expression-entre-parenthèses :
(*expression*)

expression-et-bit-à-bit :
expression-d'égalité
expression-et-bit-à-bit & *expression-d'égalité*

expression-et-logique :
expression-ou-bit-à-bit
expression-et-logique && *expression-ou-bit-à-bit*

expressions-for :
($expression_{opt}$; $expression_{opt}$; $expression_{opt}$)

expression-indice :
expression-postfixée [*expression*]

expression-moins-unaire :
- *expression-unaire*

expression-multiplicative :
expression-unaire
expression-multiplicative op-mult expression-de-conversion-de-type

expression-ou-bit-à-bit :
expression-ou-exclusif-bit-à-bit
expression-ou-bit-à-bit | *expression-ou-exclusif-bit-à-bit*

expression-ou-exclusif-bit-à-bit :
expression-et-bit-à-bit
expression-ou-exclusif-bit-à-bit ^ *expression-et-bit-à-bit*

expression-ou-logique :
expression-et-logique
expression-ou-logique || *expression-et-logique*

expression-plus-unaire : (Proposition de normalisation ANSI C)
+ *expression-unaire*

expression-postdécrément :
expression-postfixée --

expression-postfixée :
expression-primaire
expression-indicée
expression-de-sélection-de-composant
appel-de-fonction
expression-postincrément
expression-postdécrément

expression-postincrément :
expression-postfixée ++

expression-prédécrément :
-- *expression-unaire*

expression-préincrément :
++ *expression-unaire*

expression-primaire :
nom
littéral
expression-entre-parenthèses

expression-relationnelle :
expression-décalage
expression-relationnelle op-relationnel expression-décalage

expression-unaire :
expression-postfixée
expression-de-conversion-de-type
expression-de-calcul-de-taille
expression-moins-unaire
expression-plus-unaire (Proposition de normalisation ANSI C)
expression-de-négation-logique
expression-de-négation-bit-à-bit
expression-d'adresse
expression-d'indirection
expression-préincrément
expression-prédécrément

identificateur : (LEXICAL)
tiret-de-soulignement
lettre
identificateur caractère-suivant

initialisateur :
expression
{ *liste-d'initialisateurs* , $_{opt}$}

instruction :
instruction-expression
instruction-étiquetée
instruction-composée
instruction-conditionnelle
instruction-itérative
instruction-switch
instruction-break
instruction-continue
instruction-return
instruction-goto
instruction-nulle

instruction-break :
`break;`

instruction-composée :
{ *liste-de-déclaration-interne*$_{opt}$*liste-d'instructions*$_{opt}$}

instruction-conditionnelle :
instruction-if
instruction-if-else

instruction-continue :
`continue` ;

instruction-do :
`do` *instruction* `while` (*expression*) ;

instruction-étiquetée :
étiquette : *instruction*

instruction-expression :
expression ;

instruction-for :
`for` *expressions-for instruction*

instruction-goto :
`goto` *identificateur* ;

instruction-if
`if` (*expression*) *instruction*

instruction-if-else
`if` (*expression*) *instruction* `else` *instruction*

instruction-itérative :
instruction-while
instruction-do
instruction-for

instruction-nulle :
`;`

instruction-return :
`return` $expression_{opt}$`;`

instruction-switch :
`switch` (*expression*) *instruction*

instruction-while :
`while` (*expression*) *instruction*

largeur :
expression

lettre : parmi (LEXICAL)

```
A  B  C  D  E  F  G  H  I  J  K  L  M
N  O  P  Q  R  S  T  U  V  W  X  Y  Z
a  b  c  d  e  f  g  h  i  j  k  l  m
n  o  p  q  r  s  t  u  v  w  x  y  z
```

liste-de-champs :
déclaration-de-composant
liste-de-champs déclaration-de-composant

liste-de-déclarateurs-de-composant :
déclarateur-de-composant
liste-de-déclarateurs-de-composant , *déclarateur-de-composant*

liste-de-déclarateurs-initialisés :
déclarateur-initialisé
liste-de-déclarateurs-initialisés , *déclarateur-initialisé*

liste-de-déclarations :
déclaration
liste-de-déclarations déclaration

liste-de-déclarations-de-haut-niveau :
déclaration-de-haut-niveau
liste-de-déclarations-de-haut-niveau déclaration-de-haut-niveau

liste-de-déclarations-de-paramètres :
liste-de-déclarations

liste-de-déclarations-internes :
liste-de-déclarations-initialisées

liste-de-définitions-d'énumération :
définition-de-constante-de-type-énumération :
liste-de-définitions-d'énumération ,
définition-de-constante-de-type-énumération :

liste-de-paramètres :
identificateurs
liste-de-paramètres , *identificateur*

liste-de-spécificateurs-de-type : (Proposition de normalisation ANSI C)
liste-de-spécificateurs-de-type spécificateur-de-type

liste-de-types-de-paramètres : (Proposition de normalisation ANSI C)
déclaration-de-paramètres
liste-de-types-de-paramètres, *déclaration-de-paramètres*

liste-d'expressions :
expression-d'affectation
liste-d'expressions, *expression-d'affectation*

liste-d'initialisateurs :
initialisateur
liste-d'initialisateurs , *initialisateur*

liste-d'instructions :
instruction
liste-d'instructions instruction

marqueur-d'énumération :
identificateur

marqueur-de-structure :
identificateur

marqueur-de-type : parmi (LEXICAL)
`l L`

marqueur-de-type : (Proposition de normalisation ANSI C) (LEXICAL)
marqueur-long $\textit{marqueur-non-signé}_{opt}$
marqueur-non-signé $\textit{marqueur-long}_{opt}$

marqueur-de-virgule-flottante : parmi (ANSI C) (LEXICAL)
`f F l L`

marqueur-d'union :
identificateur

marqueur-hexadécimal : parmi (LEXICAL)
`0x   0X`

marqueur-long : parmi (ANSI C) (LEXICAL)
`l   L`

marqueur-non-signé : parmi (ANSI C) (LEXICAL)
`u   U`

nom-de-type :
spécificateur-de-type déclarateur-abstrait

nom-de-typedef :
identificateur

op-addition : parmi
`+ -`

op-affectation : parmi
`=   +=   -=   *=   /=   %=`
`<   >=   &=   ^=   =`

op-décalage : parmi
`<<   >>`

op-d'égalité : parmi
`==   !=`

op-mult : parmi
`*   /   %`

op-relationnel : parmi
`<   <=   >   >=`

partie-initialisation :
`'='` *initialisateur*

programme :
liste-de-déclarations-de-haut-niveau$_{opt}$

référence-à-un-type-énumération :
`enum` *marqueur-d'énumération*

référence-à-un-type-structure :
`struct` *marqueur-de-structure*

référence-à-un-type-union :
`union` *marqueur-d'union*

sélection-directe-de-composant :
expression-postfixée . *nom*

sélection-indirecte-de-composant :
expression-postfixée -> *nom*

série-de-chiffres : (LEXICAL)
chiffre
chiffre série-de-chiffres

spécificateur-de-classe-de-mémorisation : parmi
`auto extern register static typedef`

spécificateurs-de-déclaration :
spécificateur-de-classe-de-mémorisation
spécificateur-de-type
spécificateurs-de-déclaration spécificateur-de-classe-de-mémorisation
spécificateurs-de-déclaration spécificateur-de-type

spécificateur-de-type :
spécificateur-de-type-constante (ANSI C)
spécificateur-de-type-énumération
spécificateur-de-type-virgule-flottante
spécificateur-de-type-entier
spécificateur-de-type-structure
nom-de-typedef
spécificateur-de-type-union
spécificateur-de-type-void
spécificateur-de-type-volatile (Proposition de normalisation ANSI C)

spécificateur-de-type-caractère :
`unsigned`$_{opt}$`char`

spécificateur-de-type-constante : (Proposition de normalisation ANSI C)
const

spécificateur-de-type-de-caractère : (Proposition de normalisation ANSI C)
`char`
`signed char`
`unsigned char`

spécificateur-de-type-énumération :
définition-de-type-énumération
référence-à-un-type-énumération

spécificateur-de-type-entier :
spécificateur-de-type-signé
spécificateur-de-type-non-signé
spécificateur-de-type-caractère

spécificateur-de-type-non-signé :
`unsigned short int`$_{opt}$
`unsigned int`$_{opt}$
`unsigned long int`$_{opt}$

spécificateur-de-type-signé :
`short int`$_{opt}$
`int`
`long int`$_{opt}$

spécificateur-de-type-signé : (Proposition de normalisation ANSI C)
`signed`
`signed`$_{opt}$`int`
`signed`$_{opt}$`short int`$_{opt}$
`signed`$_{opt}$`long int`$_{opt}$

spécificateur-de-type-structure :
définition-de-type-structure
référence-à-un-type-structure

spécificateur-de-type-union :
définition-de-type-union
référence-à-un-type-union

spécificateur-de-type-virgule-flottante :
`float`
`long float`
`double`

spécificateur-de-type-virgule-flottante : (ANSI C)
`float`
`double`
`long double`

spécificateur-de-type-void :
`void`

spécificateur-de-type-volatile : (Proposition de normalisation ANSI C)
volatile

suite-de-caractères : (LEXICAL)
caractère
suite-de-caractères caractère

tiret-de-soulignement : (LEXICAL)

_

Index

MASSON, Éditeur
120, bd Saint-Germain
75280 Paris Cedex 06
Dépôt légal : décembre 1989

Reproduit et achevé d'imprimer
par l'Imprimerie Floch à Mayenne
en novembre 1989 (28483)